개정판

미국의 정치 문명

권용립 지음

미국의 정치 문명

2003년 1월 15일 초판 1쇄 발행
2019년 9월 6일 개정판 1쇄 발행

펴낸곳 도서출판 **삼인**

지은이 권용립
펴낸이 신길순

등록 1996.9.16 제25100-2012-000046호
주소 03716 서울시 서대문구 성산로 312 북산빌딩 1층

전화 (02) 322-1845
팩스 (02) 322-1846
전자우편 saminbooks@naver.com

디자인 디자인 지폴리
인쇄 수이북스
제책 은정제책

©2019, 권용립
ISBN 978-89-6436-166-5 03300

값 25,000원

개정판

미국의 정치 문명

권용립 지음

삼인

차례

머리말 — 개정판을 내며

　『미국의 정치 문명』이 출간된 2003년 이후 미국에 많은 일들이 일어났습니다. 조지 W. 부시와 네오콘은 제2차 이라크전쟁에 다시 뛰어들었고, 전임 대통령 클린턴 시절에 반짝 회복했던 미국 경제는 전쟁이 길어지면서 다시 위기를 맞았습니다. 2007~2008년의 세계적 금융 위기도 월가에서 시작되었습니다. 공화당 부시 정권의 실정에 대한 반작용으로 2008년에는 민주당의 버락 오바마가 미국 역사상 첫 비백인 대통령으로 당선되었지만, 새 시대를 열 것으로 기대했던 오바마도 근본적 변화는 일궈내지 못했습니다. 〈뉴욕타임스〉는 조지 워싱턴 이래 계속된 미국판 영구혁명이 오바마의 당선으로 귀결했다고 흥분했지만, 남부와 중서부 중심의 보수적 백인 사회는 오히려 백인의 백악관이라는 전통이 무너졌다고 봤습니다. 2016년 대통령 선거에서 이단아 트럼프가 당선된 것은 백인 공화국의 전통을 깬 오바마의 상징성에 대한 이들 지역의 반발 때문이기도 합니다.

　21세기 미국의 가장 큰 사건은 오바마의 당선도 아니고 금융 위기도 아니고 이라크전쟁도 아닙니다. 도널드 트럼프의 출현입니다. 그의 행보는 20세기에 시작된 현대 미국의 이미지에 가려 있던 미국의 근원적 보수성을 거칠고 적나라하게 보여주기 때문입니다.

현대의 미국 즉 '뉴딜(New Deal) 아메리카'에 반기를 든 트럼프가 대통령이 된 뒤 미국은 물론 세계도 요동치고 있습니다. 무엇보다 제2차 세계대전 이후 70년간 미국과 서유럽이 일궈온 자유주의 세계 질서가 중국과 서유럽을 비롯해서 상대를 가리지 않는 트럼프식 변칙 행보에 훼손되고 있습니다. 우리와 후대의 명운이 걸린 북한 핵과 한반도 문제도 트럼프 개인의 정치 상술과 공명심에 이용당하지 않을까 우려될 정도입니다.

절차와 격식을 초월한 트럼프의 정치 행보와 예측이 불가능한 즉흥 외교는 독일계 이민 3세로 태어난 그가 변덕꾸러기에다 영국의 패권을 변칙적으로 위협하다가 제1차 세계대전을 일으킨 100년 전의 독일 황제 빌헬름 2세의 환생이라는 우스개까지 만들어냈습니다. 트럼프 선풍이 일어난 2016년을 전후해서 서방의 역사학자들과 심리학자들이 빌헬름 2세를 재소환하고 트럼프의 정신 세계를 파헤친 연구서들을 내놓은 것은 이런 사정 때문입니다.

트럼프 개인이야 역사적 인물의 재현일 수도 있고 정신분석의 대상일 수도 있지만, 트럼프를 떠받치는 우파 세력과 보수적 백인들은 누군가의 환생도 아니고 정신분석의 대상도 아닙니다. 그들은 20세기 중반 이후 진보적 가치와 세계화를 내걸고 자본주의 세계의 맹주를 자임해온 현대의 미국을 본래의 미국으로 되돌려놓고 싶은 사람들입니다. 트럼프 현상의 본질은 여기에 있습니다.

『미국의 정치 문명』은 트럼프와 그의 지지자들이 회귀하려는 '오리지널(original) 아메리카'의 정신 세계와 그 역사를 다루고 있습니다. 많은 사람들이 냉전 시대의 미국이 쌓아올린 자유와 개방, 평등과 인권의 수호자라는 이미지를 독립혁명 이래 일관된 미국의 모습으로 알고 있지만, 20세기 중후반 뉴딜의 시대 이전까지 미국은 정치적 보수성과 종교적 보수성을 실천하는 백인 공화국의 정체성을 지켜왔습니다. 뉴딜 아메리카의 절정기였던 1960년대와 1970년대에도 오리지널 아메리카에 대한 짙은 향수는 남부 백인 사회의 저변을 흐르고 있었습니다. 자본주의의 역동성과 냉전 시대의 경제적 호황이 낳은 물질적 풍요와 정신적 여유가 그 향수를 희석해서 수면 아래 잠시 가라앉혔던 것뿐입니다.

경제 침체와 중국의 부상으로 인한 21세기 미국인들의 위기 의식을 파고들면서 뉴딜 시대의 도덕률에 눌려 잠복해 있던 보수성을 일깨워 선동한 트럼프는 1960년대의 민권법과 인종 평등 정책 이후 자물쇠로 군게 채워둔 인종주의의 봉인마저 뜯어버렸습니다. 그래서 트럼프 현상은 트럼프만 사라지면 수그러들 일회성 드라마가 아닙니다. 트럼프와 그를 지지하는 오늘날 미국의 신우파와 대안 우파는 뉴딜 시대의 민주당이 주도했던 형식적 평등주의를 청산하고 본래의 미국으로 되돌아가려는 역사적 현상이며, 21세기의 미국 정치가 한동안 뉴딜 청산파와 뉴딜 수호파의 싸움이 될 것이라는 점을 예고하고 있습니다.

2003년판 서문은 여전히 유효합니다. 그때부터 지금까지, 미국 정치와 외교의 외형은 정권 따라 바뀌어왔지만 일상적 정책의 수면 아래서 작동하는 미국의 정치 문명은 그대로이고, 그것을 추적하기 위한 방법도 달라진 게 없기 때문입니다.

책의 전반부를 차지하는 이론적 뼈대는 바꾸지 않았지만 제5장부터 시작되는 보수적 아메리카니즘의 역사, 현대 미국 정치와 미국 외교에 대한 설명은 그간의 미국 관련 공부거리들을 정리해서 보완했습니다. 도널드 트럼프와 그의 대척점에 있는 버니 샌더스의 역사적 의미를 추가했고, 현대 미국의 보수와 진보에 대한 설명을 보완했습니다. 독립혁명부터 지금까지 미국을 제국의 길로 이끌어온 독자주의와 메시아니즘을 설명하기 위해 18세기 말 조지 워싱턴의 「고별사」와 21세기 초의 부시 독트린도 추가했습니다. 문장과 문체도 읽기 편하게 처음부터 다시 손을 봤습니다.

1990년의 학위 논문이 이듬해에 『미국-보수적 정치 문명의 사상과 역사』로 첫선을 보였고, 2003년에 전면 개작을 거쳐 『미국의 정치 문명』으로 출간된 후 이제 그 개정판을 냅니다. 책에도 나이가 있다면 이 책은 서른 살이 됩니다. 긴 세월이 가는 동안 언제나 힘이 되어준 내 가족, 그리고 가까이 혹은 멀리서 내가 사랑하는 사람들을 생각하면서 『미국의 정치 문명』을 다시 내보입니다.

2019년 여름, 권용립

초판(2003년) 책머리에

세계世界는 글자 그대로 시간이 흐르는 공간, 즉 역사를 가진 공간입니다. 말하자면 물리적 공간인 지구와는 다른 역사적 공간입니다. 이렇게 보면 지구상에 존재해온 모든 문명권은 각각 하나의 세계를 이루는 것입니다. 그런데 근대 이후 그 세력을 크게 확장한 복음주의적 기독교 문명권은 서유럽을 그 중심에 둔 '단일 세계'(The World)의 이데올로기를 전파시켰고 그 바람에 여타의 문명은 세계의 주변이나 타자(The Other)로 밀려났습니다. 자본과 교통의 물리적 통합을 뜻하는 '글로벌리제이션'이 '지구화'로 번역되기보다는 문명 간의 화해와 융합을 뜻해야 할 '세계화'로 번역되고 있는 우리의 사정도 서구 기술 문명의 지구화를 곧 세계화로 보는 서구의 비전이 우리를 압도해온 현실을 반영하는 것입니다.

이 서구적 비전은 서유럽과 미국을 대개 단일 문명권으로 봅니다. 예를 들어 슈펭글러, 소로킨, 토인비 등의 문명론은 4천 마일의 거리와 2천 년의 시간을 사이에 두고 있는 서유럽과 미국을 별도의 문명으로 보지 않고 하나의 서구 문명(The Western Civilization)에 포함시켰습니다. 더 정확히 말하면 미국을 별도의 문명으로 보지 않았습니다. '문명 충돌'을 예고한 헌팅턴의 이론은 더욱 그렇습니다. 하기야 종교와 인종, 언어를 비롯한 문화 양식을 중시하는 전통적 문명관에 따르면 미국은 서유럽의 영국인들이 북아메리카 대륙에 세운 앵글로색슨의 나라임에 틀림없고 기독교 문명권의 한 줄기가 분명합니다. 그런데 자세히 보면 문제가 간단치 않습니다. 그리스·로마 문명과 기독교, 그리고 민주주의와 자본주의가 미국을 서유럽과 하나로 묶는 끈이기는 하지만, 국민과 국가를 형성한 방식이나 정치적 담론과 자의식, 그리고 세계관과 역사관 같은 '정치의 양식'을 기준으로 해서 보면 두 문명의 성격은 달라지기 때문입니다. 다시 말해서 미국과 서유럽은 적어도 정치적으로는 다른 문명인 것입니다.

역사 시대의 긴 세월을 수많은 굴절과 변화 속에서 보낸 서유럽 국가들과 달리 미국은 국가를 설계한 지 불과 150여 년 만에 세계 최강의 공화국인 '아메리카 제국'을 이룬 나라입니다. 그만큼 농축된 기억을 가진 나라입니다. 또 서유럽 문명권의 국가는 피를 나눈 역사적 민족과 그 집단적 기억이 교직되면서 형성된 민족 국가인 데 반해서 미국은 그 역순을 밟은 나라입니다. 다시 말해서 국가와 이념을 먼저 설계해놓고 그 이후에 받아들인 여러 인종으로 민족과 그 기억을 제조해온 나라입니다. 이런 경우에는 먼 과거로부터 물려받은 기억보다는 국가의 설계 과정을 지배한 담론이 정치적 신화로 대접받게 되고 또 국가의 정체성을 제공하게 됩니다. 그래서 독립혁명과 미합중국의 설계를 관장한 원초적 담론과 그 이데올로기들은 단순한 역사적 장신구가 아니라 공인된 미국의 정신으로서 언제나 '현재의 미국'에 존재하면서 미합중국의 정치적 응집력을 생산해온 것입니다. 미국을 호의적으로 보든 비판적으로 보든 이 점을 잘 관찰해야 합니다. 이 원초적 정신과 정치적 담론에서 비롯한 독특한 세계관과 역사관이 미국 역사를 이끌어왔고, 또 '미국은 특별한 나라'라고 하는 신화를 만들어왔습니다. 이것은 미국이 세계사의 보편 법칙에서 면제된 예외적인 나라인가 아닌가에 대해 지금까지 계속되고 있는 역사학적 논쟁의 결말과 상관없는 역사적 사실입니다.

미국이 서구와 성격이 다른 독립 문명이라는 말에는 또 다른 배경이 있습니다. 서구 문명은 서서히 고대에서 근대로 이행해왔지만 미국은 '혁명의 시대'에 신대륙으로 한꺼번에 유입된 서구의 '고대'와 '근대'가 불가피하게 융합된 문명이라는 사실이 바로 그것입니다. 즉 고대 공화주의와 근대 자유주의가 퓨리터니즘이라는 시민 종교의 굴레 안에서 융합하게 됨으로써 서구와 다른 색깔의 독특한 보수성을 띤 미국적 역사관과 세계관을 형성했고 이것이 미국의 정치와 외교를 지배해온 것입니다.

간단히 정리하면 서유럽과 미국의 차이는 이것입니다. 서유럽이 그리스·로마 문명과 기독교의 보편주의 전통 속에서 서서히 이룩된 역사적 결사체라면, 미국은 비록 그 서유럽에서 기원하기는 했어도 주로 정치적 담론을 토대로 삼아 짧은 세월에 응축된 정치적 결사체입니다. 미국이 독립선언문이나 연방헌법과 같은 국가 설계의 정신을 태초의 기록으로 받들고, 다산 정약용이나 베토벤과 동시대에 살았던 실존 인물들을 '건국 시조'(Founding Fathers)로 신화화시키는가 하면, 독립 기념일과 같은 정치적 기억을 단순한 행사가 아니라 국민적 제전으로 치러온 배경은 이것입니다. 또 광활한 연방 전체에서 수많은 선거를 200년이 훨씬 넘도록 제사 지내듯 거르지 않으면서 남북전쟁의 고비를 넘겨 정치적 통합을 유지해온 것은 미국이 서구와 달리 정치적 기억과 의지를 바탕으로 해서 전개된 문명이기 때문에 가능한 일입니다.

그뿐만이 아닙니다. 미국은 스스로 서구와 자신을 구별하고 있습니다. 미국 연방 내에 흩어져 사는 다양한 인종을 하나로 묶어줄 정신적 바탕을 추적해온 미국 역사학이 미국의 역사적 예외성을 강조해왔다는 것은 잘 알려진 사실입니다. 물론 미국 역사를 예외적인 역사로 보지 말고 보편적 세계사의 한 부분으로 놓고 다시 봐야 한다는 반성이 근래에 들어 미국 역사학계 내에서 일어나고는 있습니다. 그러나 메이플라워 호의 약속, 독립선언, 필라델피아 제헌회의 등 기라성 같은 정치적 추억으로 시작된 미국 역사의 특별한 예외성을 은근히 믿는 것이 미국 역사학과 사회과학의 주된 전통입니다. 객관적으로 미국이 특별하고 예외적인 나라인지 아닌지를 떠나서 정말 중요한 것은 이처럼 미국 스스로 자신을 특별한 나라로 믿는다는 사실입니다. 이 자의식이 미국을 서구와 구별해온 것입니다. 그래서 역사학자들을 비롯한 미국의 지식인들이 그려온 미국의 자화상을 그들의 애국주의가 만든 허구로만 볼 수는 없습니다. 신이 선택한 아메리카의 신세계가 이미 타락한 구세계와 결코 같을 수 없다는 신념은 사실 여부에 관계없이 미국의 집단적 자의식으로 전승되어왔던 것입니다. 그리고 이 자의식이 미국 정치와 외교의 현실을 조종하는 정치 엘리트 집단에 투영되어왔다면 그것은 영토나 정부와 마찬가지로 '현실의 미국'을 구성하는 또 하나의 실체로 봐야 합니다. 단적으로 탈냉전 시대에 들어와서 더 선명해지고 있는 미국 외교의 도덕적 독선주의, 즉 실리를 추구하는 서구의 세속 외교에 뿌리를 두고 있으면서도 십자군적 사명감과 절대적 선악 관념에 집착해온 전통은 이런 자의식에서 비롯된 것으로 보입니다.

이 책은 미국의 정치적 담론(또는 미국 정치의 이념적 토대)을 파악하고 그 세계관과 역사관을 이해하기 위한 것입니다. 또 '정치 문명으로서의 미국'을 설정하고 그 틀로써 미국 정치, 외교의 토대와 현상을 설명하는 것입니다. 따라서 주로 정치 제도를 통해 미국을 설명해온 기존의 미국 정치론과 달리 미국의 근본 바탕부터 이해하려는 새로운 미국 정치론인 셈입니다. 다만 여기서 미국의 정치 문명이라는 개념은 '앵글로색슨 미국인'들이 애초부터 미국의 정신으로 믿어온 '미국적 담론'은 물론 미국 정치사와 외교사에 나타난 독특한 패턴과 특징까지 모두 포괄한 것입니다. 다시 말해서 찰스 비어드(Charles A. Beard)나 맥스 러너(Max Lerner)

같은 미국의 역사가들이 미국을 하나의 정신(spirit)이나 문명(civilization)으로 파악한 것보다 더 포괄적으로 미국을 이해하려는 것입니다.

제목을 바꾸기는 했지만 이 책은 『미국 – 보수적 정치 문명의 사상과 역사』(역사비평사, 1991)를 개정한 것입니다. 원래는 약간의 수정만 하고 간단한 해설을 덧붙여 낼 예정이었지만 좀 더 폭넓은 독자층에 다가설 수 있게끔 손을 대느라고 개정이 아닌 개작이 되어버렸습니다. 몇 개의 장, 절이 추가되고 기존 장·절의 내용과 전체 체제도 더 세밀하게 재편성했습니다. 또 초판에서 '보수적 아메리카니즘'과 혼용했던 '미국적 보수주의'는 혼잡을 피하기 위해서 '보수적 아메리카니즘'으로 통일했습니다. 특히 미국에 관심 있는 학생이나 일반인이 더 편하게 읽을 수 있게끔 번잡한 문장과 경직된 문체는 처음부터 다시 손을 댔습니다. 그러나 책의 원래 바탕인 학술서라는 한계를 어찌할 수는 없어서 아쉬운 점들이 여전히 많이 남습니다. 그런데도 짧은 공부 밑천을 드러낸 이 책을 다시 내보내는 것은 우리 현대사의 운명적 화두일 뿐만 아니라 바야흐로 전 지구인의 삶에 개입하고 있는 현대 미국의 뿌리와 성격을 더 깊이 알고 싶은 사람들에게 이 책이 작은 도움이라도 되었으면 하기 때문입니다.

이 머리글을 쓰는 감회가 남다릅니다. 이 개정판은 고단했던 지난 몇 년간 저에게 힘을 보내준 고마운 선생님들과 제 가족, 그리고 친구들에게 다시 드리게 된 선물입니다. 비록 작은 책일 뿐이지만 보답의 시작이 되었으면 합니다. 그 모든 분들께, 그리고 평생을 수행자로 살아가는 소중한 인연들께 존경하고 감사하는 마음으로 이 책을 드립니다.

2002년 12월

제1장
미국의 자화상과 초상

프랑스의 귀족 토크빌(Alexis de Tocqueville)이 대서양을 건너가서 직접 보고 겪은 미국의 면모를 소개한 책이 『미국의 민주주의』(*Démocratie en Amérique*)다. 그런데 토크빌의 책이 나오기 반세기 전인 1782년에 이미 "과연 이 새로운 인간(this new men), 미국인은 도대체 어떤 사람인가?"라는 물음을 던지면서 미국인을 새로운 유형의 인간으로 선언한 사람이 있다. 이 사람은 가상의 주인공인 제임스가 가상의 영국인 지주에게 보낸 12편의 편지를 모은 책 『어느 아메리카 농부의 편지』(*Letters from an American Farmer*)를 펴낸 크레브쾨르(Hector St. John de Crévecoeur)다. 1759년에 프랑스를 떠나 아메리카로 이주해온 그의 눈에 비친 신대륙의 가족은 영국인 할아버지와 네덜란드인 할머니, 그 아들과 프랑스인 며느리, 그리고 아들 내외가 낳은 네 명의 손자가 각각 다른 나라 출신의 여인들과 결혼해서 모여 사는 혼혈 가족이었다. 그가 본 미국인, 즉 인류 역사에 새로 출현한 미국 민족을 만든 것은 이런 모습의 국제 가족이었다. 자신의 민족적 관습과 사상에서 해방된 사람들이 모여 새로운 인간들의 나라인 '아메리칸 네이션'을 만든 것이다.

과거 미국의 애국주의 역사가들은 미국이야말로 세계의 여러 문명을 융합한 결정판이라고 미화했다. 또 미국의 탄생과 성장은 세계사의 클라

이맥스라고 칭송해왔다. 19세기 미국의 애국주의 역사학을 확립한 조지 뱅크로프트(George Bancroft)에 따르면 미국은 곧 세계였다. 이탈리아 사람인 콜럼버스와 스페인 여왕 이사벨라가 합작해서 신대륙을 발견했고, 독립전쟁은 프랑스의 지원을 받았다. 영어는 인도에서 기원했으며 법은 로마에서 기원했다. 또 대의제는 영국한테서 전수받았고 연방제와 사상적 관용은 네덜란드에서 받아들였다. 미국은 이 모든 인류 유산을 하나로 녹여냄으로써 보편적인 정치 체제로 등극한 나라였다.[1] 미국 애국주의 역사학이 그려놓은 이 현란한 자화상은 유럽에 대한 콤플렉스를 극복하는 수단이었다. 이 자화상은 한발 더 나아가서 미국을 세계의 모범으로 보게 만들었다. 교육과 담론을 통해 전승된 이 우월적 자의식은 남북전쟁의 위기를 넘기고 세계 제국이 될 때까지 미국 연방의 결속을 지탱해온 정신적 자산이었다. 미국에 들어온 다양한 인종들을 하나의 국민(American Nation)으로 묶은 것은 혈연과 역사적 기억이 아니라 이처럼 담론이 만들어낸 자의식이었다. 그래서 미국이야말로 베네딕트 앤더슨(Benedict Anderson)이 말한 '상상의 공동체'다.[2]

17세기 초부터 신대륙에 퍼져나간 영국인들이 모국 영국과 다른 독자적 정체성을 찾기 시작한 것은 미국을 건국하고도 한참 지나서였다. 엄밀하게 말해 '국민으로서의 미국인'이 확연해진 것은 남북전쟁 이후라고 할 수 있다. 애국심을 고취하기 위한 연방 차원의 다양한 의식儀式들도 남북전쟁 이후 도입되었다. 미국의 현충일(Memorial Day)이 전국적 기념일이 된 것은 1868년이고, '국기와 조국에 대한 충성 서약'(The Pledge of Allegiance)도 19세기 말에 등장했다. 영국과 치른 1812년의 전쟁을 소재

1) A. M. Schlesinger, Jr., *The Disuniting of America: Reflections on a Multicultural Society*, 2nd edn. (New York: W. W. Norton, 1998), 15~17쪽.
2) Benedict Anderson, *Imagined Communities: Reflections on the Origins and Spread of Nationalism*, rev. edn. (New York: Verso, 1991).

로 한 시를 가사로 삼은 〈성조기여 영원하라〉(The Star-Spangled Banner)를 미국의 국가로 공인한 것은 1931년에 이르러서다.[3] 다시 말해서 '우리는 미국 국민'이라는 일체감과 정체성이 초기부터 뚜렷하지는 않았다. 다양한 인종이 계속 들어오고 영토가 급격히 확장된 탓도 있지만, 연방파와 반연방파가 중심이 된 초기의 지역적·정치적 대결과 남부와 북부의 주도권 싸움이 단일한 국민 의식의 정착을 방해했기 때문이다. 남북전쟁이 끝나고 연방이 재통합된 뒤에도 북부와 공화당에 대한 남부의 반감은 깊었다. 그래서 '남부의 기사騎士들'과 '북부의 양키들'은 각각 자신을 아메리카의 적자嫡子로 자처하고 상대를 경멸했다. 북부에 대한 남부의 적대감은 대기업과 공화당이 민주당의 아성인 남부에 침투하기 시작한 1970년대 초까지 강하게 남아 있었다. 남부와 북부의 대립 말고도 미국의 각 지역에는 나름의 정체성과 전통이 지금까지 남아 있고, 평균적 미국인이라면 평상시에는 미국이라는 국가에 대한 애착(nationalism)보다는 자신이 살아온 땅에 대한 애착(patriotism)이 더 크다. 미국의 국장國章에 새겨진 "여럿을 하나로"(E Pluribus Unum, From Many to One)라는 라틴어 구호는 적어도 20세기 전까지는 부질없는 꿈에 불과했다.[4]

그러나 독립기념일 축제와 헌법 제정 축하 대행진을 비롯한 정치적 기념 행사들은 공동의 정치적 기억을 윤색해서 신화로 만들었다. 미국 전체를 단일 헌정 체제로 묶은 연방헌법과 공화정 정신(republican spirit)에 대한 존경, 즉 공화국 아메리카에 대한 긍지는 그 결과물이다. 자본과 자유 기업을 바탕으로 해서 이룩된 현대 미국의 근저에는 이처럼 자본과 시장의 논리뿐만 아니라 정치적 담론을 통해 구축된 미국 국민이라는 정

---

3) Cecelia Elizabeth O'Leary, *To die For: The Paradox of American Patriotism* (Princeton, N.J.: Princeton University Press, 1999), 3쪽.
4) Joyce Appleby, "Recovering America's Historic Diversity: Beyond Exceptionalism," *Journal of American History*, vol. 79, no. 2 (1992), 431쪽.

치적 자의식이 있다. 이 집단 자의식 또는 집단 정신을 구축해온 정치적 담론이 미국의 정치 문명이다.

미국을 표상하는 말로 가장 흔히 쓰인 것이 자유(liberty, freedom)와 민주다. 그런데 미국이라는 역사적 실체가 그리 간단하지 않다. 흔히 저지르는 실수이지만, 근대의 표상이 된 자유와 민주의 범주에 미국을 가둬버리면 미국의 근대성만 보게 된다. 그럴 경우 미국 문명의 또 다른 바탕인 칼뱅주의(Calvinism)와 고대 공화주의를 놓치게 된다. 그 결과 고대와 근대가 종교적 우주 안에서 뒤섞여 형성된 미국의 건국 정신과 정치 제도를 근대 서구 문명의 역작으로 단정해버린다. 미국을 하나의 대상으로 놓고 독해하려면 좋은 쪽이든 나쁜 쪽이든 이런 편견에서 헤어날 필요가 있다. '아메리칸 드림'이나 '자유의 제국'과 같은 수사적 이미지를 뒤로 하고 현실의 미국을 이끌어온 정신의 속살을 헤쳐 봐야 한다.

예를 들면, 냉전 시대 미국의 선전 외교(public diplomacy)가 미국의 정신으로 내건 '자유'의 의미는 이 말이 현실에서 어떻게 쓰였는지 보아야 한다. 미국의 공식 담론이 미국의 절대적 가치로 전제하는 '자유'의 구체적 의미는 시대마다 다르다. 시대별로 달라지는 '미국의 적'과 대적하는 것이 자유, 즉 미국이다.[5] 적이 있어야만 자유의 의미와 내용이 정해지는 식이다. 그럴 만한 이유가 있다. 미국은 서유럽에서 갈라져 나왔다. 그러나 서유럽의 자유가 절대군주제나 봉건제 같은 '과거'와 싸워 얻은 것인 데 반해서, 척결할 과거가 없었던 미국은 자유를 얻기 위해 영국, 즉 '현재'의 적과 싸워야 했다. 시간적 타자(과거)와 싸워 자유를 얻은 서유럽과 달리 미국은 같은 시대의 공간적 타자에 맞서 자유를 얻은 것이다. 적대적인 '타자'의 속성과 반대되는 속성을 자신의 정체성으로 삼는 미국의

---

5) Eric Foner, *The Story of American Freedom* (New York: W. W. Norton, 1999).

정신적 습관은 이렇게 시작되었다.

이 때문에 미국의 정체성인 자유는 시대별로 그 의미가 변해왔다. 독립전쟁 당시에는 영국의 폭정이 악이고 여기에 저항하는 정신이 자유였다. 제1차 세계대전 당시에는 유럽 제국주의와 전쟁이 악이었고 이것을 종식시킬 민주주의와 세계 평화가 자유였다. 제2차 세계대전 당시에는 전체주의와 군국주의가 악이었고 이 악과 맞서는 정신이 자유였다. 냉전 시대에는 소련과 공산주의가 악이었고 반공이 자유였다. 지금은 테러와 반인권이 악이고 그것과 싸우는 것이 자유다. 독립혁명부터 21세기의 반테러 전쟁에 이르기까지 미국은 타자의 타자로서 또는 적의 적으로서 존재할 때 자유의 의미를 결정할 수 있었던 셈이다. 적과 타자를 설정한 후에 그 반대편에서 자신의 정체성을 발견하는 반사의 습성은 미국 외교와 미국 문화 전반에 퍼져 있는 대결적 선악관의 원인인 동시에 결과다.[6]

"미국이 단호하고 강력하게 존재하는 한 이 시대는 결코 테러의 공포에 시달리는 시대가 되지 않을 것입니다. 그 반대로 이제 미국과 세계는 자유(liberty)의 시대를 맞을 것입니다(박수). (……) 슬픔과 분노 한가운데서 우리는 우리의 소명과 그 이유를 보았습니다. 이제 자유(freedom)는 두려움(fear)과의 전쟁을 시작했습니다. 이 시대의 위대한 성취이며 모든 시대의 위대한 희망인 인류의 자유를 진보시키는 것은 우리 미국의 어깨에 달려 있습니다. 우리 미국 국민, 즉 이 시대의 미국 국민은 어두운 폭력의 위협을 우리와 우리 미래로부터 걷어낼 것이며, 우리의 노력과 용기로 전 세계를 동참시킬 것입니다. 우리는 결코 지치지도, 멈추지도, 실패하지도 않을 것입니다(박수)."

---

6) 권용립, 「미국 민족주의의 본질 – 반사와 투영」, 『역사비평』 통권 64호(2003).

9.11테러가 일어난 지 열흘째인 2001년 9월 20일에 조지 W. 부시 미국 대통령이 상하 양원 합동 회의에서 행한 이 연설은 미국 민족주의의 반사적 성격을 잘 보여준다. 공산주의든 테러든, 미국의 가치와 이익에 반대하는 적을 화해가 불가능한 타자로 단정하는 태도는 미국의 독특한 세계관이다. 9.11테러 직후 미국 외교를 장악한 네오콘의 독선 외교나 도널드 트럼프의 좌충우돌 중국 정책도 그 본질은 적대적 반사의 본능이다. 9.11테러와 중국의 대국화야말로 공산주의가 소멸된 뒤 대적할 타자를 잃어버린 미국 외교의 반사 습성을 일깨운 것들이기 때문이다.

특히 21세기의 중국은 명백히 보이는 적이다. 트럼프 시대에 미국의 중국 견제가 심해진 것처럼 보이지만, 중국은 소련 멸망 직후부터 21세기 미국의 타자로 떠올랐다. 중국의 일당 체제부터 미국의 타자가 될 만한 조건을 갖고 있다. 중국의 패권적 행보도 미국이 볼 때는 자유에 대한 도전이다. 역사적으로 미국에게 반사적 정체성을 제공해준 타자는 모두 제국의 피가 흐르는 나라였다. 18세기의 영국이 그랬고 20세기의 독일, 일본, 소련이 그랬다. 그렇다면 중국과 서유럽을 하나로 잇는 일대일로—帶—路를 꿈꾸면서 중화 제국의 부활을 도모하는 21세기 중국몽中國夢에 대한 두려움과 견제도 미국의 정치 문명에 내재된 습성의 발로다.

미국을 독해하려면 미국을 미국으로 만든 자의식을 알아야 한다. 미국인들 스스로 자신의 정체성으로 구축해온 집단 정신을 모르면 미국 정치나 미국 외교도 현상만 나열하는 수준에서 이해하게 된다. 한국 현대사의 상수인 동시에 변수인 한미 관계를 생각하면 미국을 제대로 읽는 것은 그동안 방치해둔 묵은 숙제를 푸는 것이다. 그 첫걸음은 해방 이후 70년간 엉클어지기만 해온 미국에 대한 인식의 매듭부터 푸는 일이다.

1-1. 미국 읽기

조선 왕조가 미국과 수교한 것은 1882년이지만 미국이 우리 삶에 깊숙이 관여하게 된 것은 1945년부터다. 그때부터 미국은 각 분야에서 한국 사회의 엘리트를 공급하는 본거지가 되었고, 한국 사회의 지배층은 대부분 미국에서 공부하거나 살아본 사람들로서 어떤 식이든 미국과 내연의 커넥션을 갖게 되었다. 그 결과 미국은 하나의 외국이 아니라 대한민국의 피안이었고 세계로 진출하는 유일한 출구였다.

그런데 우리 삶에 이토록 가까운 미국을 보는 우리의 인식은 피상적이고 감상적이었다. 냉전 시대의 미국은 우리의 해방자, 혈맹, 우방이었지만 이 짝사랑은 1980년의 광주항쟁 이후 점령군, 군사독재의 배후, 분단의 원흉이라는 대항 이미지의 도전을 받았다. 그런데 1980년대의 학생 운동에서 시작된 반미도 종래의 친미와 비슷했다. 친미에 대한 반발로 대두한 반미도 일종의 신앙이 되어 맹목의 함정을 피하지 못했다. 친미든 반미든, 미국을 절대선 아니면 절대악으로 상정하는 종교적 미국관에 빠졌기 때문이다. 그 결과 미국은 현실 외교의 상대가 아니라 가슴으로 애착하거나 미워해야 마땅한 애증의 상대로 계속 남았다.

냉전이 끝나면서 미국에 대한 객관적 이해를 시도하기는 했다. 맹목적 친미는 논리적 친미로 바뀌기 시작했고 맹목적 반미도 미국의 내정 개입만 비난하던 '내정 이미지'에서 미국의 세계 정책 전반을 비판하는 '외교 이미지'로 이동했다.[7] 그러나 한미 관계와 아무런 상관도 없는 시위 현장에 대형 성조기가 뜬금없이 등장하고, 그 반대편에서는 주한 미군의 무조건 철수만 부르짖고 있는 서울 도심의 풍경은 일방적 애착 아

---

7) 권용립, 「북방정책이 한국인의 대미관에 미친 영향 - 대미인식 기제의 이원화 현상을 중심으로」, 『울산대학교 사회과학논집』 제2권 제1호(울산대학교 사회과학연구소, 1992), 119~134쪽.

니면 맹목적 반감에 포획된 냉전 시대의 미국관이 아직 남아 있다는 증거다.

중요한 상대일수록 감정적으로 접근할 수밖에 없는 것은 역설인 동시에 필연이다. 광주항쟁을 계기로 대두한 한국 사회 일각의 반미가 특히 그렇다. 1980년대 이전의 우리 눈에 비친 미국이 미국의 한 단면만 미화한 것이라면, 이것을 교정하기 위한 실천적 몸부림은 또 다른 극단으로 나타날 수밖에 없었다. 반미는 미국에 대한 일체의 의문과 비판을 배제했던 과거를 뒤늦게나마 부정하려는 것이었고, 이 비판적 인식이 한국 현대사에 대한 회한과 맞물리면서 반미 감정으로 증폭되었다. 이 과정에서 미국의 대한 정책을 한국 민족주의와 연계시키면서 한반도와 미국, 미국과 세계의 어긋난 인연을 강조하는 연구들도 나왔다.[8] 어쨌든, 안보 논리와 반공 논리가 주축이 된 미국과의 특수 관계가 친미의 배경이 되었다면, 여기에 저항하는 과정에서 단순화시킨 미국의 또 다른 모습이 반미의 시작이었다.

한국 정치학계의 미국 연구도 미국에 대한 한미 관계의 일방성과 정서적 선입견에 가로막혔다. 우선 1960년대까지 미국은 연구 대상으로 삼기에는 너무 가까웠다. 미국 자체보다 미국의 한반도 정책만 보게 만든 분단 체제도 미국 연구를 방해했다. 미국의 대한 정책에만 집중했기 때문에 한미 관계라는 좁은 창에 비친 미국 외교의 단편적 인상을 미국의 전신상으로 본 것이다. 미국 관련 저술은 대부분 한미 관계론에서 멈췄고 '미국론'은 없었다. 한미 동맹과 안보 분야의 한미 관계를 연대기적으로 서술하는 데 그치거나 한미 관계의 연대를 서술하는 데 만족했

---

8) 이삼성, 『미국의 대한정책과 한국민족주의 - 광주항쟁, 민족통일, 한미관계』(한길사, 1993); 『세계와 미국 - 20세기의 반성과 21세기의 전망』(한길사, 2001).

다. 한미 관계에 대한 저작의 양은 적지 않았지만[9] 미국 외교의 출처인 '미국 그 자체'에 대한 탐구가 없었다. 미국 정치와 미국 외교에 대한 체계적 인식의 필요성을 제기하기 시작한 한미 관계론[10]은 냉전이 끝난 1990년대에 들어선 다음에야 가능해졌다.

실증주의에 빠진 미국 정치학계의 미국 정치론을 완제품으로 수입하는 바람에 미국 정치 관련 서적들은 미국 정부와 선거 제도를 해설한 미국의 교과서를 소개하는 수준이었다.[11] 미국 정부론이 미국 정치론으로 대접받고 미국의 미국 정치론이 미국에 대한 과학적 서술로 대접받았다. 정당, 대통령, 의회와 대통령의 역학 관계에 관한 해설은 많았지만 미국 정치의 역사적 기원과 미국 정치를 움직여온 밑바닥 정신은 건드리지 못했다.[12]

미국과 가까웠기 때문에 한국의 미국 연구가 지체된 것은 설명이 가능한 역설이다. 강대국의 학문은 보편적일 수도 있지만 아닐 수도 있고, 방법과 문제 의식도 자기 중심적이기 때문이다. 강대국의 관심사와 문제 의식을 그대로 따라가다가 우리한테 절실한 문제의 해답을 놓치는 것이다. 다시 말하면, 미국과 같은 강대국의 사회과학을 객관적이고 과학적

---

9) 서울대학교 미국학연구소, 『국내미국학논저색인 1945~1985』(1986) 참조.

10) 한미 관계의 초보적 이론화는 1980년대 중반부터 시도되었다. 한명화, 『한미관계의 정치경제 1945~1985』(평민사, 1986). 현실주의(power politics), 종속 이론, 상호 의존론 등 국제 정치 이론의 세 가지 패러다임을 원용해서 해방 후 한미 관계를 이론적으로 정리하려는 시도였다. 그러나 미국의 대한 정책을 평면적으로 서술하는 데 그쳤다. 사실 관계 서술로 끝난 한미 관계론에 대한 비판으로는 다음을 참조. 권용립, 「미국의 대한정책에 나타나는 아메리카니즘에 관한 고찰 - 보수적 아메리카니즘을 중심으로」, 『부산정치학회보』 창간호(1987), 227~254쪽.

11) 초기의 미국 정치론은 주로 정치 제도에 대한 소개였다. 최명, 『미국 정치론』(일신사, 1975). 제도 소개 이상의 미국 정치론은 2000년을 전후해서 나오기 시작했다. 최명·백창재, 『현대 미국 정치의 이해』(서울대학교 출판부, 2000); 최선근 외, 『미국정당과 외교정책』(세종연구소, 2000).

12) 서울대학교 미국학연구소, 『국내미국학논저색인 1945~1985』, 40~133쪽을 참조. 한국의 미국 연구에 대한 반성은 1980년대 중반부터 제기되었다. 김영명·권용립·신동호, 「한국에서의 지역 연구: 현황과 과제」, 『한국정치학회보』 21집 2호(1987), 140~141쪽.

인 것으로만 보고 '과학'과 '객관'을 추구하다가 정작 우리 문제를 자발적으로 포기하게 된다. 예를 들면 냉전 시대의 미국에서는 당연히 소련과 중국에 대한 연구가 성행했고, 우리 정치학도 소련과 중국에 대한 연구를 미국 연구보다 더 중시했다. 외교 관계도 없는 소련에 대한 연구는 성행하고 가장 중요한 외교 상대인 미국에 대한 지적 관심이 없었던 것은 미국에 유학하고 미국의 정치학을 수입하는 과정에서 미국의 정치학이 확립해놓은 관심의 서열까지 그대로 수입했기 때문이다.

드물게 미국을 연구하는 경우에도, 미국식 지역 연구(Area Studies)의 방법론을 따르다 보니 미국 학자들이 자신의 역사라서 생략하고 넘어가는 미국 정치의 역사적 바탕을 소홀히 하게 되었다. 한국 정치의 병리적 현상이 왕조 시대의 당파 싸움 유전자에서 비롯된 것처럼 미국 정치의 흐름과 미국 외교의 독특한 현상들도 미국의 역사가 만들어낸 것인데, 이 역사적 이해를 생략함으로써 미국 정치와 미국 외교의 내면을 파헤치기 힘들어진 것이다.

1980년대 중반부터 미국 관련 서적을 많이 출판한 한국 출판계도 마찬가지다. 한국의 진보적 출판업자들도 탈냉전과 민주화의 추세 아래서 냉전 시대의 일방적 미국관에 대한 교정을 시도했다. 그래서 미국에 대한 비판적 폭로가 미국 관련 번역과 저술의 대세가 되었다. 하워드 진(Howard Zinn)과 노엄 촘스키(Noam Chomsky)처럼 미국의 치부를 폭로하는 저작은 꾸준히 번역되었지만[13] 리처드 호프스태터(Richard Hofstadter, 1916~1970)나 루이스 하츠(Louis Hartz, 1919~1986)처럼 미국의 주류이면서도 애국과 폭로의 중간 지점에 있는 학자들의 저작은

---

13) 노엄 촘스키, 『불량국가―미국의 세계 지배와 힘의 논리』, 장영준 옮김(두레, 2001); 『우리가 모르는 미국 그리고 세계』, 강주헌 옮김(시대의창, 2008); 『미국이 진정으로 원하는 것』, 문이얼 옮김(시대의 창, 2013). 촘스키의 책은 10권 넘게 번역되었다. 하워드 진의 비판적 미국 역사서도 다수 번역되었다.

2010년 이후에야 일부 번역되기 시작했다.[14] 또 클린턴 로시터(Clinton Rossiter)처럼 미국의 역사적 보수성을 통찰한 지성인들의 중후한 저작도 소개되지 않았다.

결국 친미든 반미든 지난 70년간 우리의 미국관이 편견과 감상感傷에 휘둘려온 것은[15] 한미 관계만 보느라고 미국을 읽지 않았기 때문이다. 미국을 연구한다고 했지만 한미 관계와 미국의 대한 정책에 집중한 것이다. 이 책이 시도하는 '미국 읽기'는 이에 대한 반성에서 출발한다.

1-2. 객관의 미국은 존재하는가?

객관은 인식의 주체와 대상 사이에 실체로 존재하지 않는다. 인식의 주체마저 해체되는 마당에 진정한 객관이 존재할 수 있는지도 의문이지만, 혹시라도 사람과 사람 사이에 객관적 인식이 가능하다면 그것은 인식의 주체가 인식의 대상뿐만 아니라 그 주관까지 함께 보는 자세를 가질 때다. 쉽게 말해서, 우리가 미국 바깥에서 미국의 초상을 객관적으로 그리려면 미국인들 스스로 자신이라고 믿는 모습, 즉 미국의 자화상도 알아야 한다. 어떤 모습이든 그것을 자신의 모습으로 믿는다면 그 믿음도 실체이기 때문이다. 따라서 미국의 자화상과 그 내면 세계를 모른 채 바깥에서 바라보는 미국은 관객의 미국일 수는 있지만 객관의 미국은 아니다. 미국의 정신 또는 미국의 세계관과 역사관을 모른 채 그려낸 미국

---

14) 리처드 호프스태터, 유강은 옮김, 『미국의 반지성주의』(교유서가, 2017); 루이스 하츠, 백창재, 정하용 옮김, 『미국의 자유주의 전통―독립혁명 이후 미국 정치사상의 해석』(나남, 2012).

15) 해방 후의 한미 관계론은 대부분 미국 자료에 의존했기 때문에 비판적 한미 관계론이 드물었다. 해방 이후 한국 지배층이 미국의 관점에서 한미 관계를 보았다는 비판은 1980년대 중반에 나왔다. 임재경, 「한미관계론의 사정」, 『창작과비평』 통산 57호(1985), 381~400쪽. 1970년대 이전의 한미 관계론에 대한 비판적 시각은 문동환 외, 『한국과 미국―현단계 한미관계의 비판적 인식』(실천문학사, 1986)을 참조할 것.

의 모습은 반쪽짜리 초상이기 때문이다.

세계관은 자기 눈앞의 현실과 현상을 보는 방식이다. 원시 부족마다 하늘과 땅의 모양이 각각 달랐던 것은 세계관이 달랐기 때문이다. 하늘과 우주를 원형으로 파악하는 세계관을 지닌 부족은 원형을 선善으로 보고 방형과 기타 형태를 악으로 보았다. 가치관과 도덕 즉 에토스(ethos)는 세계관에서 나오기 때문이다. 세계관은 각 문명마다 통일된 하나로 작용한다. 예를 들면 세상의 본질을 둥글게 보는 문명은 원형이 선이라는 에토스에 따라 의식과 행사 자리도 원형으로 배치하고 움막도 원형으로 짓는다.[16]

미국 정치와 미국 외교의 역사도 미국을 움직여온 사람들의 세계관과 에토스의 산물이다. 미국의 역사학이나 사회과학도 미국적 에토스의 지배를 받는다. 그렇다면 미국 정치와 외교 정책에 배어 있는 에토스를 배제하고 미국의 실체를, 그것도 '바깥에서 객관적으로 그리는 것'이 가능하겠는가? 더구나 미국이 정치적 담론에 따라 설계된 정치적 구조물이라는 점을 생각하면, 또 건국 이후 자신의 정체성에 대한 탐구가 축적되어왔다는 점을 생각하면 미국의 객관적인 모습을 그리는 작업에 왜 미국의 주관, 즉 자화상에 대한 지식부터 필요한지 알 수 있을 것이다. 토크빌의 『미국의 민주주의』가 미국 연구의 고전이 된 것은 그 당시 미국의 자의식을 꿰뚫어 봤기 때문이다.

미국이 특별한 나라라는 것을 인정하든 않든, 미국은 분명히 독특한 정치 문화와 자의식을 가진 나라이며 그 뿌리인 유럽과도 다른 독자적 정치 문명이다.[17] 독자적이라는 말이 반드시 특별하다는 말은 아니지만, 과거에

---

16) Clifford Geertz, "Ethos, World View, and the Analysis of Sacred Symbols," *The Interpretation of Cultures* (New York: Basic Books, 1973), 128쪽.

17) 미국 정치의 문명적 특수성, 특히 유럽이나 캐나다와 비교해서 미국의 정치적, 이념적 특수성을 밝힌 대표적인 미국 예외론자는 립셋(S. M. Lipset)이다. S. M. Lipset, *The First New Nation: The United States in Historical and Comparative Perspective*, expanded edn.

존재했던 대부분의 제국처럼 미국도 자신의 특별함에 대한 믿음이 강하다. 미국의 정치학과 역사학은 객관적이지도 않고 과학적이지도 않은 이런 믿음에 비판적이다. 그러나 이런 믿음 자체가 미국적이다. 즉 미국의 실체를 구성하는 요소다. 그래서 미국 정치와 외교의 본질은 미국 바깥에서 더 잘 보인다.[18] 미국에 대한 외부인의 직관이 왜 중요한지를 보여준 토크빌의 『미국의 민주주의』도 짧은 현지 여행을 토대로 미국 사회의 내면을 파헤친 것이다. 하물며 200년이 지난 지금은 토크빌의 시대와 달리 미국의 정체성에 대한 연구가 쌓여 있다. 그래서 오늘날 미국을 그리려면 200년 넘게 축적된 미국의 자화상부터 비판적으로 참고해야 한다. 미국의 정치와 외교는 궁극적으로 이 자화상과 자의식의 산물이기 때문이다.

이 책은 미국의 자화상에 기초해서 미국의 초상을 그리려는 시도다. 가슴으로 느끼던 미국을 머리로 읽으려는 작업이다. 그렇게 함으로써 친미와 반미 같은 역사적 감상과 선입견에 휘둘려 선전과 선동 사이에서 방황해온 우리 미국관의 중심을 잡으려는 것이다.

1-3. 미국 연구의 역사

미국 독립혁명 직후부터 19세기 말까지 한 세기가 흐르는 동안 유럽은 몇 가지 요인 때문에 미국을 본격적으로 탐구하지 않았다. 우선 18~19세

(New York: W. W. Norton, 1979); *Continental Divide: The Values and Institutions of the United States and Canada* (New York: Routledge, 1990); "Why No Socialism in the United States?" in S. Bialer and S. Sluzar (eds.), *Sources of Contemporary Radicalism*, vol. I (Boulder, CO.: Westview Press, 1977), 30~149쪽; *American Exceptionalism: A Doube-Edged Sword* (New York: W. W. Norton, 1996), 17~22쪽.
18) 특별한 나라라는 자의식 때문인지 미국 역사학계의 비교사 연구는 미국 역사학계에서 논쟁이 된 주제에 집중하거나 미국 역사의 패턴을 다른 나라와 비교하는 경향이 강했다. Ian Tyrrell, "American Exceptionalism in an Age of International History," *American Historical Review*, vol. 96, no. 4 (1991), 1032~1039쪽.

기 유럽 각국의 지배 세력에게 변화의 상징인 미국은 불온한 나라였다. 특히 영국과 프랑스 교육의 귀족주의적 성향 때문에 평민의 나라인 미국에 대한 연구는 인기가 없었다. 미국과의 지리적 거리도 유럽의 미국 연구에 부정적 영향을 끼쳤다.[19] 그렇지만 18~19세기 유럽 일각의 진보적 인사들은 미국의 표상이 된 '자유'에 호감을 품었다. 이탈리아의 마체이(Filippo Mazzei. 벤저민 프랭클린, 토머스 제퍼슨 등과 교류했던 인물) 같은 사람은 이미 1788년에 『미합중국의 역사와 정치에 관한 연구』(*Historical and Political Investigation of the United States*)에서 미국을 자유 정신(Free Spirit)의 구현자로 규정했다. 독일에서는 괴팅겐을 중심으로 미국 연구가 시작되었다. 그 초기 작업을 결산한 것이 에벨링(Christoph Ebeling)의 대저 『북아메리카의 지리와 역사에 대한 연구』(*North American Geography and History*, 7 vols., 1793~1816)인데, 이 책도 미국을 자유의 모국으로 보았다.[20] 토크빌의 『미국의 민주주의』는 1830년대 미국 정치와 미국 사회의 특성을 유럽인의 관점에서 정리한 것으로서, 외부인의 눈으로 미국의 이념과 제도를 해설한 고전으로 간주되고 있다.[21] 미국의 모국이기 때문에 역설적으로 미국 연구가 지지부진했던 영국에서는 1888년에 이르러서야 제임스 브라이스(James Bryce)의 『아메리칸 커먼웰스』(*The American Commonwealth*)가 출간되었다. 이 책은 토크빌의 책과 달리 행정부, 의회, 연방제, 정당 등 미국 정치의 제도 해설에 치중했다. 또 스테드(William T. Stead)는 1901년에 출간한 『세계의 미국화, 20세기의

---

19) Sigmund Skard, *The American Myth and the European Mind: American Studies in Europe 1776-1960* (Philadelphia, PA.: University of Pennsylvania Press, 1961), 16~17쪽.
20) 같은 책, 19~22쪽. 19세기 후반 이탈리아의 민족주의자 마치니나 가리발디 같은 인물도 미국을 유럽의 전제주의를 막을 방벽으로 보았고, 1825년 처형된 러시아의 데카브리스트 단원들이 미국 예찬론자라 하여 제정 러시아 정부는 미국에 관한 교육을 한동안 금지했다.
21) Alexis de Tocqueville, *Democracy in America*, tr. by G. Lawrence, and ed. by J. P. Mayer (Garden City, N.Y.: Doubleday & Company, 1969).

추세』(The Americanization of the World; or, the Trend of the Twentieth Century)라는 책에서 미국이 세계사를 움직이는 원동력이 될 것으로 예견했다. 제정 러시아의 미국 연구도 부진했다. 러시아 태생으로 미국에서 살다가 독일로 돌아와서 미국 헌정사를 집필한 홀스트(Hermann von Holst)와 러시아 태생이지만 파리(Ecole Libre des Sciences Politique)에서 미국 정당론을 집필한 오스트로고르스키(Moisey Yakovlevich Ostrogorsky)가 제정 시대 러시아의 미국 연구를 대표한다.[22]

20세기에 들어서서 미국 안팎에서 미국 사회와 미국 정치, 미국의 정신을 다룬 객관적 저술이 본격적으로 나오기 시작했다. 1차 세계대전을 전후한 시대에는 미국의 사회경제적 작동 방식과 미국인들의 사고 양식을 기록한 네덜란드의 역사가 호이징가(Johan Huizinga)[23]의 미국 관찰기가 있었고, 2차 세계대전 이후에는 미국인들의 사고와 행동 양식을 밝힌 논저들이 미국 국내에서 쏟아지기 시작했다. 해커(Louis Hacker)의 『미국적 전통의 형성』은 미국 사회의 특징을 신앙과 경영의 자유, 기회 균등, 약한 정부, 권력 분립, 강력한 중산층의 존재로 정리했고, 라스키(Harold

---

22) 헤르만 폰 홀스트의 *Verfassung Und Demokratic Der Vereinigten Staaten Von Amerika*는 여러 권으로 구성된 대작이다. 1876~1891년에 걸쳐 출간된 영어 번역본의 제목은 *The Constitutional and Political History of the United States*이다. 한편 모이제이 오스트로고르스키는 1902년에 파리에서 *La democratie et l'organisation des partis politiques*를 출간했다. 첫 영어 번역본은 이듬해인 1903년에 런던에서 *Democracy and the Organization of Political Parties*라는 제목으로 출간되었다. 19세기 중반에 미국 동부와 중서부를 여행한 러시아인 라키에(Lakier)의 아메리카 견문록은 미국 역사학자 헨리 스틸 커매저가 발굴해 출간했다. 이 책은 보스턴, 뉴욕, 볼티모어, 필라델피아에서 위스콘신, 일리노이, 미네소타에 이르는 지역의 풍물과 정치 관념, 인습을 러시아인의 눈으로 서술한 기행문이다. Aleksandr Borisovich Lakier, *A Russian Looks at America: The Journey of Aleksandr Borisovich Lakier in 1857*, tr. by Arnold Schrier and Joyce Story (Chicago, Il.: University of Chicago Press, 1979).
23) 『중세의 가을』로 알려진 호이징가는 1차 대전 중에 「미국인과 미국 대중」("Man and the Masses in America")이라는 강의록을 저술했고, 1926년에는 미국을 여행하면서 「미국의 삶과 사상」("Life and Thought in America")이라는 기록을 남겼다. 이 두 기록은 후일 영어 번역본으로 출간되었다. Johan Huizinga, *America: A Dutch Historian's Vision, from Afar and Near*, trans. by Herbert H. Rowen (New York: Harper & Row, 1972).

Laski)의 『미국 민주주의』는 미래 지향, 역동성, 숙명 의식, 거대한 것에 대한 외경, 개인주의, 개척 정신, 모호한 계급 의식, 저항적 정치 윤리 (anti-statism), 실용주의, 경험주의, 자조 정신과 이기심, 재산 관념, 근면 의식을 미국의 정신(American Spirit)으로 규정했다. 또 로빈 윌리엄스 2 세(Robin M. Williams, Jr.)의 『미국사회론』은 미국적 가치를 15개나 열거 했다. 이 가운데는 성취 의식, 도덕적 세계관, 효율성과 근면성의 숭상, 평등, 자유, 합리성뿐만 아니라 인종적 우월주의도 있다.[24] 미국인의 신 념(American Creed)을 다룬 커매저(Henry Steele Commager)의 『미국적 심성』과 뮈르달(Gunnar Myrdal)의 『미국의 딜레마』, 그리고 여론의 폭압 성과 이로 인한 고독을 미국 사회의 특징으로 본 사회학자 리스먼(David Riesman)의 『고독한 군중』도 출간되었다. 미국 역사학계도 이 대열에 참 여했다. 포터(David M. Potter)는 미국인과 미국 사회의 특징이 풍요함에 서 나온다고 봤고, 부어스틴(Daniel Boorstin)은 청교도 정신과 타협의 정신, 그리고 주어진 상황(givens)을 받아들이는 습성이 미국인의 특징 이라고 주장했다. 또 루이스 하츠(Louis Hartz)는 미국의 역사가 봉건 잔 재 없이 시작되었다는 사실에서 미국을 지배하는 자유주의의 근원을 찾 았고, 로버트 벨라(Robert Bellah)는 개인주의를 미국의 핵심 전통으로 보 았다.[25]

이처럼 20세기 초중반에 미국의 지식인들이 그려놓은 미국은 역사 적으로 특별한 조건을 갖고 있는 나라이며 그 조건 때문에 특수한 심성

---

24) Louis M. Hacker, *Shaping of the American Tradition* (New York: Columbia University Press, 1947); Harold Joseph Laski, *The American Democracy: A Commentary and an Interpretation* (New York: Viking Press, 1948); Robin M. Williams, Jr., *American Society: a sociological interpretation*, 3rd edn. (New York: Random House, 1970).
25) Robert Bellah 외, *Habits of the Heart: Individualism and Committment in American Life*, revised edn. (Berkeley, CA.: University of California Press, 1996).

과 정서를 갖게 된 나라다.[26] 미국의 뿌리인 유럽과 다른 예외적인 속성과 특징이 미국에 존재한다는 것이다.[27] 미국의 특수성을 강조하는 이런 지적 풍토는 미국이 제2차 세계대전 이후 경제적 번영을 누리면서 자유 세계의 지도자로 군림한 것을 정당화하는 것이었다. 그리고 냉전 초기의 미국 학계가 다른 나라에는 없는 미국적 예외성(American Exceptionalism)을 찾는 데 주력한 것은 자연스러운 현상이기도 했다.[28]

---

26) H. S. Commager, *The American Mind: An Interpretation of American Thought and Character since the 1880s* (New Haven, CT.: Yale University Press, 1959); G. Myrdal, *American Dilemma* (New York: Harper Collins, 1962); Herbert Croly, *The Promise of American Life*, reprinted edition (New Brunswick, N.J.: Transaction Publishers, 1993); D. Riesman, *The Lonely Crowd: A Study of the Changing American Character* (New Haven, CT.: Yale University Press, 1969); David M. Potter, *People of Plenty: Economic Abundance and the American Character* (Chicago, Il.: University of Chicago Press, 1958); Daniel Boorstin, *The Genius of American Politics* (Chicago, Il.: University of Chicago Press, 1953); Louis Hartz, *The Liberal Tradition in America: An Interpretation of American Political Thought since the Revolution* (New York: Harcourt, Brace and Company, 1955). 그리고 20세기 중반의 영국인 시각에서 미국을 본 대표적인 저술로 D. W. Brogan, *The American Character* (New York: Time Inc., 1956)와 *American Aspects* (New York: Harper& Row, 1964), 그리고 *Politics in America* (New York: Harper and Brothers, 1954)를 손꼽을 수 있다. 이들은 역사학, 정치 사상, 사회학, 지성사의 시각에서 미국의 특질을 논한 저술들의 일부에 불과하다. 앞으로 언급할 대부분의 논저들이 이러한 미국적 특징을 다룬 저술들이다. 참고로 '미국적인 것'(Americanism)과 '미국적 사고'(American Thought)를 다룬 논저들에 대해서는 Dennis Welland (ed.), *The United States: A Companion to American Studies*, 2nd edn. (London: Methuen, 1987), 133~135, 569~573쪽을 참조.
27) 독립혁명 시대부터 있었던 유럽의 미국 연구 역사를 다룬 것으로는 오슬로 대학의 미국 연구소(American Institute)가 1961년에 펴낸 *American Studies in Europe: Their History and Present Organizations*, 2 vols. (Philadelphia, PA: University of Pennsylvania Press) 가 고전적이다. 유럽 국가들의 미국 연구 경향을 통사적으로 정리한 것은 Sigmund Skard, *The American Myth and the European Mind*를 참조.
28) 원래 '미국의 예외성'이라는 개념은 상반된 두 가지 뜻으로 사용되었다. 식민 시대와 건국 직후의 미국인들은 유럽과 유럽인보다 미국인이 우월하다는 의미에서, 또 미국이 예외적인 우월성을 갖고 있다는 의미로 이 말을 사용했지만, 미국에 비판적인 유럽인들은 신대륙이 유럽보다 크게 열등하다는 점을 강조하려고 이 말을 사용했다. 신대륙이 구대륙보다 엄청나게 열악하고 신대륙에서는 유럽의 모든 것이 타락한다는 의미로 '미국의 예외성'을 사용한 사람이 18세기 유럽인 뷔퐁(Buffon), 디 파우(De Pauw), 레날(Abbé Raynal)이다. 이들은 미국에는 지저귀는 새도, 온순한 가축도 없고 사람들도 수명과 문화, 정력 면에서 유럽보다 열등하다고 주장했다. 특히 레날은 1770년에 펴낸 『서인도와 동인도 제도에서 유럽인이 정착하고 교역했던 그 철학적·정치적 역사』(*Philosophical and Political History of the Settlements and the Commerce*

여기서 우리는 다음과 같은 사실에 주목한다. 우선, 미국이라는 나라의 특질에 대한 논저들은 미국이 유럽이라는 뿌리에서 나왔지만 유럽과 다른 독특한 정치적 문명을 만들었다는 것을 전제하거나 그 결론으로 내세우고 있다. 이런 관점은 냉전 시대 미국 역사학과 미국 정치학의 준거로 작동했던 합의 이론(Consensus Theory)의 관점이다. 합의 이론이란 미국이 하나의 이념(자유주의든, 아니면 공화주의든)에 따라서 건국되었으며 또 그 이념을 실천해왔다고 보는 이론이다. 합의 이론은 미국을 유럽과 달리 계급 대립과 이념 대결이 없는 특별한 나라로 본다는 점에서 '애국적'인 이론이기도 하다. 앞에 소개한 논저들도 그 타당성 여부와는 상관없이 대부분 합의 이론의 관점에 선 것들이다. 이처럼 미국의 역사학과 정치학이 그린 미국의 초상은 미국의 시선으로 시작해서 끝났다는 점에서 전형적인 자화상이다. 자기 눈에 비친 자신만 그린 것이다.

선전에 대한 욕구는 소련의 미국 연구에도 방해가 되었다. 냉전 시대의 소련이야말로 미국 연구의 필요성이 절실했다. 그러나 미국의 정치와 외교를 자본주의의 발현으로 설명하느라고 미국 자본주의의 밑바닥에서 작동하는 이념과 정신을 놓쳤다. 특히 스탈린 시대의 연구는 미국 정치와 미국 외교를 철저히 경제에 종속된 것으로 취급했다. 흐루쇼프 시대에 접어들어 미국 정치의 자율성을 다소 인정하기 시작했지만 미국의 문명적 특수성이나 여타 자본주의 국가와의 변별성을 탐구하지는 않

in the Two Indies)라는 책에서 타락과 부패의 오수를 유럽에 쏟아붓고 있는 것이 미국이라고 비난했다. 미국의 예외성에 대한 18세기 논의에 대해서는 Marcus Cunliffe, "Formative Events from Columbus to World War I," in Michael P. Hamilton (ed.), *American Character and Foreign Policy* (Grand Rapids, MI.: William B. Edermans Publishing Company, 1986), 4~5쪽; A. M. Schlesinger, Jr., *The Cycles of American History* (Boston, MA.: Houghton Mifflin Company, 1986), 7~9쪽. 그리고 미국의 예외성을 인정하지 않으려는 마르크스의 이론, 남북전쟁에 대한 마르크스의 논평 및 관계 문헌에 대하여는 Robert Wiene, "Karl Marx's Vision of America: A Biographical and Bibliographical Sketch," *Review of Politics*, vol. 42, no. 4 (Oct. 1980), 465~503쪽을 참조.

왔다.[29)]

　미국 정치, 특히 미국 외교는 자본 이익의 실현 과정인 측면도 있다. 그러나 미국 정치와 외교 정책의 역사를 보면 그런 이익만 갖고 설명할 수 없는 현상이 많다. 또 자본의 이익을 반영하는 경우에도 미국의 세계관과 역사관을 배반하지는 않는다. 미국의 초상을 다시 그리려면 이 정신의 모습을 바깥에서 다시 봐야 한다. 이것이 미국 읽기의 시작이다.

---

29) 냉전 시대 소련의 IMEMO(세계 경제 및 국제 관계 연구소)와 U.S.A. Institute(미국 연구소. 나중에 러시아과학원 산하의 미국 및 캐나다 연구소[Институт США и Канады, ISKRAN]로 바뀌었다)가 중심이 된 소련의 미국 연구는 Neil Malcolm, *Soviet Political Scientists and American Politics* (London: Macmillan Press, 1984), 그리고 Morton Schwartz, *Soviet Perceptions of the United States* (Berkeley, CA.: University of California Press, 1978)를 참조. 소련의 미국관에 대해서는 F. Griffiths, "The Sources of American Conduct: Soviet Perspectives and Their Policy Implications," *International Security*, vol. 9, no. 2 (1984); N. Malcolm, "Soviet Interpretations of American Politics: A Case of Convergence," *British Journal of Political Science*, 12 (1982)를 참조할 것.

제2장

이론의 바탕

2-1. '합의 패러다임'

미국은 독특한 나라다. 국가를 먼저 만든 다음에 국민이 형성되었다는 점, 그것도 이민의 유입과 노예 해방 같은 독특한 과정을 거쳤다는 점부터 그렇다. 전쟁보다는 매입의 방식으로 추진된 영토의 확장 과정도 독특하다. 유럽에 뿌리를 두었지만 전면적 계급 대립과 사회 혁명이 없었다는 점, 광활한 '서부'가 있었다는 점, 모든 것을 상업화시키면서도 공적 윤리는 상업주의를 배척하는 이중성, 자유와 평등을 법과 권리의 문제로 귀결시키는 관행도 독특하다. 대부분 기술적이고 세부적인 조항을 건드린 27개의 수정 조항을 제외하면, 230년이 지나도록 토씨 하나 안 바꾸고 최초의 성문 헌법을 보존하고 있는 것도 미국의 특징이다. 근대의 산물로만 알려진 미국의 권력 분립이 공화국 시대 로마의 정치 제도를 재현한 것이라는 사실도 흥미롭다. 1790년대부터 지금까지 양대 정당(또는 정파) 체제가 흔들린 적이 없다는 사실도 특이하다. 무엇보다도 18세기 말부터 21세기에 이르도록 단 한 번의 예외도 없이 헌법에 따라 정해진 날짜에 제사 지내듯 선거를 치러온 기록[1]은 다른 나라에서는 찾기 힘들다.

이 다양하고도 독특한 현상을 만들어낸 것은 미국을 만들고 이끌어온 집단 정신이다. 이 집단 정신은 미국인들이 자신과 세계 그리고 역사를 바라보는 인식의 창[2]이며, 그들은 이 창을 통해 정치적 경험을 학습하고 축적해왔다. 이 집단 정신 또는 인식의 창이 미국의 정치 문명이다. 미국의 정치 문명은 미국의 독특한 세계관과 역사관을 만들었고 정치적 제도와 인습을 만들었다. 공화주의, 자유주의, 칼뱅주의로 구성된 미국의 정치 문명은 반反평등의 철학, 선민 의식, 메시아니즘을 낳았다. '원래의 체제'로 되돌아가는 것이 진보라고 믿는 회귀 본능의 진보관도 낳았다. 미국 민주주의의 현수막 뒤에서는 이처럼 독특한 신념과 정치적 인습으로 가득 찬 보수적 정치 문명이 작동해왔다.

20세기 이후 미국 역사학계의 미국 연구 경향은 크게 봐서 네 가지다.[3] 19세기 말부터 제2차 세계대전까지 유행한 혁신주의 역사학(Progressive Historiography), 냉전 초기와 중기를 주도한 합의 사학合意

---

1) 미국 시민에게는 단순한 투표 행위도 민주주의 신화를 뒷받침하는 의식(ritual)이다. 미국에서 선거는 공직자를 뽑는 데서 끝나지 않고 공직자의 태도와 행동에 영향을 끼친다. 미국의 선거 민주주의는 미국의 사회과학이나 정치적 용어에도 반영된다. 사회과학의 대상인 '사람'을 모두 똑같은 '1'로 계량화하는 계량적 접근법은 선거 민주주의가 낳은 것이다. 각 주가 연방 의회에 보내는 하원의원의 수를 정하기 위해 10년마다 전국 인구 센서스를 실시하도록 연방헌법에 규정한 것(제1조 제2항)도 선거 정치의 계량주의를 반영한다. 미국 정치에서 계급(class) 대신 다수(majority)와 소수(minority)라는 개념이 중심이 되는 것은 이 때문이다. Judith Shklar, *Redeeming American Political Thought*, ed. by Stanley Hoffmann and Dennis F. Thompson (Chicago, Il.: University of Chicago Press, 1998), 2~5쪽.
2) 미국 연구자들은 이것을 미국적 심성(American mind), 미국적 태도(American attitude), 미국적 인식(American perception), 미국적 특질(American trait)로 부른다.
3) 1920년대 이후 미국 역사학의 역사(historiography)에 대해서는 James M. Banner (ed.), *A Century of American Historiography* (New York: Saint Martin's Press, 2009)를 볼 것. 미국사의 분야별 연구 경향은 다음을 참조할 것. Eric Foner and Lisa McGirr, *American History Now* (Philadelphia, PA.: Temple University Press, 2011).

史學(Consensus History, Consensus Historiography), 1960년대부터 1980
년대까지 유행한 뉴레프트 역사학(New Left Historiography), 그리고 미
국의 신보수화가 본격화된 1980년대에 대두한 신보수 역사학(Neo-
Conservative Historiography)이다.

이 가운데서 미국 정치의 토대 사상과 정신을 찾아내고, 미국 역사를
이 사상의 실현 과정으로 보는 것이 합의 사학이다. 냉전 초기에 합의 사
학을 주도한 사람들의 역사관을 합의 패러다임(Consensus Paradigm)이
라고 하는데, 합의 패러다임은 독립혁명 이후의 미국 정치가 합의된 단
일 이념을 실천한 것이며, 미국의 정치적 투쟁도 합의된 이념의 실천 방
법을 둘러싼 것에 불과하다고 봄으로써 미국의 예외성[4]과 우월성을 입
증하려고 했다.

이 책의 출발점은 20세기 미국의 역사학과 정치학이 합의된 나라로
그려놓은 미국의 자화상이다. 공유하는 기억도 없고 혈연 네트워크도 없
기 때문에 공유하는 이념을 나라의 정체성으로 삼으려고 하는 합의 콤플
렉스 자체가 미국의 특징이기 때문이다. 또 식민지 아메리카를 처음부터
장악한 앵글로색슨의 전통을 중시하는 합의 패러다임의 자화상은 현대
미국의 밑그림이기도 하다.

합의 패러다임이라는 틀 안에서 미국의 정체성(American Identity)과
건국 이념(Founding Ideology)에 대한 연구가 축적되어왔기 때문에[5] 이

---

4) 1940~1960년대의 미국 역사학과 사회과학은 미국적 삶의 특징, 유럽과 비교한 미국 사회
의 특징을 강조했다. 이렇게 함으로써 토크빌이 말한 "미국인들의 아주 예외적인 성향"("The
position of the Americans is therefore quite exceptional")을 '미국의 예외성'이라는 개념
으로 전환했다. Jack P. Greene, *The Intellectual Construction of America: Exceptionalism
and Identity from 1492 to 1800* (Chapel Hill, N.C.: University of North Carolina Press,
1993), 4~5쪽. 미국 사회과학의 역사와 그 특징을 '미국 예외론'이라는 관념과 결부시켜 해설한
것으로 Dorothy Ross, *The Origins of American Social Science* (New York: Cambridge
University Press, 1991)를 참조.
5) 근래의 것은 아니지만 1950년대까지의 미국 사학사를 정리한 것으로는 J. Higham, *History:*

38

틀 안에서 그린 미국의 자화상을 비판적으로 살펴보는 것은 불가피하다. 다만 사상과 이념의 역사는 지성사와 이념사의 영역에 속하기 때문에 다음과 같은 문제가 있다. 지성사는 엘리트들의 지적 전통은 다루지만 일반 대중의 이념적 정향에 대해서는 상대적으로 무지하다. 그렇기 때문에 지성사를 통해서 미국이라는 '나라'의 정신적 표준을 식별하거나 그 정치 문명의 실체를 발견하기는 어렵다는 비판이 가능하다.[6]

그러나 정치 엘리트든 아니든 한 나라의 국민은 기억과 심리의 공동체(Community of Mind and Memories)에 소속된다. 그리고 그 나라만의 국가적 현상(National Phenomenon)과 국민적 성향(National Orientation), 또 국민적 담론(National Discourse)과 행위 패턴(Pattern of Behaviour)을 생산한다.[7] 그래서 일정 시공간時空間에서 발생하는 정치적 언사와 행위는 그 시공간에 만연한 정치적 사고와 이념, 욕구, 비전(vision)을 모르면 제대로 이해할 수 없다.[8] 예컨대 특정한 정치적 행태를 설명하려면 그 저변에 깔린 에토스, 즉 세계관, 역사관, 가치관을 알아야 한다. 그렇지 않으면 정치적 행위의 무의식이 기록된 심리적 블랙박스를 해독할 수 없다.[9] 제도 분석과 사회경제적 동기 분석만으로는 왜 '그 제도'를 선호하고 왜 '그 이익'을 이익으로 인식하는지 설명할 수 없기 때문이다.

Professional Scholarship in America (Baltimore, MD.: Johns Hopkins University Press, 1965)를 참고할 것. 미국 국사학의 전개 과정을 간결하게 서술한 것으로는 이보형, 「미국사 연구의 변천」, 이보형 외, 『미국사 연구서설』(일조각, 1984), 1~16쪽도 참조할 것.

6) 다음을 참조. Rush Welter, "On Studying the National Mind," in John Higham and Paul K. Conkins (ed.), *New Directions in American Intellectual History* (Baltimore, MD.: Johns Hopkins University Press, 1979), 64, 76쪽.

7) Karl W. Deutsch, *Nationalism and Social Communication: An Inquiry into the Foundations of Nationality*, 2nd edn. (Cambridge, MA.: MIT Press, 1969), 95~96쪽.

8) Quentin Skinner, "Meaning and Understanding in the History of Ideas," *History and Theory*, vol. 8 (1969), 3~39쪽.

9) Robert F. Berkhofer, Jr., *A Behavioral Approach to Historical Analysis* (New York: Free Press, 1969)를 참조.

합의 패러다임에 기초한 미국의 자화상은 크게 두 가지다. 제3장에서 다루겠지만, 근대 자유주의가 처음부터 미국의 국민 이념으로 존재해왔다고 보는 것이 자유주의 합의 사학이다. 자유주의 합의 사학에 반기를 들고 고대 공화주의를 미국의 토대로 거론한 것이 공화주의 합의 사학이다. 이 두 합의 사학은 학설로서는 충돌하지만 미국 역사의 실제를 보면 상호 보완적이다. 즉 미국은 자유주의의 나라인 동시에 공화주의의 나라다.

여기에 식민지 아메리카, 특히 버지니아와 함께 미국 정치의 원산지가 된 뉴잉글랜드를 장악한 퓨리터니즘(Puritanism. 칼뱅주의)이 섞이면서 본원적 보수성이 뚜렷한 정치 문명을 만들었다. 세속 정치 사상인 자유주의와 공화주의가 칼뱅주의라는 종교 사상과 상호 작용함으로써 보수적 역사관과 세계관이 탄생한 것이다. 이 보수성이 건국 이후 지금까지 미국의 정치와 외교를 이끌어왔다. 미국 정치 문명의 태생적 보수성을 이해하면 자유와 평등의 나라를 표방하면서 독립 이후 100년 가까이 노예 제도를 존속시킨 모순, 국제 정치를 선과 악의 대결로 보는 도덕 외교를 구사하면서도 외교적 실천에서는 세속적인 모순, 자신의 도덕 기준을 바깥 세계에 일률적으로 적용하는 '선의의 독선'이 더 이상 모순이 아니라는 것을 알 수 있다. 또 정치 문명의 차원에서 보면 링컨, 윌슨, 프랭클린 루스벨트, 존슨의 미국과 조지 W. 부시, 트럼프의 미국은 같은 미국이다. 정의와 도덕, 오만과 독선 둘 다 미국이라는 보수적 정치 문명의 얼굴이기 때문이다.

미국의 정치 문명을 추론해가는 과정은 다음과 같다.

첫째, 미국 정치와 미국 외교는 제도 분석과 사회경제 이론만으로 설명하기 어렵다. 고대 공화주의와 근대 자유주의가 칼뱅주의와 섞여서 만들어진 독특한 정치 문명을 알아야 한다. 미국처럼 국가의 구성을 기획한 나라에서는 기획의 의도와 정신이 국가의 정체성이다. 따라서 미국의 본성을 파헤치는 데는 제도적, 실증적 접근보다 직관과 추론이 더 유용하다.

둘째, 국가의 정체성을 뚜렷한 이념에서 찾으려는 강박증은 공동의 혈연과 기억이 없는 미국의 특징이다. 그런데 합의 패러다임이 강조하는 이념은 자유주의 합의 사학이 주장하는 존 로크(John Locke)의 자유주의만도 아니고 공화주의 합의 사학이 주장하는 고전적 공화주의(Classical Republicanism) 또는 공민적 인본주의(Civic Humanism)만도 아니다. 미국 정치와 미국 외교를 끌어온 이념과 정신은 여럿이다.

셋째, 자유주의 합의 사학과 공화주의 합의 사학은 각각 자유주의의 사적 이익(private self-interest)과 공화주의의 공동체주의(communitarianism)를 미국 정치의 모티프로 지적한다. 그런데 개인의 이익 추구와 공동체의 덕성(virtue) 윤리는 본질적으로 타협하기 어렵다. 그래서 사익 이념과 공익 이념은 팽팽한 긴장 관계를 형성한다. 이 긴장이 한 번씩 폭발하면서 정치사회적 개혁을 초래한다. 사익을 추구하는 근대인으로 공익을 앞세우는 고대의 공화주의를 실천해야 하는 모순 때문에 미국 정치의 독특한 패턴으로 굳은 주기적 개혁이 반복된다는 말이다.

넷째, 처음부터 미국인들의 시민 종교(Civil Religion)였던 칼뱅주의가 자유주의와 공화주의에 함께 녹아들어 미국의 보수적 정치 문명을 완성했다. 나는 이 보수적 정치 문명을 보수적 아메리카니즘(Conservative Americanism)으로 부른다. 이 개념은 미국이라는 나라의 역사적 성향이 본질적으로 보수성을 띤다는 것을 강조하는 것이다. 그렇기 때문에 1950년대의 자유주의 합의 사학자들이 '보수화된 자유주의'를 가리키는 말로 쓴 미국적 보수주의(American Conservatism)나 자유주의적 보수주의(Liberal Conservatism)와는 다른 개념이다. 보수적 아메리카니즘은 자유주의뿐만 아니라 공화주의, 칼뱅주의를 모두 포함하는 개념이며, 미국의 보수는 물론 개혁과 진보도 보수적 정치 문명의 틀에 갇힌 보수적 개혁과 미시적 진보라는 것을 드러내기 위한 개념이다.

다섯째, 미국의 정치 문명 즉 보수적 아메리카니즘은 미국 외교의 정신적 틀이 되었다. 특히 칼뱅주의와 공화주의에 공통된 선민 의식과 엘리트주의, 자유주의와 공화주의의 모순이 만들어낸 팽창 성향은 미국을 제국의 길로 이끌었다. 영토 제국을 완성한 19세기의 미국과 이념 제국의 길을 닦은 20세기 초의 미국을 거쳐 군사 제국과 경제 제국을 완성한 현대 미국에 이르기까지 미국의 정치 문명은 미국 외교를 제국의 길로 인도했다.

이상의 추론은 미국처럼 인간의 의지와 담론으로 설계된 나라를 알기 위해서는 그 나라의 제도와 행위를 생산한 정신의 구조를 파악해야 한다는 믿음에서 출발한다. 미국을 하나의 '문명'으로 본 맥스 러너의 다음 인용문도 이런 믿음을 깔고 있다.

> "인간과 마찬가지로 하나의 문명은 그것을 구성하는 요소들을 모두 다 합친 것 이상이다. 한 사람의 모습을 묘사하고 그의 인생 역정을 소개하고, 그가 지금 어디서 어떻게 사는지를 설명하고, 그가 속한 계급과 집단, 그리고 그의 윤리관과 정치 활동을 정의할 수 있다 한들 그 인간 자체를 파악할 수는 없다. (……) 문명도 마찬가지다. 하나의 문명을 만든 사람들(people), 그 군대, 기술, 경제, 정치, 예술, 지방과 도시들, 신분제와 계급, 관습과 도덕에 관해 전부 다 서술해도 여전히 파악할 수 없는 그 무엇이 있다. 그것은 곧 그 문명의 내적 양식(inner civilization style)이다."[10]

---

10) Max Lerner, *America as a Civilization: Life and Thought in the United States* (New York: Simon and Schuster, 1957), 3쪽.

2-2. 보수적 아메리카니즘

보수와 진보는 상대적이다. 오늘의 진보가 내일의 보수다. 다만 특정 시점에서는 보수와 진보가 서로 다르다. 현대 미국의 이념적 스펙트럼에서도 진보와 보수는 서로 다르다. 그렇다면 미국의 정치와 외교의 역사 전체를 '보수'라는 단일 형용사로 묶는 것은 무리다.

그러나 보수성과 진보성을 두루 갖고 있는 미국의 정치와 외교의 바탕에 보수적 세계관과 회귀적 에토스가 깔려 있다면, 또 그것이 미국의 진보에 일정한 한계를 설정하고 울타리를 치고 있다면 미국 정치 문명의 궁극적 속성은 분명히 보수다. 자세히 보자.

형성기의 미국은 당시의 기준으로 봐서 진보와 자유(Liberty, Freedom)의 나라였다. 그리고 식민 시대를 포함한 400여 년의 미국사를 보면 진보 지향성이 내면화되어 있다는 점을 부정할 수 없다. 즉 현실을 타개하는 개혁의 능력은 미국의 분명한 특징이다. 예컨대 미국을 특별한 나라로 믿고 미국 예외론[11]을 신봉하는 사람들은 미국이 근대 이후의 세계사에서 상대적으로 개혁 속도가 빨랐던 이유를 두 가지 역사적 조건을 들어 설명한다. 하나는 유럽과 같은 봉건제의 유산을 청산하는 부담 없이 국가를 만들 수 있었다는 것이다. 다른 하나는 미국이 애초부터 유럽적 전통에 반발했던, 당시 기준으로 보면 혁명적 인적 구성에서 출발했다는

---

11) 미국 예외론(American Exceptionalism)이라는 말이 개념으로 정착한 것은 1920년대 무렵 스탈린주의자들이 미국을 마르크스 역사 발전 법칙이 적용되지 않는 예외적인 나라로 빗댄 후다. 그런데 2차 대전 이후에는 미국을 같은 기독교 문명권의 서유럽와 구별하고 특별한 나라로 과장하는 경향이 미국 지식 사회에 등장하게 되고, 이후 미국 예외론은 미국 역사학과 정치학의 세계관에 깔린 이데올로기가 되었다. Daniel T. Rodgers, "Exceptionalism," in Anthony Molho and Gordon S. Wood, *Imagined Histories: American Historians Interpret the Past* (Princeton, N.J.: Princeton University Press, 1998), 23쪽.

것이다.[12] 미국 연방제가 개혁을 쉽게 만들었다고 보는 시각도 있다. 각 주의 주권을 최대한 인정한 연방제 덕분에 각 주별로 실험적 입법이 가능했고, 이것이 중앙 집권 체제 아래서 불가능한 역동적 개혁 모티프를 제공했다는 지적이다.[13]

그런데 문제는 개혁 여건이 유럽에 비해 성숙했다는 사실이 개혁의 속도는 보장하지만 개혁의 폭까지 보장한 것은 아니라는 점이다. 미국의 개혁은 어디까지나 기존의 사회정치적 틀 안에서의 개혁이었고 혁명적 사회 변혁은 서유럽보다 더 힘들었다. 여기에는 몇 가지 요인이 있다. 먼저 토지 재산이 보편화되었다는 물리적 조건은 사회의 혁명적 변혁을 방지하는 요인이 되었다. 미국의 정치 제도도 비슷한 작용을 했다. 에머슨(Ralph Waldo Emerson)은 미국의 입법 과정과 자치 제도 자체가 이미 영구적인 반란이기 때문에 정치적 불만의 축적이 불가능했다고 지적한 바 있다. 대다수의 미국인이 가졌던 중산층 의식, 미래가 보장된다는 믿음, 표현과 결사의 자유도 혁명적 기운이 축적되는 것을 막았다. 한마디로 말해서 미국인들은 혁명보다 개혁을 선호했다. 자유와 혁신을 표방하면서도 정치적 보수성이 짙은 나라가 된 것은 이런 사정 때문이다. 그래서 자유주의 합의 사학자들은 미국의 자유주의를 혁명과 담을 쌓은 자유주의적 보수주의(Liberal Conservatism)로 부르기도 했다.

보수적 아메리카니즘의 보수는 정치적 보수주의와 다르다. 프랑스 대혁명의 급진성에 대한 에드먼드 버크(Edmund Burke)의 비판으로 시작된 서유럽의 정치적 보수주의는 역사, 전통, 이성, 권위, 국가 권력, 인습(prejudice)을 중시하고 사회와 국가의 생물-유기체적 속성을 강조한

---

12) Arthur M. Schlesinger, *The American as Reformer* (Cambridge, MA.: Harvard University Press, 1968), 6~7쪽.

13) James Bryce, *The American Commonwealth*, 2 vols. (London: Macmillan and Co., 1891), 344~345, 506쪽; A. M. Schlesinger, *The American as Reformer*, 21~22쪽.

다.[14) 따라서 반드시 자본주의의 시장 윤리를 정당화한 것은 아니다. 그런데 이 서유럽 보수주의는 미국에 수입된 이후 두 갈래로 진화했다. 하나는 자유시장주의 내지 자유방임주의를 지지하는 개인주의적 보수주의(Individualist Conservatism)다. 다른 하나는 사회의 유기적 통일성과 전통을 중시하는 유기체적 보수주의(Organic Conservatism)다.[15) 둘 다 대체로 시장에 대한 국가의 개입에 반대하고 자유와 평등의 공존을 불신하며, 미국의 원초적 정신을 그리워하면서 전통을 숭배하는 회귀 성향을 보여왔다.

반면 보수적 아메리카니즘의 보수는 진보의 반대 개념이 아니라 자유주의, 공화주의, 칼뱅주의가 융합되면서 생성된 근원적 보수성이다. 제5장에서 다루겠지만, 이 근원적 보수성의 좋은 예가 고대의 혼합 정체론을 구현한 미국의 연방헌법이다. 미국의 독립 정신과 건국 정신에 내장된 공화정의 원형에 대한 경배 의식도 미국 정치 문명의 근원적 보수성을 보여준다.

미국의 진보적 측면도 보수적 아메리카니즘의 산물이라는 것을 보여주는 사례가 있다. 현대 미국 정치에서 진보(Liberalism)의 기틀을 놓은 프랭클린 루스벨트 대통령의 뉴딜(New Deal)과 1960년대에 절정에 달했던 미국 민주당의 평등주의가 미국의 정치 문명에 내장된 근원적 보수성의 산물이라는 사실이다. 원래 애덤 스미스(Adam Smith)의 자유방임 사상과 존 로크의 저항 사상에서 기원한 근대 자유주의는 도덕 철학이었다. 그러나 서서히 개인의 권리와 재산에 대한 국가의 간섭을 배격하는

---

14) Robert Nisbet, *Conservatism: Dream and Reality* (Minneapolis, MN.: University of Minnesota Press, 1986), 23~46쪽.

15) Kenneth M. Dolbeare and Patricia Dolbeare, *American Ideologies: The Competing Political Beliefs of the 1970s*, 3rd edn. (Boston, MA.: Houghton Mifflin Company, 1976), 56~70쪽.

개인주의로 변질되었다. 특히 남북전쟁 이후 미국 산업 자본주의의 급격한 팽창기에는 무제한 경쟁과 심화되는 불평등을 정당화하는 자본의 이념으로 보수화했다. 이렇게 되자 보수화한 자유주의[16]와 그 반대편의 사회주의를 둘 다 배격하는 개혁적인 신자유주의(New Liberalism, Reform Liberalism)가 19세기 말부터 20세기 초에 등장했다.[17] 당시의 신자유주의는 탈냉전 시대의 신자유주의(Neo-Liberalism)와는 전혀 다른 것인데, 쉽게 말하면 고삐 풀린 자본주의에 대한 윤리적 제동이었다. 윌리엄 제닝스 브라이언(William Jennings Bryan)이 주도한 19세기 말 미국의 혁신주의(Progressivism)와 시어도어 루스벨트(Theodore Roosevelt) 대통령의 반트러스트 정책이 개혁 신자유주의에 속한다. 또 프랭클린 루스벨트의 뉴딜 정책도 개혁 신자유주의의 연장선상에 있다. 그리고, 경제적·사회적 불평등을 시정하기 위해서는 강력한 국가의 개입이 불가피하다는 믿음에 바탕을 둔 뉴딜의 정신은 그 절정을 이룬 1960년대에 미국 민주당이 밀어붙인 다양하고도 급진적인 평등 정책으로 나타났다.

중요한 것은 현대 미국의 진보(리버럴리즘)가 개혁 신자유주의와 뉴딜에서 기원했다는 사실이다. 사익 이데올로기로 전락한 자유주의를 공화주의의 공익 이데올로기로 제어하려는 욕구가 미국적 진보의 본질이 된 것이다[18] 이처럼 고삐 풀린 자본주의에 대한 도덕적 제동일 뿐, 유럽식

---

16) 이미 당시 미국의 보수주의는 자본주의적 불평등을 자유방임의 윤리로 정당화한 자유주의와 보수적 체제 유지를 선호한 보수주의의 혼합물, 즉 '자유주의적 보수주의'(Liberal Conservatism) 또는 '보수화된 자유주의'였다.

17) Dorothy Ross, "Liberalism," in J. P. Greene (ed.), *Encyclopedia of American Political History: Studies of the Principal Movements and Ideas*, 3 vols. (New York: Charles Scribner's Sons, 1984), 750~762쪽을 참조.

18) R. Jeffrey Lustig, *Corporate Liberalism: The Origins of Modern American Political Theory 1890~1920* (Berkeley, CA.: University of California Press, 1986), 13~36쪽. 뉴딜 리버럴리즘이 공동체를 중시하는 집체 자유주의(Corporate Liberalism)에 가깝다는 말은 이런 뜻이다.

사회주의는 아니라는 점에서 현대 미국의 진보는 보수적 정치 문명이 낳은 보수적 진보다. 그뿐만이 아니다. 미국 정치 문명은 뉴딜을 잉태하기도 했지만 뉴딜을 '급진'으로 여길 만큼 보수적이다. 서유럽에서는 시민적 자유를 뜻하는 리버럴(liberal)이 미국에서는 급진의 뉘앙스를 얻게 된 것인데, 이것도 미국 정치의 사상적 기준점이 유럽보다 우측에 있다는 사실을 단적으로 말해준다.

미국의 정치 문명을 보수적 아메리카니즘으로 보는 또 다른 이유가 있다. 반反국가, 반권력, 자유방임, 경제적 불평등, 적자생존을 자유의 당연한 결과로 보는 자유주의 사상은 공화주의의 자연 분화론(natural differentiation) 및 반反평등주의와 합치된다. 칼뱅주의의 차등 구원差等救援 교리와 위계적 세계관은 공화주의의 위계적 정치 이념과 합치된다. 이 세 줄기 이념이 가진 각각의 보수성을 합체하는 과정에서 형성된 것이 미국 정치의 정신 세계라면 그 이름은 보수적 아메리카니즘이 적당하다.

보수적 아메리카니즘에는 자유주의와 공화주의의 모순, 또는 사익 이념과 공익 이념의 갈등이 내장되어 있다. 1830년대의 잭슨 민주주의, 20세기 초의 혁신주의와 뉴딜, 그리고 1960년대의 급진적 리버럴리즘과 같은 개혁 운동을 포함해서 미국 역사에서 반복해서 나타난 개혁 운동은 자유주의와 공화주의의 모순이 폭발한 것이다. 사회주의가 유독 미국에서만 세력을 얻지 못한 점, 그리고 미국 노동 운동이 드러내온 보수적 속성은 미국의 정치 문명에 내장된 근원적 보수성을 직시해야 설명할 수 있다.

이처럼 보수적 아메리카니즘은 자유주의, 공화주의, 칼뱅주의가 상호 작용하면서 형성된 미국의 근원적 보수성을 지칭하는 개념이기 때문에 미국의 보수주의(Conservatism in America)나 미국 역사학계가 한때 즐겨

쓴 미국적 보수주의(American Conservatism)와는 다른 차원의 개념이다.[19]

끝으로, 보수적 아메리카니즘은 기존 분석틀의 한계를 보완할 대안이 될 수 있다. 미국 정치에 관한 전통적 분석틀은 크게 봐서 세 가지다.[20] 첫째, 계급 갈등을 중심으로 설명하는 방식(Class Conflict Theory)이다. 이것은 건국 시대의 연방파에서 20세기 초의 혁신주의로 이어진 이론 (Federalist-Progressive Theory)이다. 존 애덤스(John Adams)와 알렉산더 해밀턴(Alexander Hamilton) 등 초기 연방파, 20세기 초의 찰스 비어드 (Charles Beard)와 버넌 패링턴(Vernon Parrington)을 비롯한 혁신주의 사가들은 미국을 부자와 빈자라는 두 집단으로 구성된 사회로 보았다. 또 20세기 중후반의 밀스(C. W. Mills)와 돔호프(G. William Domhoff)도 소수의 경제 엘리트가 미국을 지배해왔고, 이들이 미국의 주요 정책을 결정한다고 분석했다.[21] 소수 엘리트의 자본 이익이 미국의 냉전 정책을 이

---

19) 미국적 보수주의(American Conservatism)라는 개념은 이미 클린턴 로시터 같은 1950년대 미국 역사학자들이 사용했다. 이들은 미국의 이념적 토대인 자유주의가 보수화하면서 생긴 '자유주의적 보수주의'(Liberal Conservatism)를 가리키기 위해 이 말을 만들었다. '미국적 보수주의'의 의미는 다음을 참조할 것. Clinton Rossiter, *Conservatism in America* (New York: Alfred A. Knopf, 1955), 16~18, 232~234, 311~314쪽.

20) 계급 갈등 이론, 다원주의 이론, 합의 이론으로 미국의 분석틀을 나눈 것은 헌팅턴의 구분을 참조한 것이다. S. P. Huntington, *American Politics: The Promise of Disharmony* (Cambridge, MA.: Belknap Press of Harvard University Press, 1981), 5~9쪽. 미국 역사학자들이 즐겨 쓴 합의 패러다임을 제외하면 미국 정치의 분석틀은 다수결 선거 민주주의론 (Majoritarian Electoral Democracy), 경제 및 엘리트 지배론(Economic-Elite Domination), 다수결주의 다원론(Majoritarian Pluralism), 편파적 다원론(Biased Pluralism)으로 나뉘기도 한다. Martin Gilens and Benjamin I. Page, "Testing Theories of American Politics: Elites, Interest Groups, and Average Citizens," *Perspectives on Politics*, vol. 12, Issue 3 (Sept. 2014), 564~581쪽.

21) C. Wright Mills, *The Power Elite* (New York: Oxford University Press, 1956); G. William Domhoff, *Who Rules America?* (Englewood Cliffs, N.J.: Prentice-Hall, 1967); *Who Rules America Now? -A View for the '80s* (Englewood Cliffs, N.J.: Prentice-Hall, 1983); *Who Rules America: The Triumph of the Corporate Rich*, 7th edn. (New York: McGraw-Hill, 2013).

끌었다고 본 미국의 뉴레프트 외교사[22)는 이 틀을 미국의 외교에 적용한 것이다. 흔히 좌파 분석틀로 통하는 이 틀에 따르면 미국의 정치도 부와 권력을 얻기 위한 투쟁에 불과하기 때문에 미국은 특별한 나라도 아니고 예외적인 나라도 아니다.

둘째, 다원주의 방식(Pluralist Paradigm)이다. 이 틀은 사회 집단과 이익 집단들 간의 수평적 경쟁이 미국 정치의 본질이라고 본다. 18세기 말 제임스 매디슨(James Madison)의 에세이 「연방주의자 제10호」("The Federalist, No. 10")가 그 시초다. 이 틀에 따르면 이익이 상충하는 사회 집단과 사회 세력이 다양한 미국에서는 상호 간의 경쟁과 견제가 이익의 균형을 유지한다. 따라서 소수가 권력과 이익을 독점하는 것이 불가능하다. 20세기 초의 아서 벤틀리(Arthur Bentley)와[23) 20세기 중반의 데이비드 트루먼(David Truman)도[24) 미국을 다원주의 국가로 본 대표적 이론가다. 이 틀은 미국 정치의 정태적이고 기능적인 측면은 설명할 수 있지만 미국 정치의 동태, 즉 주기적으로 미국을 강타해온 개혁주의와 도덕주의는 설명할 수 없다.

셋째, 합의 이론(Consensus Theory) 또는 합의 패러다임(Consensus Paradigm)이다. 이 틀은 일찍이 토크빌의 『미국의 민주주의』가 예시한 바 있다. 합의 패러다임은 뱅크로프트를 위시한 19세기 미국의 애국주의 역사학자들로부터 냉전 시대의 호프스태터(R. Hofstadter), 벨(D. Bell), 포터 (D. M. Potter), 부어스틴(D. Boorstin), 립셋(S. M. Lipset)과 같은 역사학자, 정치학자, 사회학자들로 계승되면서 미국을 설명하는 틀로 자리 잡았다.

---

22) G. Kolko와 W. A. Williams 등이 제시한 냉전 기원에 관한 수정주의 이론.

23) Arthur F. Bentley, *The Process of Government: A Study of Social Pressures* (Chicago, IL: University of Chicago Press, 1908).

24) David B. Truman, *The Governmental Process: Political Interests and Public Opinion* (New York: Alfred A. Knopf, 1951).

미국을 자유주의의 화신으로 보는 이 틀은 봉건 잔재의 부재, 광활한 프런티어(frontier)의 존재, 노동력의 희소성, 고도의 사회적 유동성(social mobility)처럼 유럽과 다른 역사적 조건이 미국을 중산층의 나라로 만들었다고 설명한다. 또 미국에서 안정적 양당제가 유지되고 이념적 대립이 유럽보다 덜한 것은 모든 갈등이 자유주의의 테두리 안에서 일어나기 때문이라고 본다. 그러나 혁명과 사회주의의 부재는 이 틀로 설명할 수 있지만 사회정치적 갈등이나 개혁의 욕구가 유럽보다 결코 덜하지 않은 현상을 설명할 수 없다.

이상의 분석틀은 모두 갈등의 구조 아니면 합의의 상태를 중시한다. 즉 정태적 접근법(static approach)이다. 구조와 정신을 불변의 상수로 보는 것이다. 또 합의 이론을 제외하면 정치의 경제적 요인을 과대평가한다. 계급 갈등 이론은 물론, 다원주의 이론도 지역·직업·산업 집단별 이해 관계의 경쟁과 충돌을 중시하기 때문이다. 반면에 합의 패러다임은 변치 않는 단일 이념으로 미국 정치를 설명하지만, 이 이념적 합의가 경제적 갈등까지 완전히 없앨 수 없다는 점을 외면하고 있다.

정태적 방식으로는 미국 정치의 역사적 추세와 그 동력을 설명하기 어렵다. 미국을 다원주의나 계급 갈등의 틀에 가둬버리면 일정한 주기로 반복되는 개혁과 진보를 건국 시대의 정신으로 되돌아가려는 회귀 본능의 표현으로 파악할 수 없게 된다. 이익과 함께 미국 외교를 끌어온 실체인 메시아적 비전과 도덕주의 콤플렉스도 설명할 길이 없다. 자유주의 합의 사학이 그나마 낫다. 합의된 이념의 실천 방식을 둘러싸고 정치적 대결과 변화가 전개된다는 동태적 분석이 가능해지기 때문이다. 그러나 자유주의라는 특정 패러다임에만 의존하면 미국 정치의 경전인 연방헌법에 왜 고대 공화주의의 핵심 철학이 나타나는지 설명할 수 없다

해결의 실마리는 형성기의 미국을 지배한 공화주의에서 찾을 수 있

다. 먼저, 마키아벨리와 영국의 제임스 해링턴(James Harrington)을 거쳐 17~18세기의 영국과 아메리카 식민지에서 부활한 고대 로마의 공화주의는 자유주의만으로는 설명하기 힘든 미국의 특성을 설명할 수 있다. 이런 생각으로 자유주의 합의 사학에 도전한 것이 공화주의적 수정주의(republican revisionism)다. 공화주의 합의 사학으로도 불리는 공화주의적 수정주의는 연방헌법이 고대 공화주의의 혼합 정체론을 구현하고 있다는 것을 밝혔다. 공화주의의 핵심 윤리, 즉 덕성을 유지해서 타락을 막으려는 정치 윤리가 미국 정치사의 동력이라는 점도 밝혀냈다. 덕성의 정치를 향한 본능이 미국 정치의 동력이라고 설명한 것이다. 그러나 미국의 역사와 정치는 공화주의만 갖고 온전히 설명할 수 없다. 공익과 덕성의 공화주의만 갖고서는 미국 정치나 미국 외교의 자본주의적 속성을 설명할 수 없기 때문이다.

이 문제를 해결하기 위해서 공화주의와 자유주의를 묶어서 미국의 토대로 제시하거나 공화주의와 자유주의 전통의 절충과 타협을 미국 정치의 본질로 보는 관점이 대두하기도 했다. 레니쉬(M. Lienesch)와 클로펜버그(James Kloppenberg)가 대표적이다.[25] 근래에는 자연권 사상과 자연법 관념이 미국 건국의 토대가 되었다는 주장도 나왔다.[26]

그런데 이렇게 되면 종교의 자유를 헌법으로 명시한 근대 국가 미국의 대통령이 왜 특정 종교의 경전에 손을 얹고 취임 선서를 하는지, 왜 미국 정치인들의 공식 연설은 "신의 은총을 여러분께"(God Bless You)로

---

25) James T. Kloppenberg, "The Virtues of Liberalism: Christianity, Republicanism, and Ethics in Early American Political Discourse," *Journal of American History* (1987); Michael Lienesch, *New Order of the Ages: Time, Constitution, and the Making of Modern American Political Thought* (Princeton, N.J.: Princeton University Press, 1988).

26) Thomas G. West, *The Political Theory of the American Founding: Natural Rights, Public Policy and the Moral Conditions of Freedom* (New York: Cambridge University Press, 2017).

끝맺는지 설명할 수 없다. 미국이 왜 서구 전쟁사에 없었던 '무조건 항복'이라는 개념을 발명하게 되었는지도 설명할 수 없다. 선악 이분법에 기초한 미국의 독특한 세계관을 설명할 수 없기 때문이다. 미국의 이런 특징들을 이해하려면 식민지 시대부터 정치 엘리트와 대다수 미국인의 세계관과 역사관을 지배해온 칼뱅주의에 눈을 돌려야 한다.

미국은 여러 시대의 여러 사상이 하나로 녹아든 정치 문명이다. 자유주의와 공화주의의 융합은 근대와 고대의 융합이며, 이들과 칼뱅주의의 융합은 세속과 종교의 융합이다. 자유주의, 공화주의, 칼뱅주의가 융합하면서 미국의 근원적 보수성을 낳았고, 자유주의와 공화주의의 숙명적 모순은 주기적인 개혁 성향과 미국 외교의 팽창주의를 낳았다. 칼뱅주의와 공화주의의 융합은 미국 외교의 메시아니즘과 위계적 세계관을 낳았고, 칼뱅주의와 자유주의의 융합은 미국 외교의 도덕주의를 떠받쳐왔다.

정리하자. 고대와 근대, 세속과 종교를 넘나들면서 생성된 보수적 아메리카니즘은 미국의 본원적 보수성을 드러내는 개념이다. 그리고 이것은 미국 정치와 미국 외교의 특징, 그리고 미국 역사의 다양한 얼굴을 하나로 꿰어 설명할 수 있는 이론적 창窓이다.

제3장

고대, 근대, 종교 — 미국 정치 문명의 뿌리

정치 문명과 정치 문화는 다른 것이다. 정치 문화는 개인과 국가의 관계, 개인과 권력의 관계를 바라보고 규정하는 태도다. 또 권력이 행사되는 방식이며 권력에 반응하는 방식이다. 이와 달리 정치 문명은 한 나라의 정치와 외교를 일정한 틀과 방향으로 이끄는 역사관과 세계관이며 정치적 비전이다. 그래서 미국의 정치 문명은 흔히 미국의 정치 문화로 지목되는 다원주의나 개인주의가 아니다. 미국의 지식인들이 미국의 신념(American Creed)으로 떠받드는 자유나 평등도 아니다. 미국의 정치 문명은 18세기 말의 공화국 아메리카(American Republic)를 설계한 정신이며, 이것을 20세기의 세계 제국(American Empire)으로 키워온 국민적 신념 뭉치다.

미국의 정치 문명은 미국 정치와 미국 외교의 방향과 방식을 결정하는 이데올로기다. 미국 역사에서 특정한 무엇에 대한 반감과 편견이 지속된다면, 그리고 '우리는 이런 나라'라는 자의식이 정치와 외교를 끌어왔다면 이 반감과 편견과 자의식은 특정한 사고 방식과 행위를 부추기고 정당화한다는 점에서 이데올로기다. 그래서 R. W. 에머슨과 링컨(A. Lincoln)이 보기에 미국은 국가 이전에 정치적 종교였으며, 미국인이 된다는 것은 종교적이고 이념적인 행위였다. 미국 독립혁명의 교본인 『상식론』을 쓴 토머스 페인(Thomas Paine)도 미국의 국경선은 영토가 아닌 이데올로기를 기준으로 결정된다고 했다. 독립전쟁 당시만 해도 영국과 미국을 구별할 무엇이 딱히 없었기 때문에 미국의 자유 정신을 받아들이는 모든 사람이 미국인이라고 말한 것이다.[1] 20세기 중반의 미국 역사학자 리처드 호프스태터는 아예 미국의 숙명은 이데올로기를 갖는 것이 아니라 스스로 이데올로기가 되는 것이라고도 했다.

미국의 이데올로기, 미국의 정신에 대한 연구는 차고 넘친다. 특히 미국을 자유의 나라, 자유주의의 나라로 보는 애국주의 역사 서술은 일찍부터 있었다. 건국 이후 100여 년간 미국 역사학의 주류를 차지한 낭만주의 역사가들(Romantic historians, 또는 Literary historians)은 미국의 역사를 '쓸모 있는 과거'(usable past)로 만들고 싶었다. 역사를 국민적 일체감을 고취할 국민 교육의 수단으로 삼은 것이다. 조지 뱅크로프트가 대표하는 초기의 보수적 애국 사학은 미국은 자유, 정의, 민주라는 인류의 비전을 실현하기 위해 선택된 나라이며, 이것이 대외적으로는 미국의 우월성을 입증하고 대내적으로는 미국의 통일성을 보장한다고 주장했다. 1860년대에 독일에서 훈련받은 전문 역사학자들이 낭만적 아마추어의 역사를 과학적인 전문가의 역사(Scientific History)로 바꾸려고 했지만 미국을 자유와 민주에 토대를 둔 정신적 통일 국가로 보는 합의의 신화는 굳건했다.[2]

자유주의의 신화에 대한 도전이 없지는 않았다. 19세기 말에서 20세기 초에 걸친 혁신주의(Progressivism) 시대를 풍미한 혁신 사학이 그랬다. 찰스 비어드와 버넌 패링턴은 강력한 단일 연방을 꿈꾼 연방파(Federalists)와 각 주의 독립과 주권을 우선시한 공화파(Republicans) 즉 반연방파(Anti-Federalists. 초기 미국의 공화파는 지금의 공화당과 다르다. 차라

---

1) Judith N. Shklar, *Redeeming American Political Thought*, 137~138쪽.
2) J. Higham, *History: Professional Scholarship in America*, 150~170쪽; 이보형 외, 『미국사 연구서설』, 2~4쪽.

리 지금의 민주당이 초기 공화파에 더 가깝다)의 대결을 미국 정치의 출발점으로 보았다. 미국은 자유주의 이념이 지배하는 이상적 합의 국가가 아니라 경제적 이익의 갈등과 대결로 점철된 나라라고 본 것이다.

그러나 미국이 명실상부한 세계 제국이 된 냉전의 시대로 접어들면서 공산주의에 맞선 미국의 정체성을 정립하고 확인하는 것이 다시 중요해졌다. 이 소임을 맡은 미국의 역사학은 자유주의, 공화주의, 퓨리터니즘에 대한 연구와 논쟁을 전개했다. 자유주의 합의 사학은 미국의 표상인 자유의 역사적 필연성과 정당성을 입증했고, 공화주의 합의 사학은 미국이 고대 로마 공화정의 강건한 시민상과 권력 균형 사상에서 기원했다는 것을 밝혀냄으로써 미국과 미국 정치의 시공간적 보편성을 입증했다. 퓨리터니즘에 대한 연구는 미국의 기저를 떠받치는 소명 의식과 도덕주의 같은 청교도적 유산을 강조함으로써 미국이 일반적인 세속 국가와 다르다는 것을 강조했다. 이 모든 지적 노력은 '미국은 자유와 민주의 나라'라는 자의식을 반영했고, 또 그런 자의식을 강화했다.

냉전 시대는 미국 역사학과 미국 사회과학의 애국 시대였다. 그러나 이 시대에 확연해진 미국의 수많은 자화상을 비판적으로 소화해야 미국의 객관적 모습을 그리기 위한 밑그림이 나온다. 공유된 역사적 기억이나 혈연처럼 드러난 뿌리가 아니라 사상과 담론으로 구축한 나라의 자의식, 세계관, 역사관은 추상의 언어로 그린 자화상을 통해서만 엿볼 수 있기 때문이다.

3-1. '갈등의 나라'에서 '합의의 나라'까지

독립전쟁이 끝난 후 연방헌법의 제정을 둘러싸고 북부 연방파와 남부 반연방파의 정치적 대립이 격렬했다. 연방헌법이 통과되어 미국이 건국된 후에도 연방파와 반연방파의 정치적 대립은 한동안 계속되었다. 이 대립의 성격을 어떻게 보느냐가 중요하다. 연방파와 반연방파의 정치적 대립을 이념의 갈등으로 보느냐, 같은 이념의 실천 방법을 둘러싼 대립으로 보느냐에 따라 미국의 자화상이 달라지기 때문이다. 이념과 이익의 갈등이라면 미국도 다른 나라와 다를 게 없지만, 방법론의 대립에 불과하다면 미국은 애초부터 '모두가 합의한 이념'으로 만들어진 특별한 나라가 된다.

20세기 미국 역사학의 양대 산맥인 혁신 사학과 합의 사학의 가장 큰 차이는 이 대립을 보는 관점이다. 1861년부터 1865년까지 계속된 남북전쟁에서 링컨의 연방 정부와 맞서 싸운 남부가 패전함으로써 반연방파에 대한 미국 역사학계의 평가는 당연히 가혹해졌다.[3] 연방헌법의 제정을 둘러싼 찬반 논쟁(1787~1788)에서 반연방파가 내걸었던 명분, 즉 강력한 중앙 정부의 수립에 대한 반대와 주권州權의 수호라는 명분이 남부의 이익 수호라는 실제 목적을 위장한 것에 불과했다는 주장[4]은 이런 분위기에서 나오게 되었다. 명분은 이익을 위장한 것에 불과하다는 이런 관점은 후일 찰스 비어드와 같은 혁신 사학자들이 연방헌법의 제정 동기를 경제적으로 분석하는 계기가 되었다. 다시 말해서 기존의 애국적 역사 서술을 거부하면서 20세기 초에 등장한 혁신주의 역사학[5]이 미국 내

---

3) 남북전쟁 이후의 미국 역사가들이 반연방주의를 평가 절하한 이유는 다음과 같다. 첫째, 1861년 남부의 연방 탈퇴론자들이 내건 주권론州權論의 기반이 중앙 집권화를 반대했던 반연방주의자들의 주장과 같다는 점. 둘째, 지폐 사용을 주장한 반연방주의자들의 입장과 1880년대의 지폐 발행론자들(Greenbackers)의 주장이 같다는 점. 셋째, 연방헌법을 수호하려 했던 북부가 남북전쟁에서 승리한 이후 30여 년간 미국인들은 우상 숭배에 가까우리만치 연방헌법을 숭배했던 점 등이다 James H. Hutson, "Country, Court, and Constitution: Antifederalism and the Historians," *William and Mary Quarterly*, 3rd Ser., vol. 38 (1981), 341~342쪽.

4) 예를 들어 John Fiske, *The Critical Period of American History, 1783~1789* (Cambridge, MA.: Riverside Press, 1888).

5) 예를 들면 1903년에 출간된 C. E. Merriam의 *A History of American Political Theories*. 당시 워싱턴 대학교의 교수였던 J. Allen Smith도 연방헌법을 부유하고 보수적인 계급의 음모로

면의 모순과 대립에 초점을 맞추게 된 배경은 이미 남북전쟁의 시대에 마련되었다.

혁신주의 사학을 대표한 책이 비어드의 『경제적 관점에서 해석한 미합중국 연방헌법』(An Economic Interpretation of the Constitution of the United States of America)이다. 비어드는 남북전쟁 이후의 미국 역사가들이 주권州權(state right)과 연방주권聯邦主權(national sovereignty)의 대립 구도를 강조하는 바람에 사회경제적 갈등은 경시되었다고 비판했다. 그에 따르면 독립혁명을 전후한 1780년대의 연방파는 주로 동산(personalty, 즉 현찰, 국채)을 가진 제조업자, 무역업자, 선박업자들이었고, 반연방파는 주로 부동산 즉 토지 소유자들이었다. 이 분석을 토대로 삼아 비어드는 '민주적인 반연방파'와 '귀족주의적인 연방파'의 대결 구도를 만들었다. 물론 비어드 이전에도 반연방파를 민주주의자들로 보는 관점은 있었다. 그러나 비어드는 귀족주의 대 민주주의의 대결 구도보다는 그 밑에 숨은 부동산(반연방파) 대 동산(연방파)의 경제적 대결 구도를 강조했다. 특히 자신의 경제적 관점은 제임스 매디슨의 정치학("The Federalist No. 10")에서 영감을 받은 것이며 새로운 것도 아니라고 했다.[6] 매디슨과 알렉산더 해밀턴도 연방파와 반연방파의 대결을 해안 상업지대(commercial seaboard)와 농업지대(agrarian backcountry)의 대립으로 보았으며, 자신은 그것을 부동산 대 동산의 대립으로 구체화시켰을 뿐이라는 것이다.[7] 버넌 패링턴도 연방파와 반연방파의 대립을 귀족주의와 민주주의의 대결로 봤다. 그러나 패링턴은 이념의 영향력도 인정했기 때

봤다. 연방헌법이 보수적이고 반동적(conservative and even reactionary)이라는 것이었다. J. Allen Smith, *The Spirit of American Government* (New York: Macmillan, 1907).

6) C. A. Beard, *An Economic Interpretation of the Constitution of the United States of America* (New York: Macmillan, 1913), 14~16쪽.

7) 같은 책, 310, 321쪽.

문에 비어드처럼 사회경제적 요인만 강조하지는 않았다.[8]

어쨌든 20세기 초의 혁신 사학은 반연방파(agrarian-democratic Anti-Federalists)를 농업적-민주주의적 세력으로 봤고 연방파(commercial-aristocratic Federalists)를 상업적-귀족주의적 세력으로 봤다. 게다가 독립전쟁 당시에는 독립을 지지하는 애국파(patriotics)와 영국 왕에 대한 충성을 고집하는 충성파(loyalists)로 갈라져 있었다고도 주장했다. 이처럼 혁신 사학은 미국을 단일 이념으로 통일된 나라로 묘사해온 보수적·애국적 역사학의 전통에 대한 정면 도전이었다.

혁신주의 역사학은 한동안 별다른 도전을 받지 않았다. 오히려 보수와 급진의 양대 세력이 미국의 형성기인 1763~1789년에 공존했다는 젠센(Merrill Jensen)의 연구가 혁신 사학의 관점을 뒷받침하기도 했다.[9] 그러나 냉전이 본격화한 1950년대로 접어들면서 미국의 역사적 특수성과 이념적 통일성을 강조할 필요성이 다시 커졌다. 그래서 연방파와 반연방파는 정치의 근본 이념을 공유했기 때문에 미국은 처음부터 이념적으로 합의된 나라라고 보는 합의 사학이 혁신 사학을 밀어내기 시작했다.

---

8) V. L. Parrington, *Main Currents in American Thought: An Interpretation of American Literature from the Beginnings to 1920* (New York: Harcourt, Brace and Company, 1927), vol. I, 279~291쪽.

9) 젠센에 따르면 1763년부터 1789년에 이르는 국가 형성기에는 급진파(Radicals)와 보수파(Conservatives) 간의 극심한 대립이 지속되었다. Merrill Jensen, *The New Nation: A History of the United States During the Confederation, 1781~1789* (New York: Alfred A. Knopf, 1950), xiv, 83~84, 424~425쪽. 연합헌장에 반대하고 연방헌법을 지지하던 보수파 즉 강력한 중앙 권력의 수립을 꾀한 자들과 여기에 대항해서 각 주의 독립을 수호하려는 급진파 간의 대립은 민주적·급진적 연방주의자(Democratic-Radical Federalist, 즉 반연방주의자)와 귀족주의적·보수적 국가주의자(Aristocratic-Conservative Nationalist, 즉 연방주의자) 간의 정치적 투쟁으로 나타났다는 것이 젠센의 주장이다. *The Articles of Confederation: An Interpretation of the Social-Constitutional History of the American Revolution* (Madison, WI.: University of Wisconsin Press, 1940, reprinted edn. 1970), 249쪽, 그리고 *The New Nation*, 4~5, 42~55쪽.

합의 사학의 등장을 알린 것은 세실리아 케니언이다.[10] 케니언은 반연방
파가 연방헌법 제정에 반대한 것은 경제적인 이유가 아니라 심리적 동
기와 정치적 이념 때문이며,[11] 반연방파가 민주주의자라는 혁신 사학의
관점도 잘못이라고 포문을 열었다. 혁신 사학자들은 단순 다수결(simple
majoritarianism)이 곧 민주주의라고 착각했기 때문에, 단순 다수결에 반
대하고 권력 분립과 사법적 보완 장치를 주장한 연방주의자들을 비민주
적이며 반동·보수적인 귀족주의자로 보는 잘못을 저질렀다는 것이다.
설사 단순 다수결 제도가 민주주의라고 쳐도, 단순 다수결에 제동을 걸
장치를 갖추자고 더 강력히 주장한 것은 반연방파였기 때문에 오히려 반
연방파가 더 반민주적이라고 반박했다.[12] 한마디로 케니언의 요지는 두
정파 사이에 본질적인 이념적·철학적 차이가 없다는 것이었다.[13]

두 정파의 이해 관계가 비슷했다는 주장도 나왔다. 포레스트 맥도널
드는 연방헌법의 비준 여부를 결정하기 위해 열린 13개 주의 비준 회의
(ratifying convention)에 참석한 사람들을 조사했다. 그 결과 비어드의 방
식에 따르면 반연방파로 분류될 소농, 부동산 소유주들이 연방파에 많이
있었고, 상인이나 채권 소유자인데도 반연방파에 속한 사람들도 많았다

---

10) Cecelia M. Kenyon, "Men of Little Faith: The Anti-Federalist on the Nature of
Representative Government," *William and Mary Quarterly*, 3rd Ser., vol. 12 (1955), 3~43
쪽. 이 글이 발표된 것과 때를 같이 해서 J. P. Roche, Martin Diamond 등도 연방주의자들의 민
주적 성향을 증명했다. John P. Roche, "The Founding Fathers: A Reform Caucus in Action,"
American Political Science Review, vol. 60 (1961), 799~816쪽; Martin Diamond, "The
Federalist," in Leo Strauss and Joseph Cropsey (eds.), *History of Political Philosophy*
(New York: Rand McNally, 1963), 573~593쪽.
11) Cecelia M. Keynon, "Men of Little Faith".
12) 같은 논문, 23, 25, 30, 32, 33~37, 42~43쪽.
13) "연방파와 반연방파는 정치적 인습, 제도적 유산과 함께 정치적 관념과 태도에서 많은 부분을
공유했다." 같은 논문, 37~38쪽. 그리고 Kenyon (ed.), *The Antifederalists* (Indianapolis, IN.:
Bobbs-Merrill, 1966), xix, xxvi~xxx쪽을 참조. 케니언의 이런 접근법은 1950년대와 1960년
대 미국 합의 사학의 전형이 되었다.

는 것을 밝혀냈다. 노스캐롤라이나, 뉴햄프셔에서는 소농小農의 연방헌법 찬성율과 반대율이 각각 50%였고, 매사추세츠와 사우스캐롤라이나에서는 소농의 반대율이 더 높았지만, 이 네 개 주를 제외한 나머지 9개 주에서는 소농이 오히려 연방헌법을 지지했고,[14] 연방헌법 반대파에 현찰, 채권을 대량 보유한 사람들도 많았다는 것을 입증한 것이다. 예를 들어 펜실베이니아 주 비준 회의에 참가한 사람들 가운데 연방헌법에 찬성한 사람들의 50%가 채권 소유자인 데 반해 반대파의 채권 소유자 비율은 73.9%나 되었다[15] 또 펜실베이니아와 사우스캐롤라이나의 경우에도 찬성파와 반대파의 직업과 재산 성분이 비슷했고 다른 대부분의 주도 마찬가지였기 때문에[16] 연방파와 반연방파를 비어드의 기준에 따라 구별하는 것이 잘못이라는 결론을 내렸다.[17]

식민지 시대 백인 남성 다수가 투표권이 없었다는 종래의 주장을 뒤집는 연구도 나왔다.[18] 로버트 브라운은 독립혁명의 지도자들이 특별한 경제적 동기를 갖고 있지 않았으며 당시에 이미 선거권이 대중화되어 있

---

14) Forrest McDonald, *We the People: the Economic Origins of the Constitution* (Chicago, Il.: University of Chicago Press, 1958), 123, 140, 162, 191, 254, 268, 283, 351~354쪽.

15) 또 반연방파가 소유한 채권 총액은 70,852달러인데 반해 연방파가 소유한 채권 총액은 67,666달러였으며 1인당 채권 소유액을 보면 연방파는 2,942달러, 반연방파는 4,167달러였다. 같은책, 187쪽.

16) 같은책, 231, 252, 254, 268, 310, 321, 357쪽.

17) 연방파와 반연방파의 경제적 조건이 유사했다는 주장은 이전부터 있었다. 1953년에 토머스 (R. E. Thomas)는 버지니아의 연방파와 반연방파는 비어드의 기준으로 나뉠 수 없다고 했다. 양 정파가 같은 계급으로서 경제적 이해도 같았다는 것이다. 브라운(Robert E. Brown)도 비어드를 비판하면서 양 정파의 사회경제적 지위가 유사(중산층)하다고 지적했다. Robert E. Thomas, "The Virginia Convention of 1788: A Criticism of Beard's *An Economic Interpretation of the Constitution,*" *Journal of Southern History*, vol. 19 (1953), 63~72쪽; R. E. Brown, *Charles Beard and the Constitution: A Critical Analysis of "An Economic Interpretation of the Constitution"* (Princeton, N.J.: Princeton University Press, 1956).

18) Robert E. Brown, *Middle Class Democracy and the Revolution in Massachusetts* (Ithaca, N.Y.: Cornell University Press, 1955).

었다는 것을 밝힘으로써 혁신 사학의 계급론을 부정했다. 어쨌든 연방파와 반연방파의 이념적 유사성을 밝혀낸 케니언도 그랬지만, 두 정파의 경제적 이익이 비슷하다는 것을 밝혀낸 맥도널드 또한 연방파와 반연방파의 차이를 없앰으로써 소련과의 대결 구도가 심화되던 냉전 초기에 미국이 느낀 갈증, 즉 '합의 콤플렉스'를 해소해주었다.[19]

물론 합의 사학에 대한 비판도 나왔다. 그러나 당시의 비판은 연방파와 반연방파의 경제적 이해 관계가 유사하다고 주장한 맥도널드에게 집중되었다.[20] 당시 연방파와 반연방파의 성격을 둘러싼 논쟁에서 합의 사학의 관점을 대변한 사람이 로시터, 디 파우라면[21] 혁신 사학의 관점을 대변한 사람은 러틀랜드와 메인이다.[22] 이들의 논쟁은 앞서 말한 비어드 논쟁과 연계되면서 쉽게 결말이 나지 않았다.

합의 패러다임은 1950년대의 보수적 합의 사학(conservative consensus history)을 거쳐 1960년대의 자유주의 합의 사학으로 전개되었다. 그 과

---

19) 미국 사학에서 '합의의 승리'(Triumph of Consensus)는 1948년 부어스틴의 *The Lost World of Thomas Jefferson*에서 시작되었다. Colin Gordon, "Crafting a Usable Past: Consensus, Ideology and Historians of the American Revolution," *William and Mary Quarterly*, 3rd Ser., vol. 46 (1989), 675쪽. 그러나 후술할 공화주의적 수정주의나, 신휘그 사학'(neo-Whig history)이 등장하기 이전의 합의 사학은 미국의 정신이 하나라는 것을 강조하는 데 그쳤다.

20) 대표적 예로, 메인과 벤슨은 맥도널드가 비어드의 명제 일부분을 뒤집은 것은 인정하지만 맥도널드의 연구, 접근 방법에는 하자가 있으며 따라서 비어드의 가설 자체가 위협받는 것은 전혀 아니라고 보았다. J. T. Main, "Charles A. Beard and the Constitution: A Critical Review of Forrest McDonald's *We the People*," *William and Mary Quarterly*, 3rd Ser., vol. 17 (1960), 86~110쪽; L. Benson, *Turner and Beard: American Historical Writings Reconsidered* (Glencoe, IL.: Free Press, 1960)를 참조.

21) C. Rossiter, *1787: The Grand Convention* (New York: W. W. Norton, 1966); Linda Grant De Pauw, *The Eleventh Pillar: New York State and the Federal Convention* (Ithaca, N.Y.: Cornell University Press, 1966).

22) Robert A. Rutland, *The Ordeal of the Constitution: the Antifederalists and the Ratification Struggle of 1787~1788* (Norman, OK.: University of Oklahoma Press, 1966); J. T. Main, *The Anti-federalists: Critics of the Constitution 1781~1788* (Chapel Hill, N.C.: University of North Carolina Press, 1961).

정은 다음과 같다. 먼저 1950년대의 미국 보수주의를 대변한 피터 비렉 (Peter Viereck)은 독립혁명은 과거를 바꾼 혁명이 아니라 과거와 전통을 보존한 혁명이라고 규정했다. 과거로부터의 탈출이 아니라 이미 합의된 미국의 이념을 보존한 것이기 때문에 '1776년의 혁명'이 아니라 '1776 년의 보존'(Conservation of 1776)이라는 것이다. 이것은 미국의 역사에서 '혁명'이라는 단어를 빼려는 시도였다. 또 유럽과 달리 미국의 역사는 합의된 정신에 바탕을 둔 예외적 역사라는 미국 예외론이었다.[23] 러셀 커크 (Russell Kirk)도 식민지 시대의 아메리카에는 계몽주의 정서가 아직 침투하지 못했기 때문에[24] 독립혁명은 근본적으로 보수적 혁명이라고 주장했다. 그는 독립혁명을 주도한 인사들의 합의된 보수성이 이후 미국 역사의 일관된 전통이라고 주장했다.

비렉과 커크가 제시한 '보수적 합의'는 미국 사학계에 큰 영향을 끼치지 못했다. 그러나 이들의 보수적 합의 이론은 미국의 토대가 고대 공화주의에 있다고 보는 공화주의 합의 사학으로 가는 길을 닦았다. 미국을 보수성에 합의한 나라로 보는 관점과 공화주의 합의 사학의 관점이 비슷하기 때문이다. 이렇게 보면 공화주의 합의 사학은 보수적 합의 사학의 연장선상에 있다.[25] 특히 양자는 이념과 신념이 역사 전개의 동력과 모티프를 제공한다고 본 점에서 같다. 보편적 합의의 존재를 전제한다는 점도 같다.

1950년대의 보수적 합의 사학과 1960년대 이후의 합의 사학은 다른

---

23) Peter Viereck, *Conservatism: From John Adams to Churchill* (Princeton, N.J.: Princeton University Press, 1956), 87쪽.

24) Russell Kirk, *The Roots of American Order* (La Salle, IL.: Open Court, 1974), 307~401쪽.

25) Colin Gordon, "Crafting a Usable Past: Consensus, Ideology and Historians of the American Revolution," 672~673쪽.

점도 있다. 전자는 독립전쟁, 연방 형성기부터 오늘날까지 관통하는 일관된 정치적, 도덕적 가치관이 있다고 본 반면, 후자는 독립전쟁과 연방 형성기를 하나의 역사적 시점으로 보고 그 시점의 미국만 집중적으로 다룬 것이다. 그럼에도 독립혁명과 건국 시대의 이념은 미국의 뿌리이며 정체성이라는 전제 자체는 튼튼했고, 1960년대 이후의 합의 사학도 암암리에 초기 정신의 지속성을 전제했다. 따라서 부어스틴, 하츠, 로시터가 터를 닦은 자유주의 합의 사학이 베일린(Bernard Bailyn), 포칵(J. G. A. Pocock)의 공화주의 합의 사학으로 이어지는 과정에서도 미국의 역사가 단일 이념을 실현한 역사라는 믿음은 지속되었다. 그 결과 1960년대 이후 미국의 주류 역사학은 합의의 내용이 로크의 자유인지, 부어스틴이 말한 광야의 경험(wilderness experience)인지, 아니면 퓨리터니즘이나 공화주의인지에 대해서만 논쟁했을 뿐, 미국이 합의된 단일 이념의 나라이며 이념 갈등이 없는 특별한 나라라는 점에 대해서는 의문을 제기하지 않았다.[26]

3-2. 자유주의

'자유'는 미국의 비공식 국호다. 역대 미국 대통령을 비롯한 미국 정치인들의 공적 담론은 자유를 빠트리지 않는다. 18세기의 도덕적, 정치적 자유가 20세기 이후의 자본주의적 자유로 변하기는 했지만, 그래도 자유는 미국의 표상이다.

미국이 자유의 제국이라는 것을 입증하려고 한 자유주의 합의 사학은

---

26) 찰스 비어드의 경제적 해석부터 자유주의 합의 사학과 공화주의 합의 사학의 논쟁까지의 과정을 비판적으로 정리한 것으로는 다음을 참조할 것. Alan Gibson, *Understanding the Founding: The Crucial Questions*, 2nd edn. (Lawrence, KS.: University Press of Kansas, 2010).

로크의 자유주의를 미국의 토대 이념으로 제시했다. 자유주의 합의 사학이 미국 역사학의 주류가 된 것은 루이스 하츠와 대니얼 부어스틴이 미국을 로크 사상에 토대를 둔 사회로 규정하면서부터다.[27] 물론 자유주의 합의 사학의 독점적 지위는 오래가지 못했다. 1960년대 중반부터는 아리스토텔레스, 마키아벨리, 해링턴을 거쳐 17세기의 영국에서 저항 사상(Oppositionist Thought)으로 발전한 고대 공화주의가 미국의 토대가 되었다는 학설이 등장했기 때문이다. 그런가 하면 1970년대에는 독립혁명의 사상적 기원을 17~18세기 스코틀랜드 사상으로 넓히기도 했다.[28] 1980년대에는 식민지 아메리카로 유입된 공화주의가 미국의 토대이며 로크의 자유주의는 독립혁명과 연방헌법에 큰 역할을 못했다는 주장이 계속되는 가운데[29] 자유주의와 칼뱅주의가 미국의 뿌리라는 반론도 제기되었다.[30]

1950년대까지만 해도 존 로크의 저작은 18세기의 정치적 바이블[31]로 대접받았다. 18세기 영국은 물론 당시 식민지 아메리카도 로크의 교

27) Louis Hartz, *The Liberal Tradition in America: An Interpretation of American Political Thought since the Revolution* (New York: Harcourt, Brace and Company, 1955); Daniel Boorstin, *The Genius of American Politics* (Chicago, Il.: University of Chicago Press, 1953).

28) Henry F. May, *The Enlightenment in America* (New York: Oxford University Press, 1976); Morton White, *The Philosophy of the American Revolution* (New York: Oxford University Press, 1978); Gary Wills, *Inventing America: Jefferson's Declaration of Independence* (Garden City, N.J.: Doubleday & Company, 1978); D. H. Meyer, *The Democratic Enlightenment* (New York: Putnam, 1976).

29) J. G. A. Pocock, *The Machiavellian Moment: Florentine Political Thought and the Atlantic Republican Tradition* (Princeton, N.J.: Princeton University Press, 1975); *Virtue, Commerce and History* (New York: Cambridge University Press, 1985).

30) J. P. Diggins, *The Lost Soul of American Politics: Virtue, Self-Interest and the Foundations of Liberalism* (Chicago, Il.: University of Chicago Press, 1986, orig. pub., 1984).

31) Leslie Stephen, *A History of English Thought in the Eighteenth Century*, Harbinger edition, vol. 2 (New York: Harcourt, Brace & World, 1962), 114쪽.

화를 받은 자유주의의 문하생이었다는[32] 말이 상식으로 통했다. "위대한 로크는 곧 아메리카의 철학자"이며[33] 독립혁명의 대부인 제퍼슨(Thomas Jefferson)의 사상은 로크의 사상을 단순 복사한 것에 불과하다고 믿은 것이다.[34] 미국은 "로크와 더불어 시작되어, 로크를 자신에 맞게 변형시켜, 로크와 함께 있는 사회"(a society which begins with Locke, and thus transforms him, stays with Locke)[35]였다. 만약 한 사람의 철학자가 한 나라의 사상을 지배하는 것이 가능하다면 그것은 로크가 미국을 지배하는[36] 경우뿐이었다. 1950년대 자유주의 합의 사학의 배경에는 이런 믿음이 있었다.

자유와 자유주의에 대한 미국인들의 환상과 도취는 하루아침에 이뤄진 것이 아니다. 미국에서 자유주의는 일상적이고 정치적인 영역에서 강력한 관념 뭉치로, 그것도 검증되지 않은 가설의 형태로 개입해왔다. 그래서 유럽에서는 정당의 정강에나 포함될 '자유'가 미국에서는 모든 영역에서 일상이 되었다. 독립혁명 이후의 미국은 인류의 꿈인 자유(주의)를 구현한 나라로 선전되었다. 미국은 영토 전체에 걸쳐 자유주의를 통째로 구현한 '자유주의의 역사적 실현'으로 간주되었고, 미국인은 자유주의를 하나의 물건처럼 소지하는 국민으로 묘사되었다. 미국의 정치사는 투표권의 확대, 대의 제도의 완비, 양당제의 구축을 중심으로 편집되었고, 경제사는 생산과 판매를 위한 복잡한 제도의 고안과 작동, 자유시

---

32) Harold Laski, *The Rise of European Liberalism* (London: George Allen & Unwin, 1936); *Political Thought in England from Locke to Bentham* (New York: Oxford University Press, 1961).
33) Merle Curti, "The Great Mr. Locke, America's Philosopher, 1783~1861," *Huntington Library Bulletin*, No. 11 (1939), 107~151쪽.
34) Carl Becker, *The Declaration of Independence: A Study in the History of Political Ideas* (New York: Alfred A. Knopf, 1929), 79쪽.
35) L. Hartz, *The Liberal Tradition in America*, 6쪽.
36) 같은 책, 140쪽.

장의 메커니즘과 이것을 일상으로 만든 미국인의 예지를 부각했다. 미국의 과학사는 과감한 실험을 통해 인간 정신의 잠재력을 과시한 고독한 발견자들과 탐구자들을 집중 조명했고, 지성사는 일련의 해방주의 사상(liberating thought)을 부각하는 방식으로 편집되었다. 자유주의의 골수를 보여주기 위해 베이컨, 로크, 뉴턴과 같은 영국의 자유주의 철학자들을 인용했고, 강력한 연방 국가를 꿈꾸며 연방헌법을 밀어붙인 해밀턴과 매디슨 같은 사람들을 존 로크의 후예로 숭상했다. 자유주의의 신화에 대한 애착은 미국의 제도와 미국인은 계속 진보한다는 믿음도 낳았다. 그래서 워싱턴, 제퍼슨, 매디슨, 존 마셜(John Marshall), 헨리 데이비드 소로(Henry David Thoreau), 에머슨, 링컨 같은 인물 모두가 진보의 상징으로 추앙되었다. 과거의 어두운 기억들은 역사를 서술하는 과정에서 하나씩 묻히거나 사라졌다. 뉴잉글랜드의 냉혹한 신정 정치, 버지니아 졸부 농장주들의 자기 기만과 허영, 식민지 타운처치(town church)의 강압적 분위기 등 실재했던 과거의 상당 부분이 역사책에서 자취를 감추었다. 독립전쟁 당시만 해도 독립에 반대한 대영對英 충성파(Loyalists)가 건재했다는 기록은 허술하게 다뤄졌고, 영국에서 누리던 여유로운 삶을 계속하려고 건너온 사람들까지 온몸을 던져 구대륙의 전제 정치에 저항한 용감한 개척민으로 둔갑시켰다. 미국인들이 왜 자유주의를 신봉하게 되었는지는 아예 설명하지도 않았다.

이 같은 '무조건 자유주의'를 건국 초기에 실천한 사람이 제3대 대통령 토머스 제퍼슨이다. 그는 자신이 대통령에 당선된 것(1800)을 독립혁명에 비견할 만한 또 하나의 혁명으로 간주하면서 자신의 '새 자유주의'와 자신에 반대하는 연방파의 '헌 자유주의'를 구별했다. 자신이 소유한 여성 노예 샐리 헤밍스(Sally Hemings)와 아이까지 낳았지만 노예 문제에 대해서는 함구한 채 미국을 자유인(free men), 자유로운 토지 소유(free land), 자유로운 제도(free institutions), 자유로운 선택(free choice)의 나라로 찬미했다.[37]

자유주의 신화는 미국 역사를 서술하는 방식을 독특하게 만들었다. 사상과 사람을 동일시하는 경향이다. 제퍼슨과 링컨을 자유의 화신으로 묘사한 것도 그렇지만 해밀턴을 미국식 개인주의적 자본주의의 선구자로 신화화시킨 것도 이런 경향 때문이다. 이것은 일종의 '역사학적 제조'다. 연방헌법을 기초한 사람들에게 건국 시조(Founding Fathers)라는 이름을 붙이고, 또 이들을 어두운 과거를 헤쳐나오게끔 미국을 이끈 혜안의 선지자(Forward Looking Men)로 찬양하는 것도 마찬가지다. 어찌 보면 민주적 제도의 수립, 광야의 공동체, 보통 사람의 야망을 실현한 19세기 미국의 성취를 세계사적 성취로 확장하고 추앙하는 것은 유럽에서 떨어져 나온 변방의 고독감을 극복할 방법이기도 했다.

이 때문에 유럽인의 눈으로 볼 때는 그저 그런 평범한 성취도 자유의 외투를 걸치게 되면서 새로운 세기를 상징하는 일로 받아들여졌다. 미국의 역사는 종교적 박해를 피해 온 필그림(Pilgrim)으로 시작해서 "국민의, 국민에 의한, 국민을 위한 정부는 지구상에서 사라지지 않을 것"이라는 링컨의 희망으로 이어져야 했다. 조지 뱅크로프트는 문학과 예술과 과학에서 변변치 못했던 당시의 미국이 왜 선민인지 입증하기 위해서 10권짜리 대작을 썼다.[38] 그는 미국이 인류를 가난과 미신과 폭정에서 해방시켰다고 했다. 또 "구세계 유럽"의 미래는 봉건제의 어두운 그늘 아래를 헤매겠지만 봉건 잔재에서 자유로운 신세계 미국의 미래는 찬란할 것이라고 찬미했다. 뱅크로프트는 아메리카 인민(American People)이라는 집

---

37) Joyce Appleby, *Liberalism and Republicanism in the Historical Imagination* (Cambridge, MA.: Harvard University Press, 1992), 5쪽.

38) George Bancroft, *History of the United States, from the Discovery of the American Continent* (Boston, MA.: Little, Brown, and Company, 1844~1875).

합 명사를 독립혁명의 주체로 설정함으로써 미국 국민 전체가 영국의 폭정에 영웅적으로 맞섰다는 것을 부각했다. 자유에 대한 미국인들의 열정과 그 열정의 뿌리를 추적하기 위해 게르만의 선거 제도와 뉴잉글랜드의 직접 민주주의, 즉 타운미팅 제도까지 거슬러 올라갔다. 민주적 자치라는 개념 하나만 갖고도 독립혁명과 연방헌법에서 19세기 초 제퍼슨 시대의 정당 정치를 하나로 꿰어 설명한 것이다. 이처럼 미국 역사 전체를 자유주의라는 단일 이념에 비끄러매는 것은 공화주의 합의 사학이 등장하기 이전까지 미국 주류 역사학계의 정신적 관습이었다.

그러면 미국이 이토록 찬미하는 자유주의란 무엇인가? 자유주의가 근대의 이념으로 등장한 계기는 알다시피 17세기 영국의 로크(1690년에 출간된 *A Second Treatise of Civil Government*)가 마련했다. 그런데 로크의 사상이 18세기 영국과 미국을 주도한 사상이 되었다고 보는, 예컨대 미국 정치가 로크의 사상에 따라 전개되었다고 보는 루이스 하츠는[39] 로크의 자유주의와 자본주의 시대의 자유주의를 혼동하고 있다. 이 점은 중요하다. 원래 자유주의는 시민 개개인이 행복과 이익을 추구하는 데 국가가 불필요하게 간섭해서는 안 된다는 사상이다. 이것은 개개인이 자신의 생명과 재산을 안전하게 확보할 권리를 가지려면 왕과 귀족이 휘두르는 국가 권력(정부)을 철저히 제한해야 한다는 믿음이다. 또 로크가 말한 '재산'은 상품과 토지만이 아니다. 개인이 자원을 가공해서 창출한 부가가치와 그것에 대한 권리도 재산이다. 자기 발전을 위한 개인적 자유와 기회도 재산이다. 정부의 역할은 이 모든 종류의 재산과 생명에 대한 시

---

[39] 하츠는 미국의 역사가 유럽과 달리 봉건 잔재가 없는 상태에서 시작되었다는 사실을 강조하고, 미국 자유주의의 역사적 기원을 여기서 찾았다. L. Hatrz, *The Liberal Tradition in America*, 20쪽. 봉건제를 겪지 않았기 때문에 프랑스대혁명과 같은 진정한 혁명도 경험하지 않았고, 진정한 혁명에 대한 기억이 없기 때문에 사회주의도 뿌리 내리지 못했다고 봤다. 사회주의가 미국에서 실패한 것은 "미국 사회 전체를 지배하는 비이성적 자유주의(national irrational liberalism)의 이데올로기적 힘 때문"이라는 것이다. 같은 책, 259쪽.

민 개개인의 권리를 보호하는 데 그쳐야 한다. 만약 이 선을 넘으면 시민은 저항의 권리를 갖게 된다. 국가는 계약에 기초한 것이기 때문이다. 이 점을 로크는 다음과 같이 이야기한다.

> "인간이 사회적 관계에 들어가는 것은 재산을 보호하기 위해서다. 그리고 의회를 구성하고 거기에 권한을 부여하는 목적은 의회에서 법과 규칙을 만들어서 특정 개인이나 특정 세력이 갖는 권력과 지배권을 제한하고 절제시켜서 사회 내 전 구성원의 재산을 보호해주기 위한 것이다. 왜냐하면 사람들이 사회를 만들어 보장받으려고 했던 바로 그것, 또 사람들이 자기 자신이 뽑은 입법자에게 복종하게끔 만드는 이유가 되는 것(재산권의 보호: 인용자)을 파괴할 힘을 의회가 갖게 만드는 것은 사회의 의지로 볼 수 없기 때문이다."[40]

정부 즉 국가는 이런 목적으로 만든 것이기 때문에, 시민은 자신의 권리를 침해하는 정부에 대해서는 저항하고 새 정부를 세울 권리를 가진다. 미국 독립혁명의 뿌리를 로크의 자유주의 사상에서 찾을 때 「독립선언문」의 다음 구절을 거론하는 것은 이 때문이다.

> "우리는 다음의 진리들을 자명한 것이라고 생각한다. 모든 사람은 평등하게 태어났으며 창조주로부터 어떤 불가양의 권리를 부여받았으니 이 권리란 곧 생명, 자유, 행복의 추구다. 이런 권리를 확보하기 위해 인간은 정부를 세웠으니 정부의 정당한 권력은 피치자의 동의로부터만 유래한다. 또 어떤 정부든지 이러한 목적을 파괴하게 된다면 인

---

40) J. Locke, *A Second Treatise of Civil Government*, ed. by Thomas I. Cook (New York: Hafner Publishing Co., 1947), 223쪽.

민은 그 정부를 바꾸거나 소멸시키고 그들 자신의 안전과 행복을 가장 잘 실현시켜줄 원칙과 권력 구조에 기초한 새로운 정부를 구성할 권리를 가진다."

로크의 자유주의 철학은 연방헌법, 특히 수정 조항 제1조에서 제10조에 이르는 미국판 권리장전(집회, 결사, 표현, 무기 소지의 자유 등)에 구현되어 있다. 그리고 이 원초적 자유 정신의 보존이 미국의 정체성이 되었다. 역사학자 커매저의 다음 인용문은 미국에서는 이 원초의 자유주의 철학을 '보수'하는 것이 진정한 진보라는 것을 말해주고 있다.

"정치적 강령이 아닌 철학적 태도로서의 자유주의는 다음과 같이 정리된다. 첫째, 자유주의는 제퍼슨이 말한 '제한될 수 없는 인간 정신의 자유'(illimitable freedom of the human mind)를 향한 열정이며, 정치적이든 종교적이든 군사적이든 '인간 정신에 대해 가하는 모든 폭압에 저항하는 적개심'(uncompromising hostility to every form of tyranny over the minds of men)이다. 둘째, 자유주의는 무지, 빈곤, 악(vice)을 거부한다. 이런 것들이 참된 자유의 행사를 거부하거나 방해하기 때문이다. 셋째, 교육으로 그 정신을 해방시키고, 질서정연한 법적 절차를 통해 그 판단을 보호해주면 인간은 스스로를 다스릴 이성과 능력을 갖게 된다고 믿는 것이 자유주의다. 넷째, 자유주의는 모든 개인의 존엄성을 중시한다. 이것은 법적, 사회적 권리와 정의가 평등할 때 가능하다. 다섯째, 자유주의는 다수가 소수의 권리와 이익을 존중하고, 소수는 법의 테두리 안에서 다수의 뜻을 수용하는 것이다. 여섯째, 자유주의는 이 땅이 죽은 자가 아닌 산 자의 것이며, 훌륭한 과거 유산을 보전할 우리의 일차적인 의무는 후손에 대한 의무라는 원칙에 서 있다. 일곱째, 무엇보다 자유주의는 미국을 건국한 세대에게 활력소를 제공한 제퍼슨의 신념이다. 즉 인민은 행복을 추구하고 획득할 불가양의 권리를 가진다는 믿음이다. 그런데 이 자유주의의 신념은 애초부터 미국 역사에서 보수주의적 신념과 동전의 양면이었다. 제퍼슨, 링컨, 루스벨트와 같은 미국의 위대한 자유주의자는 위대한 보수주의자이기도 했다."[41]

그런데 존 로크의 철학은 미국 자본주의의 성장과 함께 자본주의적 또는 경제적 자유주의와 섞이게 된다. 그 결과 자유주의는 로크의 정치적 자유주의와 애덤 스미스의 경제적 방임주의를 섞어놓은 자유방임 자유주의로 변한다. 19세기 중반 이후로는 시민의 정치적 권리뿐만 아니라 자본과 시장의 권익까지 보장하는 자유주의가 된 것이다. 다시 말하면 정치적 자유주의와 경제적 자유주의가 합체되면서 기능적 다원주의(pluralism)로 바뀐 것이다.[42] 그리고 자유주의가 다원주의를 포함하게 되면서 로크가 말한 '덕성으로서의 자유'와 함께 '경제적 권익으로서의 자유'도 미국 자유주의의 핵심이 되었다.

"자유주의적 가치는 두 개의 범주로 나눠진다. 하나는 개인의 만족스런 삶을 창출하는 데 관련된 것으로서 경제의 세계를 우선적이고 자연적인 것으로 본다. 이것은 자본주의의 근본 가치와 흡사하다. 또 하

---

41) Henry Steele Commager, "Liberalism, Conservatism Are Two Sides of the Same American Coin," *Los Angeles Times* (Dec. 3, 1979). D. L. Bender & B. Leone (eds.), *The Political Spectrum: Opposing Viewpoints* (St. Paul, MN.: Greenhaven Press, 1986), 50~52쪽에서 인용.

42) T. Lowi, *The End of Liberalism: The Second Republic of the United States* (New York: W. W. Norton, 1979, Original Pub., 1969); William Kornhauser, *The Politics of Mass Society* (Glencoe, Ill.: Free Press, 1959); R. E. Dahl, *Pluralist Democracy in the United States: Conflict and Consensus* (Chicago, IL.: Rand McNally, 1967) 등을 보라.

나는 권력 집중, 특히 정부의 권력 독점으로부터 경제적 시장과 정치적 시장을 방어할 정치 과정을 창출하는 데 연관된 가치다."[43]

오늘날 미국에서 자유가 도덕적 자유, 경제적 자유, 정치적 자유를 두루 뜻하는 개념으로 확장된 것은 이런 과정을 거쳤기 때문이다. 그렇기 때문에 건국 당시의 자유주의인 정치 철학으로서의 자유주의를 제대로 이해하려면 그때의 자유주의와 이후의 자유주의를 구별해야 한다.

자유주의의 계보는 두 갈래다. 존 로크와 토머스 홉스(Thomas Hobbes)다. 로크의 자유주의를 자본주의적 "소유 개인주의"(Possessive Individualism)[44]라고 본 사람도 있기는 하지만, 이기적 개인주의와 맞닿은 자유주의는 홉스의 자유주의다. 로크의 자유주의는 홉스의 냉혹한 개인주의와 달리 건전한 퓨리터니즘에 가깝다. 그래서 로크의 자유주의는 홉스의 무절제한 이기주의, 즉 자본주의적 개인주의와 구별해야 한다. 로크의 자유주의는 이익부터 좇지 않고 정치적 덕성부터 요구하기 때문이다.

도덕주의자로서의 로크를 발굴해낸 사람은 던(John Dunn)이다. 던에 따르면 로크는 이성으로 식별 가능한 자연법을 신봉했으며 홉스가 당연시한 자기 이익의 무절제한 추구를 경멸했다. 로크가 말한 '이익'은 자본주의적 이익이 아니다. 로크 사상의 핵심은 "자신의 충동을 다스리지 못하는 자, 지금의 쾌락과 고통의 즉흥적인 유혹을 이겨내고 이성이 명하는 합당한 일을 못하는 자는 덕성의 참된 원칙과 근면(절제)을 갖추지 못한 자이며 어떤 일도 해내지 못할 우려가 있다"[45]는 것이다.

43) Kenneth M. Dolbeare and Patricia Dolbeare, *American Ideologies*, 44쪽.

44) C. B. Macpherson, *The Political Theory of Possessive Individualism* (Oxford, Eng.: Clarendon Press, 1962).

45) John Dunn, *Rethinking Modern Political Theory: Essays, 1979~1983* (Cambridge,

18세기의 스코틀랜드 사상도 미국 자유주의의 원형을 이해할 때 빠트릴 수 없다. 애덤 스미스의 자유주의는 철저한 방임주의로 알려져 있지만 그의 사상도 원래는 도덕주의다. 그러나 자본주의의 발전은 로크뿐만 아니라 스미스도 변질시켰다. 원래 스미스가 그렸던 시장 메커니즘은 도덕적 목표를 달성하기 위한 수단이었다. 『국부론』에서 그려놓은 시장 경제는 스미스의 또 다른 책 『도덕 감성론』이 강조한 '덕성'을 실현할 수단일 뿐이었다. 스미스에 따르면 "인간이 아무리 이기적이라고 해도 인간 본성에는 어떤 무엇이 분명히 있다. 즉 다른 사람의 행복(fortune)에도 관심을 갖는 본성, 또 타인이 행복해지는 것을 바라보는 즐거움 말고는 다른 이익이 없다고 해도 타인의 행복을 저절로 바라는 본성"[46]이 있다는 것이다. 『도덕 감성론』의 다음 구절은 자유방임주의로만 알려진 애덤 스미스의 사상이 홉스의 이기적 개인주의보다 로크의 도덕주의에 더 가깝다는 것을 보여준다.

> "타인이 우리한테 가한 악행에 대한 정당한 분노 말고는 타인을 해칠 마땅한 동기가 있을 수 없고 타인에 대해 악을 자행할 충동도 생길 수 없다. 우리 행복에 방해가 된다고 해서 타인의 행복을 건드리거나, 아니면 우리에게 좀 더 필요하다고 해서 타인이 진실로 필요로 하는

Eng.: Cambridge University Press, 1985), 194쪽, 주 43에서 인용. 참고로 로크에 대한 던의 재해석 전반에 관해서는 John Dunn, *Locke* (New York: Oxford University Press, 1984) 및 *The Political Thought of John Locke: An Historical Account of the 'Two Treatises of Government'* (Cambridge, Eng.: Cambridge University Press, 1969)를 참조. 이와 관련해서 Patrick Riley, *Will and Political Legitimacy: A Critical Exposition of Social Contract Theory in Hobbes, Locke, Rousseau, Kant, and Hegel* (Cambridge, MA.: Harvard University Press, 1982)와 Kloppenberg의 논문 "The Virtues of Liberalism: Christianity, Republicanism, and Ethics in Early American Political Discourse," 16~17쪽을 보라.
46) Adam Smith, *The Theory of Moral Sentiments* (Indianapolis, IN.: Liberty Press, 1969), 47쪽.

것을 빼앗는다거나, 나의 행복이 타인의 행복보다 우선하기를 바라는 (만인이 갖고 있는) 자연스런 성향에 매몰되어 남을 희생시키는 것은 공정한 관객이 취해서는 안 될 행동이다."[47]

애덤 스미스가 꿈꾼 시장은 탐욕이 난무하는 도박판이 아니었다. 그의 시장은 정의롭고 풍요로운 사회를 반유토피아적인 방법(anti-utopian method)으로 건설하기 위한 수단이었다.[48] 바로 이 지점에서 스미스의 자유주의와 로크의 자유주의가 만난다. 스미스에게 시장은 로크가 목표한 권력 제한을 실현할 이상적인 메커니즘이었기 때문이다.

"스미스는 명백히 자유주의 지성의 핵심 멤버다. 자유주의가 자본주의를 찬양하는 이유는 자본주의야말로 사악한 정치적 야심(political passion)을 통제하는 데 기여할 수 있기 때문이다. 스미스가 법의 지배와 표현의 자유에 가치를 부여한 것은 의심의 여지가 없지만, 그가 자본주의를 칭송한 것도 자본주의가 자유를 달성할 효과적인 수단이기 때문이다. 자본주의의 발흥 과정과 작동 방식이 비도덕적인데도 스미스가 자본주의를 선택한 것은 그 자신의 (정치적: 인용자) 자유주의 때문이다. 스미스는 부자의 착취보다 (권력의) 정치적 야심을 더 위험하다고

---

47) 같은 책, 160쪽.

48) James T. Kloppenberg, "The Virtues of Liberalism," 18쪽. 스미스는 Francis Hutcheson(그로티우스의 개인주의와 푸펜도르프의 공동체주의[communitarianism]로 양분된 자연법 조류를 통합시키려 했던 인물)으로부터 전수받은 도덕 철학과 자신의 정치경제학을 접합시키려 했다. Richard Teichgraeber, III, *Free Trade and Moral Philosophy: Rethinking the Sources of Adam Smith's Wealth of Nations* (Durham, N.C.: Duke University Press, 1986). 그리고 스미스의 사상이 이러한 도덕 철학에 근거했음을 밝힘으로써 스미스를 재해석하는 데 선구가 된 업적으로는 Jacob Viner, "Adam Smith and Laissez-Faire," in *The Long View and the Short: Studies in Economic Theory and Policy* (Glencoe, IL.: Free Press, 1958), 213~245쪽; Donald Winch, *Adam Smith's Politics: An Essay in Historiographic Revision* (Cambridge, Eng.: Cambridge University Press, 1978) 등을 참조.

보는 사상적 전통에 속해 있었다.[49]

이쯤 되면 독립혁명과 건국 시대의 미국 자유주의는 홉스의 자유주의가 아니라 로크와 애덤 스미스의 도덕주의를 합친 자유주의라는 것을 알 수 있다. 이로써 초기 미국 자유주의가 공동체, 도덕, 덕성을 중시하는 공화주의와 융합할 수 있었던 최소한의 가능성을 추리할 수 있다.[50] 초기 자유주의의 도덕주의적 성격 때문에 랜스 배닝은 미국 자유주의의 대부인 토머스 제퍼슨을 공화주의 사상가로 분류하기도 했다. 애플비도 독립혁명 당시의 미국 자유주의를 자연법 전통 속에서 스미스의 사상을 수용한 도덕적 자유주의로 보았다.[51] 애플비에 따르면 독립혁명의 배경에는 공화주의 사상도 있었지만, 선의의 경쟁자들 사이의 자연스런 조화를 믿는 애덤 스미스의 자유주의가 공화주의의 엄격한 윤리를 완화시킨 측면도 있다.[52] 제퍼슨의 정치 사상도 일종의 도덕주의적 자유주의였다.[53] 이

49) John A. Hall, *Liberalism: Politics, Ideology, and the Market* (Chapel Hill, N.C.: University of North Carolina Press, 1987), 46~47쪽.

50) 미국의 스코틀랜드 사상 수용 과정에 대해서는 H. F. May, *The Enlightenment in America*.; Morton White, *The Philosophy of the American Revolution*; G. Wills, *Inventing America*를 참조. 또 D. H. Meyer, *The Democratic Enlightenment*와 Terence Martin, *The Instructed Vision: Scottish Common Sense Philosophy and the Origins of American Fiction* (Indianapolis, IN.: Indiana University Press, 1961)도 참조할 것.

51) Lance Banning, "Republican Ideology and the Triumph of the Constitution," *William and Mary Quarterly*, 3rd Ser., vol. 31, no. 2 (1974), 167~188쪽; J. Appleby, "The Social Origins of American Revolutionary Ideology," *Journal of American History*, vol. 64, no. 2 (March 1976), 3~26쪽; "What is Still American in the Political Philosophy of Thomas Jefferson?" *William and Mary Quarterly*, 3rd Ser., vol. 39 (April 1982), 287~304쪽; "Commercial Farming and the 'Agrarian Myth' in the Early Republic," *Journal of American History*, vol. 68, no. 2 (March 1982), 533~849쪽을 볼 것.

52) J. Appleby, "The Social Origins of American Revolutionary Ideology," 955~956쪽.

53) 제퍼슨은 이기심과 선의를 명백히 구분했다. "자기 자신에 대한 사랑은 도덕성의 일부가 될 수 없다. (……) 이기심은 덕성의 유일한 적이며 인간의 자기 만족 성향을 이용하여 우리로 하여금 타인에 대한 도덕적 의무를 저버리도록 끊임없이 우리를 유도하고 있다. (……) 자연은 다른 사람을 사랑하는 마음을, 타인에 대한 의무감을, 그리고 타인의 고통을 느끼고 덜어주고 싶

처럼 도덕주의 색채가 강한 자유주의가 초기의 미국 정치를 지배했기 때문에[54] 제퍼슨의 자유주의적 비전과 동시대의 매디슨이 가졌던 공화주의적 비전은 본질적으로 다르지 않았다.[55] 자유주의와 공화주의의 융합은 최소한의 도덕주의적 비전을 공유함으로써 가능했던 것이다.

3-3. 공화주의(I)

공화국이나 공화정이라는 말과 달리 공화주의라는 말은 우리한테 낯설다. 이 공화주의라는 고전 시대의 사상이 미국의 정치 사상과 미국 연방헌법의 근간이 되었다고 보는 것이 공화주의 합의 사학이다. 공화주의에 대한 미국 역사학계의 관심은 자유주의 합의 사학의 영향력이 절정에 달한 1960년대에 시작되었다. 공화주의에 대한 연구를 촉발시킨 1960년대 미국의 지적 사조는 다음과 같다.[56]

첫째, 자유주의는 개인의 의식(신념과 사상)이 사회적 현실을 창조한다고 본다. 그런데 이와 반대로 사회적 현실과 조건이 인간의 의식을 만든다는 새로운 생각이 미국 지성계에 등장했다. 자유주의는 개인의 사상이 집단의 이념보다 앞선다고 보지만, 1960년대에 유행하기 시작한 지식사회학, 문화인류학, 구조기능주의는 '현실이 사회적으로 구성된다'(socially

---

은 도덕적 본능을 우리의 가슴에 심어놓았다." Thomas Jefferson, *Writings*, ed. by Merrill D. Peterson (New York: Viking Press, 1984), 1335~1339쪽.

54) J. T. Kloppenberg, "The Virtues of Liberalism," 27쪽.

55) 매디슨의 비전은 다음과 같다. "미국의 공화주의자들이 토지를 가치 있게 여긴 것은 토지 소유가 개인의 자유를 확보해주기 때문이었다. (……) (미국의) 혁명가들은, 모든 사람에게는 이러한 토지 소유의 권리가 있다고 믿었으며 (……) 토지의 소유권에 기초한 개인적 독립 위에서만 각 시민이 정치 과정에 책임 있게 참여할 수 있었다. (……) 따라서 혁명가들이 사람들에게 재산(토지)을 부여하려 한 것은 그들이 공적인 책임을 외면한 채 이기적인 사생활 우선주의(selfish privatism)에 빠지도록 하려는 것이 아니었다." Drew R. McCoy, *The Elusive Republic*, 68쪽.

56) Joyce Appleby, *Liberalism and Republicanism in the Historical Imagination*, 17~23쪽.

constructed)는 믿음과, 자기 이익은 생각(ideas)에 따라 규정된다는 새로운 인식을 유포했다. 생각에 따라 현실(에 대한 인식)이 달라진다는 이 새로운 믿음은 자유주의의 토대인 이성의 독립 및 진보의 필연성에 대한 믿음과 정면으로 배치되었다. 따라서 인간의 모습도 새롭게 그려야 했다. 전통적으로 자유주의가 설정한 독립적, 합리적, 이성적, 자기 개혁적인 유연한 개인 대신 감정적이며 상징에 취약한 인간, 모럴에 지배받는 인간, 세계관을 공유함으로써 타인과 연대하는 사회적 인간이 등장한 것이다. 그 결과 자유롭고 독립적인 인간이 이성에 따라 자기 정신을 지배한다는 자유주의의 대전제가 흔들리면서, 거꾸로 이념이 인간을 어떻게 지배하는가에 대해 탐구하기 시작했다.

둘째, 이 새로운 지적 사조는 미국 역사학을 진보에 대한 강박으로부터 해방시켰다. 이제는 미국이 근대적이고 미래 지향적인 나라로 태어난 것만은 아닐 수 있다는 생각이 들게 되었다. 지금까지 떠받든 자유주의라는 것이 식민지 아메리카에서 계몽주의의 흔적을 찾으려 한 19세기적 상상력이 만들어낸 존재에 불과했음도 깨닫게 되었다. 이제 미국 역사학계는 식민지 시대의 미국 역사를 미국 역사 전체에서 분리된 별도 주제로 삼기 시작했다.

셋째, 식민지 시대의 종교사에 대한 연구가 본격화했다. 그 중심에 있던 페리 밀러(Perry Miller)는 식민 시대의 청교도적 행동 양식과 그 근저에 깔린 종교적 신념을 추적했고, 그 결과 청교도는 신과의 성약(Holy Covenant)에 대한 믿음과 공짜 은혜에 대한 신앙에 사로잡힌 인간형으로 드러났다. 그는 뉴잉글랜드의 최초 이주민이 칼뱅주의 교도였다는 사실을 밝힘으로써 식민지 시대 아메리카의 신정주의 전통이 자유주의와 배치된다는 것도 밝혀냈다. 버지니아와 함께 초기 미국의 정신적 틀을 형성한 매사추세츠의 성서 공동체들이 근대적 인간들이 모인 회중이 아니었다는 점, 또 당시 종교 지도자들은 자유주의와 상반되는 가치관에 사로잡혀 있었다는 점도 밝혀냈다. 종교적이거나 도덕적으로 고상하지 않은 모든 행위를 타락(declension)으로 백안시하는 경직된 사고가 식민지 아메리카를 지배했다는 것이다.

이상이 버나드 베일린과 고든 우드(Gordon Wood)로 하여금 자유주의 신화를 배격하고 18세기의 북아메리카에 살던 사람들이 실제로 말한 것을 분석하게 만든 지적 사조였다. 이들은 이 새로운 지적 환경 속에서 건국 시대의 엘리트들을 에워싸고 있던 생각의 우주가 고대 로마의 공화정이었다는 것을 발견해냈다.

공화주의는 그리스와 로마의 공화정을 지배한 정치 철학이며 정치 윤리다. 따라서 자유주의나 마르크스주의와 달리 창시자와 텍스트가 뚜렷이 존재하지 않는다. 공화주의는 정치의 본질은 덕성과 타락의 대결이라고 생각하는 정치 철학이며, 자연 귀족(Natural Aristocrat)으로 지칭되는 천부적 지도자들의 공익 정신과 희생을 강조하는 정치 윤리다. 공화주의의 비전은 지혜와 덕성을 타고난 정신적 귀족들이 질병과 기근, 폭정과 침략 같은 역사의 테러로부터 시민을 보호하는 지혜와 덕성의 정치다. 포칵(J. G. A. Pocock)에 따르면 1649년에 찰스 1세를 처형함으로써 과거와 단절한 영국의 지식인들은 아리스토텔레스와 폴리비우스, 마키아벨리와 해링턴 같은 공화주의 이론가들에게 눈을 돌렸다. 당시 영국의 엘리트들은 영국은 이미 '역사' 속에 들어왔기 때문에 세월이 흐르면서 필연적으로 발생하는 타락(corruption)을 모면할 수 없다는 것을 엄중하게 인식하고 있었다. 그들이 보기에는 1690년대에 영국의 국채가 증가하는 틈을 타 세력을 확장한 신흥 부르주아지가 타락의 주범이었다. 이 신흥 상업 세력, 즉 궁정파(Court) 또는 신휘그(Neo-Whigs)가 궁정을 장악해 전통 지배 세력인 농업 귀족(Country)을 축출하면서 공화정의 핵심인 '덕성과 균형'을 파괴했고, 그 결과 영국의 정치가 휘그의 과두정으로 타락했다고 본 것이다. 그래서 이들은 신흥 귀족으로 부상한 상업 부르주아지들이 공화정을 타락시키는 것을 막으려고 했다.

이것이 17세기 영국의 저항 사상(Oppositionist Thought)이다. 영국의 저항 사상은 고대 공화주의 사상을 부활시킨 것이다. 이 부활한 공화주의가 식민지 아메리카로 들어와서 독립혁명과 미국 건국의 엘리트들을 이끌었다고 보는 것이 공화주의 합의 사학이다. 공화주의 합의 사학의 관점에서 보면 독립혁명의 지도자들은 이미 과두정으로 타락한 영국의 정치를 식민지에 있는 '영국의 신민들'에게 이식하려던 영국의 왕과 의회에 분노한 진정한 '영국의 애국자들'이었다. 다시 말하면 미국을 건국한 사람들은 과두정으로 타락하기 전의 '원래 영국'을 아메리카의 신대륙에서나마 보존하려던 사람들이었다.

이쯤에서 공화주의를 자세히 설명할 필요가 있다. 공화주의는 간단히 정의하기가 힘들다. 오죽했으면 미국의 제2대 대통령을 지낸 존 애덤스가 공화주의(Republicanism)라는 말의 뜻을 자신은 한 번도 이해한 적이 없다면서 "공화주의는 무엇이든 될 수 있고, 모든 것이기도 하며, 아무것도 아니기도 하다"라고 푸념했겠는가?

일반적으로 공화주의는 인민이 통치자를 선출하는 제도로 이해된다. 또는 칸트가 『영구평화론』에서 정의한 것처럼 집행권(왕)과 의결권(의회)을 분리시킨 권력 구조를 뜻하는 것으로 이해되기도 한다. 이렇게 보면 공화주의는 절대군주제에 반대하는 저항적 정치 문화로서 17~18세기의 유럽에서 등장했다고 볼 수 있다.[57] 그렇지만 공화주의 사상의 기원은 앞에서 말했듯이 고대 그리스의 도시 국가와 공화정 시대의 로마다. 애

---

57) Gordon S. Wood, *The Radicalism of the American Revolution* (New York: Vintage Books, 1993), 100쪽.

초에는 공적인 것과 공공의 것을 뜻하는 'res publica'라는 말만 있었지 공화국(republic)이나 공화주의(republicanism)라는 말은 없었다. 권력의 분립과 견제에 철저했던 공화정 시대 로마의 정치 사상과 제도를 가리키는 말로 '공화주의'가 쓰이기 시작한 것은 17세기 말이다. 사상으로서의 공화주의는 로마 공화정의 시대가 끝나고 군주제가 유럽을 장악하면서 사라졌지만, 르네상스 시대 이탈리아의 피렌체를 중심으로 하여 부활했다. 이 부활한 공화주의를 고전적 공화주의(Classical Republicanism)라고 부른다. 부활한 공화주의는 절대군주제에 대한 저항 사상으로서 17세기 영국의 정치적 변혁과 18세기 프랑스의 구체제 전복을 이끌었다.

공화주의 사상의 계보는 그리스의 아리스토텔레스, 폴리비우스, 로마의 키케로, 타키투스, 르네상스 시대의 마키아벨리로 이어져왔고, 다시 16세기 영국의 제임스 해링턴과 그를 계승한 17~18세기의 신해링턴주의자들(Neo-Harringtonians)로 이어졌다. 식민지 아메리카의 지도자들에게 영향을 끼친 것은 주로 신해링턴주의자들이다.

이들의 사상을 종합하면 공화국 또는 공화정의 성립 조건은 다음과 같다. 첫째, 법에 의한 지배(government of law)다. 둘째, 자유(liberty)다. 공화주의의 자유는 근대 자유주의가 말하는 자유가 아니다. 시민 개개인이 토지와 무기를 소유한 독립 공민으로서 공공 정치에 직접 참여하는 자유다. 셋째는 시민 모두가 참여하는 정치 즉 커먼웰스(commonwealth)의 사상이다. 넷째는 인민이 주체가 되는 통치 방식(popular government)이다. 다섯째는 곧 설명하게 될 혼합 정체론(mixed government)이다.[58]

---

58) Andrew J. Reck, "The Republican Ideology," in J. K. Roth et al. (eds.), *Ideology and American Experience: Essays on Theory and Practice in the United States* (Washington D.C.: Washington Institute Press, 1986), 77~92쪽. 그리고 아리스토텔레스, 폴리비우스, 키케로, 마키아벨리, 해링턴의 공화주의 사상 및 공화주의 사상을 실천한 도시 국가 베니스를 다룬 고전적 업적은 Z. S. Fink, *The Classical Republicans: An Essay in the Recovery of a Pattern of Thought in Seventeenth-Century England* (Evanston, Il.: Northwestern University

이 다섯 가지 조건보다 더 중요한 것이 있다. 공화정을 유지하려는 정신과 윤리다. 공화주의는 세월이 가면 권력은 반드시 타락한다고 본다. 인간의 본성을 비관하기 때문에 권력(자)의 타락을 필연으로 보는 것이다. 진정한 공화주의자라면 권력이 선할 수 있다고 믿을 만큼 순진해서는 안 된다. 인간 본성상 끝까지 선한 권력은 있을 수 없다. 세월이 가면 무조건 타락하는 것이 권력이기 때문에, 시민이 국가와 권력을 감시하고 견제하지 못하면 반드시 폭정과 전제에 시달리게 된다. 다시 말하면, 권력의 분립과 견제를 위한 철저한 제도를 마련하는 것만이 자유를 지키는 길이다. 그런데 국가와 권력을 감시하고 견제하려면 시민 스스로 자신을 국가로부터 방어할 무기가 있어야 하고, 독자적 생존을 위한 재산도 가져야 한다. 그래서 공화주의는 시민의 무기 소유를 당연시한다. 그리고 국가의 상비군 설치에 반대한다. 국가가 소유하는 상비군은 언제든 시민을 억압할 수단으로 타락할 수 있기 때문이다. 그 대신 유사시에 시민이 직접 무기를 들고 나가는 민병 제도를 주장한다.

따라서 공화주의는 시민적 덕성인 동시에 전사의 덕성인 용기와 희생 정신을 숭상한다. 또 공화주의는 함께 애써서 거두는 농업적 심성을 '덕성'의 근원으로 보고 존중한다. 그 대신 사사로운 이익만 추구하는 상업적 심성은 공화정의 근간인 공동체 정신을 훼손함으로써 '타락'으로 이어지기 때문에 배척한다.[59] 농업과 전사의 시대를 지배한 공화주의의 자유가 상업과 자본의 시대를 지배하는 자유주의의 자유와 다른 것은 이 때문이다.

Press, 1962)를 보라.

59) 고대 그리스 도시 국가들이 왜 상업과 상업적 심성을 공화정의 위협 요인으로 봤는지에 대해서는 다음을 참조. Paul A. Rahe, *Republics Ancient & Modern*, vol. 1, *The Ancien Regime in Classical Greece* (Chapel Hill, N.C.: North Carolina University Press, 1994), 41~65쪽. 상업 도시인 아테네조차도 상업적 행위나 심성을 존중하지 않았다. 같은 책, 72~184쪽.

정리하면, 공화주의는 시민 즉 공민이 국가 권력을 감시하지 않으면 공화국의 덕성(civic virtue)도 유지할 수 없고 권력의 타락과 자유의 소멸도 막을 수 없다고 본다. 그래서 정치의 본질은 공화정을 유지하는 '덕성'과 공화정을 무너트리는 '타락'의 대결이며 투쟁이다. 그러면 무엇이 덕성이고 무엇이 타락인지 구체적으로 보자.

첫째, 정치 체제는 지배자의 수에 따라 군주정, 귀족정, 민주정으로 나뉜다. 이 세 체제는 세월이 가면서 각각 폭정(참주정), 과두정, 중우정으로 타락한다. 이것을 막으려면 이 셋을 혼합한 균형 정치 체제(balanced constitution)를 만들어 세 종류의 체제가 서로 견제하게 만들어야 한다. 이것이 혼합 정체론이다. 권력의 주체는 1인(군주), 소수(귀족), 다수(인민)인데[60] 이 가운데 하나가 나머지를 압도하면 참주정이나 과두정이나 중우정이 되기 때문에 3자 간의 균형이 유지될 혼합 체제를 만들어야 한다는 것이다. 그래서 혼합 정체를 유지하는 것이 덕성이며, 이를 방해하거나 파괴하는 것이 타락이다. 오늘날 우리가 무심코 쓰는 공화국 또는 공화정(Republic)은 이처럼 군주정과 귀족정과 민주정의 요소를 고루 섞어 놓은 체제다. 공화주의의 혼합 정체론을 구현한 대표적 사례가 미국의 연방헌법이다.

둘째, 공민적 실천(practice of citizenship), 즉 시민들이 서로 평등(civic equality)한 상태에서 공공의 이익을 실천하는 것이 덕성이고, 그렇지 않으면 타락이다. 덕성을 숭배한다는 점에서, 또 시민의 권리와 의무를 실천함으로써만 인간성을 실현할 수 있다는 믿음에 철저하다는 점에서 공화주의는 정치적 종교(political religion)라고 할 수 있다. 그런데 공화국의 시민으로서 덕성을 실천하려면 다음의 요건을 갖춰야 한다. 각 시민은

---

60) 이 3자는 공화주의의 근대적 적용 과정에서 각각 행정부, 상원, 하원으로 나타나게 되었다.

가장(chief of household)으로서 시민적 독립의 수단인 재산(토지)과 무기를 소유해야 한다. 공화주의는 재산을 사치와 이윤의 수단으로 보지 않고 정치적 독립의 수단으로 본다. 재산(토지)이 없으면 누군가의 노예가 되고[61] 남한테 기대야 하기 때문이다. 또 국가의 부당한 폭압에 대항하기 위해서도 시민 각자가 무기를 소유해야 한다. 재산과 무기의 소유는 시민적 독립의 조건인 동시에 공화정의 필수 조건이다. 그렇기 때문에 개별 시민이 재산과 무기를 소유하는 것이 덕성이고, 재산과 무기가 없는 상태는 타락이다.

셋째, 덕성은 상호 간의 경의(deference)다. 존 애덤스의 말처럼 모든 정치적 결사체는 '1인·소수·다수' 즉 왕·귀족·인민의 자질을 가진 자들로 구성된다.[62] 공화국도 마찬가지다. 그래서 지도자의 자질을 타고난 자연 귀족[63]과 그렇지 못한 보통 사람들은 서로 질시하거나 경멸하지 말고 존중해야 한다. 즉 3자 상호 간의 존중은 공화정을 유지하는 덕성이며 상호 존중이 사라진 상태가 타락이다.

넷째, 근면과 검약에 바탕을 둔 농업적 심성과 전사의 덕목인 용기는 덕성이고 상업적 심성과 나약함은 타락이다.

요약하면, 공화주의는 인간과 권력의 본성에 대한 비관론에 기초해서 정치적 균형과 자유를 유지할 방편을 제시하는 정치 철학이다. 혼합 정

---

61) 이에 관한 해링턴의 경구들은 J. G. A. Pocock, *Politics, Language and Time: Essays on Political Thought and History* (London: Methuen & Co., 1971), 112쪽을 보라. 공화주의가 보는 토지의 정치적 기능은 같은 책, 92~93쪽을 참조.

62) G. S. Wood, *The Creation of the American Republic, 1776~1787* (Chapel Hill, N.C.: University of North Carolina Press, 1969), 577쪽.

63) 공익을 위해 사사로운 이익을 희생할 줄 아는 천부적 자질을 갖춘 소수의 인간으로서 귀족 신분은 세습되지 않는다. J. G. A. Pocock, "Virtue and Commerce in the Eighteenth Century," *Journal of Interdisciplinary History*, vol. 3, no. 1 (Sum. 1972), 124쪽. 그리고 J. G. A. Pocock, *The Machiavellian Moment*, 515쪽을 보라. 자연 귀족이 어떻게 생기는 것인지에 대해서는 J. G. A. Pocock (ed.), *The Political Writings of James Harrington* (Cambridge, Eng.: Cambridge University Press, 1977), 171~174쪽.

체의 균형이 깨지는 것, 재산과 무기가 고루 분배되지 않는 것, 계층 간의 상호 존경심이 없는 것, 상업적 심성이 만연하는 것은 모두 공화정을 타락시키는 힘이기 때문에 정치의 목표는 타락을 막는 것이다. 그런 의미에서 공화주의는 권력의 타락 본능을 간파하는 정치적 소양인 동시에 공동체의 공익과 시민의 자유를 수호하려는 정치적 규범이기도 하다.[64]

그리스·로마의 고대 공화주의는 르네상스 시대 피렌체의 니콜로 마키아벨리를 통해 부활했다. 근대의 공화주의자 마키아벨리도 타락을 모든 형태의 정부에 내재된 성향으로 봤다. 그에게는 무기를 자기 의지대로 쓸 수 없는 시민적 예속 상태, 그리고 시민 개개인의 용기와 공동체 정신이 발휘되지 않는 도덕적 쇠락이 타락이었다.[65] 그리고 마키아벨리를 통해 부활한 고대 공화주의가 해링턴을 거쳐 18세기 영국의 급진파 휘그(Real Whigs 또는 Radical Whigs로서, 앞서 말한 신휘그와 대립)에게 수용되었다. 급진파 휘그는 신해링턴주의자나 18세기의 공화주의자(18th century Commonwealthmen)로 불리기도 하는데, 당시 영국의 조지 3세가 스튜어트 시대의 절대군주인 제임스 1세보다 한술 더 떠서 의회와 지방 귀족의 독립을 침해하는 것에 반발한 저항적 사상가들이다. 이들이 보기에는 당시 영국의 정치적 상황이 '타락'이었다. 귀족과 의회의 권리를 침해하는 조지 3세의 전제 정치가 공화주의의 핵심인 균형을 파괴했기 때문이다. 이들의 사상을 접한 18세기 식민지 아메리카인들도 자신들의 모국인 영국에서 공화정이 무너지고 있다는 위기 의식을 갖기 시작했다.[66]

---

64) 공화주의에 관한 구체적인 설명은 William M. Sullivan, *Reconstructing Public Philosophy* (Berkeley, CA.: University of California Press, 1986), 21~22쪽. 18세기의 식민지 아메리카인에게 비친 타락의 실태는 G. S. Wood, *The Creation of the American Republic*, 32~34쪽을 참조.
65) J. G. A. Pocock, *Politics, Language, and Time*, 88쪽.
66) G. S. Wood, *The Creation of the American Republic*, 33~34쪽.

독립혁명을 전후해서 신대륙 아메리카에 유입된 공화주의가 식민지인들에게 가르쳐준 것은 공공의 이익(Public Good)이 사적 이익에 우선한다는 것과, 정부의 존재 이유는 오로지 인민의 안녕과 행복이라는 신념이다. 해밀턴과 페인을 비롯한 초기 미국 사상가들의 저작에서 자유(Liberty)를 빼고 가장 자주 나온 말이 '공공의 이익'이다.[67] 특히 1763년부터 사탕 조례와 인지 조례를 비롯한 식민지 과세와 억압 정책으로 돌아선 영국 의회의 행태를 영국의 타락한 체제를 식민지에 이식하려는 음모로 보게 만든 것이 공화주의적 저항 사상이었다. 권력을 그냥 놔두면 반드시 타락해서 공공의 이익을 해치게 된다는 공화주의의 비관적 역사관이 모국 영국에 대한 반란(독립혁명)에 정당성과 도덕성을 부여한 것이다.[68]

미국의 정신적 토대를 공화주의에서 찾는 공화주의 합의 사학은[69] 마키아벨리와 해링턴을 거쳐 영국과 아메리카 식민지로 유입된 공화주의를 고전적 공화주의(classical republicanism) 또는 공민적 휴머니즘(civic humanism)으로 지칭했다.[70] 이 고전적 공화주의가 미국 정치의 토대가 되었으며, 덕성과 타락의 상호 긴장이 미국 정치의 전개 과정에서 일관되게 표출되었다고 보는 것이 공민주의 패러다임(Civic Humanist Paradigm)이다. 존 포칵이[71] 제시한 공민주의 패러다임에 따르면 미국 연

---

67) 같은 책, 53~58쪽.
68) 같은 책, 47, 52쪽.
69) 그리스·로마의 정치 사상이 미국의 국가 형성기에 미친 영향에 관해서는 R. M. Gummere, *American Colonial Mind and the Classical Tradition: Essays in Comparative Culture* (Cambridge, MA.: Harvard University Press, 1963)를 볼 것.
70) Z. S. Fink, *The Classical Republicans.* 그리고 Hans Baron, *The Crisis of Early Italian Renaissance* (Princeton, N.J.: Princeton University Press, 1966)를 참조. 공민주의의 사고 방식에 관해서는 J. G. A. Pocock, *The Political Writings of James Harrington,* 85~87쪽을 보라.
71) Civic Humanist Paradigm에 관해서는 J. G. A. Pocock, "The Cambridge Paradigms and Scotch Philosophers: a Study of the Relations between Civic Humanist and Civil

방헌법은 권력의 타락을 막기 위한 공화주의적 장치다.

이런 관점은 영국 정치 사상과 미국 정치사가 연결되어 있었다는 전제를 깔고 있다. 독립혁명과 건국을 이끈 사상은 영국 의회를 장악한 휘그 과두정(Whig oligarchy)이 마그나카르타 이래 영국의 전통인 공화정을 타락시켰다고 반발한 영국 저항 사상가들로부터 왔기 때문에, 17~18세기의 두 나라 정치사는 하나로 묶어 봐야 한다는 것이다. 이것이 공화주의적 수정주의(republican revisionism) 또는 공화주의 합의 사학의 출발점이다.[72] 공화주의적 수정주의는 연방헌법 제정에 찬성한 북부 연방파는 물론이고 거기에 반대한 반연방파도 공화주의 사상을 공유했다고 본다. 미국 정치의 기초를 근대에서 찾지 않고 아리스토텔레스, 키케로, 마키아벨리를 거쳐 17세기 영국의 해링턴으로 이어진 서구 정치 사상의 긴 흐름에서 찾은 것이다.

공화주의를 발견함으로써 미국의 자화상도 다시 그려야 했다. 존 로크가 차지했던 미국 정치 사상의 옥좌에 마키아벨리와 해링턴을 앉혀놓은 포칵, 베일린(B. Bailyn), 우드(G. S. Wood)는 르네상스 휴머니즘의 기세를 타고 부활한 고대 공화주의가 미국의 근본 사상이며, 미국 정치의 틀을 잡은 것은 타락하는 권력을 덕성으로 견제하는 공화주의 윤리라고 주장했다.[73] 포칵의 표현을 따르면 '마키아벨리적 긴장'(Machiavellian

---

Jurisprudential Interpretation of Eighteenth-Century Social Thought," in I. Hont & M. Ignatieff (eds.), *Wealth and Virtue* (Cambridge, Eng.: Cambridge University Press, 1983), 235~252쪽.

72) '공화주의적 수정주의'는 공화주의 합의 사학을 비판하고 종래의 자유주의 합의 사학을 변호한 크램닉이 처음 쓴 용어다. I. Kramnick, "Republican Revisionism Revisited," *American Historical Review*, vol. 87, no. 3 (Jun. 1982), 629~664쪽.

73) Bernard Bailyn, *The Ideological Origins of the American Revolution* (Cambridge, MA.: Belknap Press of Harvard University Press, 1967); *The Origins of American Politics* (New York: Vintage Books, 1968); G. S. Wood, *The Creation of the American Republic*; J. G. A. Pocock, *The Machiavellian Moment*.

Tension)이 형성기의 미국을 지배한 것이다.[74] 그리고 이런 긴장이 태동기의 미국을 휩쓸었다는 점에 착안하면 왜 미국처럼 고도로 발전된 산업국가에 전근대적 가치와 제도가 존속해왔는지, 그리고 이상과 현실의 괴리를 극복하려는 개혁이 왜 주기적으로 반복되어왔는지를 설명할 수 있게 된다.

3-4. 공화주의(II)

좁게 보면 공화주의 합의 사학은 하버드의 역사학자 버나드 베일린에서 브라운 대학의 고든 우드와 존스홉킨스의 존 포칵으로 이어졌다. 이들의 주장을 간추리면 다음과 같다. 초기 미국의 지도자들은 국가의 권력으로부터 시민의 자유를 지킬 수 있는 덕성의 공화국을 만들려고 했다. 독립혁명 당시의 미국인들은 공화국을 유지하거나 무너뜨린 것은 무력이 아니라 정신이며, 훌륭한 정부에는 공적 덕성(public virtue)이 필수적이라는 것을 믿었다. 사사로운 이익을 팽개치고 공익에 헌신하는 정신으로 타락에 맞서는 덕성을 정치의 필수 조건으로 삼은 것이다. 따라서 공화국의 인민(people)은 상호 간의 갈등과 대립이 없는 균질적(homogeneous) 집단이어야 했다.[75]

이렇게 보면 미국의 정신을 공화주의에서 찾은 공화주의 합의 사학은 전前부르주아적이며 비非로크적인 미국 정치의 혼魂을 머나먼 과거에서 찾는 낭만적 열정의 산물일 수도 있다.[76] 또 미국의 원초적 정신을 공공

---

74) J. G. A. Pocock, *The Machiavellian Moment*, 549쪽.

75) Robert E. Shalhope, "Republicanism and Early American Historiography," *William and Mary Quarterly*, 3rd Ser., vol. 39 (1982), 334~336쪽.

76) Thomas L. Pangle, *The Spirit of Modern Republicanism: The Moral Vision of the American Founders and the Philosophy of Locke* (Chicago, Il.: University of Chicago

성을 앞세운 공화주의에서 찾음으로써 자본주의로 인해 퇴색한 미국 정치의 정신을 부활시키는 관념 조작의 기능을 할 수도 있다.[77] 그럼에도 공화주의 합의 사학은 근대 국가 미국을 만들어낸 것이 고대의 사상이라는 역설을 드러내는 데 성공함으로써[78] 미국이 갖지 못한 '긴 역사'에 대한 갈증을 해소해주었다.

공화주의 합의 사학이 자유주의 합의 사학에 도전하면서 내세운 주장은, 존 로크는 18세기 미국에 영향을 준 사상가도 아니고 공화주의를 미국에 전파하는 데 기여하지도 못했다는 것이다.[79] 예를 들면 포칵은 다음과 같이 주장한다. 로크가 쓴 『시민정부론 제2론』의 핵심은 권력이 인민에게 귀속된다는 믿음이다. 그러나 18세기의 급진주의자들이 주로 쓴 개념은 덕성, 타락, 개혁(reform)이다. 이 용어들은 마키아벨리적이며, 고전적이며, 아리스토텔레스적이다. 따라서 로크는 공화주의 전통 속에 존재하지 않는 인물이다.[80] 포칵의 주장은 계속된다. "아직까지 미국의 다원주의를 로크적·자유주의적 합의(Lockean-Liberal Consensus)로 보는 것이 정설인데, (……) 이제는 (……) 존 로크가 미국의 정치 이념을 장악했다고 본 루이스 하츠의 견해는 수정되어야 한다."[81] 덕성과 타락의 대립

Press, 1988), 28쪽.

77) Don Herzog, "Some Questions For Republicans," *Political Theory*, vol. 14, no. 3 (1986), 475쪽.

78) James T. Kloppenberg, "The Virtues of Liberalism," 14쪽.

79) 1760년부터 1805년까지 미국에서 나온 정치적 저작물(책, 팜플렛, 신문 기사, 논문 등)에서 인용된 사상가들의 수를 조사한 결과 로크는 당시 미국에서 가장 널리 인용된 사상가가 아니었으며(가장 널리 인용된 사상가는 몽테스키외로 나타남), 로크의 글 중에서도 오늘날 자유주의 합의 사학에서 바이블로 삼는 *Second Treatise*보다는 『인간 오성론』(*An Essay Concerning Human Understanding*)이 더 널리 읽혔다고 밝힌 연구가 있다. Donald S. Lutz, "The Relative Influence of European Writers on Late Eighteenth-Century American Political Thought," *American Political Science Review*, vol. 78, no. 1 (Mar. 1984), 189~197쪽.

80) J. G. A. Pocock, "Virtue and Commerce in the Eighteenth Century," 124쪽.

81) 같은 논문, 127쪽.

이 정치의 동력이라고 보는 공화주의가 미국의 토대라는 사실이 밝혀지면 "로크라는 하나의 거대한 산봉우리만 내세운 18세기"라는 신화는 영원히 사라질 것이기 때문이다. 로크는 아리스토텔레스, 폴리비우스, 마키아벨리, 그리고 17세기 영국의 해링턴과 그 이후의 시드니(Algernon Sidney), 트렌처드(John Trenchard), 고든(Thomas Gordon), 볼링브로크(John Bolingbroke), 버그(James Burgh)로 이어진 공화주의 사상과 관계 없는 인물이며, 18세기 영국 정치 사상의 양대 진영인 궁정파(신흥 부르주아지)와 지방파(전통 토지 귀족)의 사상 논쟁(country-court debate)에서도 중요한 인물이 아니었다.[82] 로크의 자유주의는 신흥 궁정파의 전횡을 비판한 공화주의자들의 저항 사상과 오히려 배치되는 것이었다. 그리고 미국의 뿌리를 로크에게서 찾아버리면 미국의 정신이 궁정파와 지방파의 사상적 투쟁 속에서 출현했다는 사실을 외면하게 되고, 미국이 애초부터 단일 이념으로 시작되었다는 오해가 생긴다. 한마디로 18세기의 영국과 미국에서 로크가 지배적인 사상가로 군림했다는 것은 신화일 뿐이며[83] "로크 말고 아무도 없다"라는 태도가 18세기 영미권의 정치 사상 연구에 장애가 되었다는 것이다. 자유주의 합의 사학의 기초는 이렇게 흔들리기 시작했다.

그렇다면 고전적 공화주의가 식민지 아메리카로 유입된 실제 과정을 확인해야 한다. 아리스토텔레스-폴리비우스-키케로-마키아벨리-해링턴으로 이어진 공화주의 사상이 미국의 뿌리라는 것을 입증하려면

---

82) 전통적 농업 세계가 상업과 프로페셔널의 세계로 변하기 시작한 분기점이 된 것이 18세기다. 영국의 궁정파는 이 변화를 환영했지만 지방파는 고대 농업 공화국의 시민적 덕성이 사라질 위기를 초래하는 상업적 풍조에 반발했다.

83) 로크의 자유주의를 재해석한 던의 주장을 따른 것이다. John Dunn, "The Politics of Locke in England and America in the Eighteenth Century," in John W. Yolton (ed.), *John Locke: Problems and Perspectives* (Cambridge, Eng.: Cambridge University Press, 1969), 45~80쪽.

17~18세기 영국의 신해링턴주의가 아메리카 식민지로 전파된 과정부터 확인해야 한다. 영국의 제임스 해링턴이 초기 미국의 정치 사상에 영향을 끼쳤다는 것은 이미 알려진 사실이며[84] 식민지 시대의 각 주 헌법에 해링턴의 흔적이 있다는 점도 일찍이 입증되었지만,[85] 문제는 이 사상이 누구에 의해 어떤 경로로 유입되었는가라는 것이다. 이 문제를 다룬 사람들은 로시터(C. Rossiter), 콜번(H. T. Colbourn), 베일린이다. 베일린은 18세기의 미국을 연구할 때 염두에 둬야 할 것은 당시 식민지인들이 영국인이었다는 사실이며, 이 점을 무시하면 초기의 미국을 이해할 수 없다고 주장한다. 당시 영국과 미국의 정치 사상을 하나로 묶어 봐야 한다는 말이다.[86]

베일린은 당시 아메리카의 엘리트들이 정치의 원칙으로 삼은 것은 18세기 영국의 정치 사상이며, 이것이 독립혁명의 기원을 이해할 열쇠라고 주장했다.[87] 그럼 이 영국의 정치 사상은 무엇인가? 앞에서도 말했지만 당시 영국 정치 사상은 신흥 세력인 휘그의 과두정(Whig oligarchy)에 반발한 신해링턴주의자들의 저항 사상(Oppositionist Thought)이었다.[88]

---

84) 패링턴은 존 애덤스의 사상도 해링턴으로부터 큰 영향을 받았다고 단언한다. 애덤스 사상의 요체인 자연 귀족 사상, 주권의 경제적 기반, 대립되는 이익들 간의 균형의 필요성, 법치를 통한 이상 국가의 형성이라는 관념 모두가 해링턴에게서 전수받은 것이다. V. L. Parrington, *Main Currents in American Thought*, 319~320쪽. 또 A. T. Mason, *Free Government in the Making: Readings in American Political Thought*, 3rd edn. (New York: Oxford University, Press, 1965), 607쪽도 참조할 것. J. G. A. Pocock, *The Political Writings of James Harrington*에 수록된 *The Commonwealth of Oceana*를 비롯한 해링턴의 원작에 대한 포칵의 해설도 도움이 된다.

85) J. G. A. Pocock, *The Political Writings of James Harrington*, 149쪽. 그리고 미국 정치에 대한 해링턴의 영향은 이미 100여 년 전부터 입증되기 시작했다. Theodore W. Dwight, "Harrington: and His Influence Upon American Political Institutions and Political Thought," *Political Science Quarterly*, vol. 2, no. 1 (March 1887), 1~44쪽.

86) Bernard Bailyn, *The Origins of American Politics* (New York: Vintage Books, 1968), 15쪽.

87) 같은 책, 13쪽.

88) 17~18세기에 대두한 영국의 '저항 사상'에 관해서는 Caroline Robbins, *The Eighteenth*

이 18세기의 저항 사상은 좌파(급진파)와 우파로 다시 나뉘는데, 1720년 대에 『독립파 휘그』(Independent Whig)와 『카토의 편지』(Cato's Letters)[89] 같은 팜플렛을 통해 확산된 트렌처드와 고든의 사상이 좌파에 속한다. 그리고 1726~1736년에 『장인』(The Craftsman)을 중심으로 활약한 볼링브로크가 우파다.[90]

이들의 저항 사상이 북아메리카 식민지에 유입된 경로는 다음과 같다. 『카토의 편지』는 그때그때 미국에서 재인쇄되거나 『뉴잉글랜드 시론』(New England Courant)에 전재되었다. 1730년대에 발행된 『뉴욕 주보』(New York Weekly Journal)도 『카토의 편지』를 발췌해서 실었고, 1740년대에는 『사우스캐롤라이나 가제트』(South Carolina Gazette)와 보스턴의 『독립신문』(Independent Advertiser)이, 1750년대에는 『펜실베이니아 저널』(Pennsylvania Journal)이 이 역할을 맡았다.

『독립파 휘그』도 『카토의 편지』 못지않게 영향력이 컸다. 1752년 리빙스턴(W. Livingston)을 중심으로 뉴욕 장로교단이 영국에 반대하는 간행물을 창간하면서 그 이름을 『독립파 휘그』를 본딴 『독립파 비평』(Independent Reflector)으로 붙인 것이라든지 『독립파 휘그』가 영국에서 간행되는 즉시 아메리카판을 발행한 노리스(Issac Norris)의 일화는 『독립

Century Commonwealthman: Studies in the Transmission, Development and Circumstances of English Liberal Thought from the Restoration of Charles 2 until the War with the Thirteen Colonies (Cambridge, MA.: Harvard University Press, 1959); J. G. A. Pocock, "Virtue and Commerce in the Eighteenth Century"와 "Machiavelli, Harrington and English Political Ideologies in the Eighteenth Century," William and Mary Quarterly, 3rd Ser., vol. 22 (1965), 549~583쪽을 볼 것. B. Bailyn, The Ideological Origins of the American Revolution도 참조할 것.

89) 이는 1720년 11월, 12월에 고든이 Cato라는 필명으로 The London Journal과 The British Journal에 기고한 글들을 모아서 네 권의 책으로 펴낸 것이다. B. Bailyn, The Origins of American Politics, 38~39쪽.

90) 같은 책, 45쪽.

파 휘그』의 영향력을 방증한다.[91]

이처럼 다양한 경로로 유입된 영국의 저항 사상이 당시 미국 식자들 사이에서 널리 읽혔다는 증거를 치밀하게 수집한 사람이 콜번이다. 그는 당시 식민지 엘리트들이 저항 사상가들이 쓴 영국사 즉 휘그사(Whig history)를 쉽사리 접했다는 것을 밝히기 위해 당시 하버드, 예일 대학의 도서관 장서 목록, 개인 도서관들과 공립 도서관(social library)의 수서 상황, 그리고 서적 중개업자들의 행적까지 추적했다.[92] 그 결과 18세기 영국의 저항 사상 즉 '권력의 횡포에 대한 경계심'이 식민지 지도자들의 정치적 신념이 되었다고 추론했다.[93] "식민 시대 아메리카의 정치 문화는 (……) 영국적이었다. (……) (그러나) 이것은 아메리카의 정치 문화가 18세기의 영국에 범람하던 잡다한 관념과 신념의 혼합물이라는 뜻도 아니고, 로크와 같은 몇몇 사상가들에 의해 채색되었다는 뜻도 아니다. (……) 다만 18세기 미국의 정치 문화는 영국의 저항 사상에 의해 뚜렷한 모습을 갖추게 된 일련의 생각, 사고 방식, 신념이 조합된 것이다."[94]라는 결론에 도달했다.

이 말을 달리 표현하면 다음과 같이 된다. "당시 아메리카인들은 영국

---

91) 이 외에 James Burgh의 *Remembrancer*, Robert E. Brown의 *An Estimate* 등도 미국에서 재판再版되었다. B. Bailyn, *The Origins of American Politics*, 54~55쪽. 더 자세한 것은 Bernard Bailyn, *The Ideological Origins of the American Revolution*, 3~47쪽을 참조. 로시터도 1720년대의 고든과 트렌처드가 *Independent Whig*와 *Cato's Letters*를 통해 해링턴의 사상을 영국에 유포하고 미국까지 전파했다고 밝혔다. C. Rossiter, *The Seedtime of the Republic: The Origin of the American Tradition of Political Liberty* (New York: Harcourt, Brace & World, 1953), 141~146, 492쪽.

92) H. T. Colbourn, *The Lamp of Experience: Whig History and the Intellectual Origins of the American Revolution* (Chapel Hill, N.C.: University of North Carolina Press, 1965), 10~20쪽. 18세기 아메리카 식민지의 각 대학 도서관 및 공·사립 도서관의 장서와 정기 간행물 가운데 역사 분야 목록을 뽑아보면 아메리카의 지식인들이 휘그사를 읽으면서 영국 저항 사상의 영향을 받았다는 것을 확인할 수 있다. 같은 책, 199~232쪽.

93) B. Bailyn, *The Origins of American Politics*, 53쪽.

94) 같은 책, 57쪽.

의 휘그 급진파와 독립파 토리(Tory Independent), 그리고 지방파(country party)의 다양한 주장을 선택적으로 수용했다. 그 결과 트렌처드, 고든의 사상은 볼링브로크의 사상과 서서히 혼합되어 아메리카에 수용되었으니, 개인의 정치적 자유에 대한 국가(특히 행정부)의 위협을 경계하는 자세, 권력 분립에 대한 애착, 입법권과 사법권에 대한 존중이 그 특징이다."[95] 결국 "1776년 이전의 아메리카에는 혼합 정체, 권력 분립, 균형 체제(balanced constitution)에 대한 신념이 로크(자유주의: 인용자)의 자연 상태론, 동의의 원칙, 자연권 이론보다 더 지배적"[96]이었다는 말이다.

이제 시야를 넓혀서, 20세기 중반기의 미국 역사학계에서 공화주의 합의 사학이 어떻게 뿌리를 내리게 되었는지 그 역사를 정리해둔다. 공화주의 합의 사학 또는 공화주의적 종합(Republican Synthesis)을 향한 미국 역사학의 여정은 1940년대에 시작되었다. 캐럴라인 로빈스는 17세기의 영국 정치인 앨저논 시드니(Algernon Sidney)를 다룬 연구서에서[97] 시드니의 사상이 몰스워드(R. Molesworth), 고든, 트렌처드와 같은 급진파 휘그에게 계승되었으며, 이들이 공화주의를 미국으로 전파하는 역할을 했다고 주장했다. 로빈스는 1770년대의 영국 급진파와 아메리카의 혁명파는 존 로크보다 시드니의 사상에 더 기댔다고 지적했다. 특히 영국의 억압적인 과세 정책에 반발한 식민지 아메리카인들은 영국 정부가 불온시한 시드니의 주권 제한 사상과 저항 사상을 받아들일 준비가 충분

---

95) S. Katz, "The Origins of American Constitutional Thought," *Perspectives in American History*, vol. III (1969), 489쪽.

96) 같은 논문, 474쪽. 당시 정치 철학 관련 저술 이외에 연극, 문학 등을 통해 미국 식민지에 공화주의 사상을 유입시킨 구체적 경로에 대해서는 Forrest McDonald, *Novus Ordo Seclorum: The Intellectual Origins of the Constitution* (Lawrence, KS.: University Press of Kansas, 1985), 67~69쪽을 참조.

97) Caroline Robbins, "Algernon Sidney's 'Discourses Concerning Government': Textbook of Revolution," *William and Mary Quarterly*, 3rd Ser., vol. 3 (1946), 267~296쪽.

히 되어 있었다고 주장했다.

"1640~1840년의 영국과 미국의 지성사는 한 권의 책에 함께 기록 되어야 한다"[98]는 전제를 깔고 시작한 로빈스는 토머스 홀리스(Thomas Hollis, 1720~1774)에 관한 연구서도 펴냈다.[99] 이 연구 역시 영국 저항 사상이 미국으로 전파되었음을 입증한 것이다. 또 18세기 스코틀랜드 계몽 사상의 대부로 알려진 아일랜드의 프랜시스 허치슨(Francis Hutcheson)을 다룬 1954년의 논문에서는[100] 허치슨이 "자유를 지키기 위해 끊임없이 경계하지 않는 인민은 반드시 자유를 잃는다"는 교훈을 로버트 몰스워드의 『덴마크론』(An Account of Denmark)에서 배웠고, 허치슨 자신도 『도덕 철학의 체계』(System of Moral Philosophy)에서 덕성의 함양을 역설했다고 밝혔다. 그는 허치슨이 해링턴과 시드니의 사상을 보존했으며, 특히 미국에 들어온 공화주의의 윤곽은 허치슨의 저작에서 이미 드러났다고 주장했다. 캐럴라인 로빈스의 저작 중에 가장 중요한 것은 미국의 공화주의를 철저히 파헤침으로써 자유주의 합의 사학의 로크 패러다임을 부정한[101] 기념비적 저서인 『18세기의 커먼웰스맨』(The 18th Century Commonwealthman)이다. 이 책에서 로빈스는 시드니를 비롯한 17~18

---

98) 같은 논문, 273쪽.

99) Caroline Robbins, "The Strenuous Whig, Thomas Hollis of Lincoln Inn," William and Mary Quarterly, 3rd Ser., vol. 7 (1950), 406~453쪽. 당시 홀리스의 가장 큰 우려는 로마 공화정 몰락의 원인이 사치에 있었던 만큼 18세기 영국이 누리던 번영도 또 하나의 멸망으로 이끄는 것이 아닌가라는 것이었다. 로빈스는 그것을 피하는 방법으로 공민적 덕목과 개개인의 검약을 홀리스가 제시하였고 이 홀리스의 사상이 미국에 유입되었다고 했다.

100) Caroline Robbins, "When It Is That Colonies May Turn Independent: An Analysis of the Environment and Politics of Francis Hutcheson (1694~1746)," William and Mary Quarterly, 3rd Ser., vol. 11 (1954), 214~251쪽. 몰스워드와 깊이 사귀었던 허치슨이 고든과 트렌처드로부터 배운 영국의 저항 사상에 심취해서 해링턴, 시드니, 마키아벨리의 사상을 보존하는 데 진력했다고 논술했다.

101) R. E. Shalhope, "Toward a Republican Synthesis: The Emergence of an Understanding of Republicanism in American Historiography," William and Mary Quarterly, 3rd Ser., vol. 29 (1972), 58~59쪽.

세기 영국의 휘그 사상을 조명하면서 이 진정한 휘그주의자들이 삼권 분립, 공직의 교체, 의회 개혁, 연례적인 의회 개원을 주장하면서 영국 정치의 타락을 비판했던 사상가들이라고 소개했다. 그리고 미국에 영향을 끼친 주요 공화주의 저작으로 몰스워드의 『덴마크론』, 존 트렌처드와 토머스 고든의 『카토의 편지』, 그리고 이들의 에세이를 실은 『독립파 휘그』(*Independent Whig*)를 지목했다.[102]

1951년에 더글러스 아데어(Douglass Adair)도 비어드(C. A. Beard)를 비롯한 혁신 사학자들이 이념적 요인을 경시했다고 비판했다. 그는 연방헌법의 초안 과정에서 중시된 것은 철학과 사상이라고 주장했다.[103] 연방헌법과 초기 미국 정치를 이해하려면 이념을 봐야 한다고 환기시킨 것이다. 또 1956년에는 제임스 매디슨의 사상, 특히 매디슨이 쓴 "Federalist No. 10"이 경제적 관점이 아닌 이념적 관점에서 집필된 것이며, 매디슨의 사상은 공화주의의 틀 안에서 형성되었다고 주장했다. 그는 건국 시대 미국의 공화파(반연방파)뿐만 아니라 연방파도 공화주의를 신봉했다고 입증함으로써[104] 초기 미국의 정치인 모두가 공화주의라는 공동의 기초 위에 서 있었다는 주장을 뒷받침했다.

---

102) 몰스워드의 *An Account of Denmark*는 공화제를 유지하는 데 가장 큰 장애가 되는 것이 상비군이며(왕이나 대신들이 인민의 권리를 박탈할 때 가장 흔히 쓰는 수단이 상비군이었기 때문이다), 따라서 인민 스스로 만든 민병대야말로 국내적 전제와 외적을 막는 안전한 방법이라고 주장한 저술이다. 즉 공화주의 사상의 요체를 다룬 저술이다. 18세기 영국 저항 사상가들, 즉 Gordon, Trenchard, Moyle, Burgh, Sidney, Toland 등이 상비군을 어떻게 보았는지에 대해서는 Lawrence Delbert Cress, "An Armed Community: The Origins and Meaning of the Right to Bear Arms," *Journal of American History*, vol. 71, no. 1 (June 1984), 22~42쪽; R. E. Shalhope, "The Ideological Origins of the Second Amendment," *Journal of American History*, vol. 69, no. 3 (Dec. 1982), 599~613쪽을 참조.

103) D. Adair, "The Tenth Federalist Revisited," *William and Mary Quarterly*, 3rd Ser., vol. 8 (1951), 48~67쪽.

104) D. Adair, "That Politics May Be Reduced to a Science: David Hume, James Madison and the Tenth Federalist," in H. T. Colbourn (ed.), *Fame and the Founding Fathers: Essays by Douglass Adair* (New York: W. W. Norton, 1974), 93~106쪽.

1954년에는 니컬러스 한스(N. Hans)가 프리스틀리(J. Priestly)나 프라이스(R. Price)와 같은 18세기 영국의 급진파가 벤저민 프랭클린(Benjamin Franklin)과 제퍼슨 같은 당시 미국 엘리트에게 끼친 영향을 입증했다.[105] 공화주의 합의 사학의 발전에 또 다른 기여를 한 사람은 세실리아 케니언이다.[106] 앞서 언급했지만 케니언은 합의 사학의 관점이 냉전 시대 미국 역사학의 주류를 차지하는 데 기여한 사람이다. 케니언은 연방파와 반연방파의 대립을 이념적 관점에서 재해석했다. 이것은 혁신 사학에 대한 단순한 반론 이상의 의미가 있다. 연방파와 반연방파가 같은 이념을 공유했고, 연방헌법을 둘러싼 양자의 논쟁은 공화주의를 미국처럼 광대한 땅덩어리에 적용할 수 있느냐는 것을 둘러싼 논쟁일 뿐이라는 케니언의 해석은[107] 초기의 미국이 공화주의의 나라였음을 증명했기 때문이다.[108] 케니언은 초기 미국 사회와 공화주의의 연관성을 입증하는 또 다른 업적도 남겼다. 초기의 미국 지식인들이 지녔던 공화주의적 사고가 이후 미국 정치 사상의 핵심이 되었다고 논증한 것이다.[109]

합의 사학이 주류를 차지한 1960년대 이후의 미국 역사학계는 아예 독립혁명부터 재해석하기 시작했다. 예를 들면 이런 주장들이다. 첫째,

---

105) N. Hans, "Franklin, Jefferson, and the English Radicals at the End of the Eighteenth Century," in American Philosophical Society, *Proceedings*, vol. 88 (1954), 406~426쪽.

106) C. Kenyon, "Men of Little Faith"를 참조.

107) 같은 논문, 38쪽. 그리고 Kenyon (ed.), *The Antifederalists*, xxvi~xxx, 1xii~1xiv, xcvii~xcix쪽을 참조. 정치 이론은 양 파가 공유했지만 반연방파는 연방파보다 루소의 사상에 더 충실했기 때문에 자유로운 정부가 작은 나라에서만 성공할 수 있다는 믿음을 가졌고, 이 때문에 연방헌법에 반대했다는 것이 케니언의 주장이다.

108) 그러나 여기서 케니언은 반연방파의 사상을 몽테스키외의 사상에 주로 연관시킴으로써 영국의 저항 사상과 연관시키는 데까지 이르지 못했다. R. E. Shalhope, "Toward a Republican Synthesis," 56쪽. 공화주의는 소규모 공화국(small republic)에서만 가능하다는 몽테스키외의 견해에 대해서는 연방파와 반연방파의 차이가 크게 없었다. 이에 대해서는 James H. Hutson, "Country, Court, and Constitution," 355쪽을 보라.

109) C. Kenyon, "Republicanism and Radicalism in the American Revolution: An Old-Fashioned Interpretation," *William and Mary Quarterly*, 3rd Ser., vol. 19 (1962).

독립혁명의 정신에 17~18세기 영국의 저항 사상이 포함되어 있었다. 둘째, 소급해 올라가면 독립혁명은 아리스토텔레스, 마키아벨리로 이어진 공화주의 전통에 충실했다. 셋째, 독립혁명은 고대 공화주의를 계승한 르네상스 시대의 사상 및 영국 정치 사상과 밀접하게 연관되어 있다.[110] 다시 말하면 1760~1789년의 미국에서 공화주의가 작동했다는 사실을 밝혀냄으로써 미국의 토대를 공화주의에서 찾는 사조가 본격화했다.[111]

영국 휘그 급진파의 사상이 일찍부터 미국에 유입되었다는 것을 확인한 연구도 나왔다. 트레버 콜번은 독립혁명 이전부터 공화주의가 식민지에 유포되고 있었다는 것을 입증했다.[112] 콜번에 따르면, 토머스 제퍼슨은 고든이 번역한 『타키투스』(Tacitus), 매콜리(Catherine Macaulay)의 『영국사』(History of England), 그리고 『카토의 편지』를 읽고 이미 저항 사상에 심취해 있었다. 그는 제퍼슨이 『영국령 아메리카의 권리에 관한 요론要論』(Summary View of the Rights of British America)에서 식민지 아메리카인들이 '이주한 영국인'의 자격으로 본국 정부의 횡포에 함께 저항해야 한다고 주장한 것은 그가 이미 저항 사상을 접했다는 증거라고 말했다.[113]

잭슨 터너 메인(J. T. Main)은 영국의 휘그 급진파와 반연방파의 관련성을 지적했다. 메인은 제임스 버그의 사상과 『카토의 편지』를 분석한 결

---

110) J. G. A. Pocock, *The Machiavellian Moment*, 506쪽.

111) 베일린과 포칵의 공화주의적 수정주의가 옳다고 논증하면서 자유주의 합의 사학의 약점을 지적한 것으로는 Dorothy Ross, "The Liberal Tradition Revisited and the Republican Tradition Addressed," in John Higham and Paul K. Conkin (eds.), *New Directions in American Intellectual History* (Baltimore, MD.: Johns Hopkins University Press, 1979), 116~131쪽.

112) H. T. Colbourn, "Jefferson's Use of the Past," *William and Mary Quarterly*, 3rd Ser., vol. 15 (1958), 56~70쪽.

113) 1959년에 콜번은 존 디킨슨도 제퍼슨과 마찬가지로 휘그 사상에 심취해 있었다고 주장했다. "John Dickinson, Historical Revolutionary," *Pennsylvania Magazine of History and Biography*, vol. 82, 271~292쪽.

과 반연방파는 권력의 사악한 본성을 직시했고, 이 때문에 정기적 선거와 공직의 교대를 강력하게 주장했다고 봤다. 그는 반연방파가 귀족적인 상원보다 하원에 더 비중을 두는 제도를 만들어 권력이 책임을 지도록 해야 한다고 주장한 것도 공화주의 사상과 연관시켰다.[114] 그러나 메인은 반연방파만 공화주의의 전통과 연결시켰기 때문에 공화주의를 초기 미국의 합의된 사상으로 보는 공화주의 합의 사학과는 거리가 있었다.[115]

1960년대에는 연방파와 반연방파가 동일한 사상적 토대 위에 함께 있었다는 주장이 쏟아지기 시작했다. 스탠리 엘킨스와 에릭 매키트릭은 두 정파의 차이는 민주주의에 대한 생각의 차이가 아니라 공화정이 주州의 경계를 넘어 확장될 수 있는지에 대한 견해 차이에 불과하다고 주장했다.[116] 오스카 핸들린과 메리 핸들린 부부는 제임스 버그의 사상이 미국에 전파된 결과 공화주의에 기초한 미국의 사고 양식이 형성되었다고 논증했다.[117] 리처드 뷰엘도 독립혁명 시대의 미국 지식인들은 몽테스키외의 사상이 아니라 영국의 저항 사상을 준거로 삼았다는 것을 확인했다.[118]

---

114) J. T. Main, *The Antifederalist: Critics of the Constitution, 1781~1788* (Chapel Hill, N.C.: University of North Carolina Press, 1961). 메인은 반연방파의 사상이 영국의 휘그 좌파의 사상으로부터 나온 것이라면서 영국 저항 사상과 반연방주의를 연관시켰다. 즉 권력은 본질적으로 사악하기 때문에 인민이 선출한 지도자는 인민에 의해 부단히 감시받아야 한다는 저항 사상의 신념이 반연방파 사상의 기초가 되었다고 했다.

115) 메인은 보수적이고 귀족적인 연방파와 달리 반연방파는 민주적 성격을 지녔다고 주장한 혁신주의 사학의 영향을 받았다. 반연방주의가 트렌처드, 고든, 버그 등 영국의 '민주주의적' 저항 사상가들의 영향을 받았다고 주장함으로써 공화주의가 미국에 영향을 끼쳤다는 점은 입증했지만 연방파 또한 공화주의에 기초해 있었다고 보는 공화주의 합의 사학의 관점은 아니었다.

116) Stanley Elkins & Eric Mckitrick, "The Founding Fathers: Young Men of the Revolution," *Political Science Quarterly*, vol. 76 (1961), 181~216쪽.

117) Oscar and Mary Handlin, "James Burgh and the American Revolution," in Massachusetts Historical Society, *Proceedings*, vol. 73 (1961), 38~57쪽.

118) Richard Buel, "Democracy and the American Revolution," *William and Mary Quarterly*, 3rd Ser., vol. 21 (1964), 165~190쪽.

영국의 저항 사상을 미국 정치의 기원으로 지목한 연구로 한 획을 그은 책이 베일린의 『아메리카 혁명기의 팜플렛들』(*Pamphlets of the American Revolution 1750-1776*)이다.[119] 여기서 베일린은 미국 정치의 기원인 고전 시대의 정치 사상, 로크의 사상, 관습법(common law)의 전통, 그리고 뉴잉글랜드의 퓨리터니즘을 일관된 이념으로 통합시킨 것이 영국의 저항 사상이라고 주장했다. 그는 식민지 아메리카인들은 공화주의의 자유 및 저항 정신으로 모국에 맞섰으며, 1763년 이후 드세진 영국의 식민지 간섭이 식민지까지 '타락'시키려는 시도로 보이게 만든 것이 공화주의라고 주장했다.[120] 또 권력이 자유를 해치지 않도록 막으려던 18세기 영국 저항 사상가들의 주안점이 미국 정치의 주안점이 되었다는 점도 지적했다.[121]

18세기 말의 미국에서는 공화주의가 정부 형태(혼합 정부, 선거 제도 등)에 관한 이론에 그치지 않고 영국과 결별해서 도덕적으로 순수한 나라를 세워야 한다는 윤리적 지상명령으로 이해되었다는 주장도 나왔다.[122] 고든 우드는 미국의 저변을 흘러온 정치적 신념을 해부함으로써 미국인들은 힘이 아니라 국민의 정신이 공화국 흥망의 열쇠라고 믿었다는 것, 즉 덕성을 가장 중요한 정치적 필요 조건으로 보았음을 입증했다. 미국의 정치 제도도 공화주의라는 틀 안에서 형성되었다고 주장했다. 그는 또 연방헌법의 제정을 둘러싼 연방파와 반연방파의 대립도 공화주의의 틀

---

119) Bernard Bailyn, *Pamphlets of the American Revolution* (Cambridge, MA.: Harvard University Press, 1965).

120) 한편 콜번은 영국의 정치 저술이 미국에 유입된 경로를 추적함으로써 휘그사와 공화주의가 1920년대까지 미국에 영향을 끼쳤다고 주장했다. H. T. Colbourn, *The Lamp of Experience*, 10~20쪽.

121) "Origins of American Politics," *Perspectives*, vol. 1 (1967), 3~120쪽. 이 논문이 1년 뒤에 같은 제목의 단행본으로 출판되었다. *The Origins of American Politics* (New York: Vintage Books, 1968).

122) G. S. Wood, *The Creation of the American Republic*을 볼 것.

안에서 전개된 것이라고 했다. 우드는 미국 정치 제도가 고대의 공화정 시대와 유사한 점도 중요하지만, 더 중요한 것은 독립혁명 당시 공화주의의 핵심 윤리인 '덕성'을 중시하는 정치관이 탄생했다는 점이라고 강조했다. "미국 사회를 관통한 독특한 정치 문화인 공화주의를 이해하지 못한 채 독립혁명을 다룬 역사가들의 업적은 비역사적이다"[123]라는 비판으로 시작한 우드의 연구는 "미국의 독자적 문화에 대한 통찰을 제공했으며 18세기 미국의 지적 토대에 관한 이해를 통해서 역사 연구가 진척될 수 있도록 기여했다"[124]는 평가를 받았다.

이로써 혁명과 건국 시대의 미국에서 공화주의는 어느 일파의 사상이 아니라 18세기 미국 전체를 장악한 사상이라는 점이 확인되었다. 공화주의 합의 사학이 뿌리를 내린 것이다.[125] 구체적인 사례 연구들도 나왔다. 예를 들면 연방파의 보스인 해밀턴과 매사추세츠의 연방주의자들도 반연방파와 마찬가지로 공화주의를 신봉했으며, 따라서 연방파와 반연방파의 갈등은 공화주의라는 이념적 우주 속에서 벌어진 방법론의 갈등일 뿐이라는 주장이 계속되었다.[126] 또 이런 시각에서 초기 미국 사회의 동

---

123) G. S. Wood, *The Creation of the American Republic*, viii쪽.

124) R. E. Shalhope, "Toward a Republican Synthesis," 72쪽.

125) 연방주의자들은 독립혁명을 통해 분출된 민주적 에너지를 헌법 제정을 통해서 억제하려 했으며, 따라서 헌법은 민주적 경향을 억제하려는 귀족주의적 문서(aristocratic document)라고 우드는 주장했다. G. S. Wood, *The Creation of the American Republic*, 485, 513, 516, 562쪽. 그렇다고 연방주의자들이 반동적이거나 반혁명적인 것은 아니다. 자신들만이 영국 휘그 사상(libertarian tradition)의 참된 수호자라고 믿었을 뿐이라고 한다. 같은 책, 447, 514쪽.

126) G. Stourzh, *Alexander Hamilton and the Idea of Republican Government* (Palo Alto, CA.: Stanford University Press, 1970); James. M. Banner, Jr., *To the Hartford Convention: The Federalists and the Origins of Party Politics in Massachusetts, 1789~1815* (New York: Alfred A. Knopf, 1970). 특히 배너는 공화주의가 남부 제퍼슨주의의 전유물이라고 본 종래의 관점을 비판했다. 그는 뉴잉글랜드의 연방주의자들이 하트포드 회의를 강행한 것은 이 방법만이 제퍼슨주의자들이 타락시킬 우려가 있는 공화주의를 구제할 방법이라고 믿었기 때문이라고 주장했다.

태를 정치문화적으로 분석한 연구도 등장했다.[127]

그런데 연방파와 반연방파 모두 공화주의의 틀 속에 있었다는 말은 이 두 정파가 공화주의를 이해하는 방식만 달랐다는 말이다. 이 점은 랜스 배닝이 입증했다.[128] 배닝에 따르면 연방헌법 비준 문제를 둘러싼 양 진영의 대립은 같은 진영 안의 싸움[129]이었다. 둘 다 국가 권력(연방 정부)의 타락을 경계했지만 경계하는 시선의 방향이 달랐다는 것이다. 그가 제시한 근거는 다음과 같다.[130] 첫째, 연방파는 연방헌법이 진정한 공화주의 헌법이라고 믿었다. 행정, 입법, 사법 3부가 상호 견제하는 제도적 장치를 마련했고 부패 선거구와 소수의 횡포를 막을 제도적 장치도 마련했다고 믿은 것이다. 그러나 반연방파는 헌법에 명시된 하원의 권한이 너무 약해서 '인민'을 충분히 대변할 수 없다고 생각했다. 즉 행정부와 상원이 연합해서 하원을 압도할 가능성을 우려했다. 둘째, 연방파는 하원을 일반 국민이 뽑기 때문에 타락 가능성이 없다고 봤지만, 반연방파는 하원의원의 수가 적어서 행정부가 개입할 여지가 있다고 생각했다. 연방 하원의 존재 이유인 민주적 대표성이 허구가 된다고 본 것이다. 셋째, 공화주의에 따르면 군주정, 귀족정, 민주정의 세 요소 중에 어느 하나로 치우치면 그것이 공화정의 타락인데, 연합헌장 시대의 각 주 헌법이 민주정에 치우쳐 있었다고 믿은 연방파는 새로운 연방헌법이 균형을 회복해서 타락을 막을 것이라고 믿었기에 연방헌법에 찬성했다.

결론은, 연방헌법에 찬성한 사람들도 반연방파와 마찬가지로 공화주

127) J. R. Pole, "Historians and the Problem of Early American Democracy," *American Historical Review*, vol. 67 (1961~1962), 626~646쪽.
128) Lance Banning, "Republican Ideology and the Triumph of the Constitution," 167~188쪽.
129) 같은 논문, 170쪽.
130) 같은 논문, 175~176쪽.

의에 충실했다는 것이다. 두 정파의 차이는 혼합 정체의 세 요소 가운데 어느 쪽을 더 경계했느냐는 차이뿐이라는 것이다. 다시 말해서 연방파는 민주정을, 반연방파는 군주정과 귀족정을 더 경계했다는 말이다. 이렇게 보면 연방헌법에 반대했던 반연방파가 연방헌법의 비준 이후에는 헌법 개정에 더 반대한 역설도 설명할 수 있다. 공화주의에 따르면 미국의 '원초적 체제'가 된 연방헌법을 원형 그대로 수호하는 것이 '타락'을 막는 방법이었기 때문이다.[131]

3-5. 칼뱅주의

정치 사상이 아니면서 미국의 정치와 외교를 지배해온 역사관과 세계관이 있다. 퓨리터니즘, 즉 칼뱅의 교리다. 식민지 아메리카에 건너온 청교도들은 원죄(Original Sin)와 성약(Holy Covenant)을 믿는 장 칼뱅(Jean Calvin)의 교리를 따랐고, 이 교리가 미국의 독특한 역사관과 세계관을 만든 것이다.

종교적 신념은 정치적 이념과 달리 세월이 흘러도 변치 않는다. 또 식민지 시대의 미국처럼 정치가 종교와 뒤섞이면 종교가 정치 문명의 일부가 된다. 물론 영국에 대한 반란을 칼뱅주의가 선동한 것도 아니고 연방헌법의 골격과 정치 제도가 칼뱅주의를 반영한 것도 아니다. 그렇지만 기독교 세계든 이슬람 세계든 종교의 세계관과 역사관은 정치적 문명의 특징을 결정한다. 칼뱅주의의 특징인 정신 세계의 엘리트주의와 위계 관념, 그리고 선민적 우월 의식과 숙명론은 미국의 정치와 외교를 일정한 방향으로 이끌어왔다.[132]

---

131) 같은 논문, 178, 184~185쪽.
132) Ruth Bloch, *Visionary Republic: Millennial Themes in American Thought,*

미국 역사학계는 일찍부터 종교사를 본격적으로 다루어왔다. 종교사는 미국인들의 종교적 신념이 세속의 정치 문화에 끼친 영향을 조명했고[133] 지성사 역시 종교의 영향을 다뤄왔다.[134] 종교사와 지성사를 통합해서 종교와 세속을 관통하는 주제를 다룬 연구도 많이 나왔다.[135] 17세기의 영국에서 공화주의와 함께 유입된 칼뱅의 천년왕국론이 독립혁명에 어떤 영향을 끼쳤는지, 또 그것이 미국 민족주의에 어떻게 기여했는지도 밝

1756~1800 (New York: Cambridge University Press, 1988, orig. pub., 1985), xiii쪽. 그리고 퓨리터니즘과 자연권 사상, 퓨리터니즘과 독립혁명 등 형성기 미국에서 종교와 세속 정치 사상의 연관성을 여러 측면에서 조명한 연구로는 다음을 참조할 것. Thomas S. Engeman and Michael P. Zuckert (eds.), *Protestantism And The American Founding* (Notre Dame, IN.: University of Notre Dame Press, 2004).

133) 대표적인 것으로 E. L. Tuveson, *Redeemer Nation: The Idea of America's Millennial Role* (Chicago, Il.: University of Chicago Press, 1968); Robert T. Handy, *A Christian America: Protestant Hopes and Historial Realities* (New York: Oxford University Press, 1971); Sidney E. Mead, *The Nation with a Soul of Church* (New York: Harper & Row, 1975).

134) 대표적인 것으로 Perry Miller가 쓴 *The New England Mind: The Seventeenth Century* (Boston, MA.: Beacon Press, 1939), *The New England Mind: From Colony to Province* (Boston, MA.: Beacon Press, 1953)가 있다. 또 페리 밀러가 편집한 *Errand into Wilderness* (Cambridge, MA.: Harvard University Press, 1956)도 참조할 것. 그리고 B. Bailyn, "Religion and Revolution: Three Biographical Studies," *Perspectives in American History*, vol. 4 (1970), 85~169쪽. 또 Nathan O. Hatch의 논문 "The Origins of Civil Millennialism in America," *William and Mary Quarterly*, 3rd Ser., vol. 31 (1974), 407~430쪽과 그의 책 *The Sacred Cause of Liberty: Republican Thought and the Millennium in Revolutionary New England* (New Haven, CT.: Yale University Press, 1977)를 참조. Henry F. May, *The Enlightenment in America*도 참조할 만하다.

135) Alan Heimart, *Religion and the American Mind* (Cambridge, MA.: Harvard University Press, 1966); Cushimg Strout, *The New Heavens and the New Earth: Political Religion in America* (New York: Harper & Row, 1974); Sacvan Bercovitch, *The American Jeremiad* (Madison, WI.: University of Wisconsin Press, 1978); Charles Royster, *A Revolutionary People at War* (Chapel Hill, N.C.: University of North Carolina Press, 1979); Richard L. Bushman, *From Puritan to Yankee: Character and the Social Order in Connecticut, 1690~1765* (Cambridge, MA.: Harvard University Press, 1967); William G. McLoughlin, "The Role of Religion in the Revolution: Liberty of Conscience and Cultural Cohesion in the New Nation," in Stephen G. Kurtz and James H. Hutson (eds.), *Essays on the American Revolution* (Chapel Hill, N.C.: University of North Carolina Press, 1973), 197~255쪽.

혀왔다.[136]

1620년에 대서양을 건너와서 로드아일랜드의 플리머스(Plymouth)에 정착한 청교도들(Pilgrims)은 '메이플라워 호의 약속'과 같은 플랜테이션 약정을 토대로 민주적 교회, 민주적 정부의 수립이라는 식민지 공동체의 원칙을 만든 사람들이다. 그런데 식민지 아메리카의 원형을 만든 것은 이들만이 아니다. 뉴잉글랜드의 보스턴과 그 주변 지역에 만연했던 신정 정치도 미국 정치의 원형 가운데 하나가 되었다. 예를 들면 1630년에 레이디 아벨라(Lady Arbella) 호를 타고 보스턴에 도착한 영국인들은 플리머스에 도착했던 영국인들과 성분이 달랐다.[137] 즉 영국의 엄격한 계급 사회를 그대로 가져온 사람들이었다. 귀족은 많이 없었지만 계급적으로 귀족과 부르주아지의 중간에 속하는 사람들이었다. 이들이 식민지의 지배층이 되면서 영국에서 도시와 농촌의 노동자였던 사람들은 식민지에서도 피지배층이 되었다. 계급적 편견이 심한 신세계의 지배층은 구세계에서 누렸던 신사의 삶을 꿈꾸고 있었다. 모든 구성원이 평등하게 참여하는 공동체는 그들의 관심사가 아니었다.[138] 너새니얼 호손(Nathaniel Hawthorne)의 소설 『주홍글씨』가 묘사한 뉴잉글랜드의 숨 막히는 신정주의는 소설 속 가상의 풍토가 아니었다.

---

136) Michael Lienesch, "The Role of Political Millennialism in Early American Nationalism," *Western Political Quarterly*, vol. 36, no. 3 (Sept. 1983), 445~465쪽; Edmund S. Morgan, "The Puritan Ethic and the American Revolution," *William and Mary Quarterly*, 3rd Ser., vol. 24 (1967), 3~43쪽; Robert Middlekauf, "The Ritualization of the American Revolution," in Lawrence W. Levine and Robert Middlekauf (eds.), *The National Temper* (New York: Harcourt Brace Jovanovich, 1972)를 참조. 또 John F. Berens, *Providence and Patriotism in Early America, 1640~1815* (Charlottesville, Va.: University Press of Virginia, 1978).

137) V. L. Parrington, *Main Currents in American Thought*, 16~18쪽.

138) 이들은 윈스롭(John Winthrop)이 영국 정부로부터 받은 특허장(Charter)을 조직 원리로 생각했다. 그 내용은 행정권을 가진 지배 집단이 권위를 독점하는 신정 정치다. V. L. Parrington, *Main Currents in American Thought*, 17~18쪽.

칼뱅주의의 핵심 교리는 다음과 같다. 첫째, 인간은 원죄를 타고났다. 그래서 타락은 필연이며, 소명으로서의 직업(calling)과 노동이 구원의 수단이다. 둘째, 신은 정의롭되 엄격하고 가혹하다(Righteousness is Fearfully Relentless). 셋째, '하나님'은 세속의 군주와 마찬가지로 군림하는 존재다. 넷째, 영혼 세계에도 서열과 계급이 있다. 다섯째, 개인의 구원 여부는 노력과 상관없이 신의 섭리로 미리 예정되어 있다.

이런 교리를 정치에 적용하면 신정 정치가 탄생한다. 우선 칼뱅의 교리에 따르면 신은 왕이다. 기독교의 하나님은 동양이나 프랑스의 절대 군주처럼 높은 옥좌에 앉아 있고 천사, 성자, 선택받은 영혼들이 그 밑에 질서정연하게 도열해 있다. 칼뱅주의가 그린 천상의 엄격한 위계 질서는 당시 유럽의 경직된 계급 의식과 통했으며, 이 천상의 위계 질서는 퓨리턴 정치의 위계 질서를 정당화했다.[139] 둘째, 칼뱅 교리의 구원 예정설(Predestination)은 선택받은 소수의 영혼만 구원을 받는다는 교리다. 이 교리도 소수의 지배를 정당화한다. 원죄 때문에 모두가 신 앞에 죄인이며, 이 중에서 신이 선택한 소수만 구원을 받게 된다는 이 교리에 따르면 멸망은 민주주의적이고 구원은 귀족주의적이기 때문이다. 다시 말해서 신이 선택한 소수만 땅 위에서 신의 율법을 실천하는 사람들이기 때문에 선택받은 소수의 지배는 정당한 것이 된다. 따라서 뉴잉글랜드 식민지에서 종교적 지도자들이 세속의 지배자가 되는 것은 당연했다. 또한 아메리카 식민지 시대를 메이플라워 정신, 근대적 민주주의와 평등의 시대로 장식해온 신화가 과장이라는 것이 드러난다.

"미국의 퓨리턴 시조(Puritan Fathers)는 민주주의자들이 아니었다.

---

139) Jacob Mark Jacobson, *The Development of American Political Thought: A Documentary History* (New York: Appleton-Century-Crofts, 1932), 6쪽.

그들은 인간의 본원적 평등에 대한 신념 따위는 없었고 신이 선택한 소수만 구원을 받는다고 생각했다. 그들은 정치적 자유에 대한 열정이 없었다. 오히려 구원을 못 받을 사람들은 세속 공동체를 꾸려나가는 과정에서 어떤 역할도 하지 말아야 한다고 생각했다. (그래서) 정통 퓨리턴의 정착지에서는 자유민과 단순 거주민이 명확하게 구별되었다. 자유민은 공공의 사무를 독점한 반면 단순 거주민에게는 일정한 시민적 권리만 허용되었다. 17세기 초반의 매사추세츠 만 지역에서 자유민은 단순 거주민의 5분의 1에 불과했다. (……) 매사추세츠 만과 뉴헤이븐에서는 공인된 조합교회(Congregationalist Church)의 신도만 투표권을 가졌다. 이 퓨리턴 공동체에서는 교회의 구성원(church members)과 예배하러 오는 사람(church-goers)을 구별했다. 예배는 모든 사람이 참여하지만 교회의 회중은 선택받은 영적 귀족(spiritual aristocrats)들이었다. (……) 교회는 폐쇄된 채로 혼자 굴러가는 하나의 조합이었다."[140]

초기 뉴잉글랜드에서 귀족주의적 신정 정치를 대변한 사람이 존 코튼 (John Cotton)과 존 윈스롭(John Winthrop)이다. 이들의 사상은 1649년의 교회강령(Platform of Church Discipline)[141]에 나타나 있다. 이 강령에 따르면 교회는 단순한 예배당이 아니라 정치적 조직이다. 성직자는 정치의 현안을 다룰 사람으로서 종교뿐만 아니라 공적 영역에서도 존경받아

---

140) 같은 책, 9쪽. 그리고 로저 윌리엄스와 같은 분리파 청교도를 못 견디게 해서 매사추세츠로부터 쫓아낸 일련의 조치들(1631년―교회의 회중에게만 참정권 부여, 1635년―교회의 예배 참석 의무화, 1636년―새 교회를 설립하는 경우 행정권의 허가를 얻어야 하도록 함)도 공식적인 국가 교회(state church)를 설립하려는 시도들이었다. 그 절정은 1646~1647년에 걸쳐 생겼던 '케임브리지 강령'(Cambridge Platform), '웨스트민스터 신앙고백'(Westminster Confession of Faith) 등이다. V. L. Parrington, *Main Currents in American Thought*, 24쪽.
141) 교회 입회에 관한 구절을 보면 "지상에 있는 그리스도의 교회 문은 선인이건 악인이건 아무나 마음대로 들어올 수 있도록 활짝 열려 있지 않다. 이것은 신의 뜻이다." Jacob Mark Jacobson, *The Development of American Political Thought*, 10쪽에서 인용.

야 마땅했다. 목사를 비방하면 치안 방해죄로 처벌받을 뿐만 아니라 행정관 사이의 분쟁도 성직자 회의에서 조정과 중재를 받아야 했다.[142] 이들의 신정주의는 로드아일랜드의 로저 윌리엄스(Roger Williams)와 코네티컷의 토머스 후커(Thomas Hooker)가 앞장선 반反신정주의 운동 이후 약화되기도 했지만[143] 미국 정치의 배아기를 휩쓴 신정주의는 후술할 공화주의의 반평등주의와 합쳐지면서 엘리트주의를 미국 정치의 드러나지 않는 전통으로 만들었다.

칼뱅 교리의 또 다른 축은 천년왕국론이다. 천년왕국론은 17세기 영국의 청교도혁명과 명예혁명을 거치면서 자유주의, 공화주의와 함께 식민지로 유입되었다. 천년왕국론과 공화주의가 청교도혁명을 계기로 해서 함께 세력을 확장했다는 점을 생각하면 독립혁명의 배경에도 이 두 사상이 함께 작용했을지 모른다.[144] 물론 천년왕국에 대한 신앙은 기독교의 독점물이 아니다. 역사는 신이 예정한 바에 따라 전개될 것이며, 언젠가는 신의 뜻에 따른 완전한 시대가 지상에 도래할 것이라는 믿음은 유대교나 이슬람교에도 있다. 그러나 식민지 시대 뉴잉글랜드의 신정 정치가 표방한 것은 '언덕 위의 도시'(City on a Hill), 즉 지상의 신성 공동체(Holy Community)를 건설하겠다는 비전이었다.

---

142) 1636년 보스턴의 한 시민이 목사들을 비방하다가 처벌받은 경우나 1632년 행정 장관과 부장관 사이의 분쟁을 5명의 목사가 중재 판결을 해준 경우. 같은 책, 10~11쪽을 참조.

143) 로저 윌리엄스와 토머스 후커의 사상, 그리고 매사추세츠 지방의 민주화 과정은 신정 정치의 와중에서도 소멸되지 않은 원초적 계약 정신에 기인한 것일 수도 있고, 토지의 분배 및 이의 상속이 시행되면서 귀족주의적 소수 지배가 약화될 수 있는 물질적·정신적 토대를 만들었기 때문이라고 볼 수도 있다. V. L. Parrington, *Main Currents in American Thought*, 25, 51~72쪽. 미국의 칼뱅주의가 보수적이고 엘리트주의적인 정치 이념으로 발전한 데 관해서는 Michael Lienesch, "Right-Wing Religion: Christian Conservatism as a Political Movement," *Political Science Quarterly*, vol. 97, no. 3 (Fall 1982), 403~425쪽.

144) Ruth Bloch, *Visionary Republic*, 3쪽. 천년왕국론이 영국에 수용된 과정, 또 그것이 청교도혁명을 거치면서 급진 사상과 연결되는 과정에 대해서는 같은 책, 8~10쪽을 참조.

기독교의 천년왕국론은 『구약 성서』의 묵시록에서 비롯된다.[145] 그리스도와 적그리스도의 두 세력이 아마겟돈의 평원에서 싸운 결과 정의가 승리하고 천 년의 평화가 도래하지만, 천 년이 지난 뒤에는 사슬에 묶여 있던 사탄이 어둠의 도움을 받아 전쟁, 지진, 혁명을 일으킨다는 것이다. 그래서 선과 악의 마지막 일전이 벌어져서 악이 패망하면 모든 성인聖人이 최후의 심판을 찬양하게 되는 스토리다. 한마디로 권선징악적인 세계관이며 역사관이다.

조사에 따르면 독립혁명 당시의 북아메리카 식민지에서 청교도 가정에서 자란 사람의 비율이 적어도 75%였다.[146] 그중에서 조합교회파, 장로교파, 침례교파는 다른 교파(영국국교파, 루터파, 감리교파)에 비해 천년왕국에 대한 믿음에 더 투철했다.[147] 그리고 이 세 교파의 영향력은 뉴잉글랜드에서 압도적이었다. 중남부에서도 이 세 교파에 속한 교회가 절반을 차지했다.[148] 즉 천년왕국론은 당시 아메리카 식민지에 만연해 있었다.

천년왕국론에 심취한 뉴잉글랜드의 지도자들은 신대륙을 향해오는 이민 행렬을 지상에 천년왕국을 세우려는 신의 의지를 보여주는 예언적 현상으로 보았다.[149] 부패한 영국 교회를 탈출해서 진정한 교회의 흔

---

145) 천년왕국론에 대한 설명은 E. Tuveson, *Redeemer Nation*, 26~51쪽과 동일 저자의 *Millennium and Utopia: A Study in the Background of the Idea of Progress* (Berkeley, CA.; University of California Press, 1949), 1~21쪽을 참조.

146) Sydney E. Ahlstrom, *A Religious History of the American People*, vol. 1 (Garden City, N.Y.: Doubleday, 1975), 169쪽.

147) Ruth Bloch, *Visionary Republic*, xiv쪽.

148) 같은 책, xiv~xv쪽. 보다 구체적인 자료는 Lester J. Cappon (ed.), *Atlas of Early American History: The Revolutionary Era, 1760~1790*, (Princeton, N.J.: Princeton University Press, 1976), 25, 36쪽을 볼 것. 1775년 당시 아메리카 식민지의 백인 가운데 약 60%가 조합교회파, 장로교회파, 침례교회파에 속했다. Patricia U. Bonomi and Peter R. Eisenstadt, "Church Adherence in the Eighteenth Century British American Colonies," *William and Mary Quarterly*, 3rd Ser., vol. 39 (1982), 245~286쪽.

149) 밀러 자신은 뉴잉글랜드 퓨리터니즘의 합리성을 강조하려 했던 만큼 천년왕국론에 관심을 두지 않았다. Ruth Bloch, *Visionary Republic*, 236쪽, 주 14. 그러나 17세기 아메리카 식민지의

적을 신세계에서나마 보존할 소명을 띤 퓨리턴 이민자들이야말로 신이 하사해준 신천지에 새 기독교 공동체를 건설하고 스스로를 구원할 소명을 부여받은 사람들이라고 믿었다.[150] 그들의 소명 의식은 대각성의 시대(Great Awakening)를 거치며 식민지 전역으로 파급되었고[151] 미국 정치와 미국 외교의 저변을 흘러온 선민 의식의 원천이 되었다. 종교적 신앙이 세속의 신념으로 바뀐 것이다.

'우리는 신의 뜻을 지상에서 구현한다'는 믿음은 식민지 초기의 청교도적 역사관에 선명하게 드러나 있다. 그들은 미국의 뿌리를 『구약 성서』에 근거해서 추적했다. 예를 들면 아브라함이 '하나님'과 맺은 성약[152]이 그의 자손인 이스라엘 민족에게 상속되었고, 이것이 다시 초기 기독교와 프로테스탄트를 거쳐 신세계로 상속되었기 때문에 미국이야말로 고대 이스라엘의 후예인 동시에 신세계의 이스라엘(New World Israel)이라고 믿었다.[153] 신대륙으로 이주한 유럽인은 '하나님'이 노아의 방주에 태운 선택된 피조물로서 '하나님의 뜻'을 신천지에서 구현할 소명을 부여받았다고 믿었다. 종교적 신앙이 일찌감치 정치적 신념으로 전환한 것

청교도에게 천년왕국은 신앙이었다. Robert Middlekauff, *The Mathers: Three Generations of Puritan Intellectuals, 1596~1728* (New York: Oxford University Press, 1971), 20~24쪽; J. F. Maclear, "New England and the Fifth Monarchy: The Quest for the Millennium in Early American Puritanism," *William and Mary Quarterly,* 3rd Ser., vol. 32 (1975), 223~260쪽; Sacvan Bercovitch, *The Puritan Origins of the American Self* (New Haven, CT.: Yale University Press, 1975), 35~108쪽.

150) Perry Miller, *Errand into Wilderness*, 1~15쪽.

151) Ruth Bloch, *Visionary Republic,* 13쪽. 'Great Awakening' 즉 '대각성의 시대'는 대략 1726년부터 1756년까지 약 30년간 지속된 종교 부흥 운동이다. 뉴잉글랜드 지방을 휩쓴 이 운동의 지도자는 조너선 에드워즈(Jonathan Edwards)였다. Richard B. Morris (ed.), *Encyclopedia of American History* (New York: Harper & Brothers, 1953), 549쪽.

152) Holy Covenant. 신이 자신의 뜻을 지상에 구현하기 위해 특정 민족을 선민으로 삼아 그들에게 특정한 소명을 수행하도록 인간에게 약속한 것을 일컫는다.

153) M. Lienesch, *New Order of the Ages: Time, Constitution and the Making of Modern American Political Thought* (Princeton, N.J.: Princeton University Press, 1988), 19쪽.

이다.[154] 미국인들은 지상에서 천년왕국을 건설하라는 신의 명령을 받은 선민이라는 우월적 자의식은 식민지 매사추세츠의 지도자 윈스롭 목사로 시작해서 초대 대통령 조지 워싱턴과 19세기를 거쳐 현대 미국의 정치 지도자들에게까지 이어지고 있다.

"이상주의적 정신을 품고 신대륙에 도착하자마자, 개척자들은 스스로 고매한 모범을 보임으로써 구세계를 구원해야 한다는 소명 의식을 갖게 되었다. 이 소명 의식은 새로운 대지의 잠재력이 새로운 하늘나라를 건설하라고 촉발시킨 것이다. 소명의 내용은 세월이 가면서 변했지만 소명 의식 자체는 사라지지 않고 세대에 세대를 이어 끊임없이 이어졌다. 초기의 폴리머스와 보스턴 식민지가 지닌 소명 의식은 종교적 자유를 지향하는 소명 의식이었다. 이것은 과거의 유산에서 자유로운 순수한 교회에서 신과의 성약에 따라, 또 조합교회의 기초 위에서 신에게 예배할 권리를 획득해야 한다는 소명감이었다. 1776년에 이르면 소명 의식은 정부의 구성 원리를 포괄하게 된다. 독립적이고 피치자의 동의에 기반을 둔, 그리고 공화주의적이면서도 쓸모없는 귀족주의의 유산에서 해방된 정부를 세우는 것이 미국의 소명이 된 것이다. 연방헌법을 만들고 첫 연방 의회를 개원할 즈음에는 연방 정부의 형성, 신중한 권력 분립, 종교·언론·출판·결사의 자유 및 영국에서 유입된 모든 기본권에 대한 의회의 간섭으로부터 개인을 보호하는 권리장전(수정헌법 제1조~제10조: 인용자)을 제정하는 것이 미국의 소명이 된다. 제퍼슨주의 시대에는 각 주에 귀속된 권리에 대한 연방 정부의 침해를 저지하고 권리장전이 보장한 제반 권리를 안전하게 보호하는 것이 미국의

---

154) Judith Shklar, *Redeeming American Political Thought*, 128~130쪽.

소명이었으며, 앤드루 잭슨의 시대에 이르면 미국의 소명은 민주주의의 확장을 포함하는 것이 된다. 이 소명은 링컨에 이르러 노예의 자유, 그리고 인민의, 인민에 의한, 인민을 위한 정부는 지구상에서 사라지지 않는다는 신념으로 나타났다. 우드로 윌슨은 14개 조항의 정신으로, 또 제2의 루스벨트(Franklin D. Roosevelt: 인용자)는 네 가지 자유(Four Freedoms)로써 미국의 소명 의식을 나타냈다. 이처럼 소명의 확장을 통해서 이 세계에 빛을 던지는 자유의 여신은 다름 아닌 미국인들 자신이었다."[155]

선민이냐 아니냐는 미국과 미국 바깥을 구별하는 잣대로서 세계 제국이 된 오늘에 이르기까지 지속되고 있다. 1930년 매사추세츠 만에 상륙하기 직전에 선상에서 윈스롭이 했던 유명한 연설에서 이미 "우리는 모든 인민이 주시하는 언덕 위의 도시가 될 것"이라는 선민의 우월 의식을 엿볼 수 있으며[156] 독립혁명을 전후해서는 선민 의식이 하나의 규범으로 자리 잡았다. 그래서 "제국, 학문, 종교는 동에서 서로 옮아왔으니 이 대륙이야말로 최후의 서쪽 나라다. (……) 이제 하나님은 하늘 왕국의 위대한 것들을 보이실 무대를 여기에서 마련하고 있는"[157] 것이며, "과거의 교훈이 미국에서 쌓여 소중히 보관되고 소화되어서 완벽해지고, 이제 이것이 바람을 타고 유럽, 아시아, 아프리카로 가서 전 세계를 자유와 진리로 비출 것이다"[158]라는 확신이 확산되었다. 신대륙의 식민지 개척

155) Frederick Merk, *Manifest Destiny and Mission in American History: A Reinterpretation* (New York,: Vintage Books, 1963), 3~4쪽.
156) John Winthrop, "A Model of Christian Charity," in Perry Miller (ed.), *The American Puritans* (Garden City, N.Y.: Anchor Books, 1956), 83쪽.
157) M. Lienesch, *New Order of the Ages*, 23쪽.
158) D. D. Ezra Stiles, *The United States Elevated to Glory and Honor: A Sermon, Preached······ May 8th, 1783* (New Haven, CT.: Thomas & Samuel Green, 1783), 7쪽. M.

과 정착은 신이 미국에 대해 계획한 바를 표현한 것이며 "신은 여기에 계셔서 우리가 보고 있는 것들의 기초를 놓고 계시며 우리를 미래의 제국으로 인도하시는"[159] 것이었다. 따라서 "이 제국의 기초는 무지와 미신의 음울한 시대에 세워진 것이 아니고 (……) 미국인은 다른 어떤 나라의 인민보다 더 큰 정치적 행복을 향유할 기회를 누리고 있으며",[160] "신대륙의 발견처럼 미국의 탄생도 인류 역사상 희귀한 일로서 두 번 다시 되풀이되지 않을 것"[161]이라는 믿음이 지배했다. 이것은 단순한 수사가 아니었다.[162] 헌법상 종교와 정치가 분리된 나라인데도 미국의 숙명에 대한 미국인들의 태도는 종교적 신앙에 가까웠다. 초대 대통령 조지 워싱턴의 취임사(1789년 4월 30일) 몇 구절만 봐도 기도문과 같은 이 취임사가 단순한 정치적 연설은 아니라는 것을 알 수 있다.[163]

"이 최초의 공적인 행사에서, 우주를 지배하고 지상의 나라들을 거느리고 그 섭리로서 모든 허물을 덮어주시는 전지전능한 신께 내가 다음과 같은 청원을 빠뜨리지 않게 하소서. 자유와 행복을 얻기 위해 스스로 국가를 만든 미국 인민의 자유와 행복을 신이 축복하시고, 국가 경영에 쓰이는 모든 제도와 사람들이 각기 부여된 의무를 훌륭히 수행

Lienesch, *New Order of the Ages*, 24쪽에서 인용.

159) M. Lienesch, *New Order of the Ages*, 26쪽에서 인용.

160) 같은 책, 23쪽에서 인용.

161) George Washington, "Farewell Address to the Armies of the United States." 같은 책, 22쪽에서 인용.

162) 18세기 말에 미국인들이 선민임을 역설하고 유포한 사람들은 주로 작은 마을의 목사들이었다. 그러나 교회의 청중은 고위 관리, 정치가, 지방 유지를 포함한 시민 전체였다. 여기에 천년왕국론과 공화주의 사상이 결합해서 우월 의식을 조장했다. 이처럼 종교적 소명 의식과 공화주의가 결합된 것을 시민 천년왕국론(civil millennialism)이라고 부른다. Nathan O. Hatch, *The Sacred Cause of Liberty*, 23, 176~182쪽.

163) Robert N. Bellah, "Civil Religion in America," *Daedalus*, 96 (1967), 7쪽에서 인용.

할 수 있도록 축복해주소서. (……) 신이 보이지 않는 그 손으로 인간사를 지배하신다는 것을 미합중국 인민들보다 더 잘 알고 감사하는 사람들은 없습니다. 우리가 독립된 국민의 품성을 얻으려고 한 걸음씩 나아갈 때마다 신의 섭리를 보여주는 징표가 언제나 있어왔습니다. (……) 신이 정해주신 질서와 정의의 영원한 법칙을 외면하는 인민들은 은총 어린 하늘의 미소를 기대할 수 없습니다. (……) 신성한 자유의 횃불과 공화주의적 정부 형태의 모범을 보존하는 것은 근본적으로 그리고 궁극적으로 미국인의 손에 위탁된 이 실험에 달려 있습니다."

미국이 떠맡은 소명에 대한 신념을 선민 의식과 소명 의식에 근거해서 표현한 대표적 사례가 하나 더 있다. 1868년 뉴욕 역사학회에서 있었던 존 모틀리(John L. Motley)의 강연이다. 모틀리에 따르면, 역사를 지배하는 법칙은 버클(Henry Thomas Buckle)이 말한 진보의 법칙도 아니고 스펜서(Herbert Spencer)의 사회 진화론도 아니다. 그것은 신의 섭리(Providence) 즉 숙명(Destiny)이다. 세계사는 신의 섭리가 발현된 것인데, 세계사를 이끌 민족으로 선택된 미국이야말로 "모든 민족이 지향하는 지점에 이미 도착해 있으며, 행성의 운동을 관장하는 케플러의 법칙처럼 모든 나라를 필연적으로 관장하는 법칙에 다른 어느 민족보다 빨리 순응했으며, (……) 모든 것은 신이 예정하고 있는바, 문명의 궤도는 동쪽에서 서쪽으로 움직이게끔 신이 미리 정해놓았다. 중국, 인도, 팔레스타인, 이집트, 그리스, 로마는 (……) 차례대로 그 영광과 빛을 비추었고 (……) 우리는 이제 신이 떠나온 그 대륙(유럽을 뜻한다: 인용자)에 황혼의 그림자가 드리워지는 것을 볼 수 있다"[164]라는 식이다. 그리고 빛이

---

164) Ernest Lee Tuveson, *Redeemer Nation*, 160~161쪽에서 발췌 인용.

막 비추기 시작한 아메리카는 전 세계를 개혁할 조건을 구비하고 있는데, 그 조건은 미국 민주주의의 정신, 물질과 기술의 창의성, 천혜의 지리적 축복이라고 했다. 그는 귀족의 특권과 같은 유럽의 악습을 없앤 것도 미국이 신의 뜻에 따라 실천한 희생적 봉사로 여겼다.[165]

선민 의식과 소명 의식은 '앵글로색슨의 미국'에 대한 자긍심, 즉 백인 퓨리턴의 우월 의식이다. 19세기 말의 미국에서 백인들의 프로테스탄티즘을 대변한 스트롱(J. Strong)에 따르면 전 인류를 앵글로색슨으로 만드는 것(Anglo-Saxonize)은 신의 섭리였다. 앵글로색슨만이 순수하고도 영적인 기독교 정신과 시민적 자유를 대변하기 때문이다.[166] 그가 보기에 메시아의 소명을 떠맡은 나라는 '위대한 브리튼'(Great Britain)인 영국이 아니라 '더 위대한 브리튼'(The Greater Britain)인 미국이었다. 영국의 국교는 교회를 국가에 종속시킴으로써 영적인 삶을 마비시켰지만 시민적 자유가 확보된 미국은 앵글로색슨의 진정한 정신을 구현할 수 있다고 외쳤다. 스트롱에게 신의 소명을 구현할 앵글로색슨의 나라는 미국뿐이었다. 미국이야말로 전 인류의 보편적인 모델이며 "신은 미래에 분명히 다가올 그때를 위해 무한한 예지로써 앵글로색슨족을 훈련시키고 있는데" 이것은 역사의 새로운 단계인 "인종 간 최후의 투쟁에 대비하려는 것"[167]이었다. 물론 튜브슨(E. Tuveson)의 말처럼 스트롱은 앵글로색슨의 우월성보다는 신의 뜻을 구현할 수단으로 앵글로색슨이 선택되었다는 점을 더 강조했을지 모른다.[168] 그러나 "기독교인이면서 앵글

---

165) 같은 책, 161~162쪽.

166) Josiah Strong, *Our Country: Its Possible Future and Its Present Crises* (New York, 1885), 161쪽. John F. Wilson and Donald L. Drakeman (eds.), *Church and State in American History*, 2nd edn. (Boston, MA.: Beacon Press, 1987), 136쪽을 참조.

167) 같은 책, 137쪽에서 인용.

168) "나는 앵글로색슨이 몽고족이나 아프리카인들보다 신의 사랑을 더 받는다고 주장하는 것이 아니다. 나는 미국을 위해서 미국을 구원하자는 것이 아니라 전 세계를 위해서 미국이 구원자 역할을 맡

로색슨이고 또 미국인이라는 사실은 특권의 최고봉에 서 있음을 뜻하는 것"[169]이라는 그의 신념은 희생과 봉사의 소명 의식을 뛰어넘는 확고한 우월주의다.

소명 의식과 거기서 비롯된 우월 의식은 미국의 정체성을 세계의 구원자(Redeemer)로 만들었다. 이 구원자 의식은 19세기 말 이후 미국이 해외로 확장하는 과정에서 본격화되었다.

> "신은 영어를 사용하는 튜턴족이 지난 천 년간 자기 만족과 자화자찬에 빠져 아무것도 안하면서 헛된 세월을 보내도록 준비하지는 않으셨다. 신은 혼돈이 지배하는 곳에 어떤 체계를 수립하기 위해 우리를 이 세계의 주 조직책(master organizer)으로 삼으셨다. 신은 지구 전체를 휩쓰는 반동의 세력을 누르기 위해 우리에게 진보의 정신을 주셨고 (……) 이런 힘이 없었다면 세상은 다시 암흑과 야만으로 되돌아갔을 것이다. 그리고 신은 인류의 모든 종족 가운데 미국인을 그의 선민으로 채택하여 궁극적으로 이 세계를 구원하는 데 앞장서도록 하셨다."[170]

미국을 제국으로 성장시킨 메시아니즘을 극적으로 표현한 제28대 미국 대통령 우드로 윌슨의 신념은 다음 인용문에 압축되어 있다.

> "나는 수많은 소박한 영혼들이 뉴욕의 항구에 서서 인류의 지표인 자유의 횃불을 높이 들고 있는 거대한 상(자유의 여신상: 인용자)을 보고 전율했다는 것을 의심하지 않습니다. 나는 그들이 이 땅에서 꿈꾸던 대

아야 한다는 사실을 말하고자 한다." Josiah Strong, *The New Era, or The Coming Kingdom* (New York, 1893), 80쪽. Ernest Lee Tuveson, *Redeemer Nation*, 167쪽에서 인용.

169) 같은 책, 137쪽에서 인용.

170) 같은 책, vii쪽에서 인용.

우를 받기를, 또 이 땅의 삶을 관장할 이상적인 법을 기대해왔다는 것을 짐작할 수 있습니다. 이들에게 물리적 교훈을 주기는 쉽지만 영적인 교훈을 전수하기는 대단히 어렵습니다. 이 세상의 여러 민족 가운데 미국이야말로 하나의 영적 존재(a spirit)로 (신에 의해: 인용자) 예정되어 있습니다."[171]

종교적 선민 의식은 미국의 팽창과 확장 본능을 일깨우고 지탱해온 원천이다. 미국은 전 세계에 모범이며 미국의 제도와 가치를 전파해야 한다는 소명 의식은 미국의 물리적·이념적 팽창을 요구하게 마련이다. 그래서 팽창의 숙명에 대한 믿음은 미국 역사의 초기부터 뚜렷하게 표현되었다. 독립 직후 미국 목회자들은 미국의 사명이라는 주제 아래서 경제적 팽창을 자주 설교했는데, 이것은 신대륙을 개척하는 과정에서 이루는 세속적 성취도 구원의 징표이기 때문이다. 미개척지인 서부는 어둡고 황량한 황야가 아니라 "위대하고 싱싱하며 물이 흐르는 옥토였으며 북아메리카 대륙은 미국 국민을 위대하고 행복하게 만드는 데 필요한 모든 것이 충만한 땅"이었다.[172] 그래서 북미 대륙 안에서 미국 영토를 넓히는 것은 기독교의 번성인 동시에 경제적 번영이었다. "(미국인들은) 이 방대한 북아메리카를 지식과 자유, 농업과 상업, 유용한 예술과 제조업, 기독교적 신성과 덕목의 요람으로, 그리고 (……) 하나님과 선량한 인류의 기쁨으로, 지구 전체의 기쁨과 찬미로 변화시킬 훌륭한 기회를 갖고 있다"[173]고 본 것이다.

---

171) Woodrow Wilson의 1916년 7월 13일자 연설. 같은 책, 175쪽에서 인용.

172) A. M. Benjamin Trumbull, *God is to be praised for the glory of his Majesty and for his Almighty Works, A Sermon Delivered at North-Haven* (November 11, 1783). M. Lienesch, *New Order of the Ages*, 28~29쪽에서 인용.

173) David Tappan, *A Discourse Delivered in the Third Parish in Newbury on the First*

이미 독립전쟁 시대부터 소명 의식은 경제적 번영에 대한 열망과 결합되었다. 19세기 내내 계속된 대륙 내 영토 확장(continental expansion)을 일종의 소명으로 여겼던 미국인들은 20세기에 접어들면서 시작된 세계 시장 진출도 당연시했다. 부의 근원인 교역에 매진하는 것과 정의의 추구는 동일시되었다. 급격한 산업화를 이룬 19세기 후반의 도금 시대(Gilded Age)를 지배한 정서는 "모든 나라의 항구가 미국 국기를 반기면서 열려 있기에, 우리는 지구상의 여러 보물을 교역의 대상으로 삼을 것입니다"[174]라는 설교처럼 종교적 소명과 경제적 번영을 구별하지 않았다. 교역은 자본주의라는 옷을 입은 십자군 원정이며, 그래서 미국은 상품과 복음을 동시에 세계로 전파해야 한다는 정서였다.[175]

칼뱅주의는 어쩌면 자유주의와 공화주의보다 더 직접적으로 미국의 정치 문명을 지탱해온 정신적 구조물일지 모른다. 미국은 헌법상 국가와 종교가 엄격히 분리되었고 신앙의 자유가 확립되었기 때문에 기독교가 법적·제도적인 힘은 없다. 그러나 기독교적 세계관에서 나온 엘리트주의나 권선징악의 신념, 또 맡은 바 소명을 완수해서 세계의 구원자가 되어야 한다는 자의식은 정치 엘리트와 일반 대중을 구별하지 않고 전수되었다. 칼뱅주의는 정치와 외교의 정신적 기준이 된 시민 종교(civil religion)로 작동해왔기 때문에 역대 미국 대통령의 취임사나 연설은 신에 대한 언급을 빠트리지 않는다.[176] 예컨대 링컨이 자유와 평등을 기독교적 죽음이나 부활과 접맥시킨 것이라든지, 남북전쟁을 신의 뜻으로 받

---

of May, 1783. 같은 책, 29쪽에서 인용.

174) A. M. David Osgood, *Reflections on the goodness of God in supporting the People of the United States through the late war, and giving them so advantageous and a peace, A Sermon.* 같은 책, 29쪽에서 인용.

175) A. M. Joseph Buckminster, *A Discourse Delivered in the First Church of Christ at Portsmouth* (Dec. 11, 1783). 같은 책, 30쪽에서 인용.

176) Robert N. Bellah, "Civil Religion in America," 2쪽.

아들인 것은 종교적 신념과 정치적 신념의 혼재를 보여준다. 남북전쟁 중에 재선에 성공한 링컨은 두 번째 취임사인 1865년의 취임사에서 다음과 같이 말했다.

"미국의 노예 제도가 신의 섭리로 예정해두신 범죄라 하더라도, 이제 때가 되어서 노예제를 없애기 위해 이 끔찍한 남부와 북부의 전쟁을 주신 것이니, 남북전쟁은 그 죄를 지은 자들에 대한 벌입니다. 이렇게 생각해보면 살아 계신 신을 믿는 자들이 언제나 신의 것이라고 믿는 신성함 말고 그 무엇을 이 신의 뜻(남북전쟁: 인용자)에서 볼 수 있겠습니까? 간절히 바라고 원하기는 이 전쟁의 천벌이 빨리 지나가는 것이지만, 250년간 척박한 땅을 갈아서 쌓아온 우리의 재산이 잿더미가 될 때까지, 또 삼천여 년 전에 말씀하신 것처럼 저쪽의 채찍에 맞아 흘린 피를 마지막 한 방울까지 갚는 그때까지 이 전쟁을 계속하는 것이 신의 뜻이라고 해도 우리는 이렇게 말할 수밖에 없습니다. '신의 심판은 진리요 또 정의로운 것이다'라고."[177]

미국 민주주의의 세계화를 통해서만 영구적인 세계 평화를 실현할 수 있다고 믿은 윌슨 대통령의 도덕적 메시아니즘, 뉴딜 리버럴리즘의 전성기에 케네디 대통령과 존슨 대통령이 차례로 내건 뉴프런티어(New Frontier)와 위대한 사회(Great Society)라는 슬로건에는 모두 새로운 이스라엘로서의 미국(American Israel)[178]이라는 자의식이 도사리고 있었다. 레이건 대통령이 즐겨 쓴 '악의 제국'(소련)과 조지 W. 부시 대통령이 사

---

177) 같은 논문, 10쪽에서 인용.
178) 같은 논문, 13~15쪽. "미국의 시민 종교는 미국적 삶, 특히 정치적 영역에서의 전체 구조에 대해 종교적 차원의 영향을 끼친다." Dick Anthony and Thomas Robbins, "Spiritual Innovation and the Crisis of American Civil Religion," *Daedalus*, 111 (Winter 1982), 215~233쪽.

용한 '악의 축'처럼 적대적이고 낯선 상대를 악으로 단정하는 도덕적 절대주의도 궁극적으로는 칼뱅주의의 유산이다. 이처럼 세속적인 손익 계산과 종교적 선악관이 뒤엉켜 형성된 미국 외교의 정신적 관습을 꿰뚫어보려면 자유주의나 공화주의뿐만 아니라 선민 의식과 이분법적 세계관의 근원이 된 칼뱅주의까지 포함하는 미국의 정치 문명 전체를 살펴봐야 한다.

제4장
'자유'와 '공화'의 융합 — 미국 정치 문명의 형성

미국의 독립과 건국을 이끈 정치 사상은 고대 공화주의와 근대 자유주의다. 그런 의미에서 미국은 고대성과 근대성이 공존하는 나라다. 그런데 자유주의와 공화주의는 서로 통하는 점도 있지만 모순되는 점도 있다. 당장 공화주의의 공동체주의와 자유주의의 개인주의가 충돌한다. 이런 모순은 미국처럼 고대, 근대, 종교를 가로지르는 복합적 정치 문명의 숙명이다. 그래서 미국 정치 문명의 생성 과정과 그 내면적 모순을 설명하려면 합의된 단일 사상으로 미국의 정치와 역사를 설명하려는 합의 패러다임에서 벗어나야 한다. 실제로 미국의 정신을 하나가 아닌 다양한 사상의 칵테일로 보는 가설들이 1980년대부터 나오기 시작했다. 자유주의와 공화주의 등 다양한 이념이 미국 역사의 초기부터 공존했다고 보는 절충적 관점이 등장한 것이다.[1]

　　"미국사를 서술하는 근래의 경향을 보면 자유주의(적 해석으)로 다

---

1) Jeffrey C. Issac, "Republicanism vs. Liberalism?: A Reconsideration," *History of Political Thought*, 9 (Summer 1988), 349~377쪽; James T. Kloppenberg, *The Virtues of Liberalism*, 23쪽; "The Virtues of Liberalism: Christianity, Republicanism, and Ethics in Early American Political Discourse," *Journal of American History*, vol. 74, no. 1 (Jun. 1987), 9~33쪽.

시 복귀하는 경향, 즉 하츠가 말한 자유주의의 전통을 미국사에서 재발견하려는 경향이 있다. (……) 그러나 이들은 실제로는 존재하지 않았던 자유주의의 헤게모니를 설정함으로써 공화주의적 해석(공화주의 합의 사학)의 유행에 제동은 걸었지만 지나친 느낌이 있다. 진실은 그 중간이다. 즉 18세기 미국의 정치 사상은 고전적 공화주의에서 근대적 자유주의로 이행하는 과도기적 상태에 있었다. 다만 그 이행 과정이 명확하거나 완전한 것이 아니어서 결과적으로 공화주의 사상과 자유주의 사상이 독특하지만 불안하게 결합된 혼혈 사상이 생겼다. 고전적 공화주의보다 더 합리적이고 더 사익 중심적이며 더 진보 지향적이면서도 오늘날의 자유주의와는 거리가 먼, (……) 전적으로 공화주의도 아니고 전적으로 자유주의도 아닌 혼합물이 그 시대의 사상을 지배했다."[2]

미국 정치 문명의 뿌리를 복합 사상에서 찾으면 모든 것을 단일 사상에서 연역할 때 발생하는 단순화의 함정을 피할 수 있다. 문제는 공화주의와 자유주의의 실제 융합 과정이다.[3] 이 문제를 풀려면 18세기 후반의 미국에서 자유주의와 공화주의가 어떤 생각 뭉쳤였는지 알아야 한다. 사상도 유기체와 마찬가지로 세월이 가면서 변하기 때문이다.

앞 장에서 말했듯이 건국 시대의 미국 자유주의는 도덕 철학으로서의 전통이 남아 있었고, 공화주의는 공동체와 공익 중심의 이념이었다. 그런데 그 시대의 미국인들은 자본주의가 양산하는 근대적 인간들이 모여

---

2) M. Lienesch, *New Order of the Ages*, 7~8쪽.
3) 19세기 중반부터 미국에서 자유주의 시장 경제와 공화주의 정치 제도가 공생 관계에 있었다고 지적하면서 공화주의와 자유주의의 공존을 부각하는 경향은 1980년대에 들어서서 대두했다. Drew McCoy, *The Elusive Republic*; Peter Onuf, "Toward a Republican Empire: Interest and Ideology in Revolutionary America," *American Quarterly*, 37 (Fall 1985), 496~531쪽; John Ashworth, *"Agrarians" and "Aristocrats": Party Political Ideology in the United States, 1837~1846* (London: Royal Historical Society, 1983).

있는 근대 사회에 직면했다. 다시 말하면 자유주의와 공화주의 둘 다 자본주의 시대의 현실을 받아들여야 했다. 그래서 자유주의와 공화주의의 융합은 각각 현실과 타협하는 '근대화'의 과정을 거치면서 진행되었다. 두 사상이 고대와 근대라는 시간적 간극을 뛰어넘어 자본주의적 근대라는 지점에서 타협하고 절충할 가능성이 생긴 것이다.

4-1. 융합의 조건

1) 자유주의

미국은 1776년에 독립을 선언하고 1789년에 연방 국가로 태어났다. 존 디긴스(John Diggins)에 따르면 독립과 건국 사이에 정치 사상적 변화가 있었다. 독립선언의 바탕이 되었던 공민적 덕성(civic virtue)의 관념이 연방헌법에서는 사라졌다는 것이다.[4] 그래서 공화주의 합의 사학이 연방헌법과 미국 정치의 기초 윤리라고 믿는 공화주의적 덕성은 물질적이고 사적인 이익을 위장한 수사일 뿐이며 정치적 환상이라고 공박했다. 연방헌법 제정 시대의 미국을 지배한 모티프가 덕성이 아니라 이익(interest)이라는 것이다.[5] 독립혁명과 독립선언의 바탕인 도덕 철학으로서의 자유주의가 바로 소멸함으로써 연방헌법 제정 시대에는 사사로운 이익에 대한 생각이 미국을 지배했다는 말이다.[6]

디긴스는 미국의 자유주의를 두 가지로 본다. 하나는 사적 이익을 추

---

4) John P. Diggins, *The Lost Soul of American Politics*, 9쪽.

5) 같은 책, 12, 27쪽.

6) 독립혁명도 공화주의의 덕성에 기초한 것이 아니라고 본다. 「독립선언문」에 '덕성(virtue)'이라는 말은 아예 언급이 안 되었다는 것이다. 특히 공화주의에서는 공적인 일을 위한 개인의 희생을 덕성으로 치는데, 당시 13개 식민지가 느슨한 연합 상태로 영국과 싸우던 상황에서는 공적(중앙 집권적) 권위가 없었기 때문에 공화주의적 '덕성'이 중요한 역할을 할 수 없었다는 것이다. 같은 책, 31, 37쪽.

구하는 수단으로서 개인의 자율성을 중시한 제퍼슨의 자유주의적 개인주의(Liberal Individualism)다. 다른 하나는 개인의 자유를 보호할 수단으로서 효율적인 국가 권력을 중시한 해밀턴-매디슨의 자유주의적 다원주의(Liberal Pluralism)다. 그러나 둘 다 물질적 쾌락을 행복과 동일시하고 국가 간섭에 반대하는 자유주의의 공리에 충실하다고 봤다.[7] 그는 루이스 하츠가 미국의 에토스라고 단정한 로크적 에토스도 실질적으로는 물질 중심주의라고 했다. 또 해밀턴과 매디슨을 비롯한 연방파의 사상을 담은 『연방주의자』(Federalist Papers)와 연방헌법도 공익을 위해 사익을 희생하는 공화주의의 덕성보다는 사적 이익을 보호해줄 소극적 국가를 중시했다고 주장했다.[8]

디긴스는 미국의 역사적 문헌들에 '덕성'(virtue)이라는 말이 등장한다는 것은 인정한다. 그러나 미국의 문헌에 등장하는 '덕성'은 고대 공화주의의 정치적 덕성이 아니라 인간의 손길이 닿지 않은 거친 자연과 맞설 때 필요한 자연의 덕성(natural virtue)이었다. 이것을 공화주의의 덕성으로 착각하면 안 된다는 것이 디긴스의 주장이다.[9] 문헌에 나오는 '공민적 덕성'은 이면에 숨겨놓은 물질적 이익을 위장한 것에 불과하다는 것이다.[10]

---

7) 같은 책, 5쪽.

8) 같은 책, 40~41, 61쪽.

9) 같은 책, 119~120쪽. 미국 문학에 나타난 미국적 덕성의 시금석은 세속 문명이 아닌 자연이었으며 미국 문학의 주제도 도시와 세속의 타락을 순박하고 거친 자연의 야성과 대비시키는 것이다. 즉 제임스 쿠퍼(James Fenimore Cooper)의 『개척자』에 등장하는 숲, 허먼 멜빌(Herman Melville)이 『백경』에서 묘사한 바다, 톰 소여와 허클베리 핀의 모험을 그린 마크 트웨인(Mark Twain)의 강이 대표적인 예다. 이처럼 '자연에 맞서는 덕성'과 '정치적, 공민적 덕성'은 구별해야 한다는 것이 디긴스의 주장이다.

10) 디긴스는 잭슨 민주주의가 공화주의적 덕성에 토대를 둔 것이라고 주장한 슐레신저 2세의 연구(The Age of Jackson)가 레토릭과 위장된 이익을 구별하지 못했다고 주장한다. John P. Diggins, The Lost Soul of American Politics, 107~108쪽. 또 잭슨 대통령의 Bank-Veto Message(미국 연방을 총괄하는 연방 중앙은행을 다시 인가하는 것은 주권州權을 침해하고 배타적인 독점을 초래한다면서 인가 갱신에 반대한 1832년 잭슨 대통령의 대對 의회 교서)는 공화주의가 아니라 19세기 자유방임주의의 표현이며, 잭슨의 덕성은 고전적 공화주의의 덕성과 거리가

디긴스가 강조한 것은 18세기 말 미국의 자본주의화로 인한 사상적 변화다. 따라서 그의 주장은 공화주의의 영향력을 송두리째 부정한 것이라기보다는 건국 전후의 미국이 공익과 덕성의 윤리만으로 지탱되기 힘들만큼 근대(자본주의)화되었다는 선에서 이해해야 한다. 왜냐하면 공화주의 사상의 핵심인 혼합 정체론은 대통령(군주정), 상원(귀족정), 하원(민주정)을 수평적으로 배치한 미국 연방헌법에 그대로 적용되었기 때문이다. 다만 18세기 말은 인간의 본성인 당파성과 이기심을 현실로 인정할 수밖에 없는 시대였기 때문에 공화주의라는 사상과 자본주의라는 현실을 절충시켜야만 했다. 공화주의의 꿈에 집착하기보다는 '이기적 인간으로 덕성의 공동체'를 만들 현실적 방안을 강구해야 했던 것이다. 이 절충의 결과로 나온 것이 미국 연방헌법이다.

디긴스에 따르면 도덕 철학으로서의 자유주의는 연방헌법의 제정과 비준 과정에서 자본주의적 자유주의로 변했다. 연방파, 특히 『연방주의자』의 공동 저자인 해밀턴, 매디슨, 제이의 논점을 살펴보면 도덕적 자유주의가 근대적 자유주의로 변하고 인간 본성에 대한 인식도 변했다는 것을 엿볼 수 있다. 인간은 더 이상 덕성을 실천하는 고전적 공민이 아니라 이익, 야심, 자만, 이기심을 부끄러워하지 않는 근대적 시민으로 인식되었다. 재산도 공민적 자유의 물질적 토대에서 권력에 의해 보호받아야 할 수동적 이익으로 바뀌었다. 덕성과 독립의 수단이 되었던 재산(토지)이 탐욕의 대상으로 전락하면서 공화주의의 능동적 자유가 권력의 우산 아래 이익 추구를 보장받는 소극적 자유로 전락한 것이다. 연방헌법안을 기초한 연방파도 공민적 덕성에는 관심을 두지 않았다. 그들은 이기적 인간의 등장을 역사적 필연으로 보았고, 그래서 이기심과 권력의 타락이 초래할

먼 것이라고 본다. 같은 책, 117~118쪽.

정치적 혼란을 막거나 최소화할 '제도'를 마련하는 데 주력했다.[11]

디긴스에 따르면 미국을 지배한 자유주의는 자유주의적 개인주의다.[12] 미국 정치의 동력도 덕성과 타락의 대립(virtue vs. corruption)[13]이나 자유주의 합의 사학이 상정하는 권력과 자유의 대립(power vs. liberty)이 아닌, 덕성과 자유의 대립(virtue vs. liberty)이다.[14] 그렇기 때문에 디긴스는 미국 민주주의의 대부인 제퍼슨이 공화주의자냐 자유주의자냐를 둘러싼 논쟁[15]에 대해 제퍼슨이 말한 덕성은 공화주의의 덕성이 아니라 노동을 통한 행복 추구를 의미하는 자유주의적 덕성이라고 결론 내린다.[16] 미국의 자유주의는 건국 시대인 18세기 후반에 근대성을 획득한 자유주의라는 것이다.

이와 같은 디긴스의 해석은 형성기 미국의 자유주의가 도덕적 자유주의를 자본주의 시대에 맞게 변형시킨 근대적 자유주의라고 규정한 것이다. 그렇다면 남는 문제는 공화주의의 근대화다. 만약 혁명기 아메리카에 유입된 공화주의도 근대에 맞게 변형된 공화주의라면, 서로 모순되는 자유주의(사익)와 공화주의(공익)가 적어도 근대성이라는 지점에서는 절

---

11) 같은 책, 68쪽.

12) 미국의 자연 환경도 개인주의를 배양했으며 서부 개척도 강력한 개인주의만 배양했다. 또 19세기 말 미국의 포퓰리즘도 로크적 개인주의에 기초한 것이다. 같은 책, 121~124쪽.

13) J. G. A. Pocock, *The Machiavellian Moment*, 54쪽.

14) J. P. Diggins, *The Lost Soul of American Politics*, 42, 96쪽.

15) 이 문제에 관한 대표적인 논쟁이 배닝(공화주의)과 애플비(자유주의)의 논쟁이다. 이 논쟁을 정리한 것으로 다음을 참조할 것. Lance Banning, "Jeffersonian Ideology Revisited: Liberal and Classical Ideas in the New American Republic," *William and Mary Quarterly*, 3rd Ser., vol. 43, no. 1 (Jan. 1986), 3~19쪽.

16) J. P. Diggins, *The Lost Soul of American Politics*, 42쪽. 이 견해는 덕성의 원천을 상업이 아닌 농업에서 찾은 제퍼슨의 사상을 근거로 삼고 있다. "대지에서 일하는 자들이야말로 신으로부터 진정한 덕성을 부여받은 선민이다. 땅을 경작하면서 살아가는 사람들이 도덕적으로 타락한 역사는 아직 없다. 하늘과 땅, 그리고 근면에 의지하지 않고 고객의 변덕, 곧 상업에 의지하여 살아가는 자들이 도덕적으로 타락한다. 자조自助하는 농부가 아니라 의타적이고 비열하고 모사나 꾸미는 상업 사회의 인간이야말로 군사·경제적 제국을 꿈꾸는 자의 도구가 된다." T. Jefferson, *Notes on the State of Virginia*. Pocock, *The Machiavellian Moment*, 532~533쪽에서 인용.

충하거나 융합하는 것이 가능해지기 때문이다.

2) 공화주의

앞에서도 말했지만, 로마 공화정 시대에 절정에 달했다가 사라진 후 16세기 초 피렌체의 마키아벨리와 17세기 영국의 제임스 해링턴을 통해 부활한 공화주의는 18세기의 영국에서는 신흥 세력으로 대두한 궁정 휘 그(Court)에 맞선 지주 귀족 세력(Country)의 이념 즉 저항 사상으로 나타났다. 어쨌든 고대의 공화주의를 근대에 부활시킨 주역은 마키아벨리 이기 때문에 포칵은 영국 저항 사상의 공익 윤리를 마키아벨리적 긴장 (Machiavellian Tension)이라고 이름 붙였다. 그런데 18세기의 미국에 유 입된 공화주의가 자유주의처럼 근대성을 수용한 공화주의라면 공공성을 추구하는 공화주의와 사적 이익을 추구하는 자유주의가 융합될 여지가 생겼을 것이다.[17]

공화주의가 자유주의와 조화될 가능성은 저항 사상에 이미 내재되어 있었다. 저항 사상가들은 개인주의를 배격하지도 않았고 자본주의 정신 과 배치되는 고전적 덕성에만 사로잡혀 있지도 않았다. 공화주의를 미국 으로 전파한 고든과 트렌처드의 『카토의 편지』[18]에 담긴 사상도 근대화 된 공화주의였다. 고든과 트렌처드는 인간의 본성에 속하는 모든 감정 (passion) 중에서 자기 애착(自愛心, self love)이 가장 강력한 것이며, 이것

---

17) Thomas L. Pangle, *The Spirit of Modern Republicanism: The Moral Vision of the American Founders and the Philosophy of Locke* (Chicago, Il.: University of Chicago Press, 1988), 31쪽.

18) 미국 초기의 정치 사상을 분석하는 데 *Cato's Letters*가 중요하다는 사실에 처음 착안한 사 람은 로시터다. C. Rossiter, *The Seedtime of the Republic*을 볼 것. 로시터는 미국의 지성 사가들이 로크에게만 초점을 맞추는 데 대해 우려했다. 그러나 로크의 자유주의와 고든, 트렌처 드의 공화주의 사이에 긴장과 대립의 요인이 있다는 것은 발견하지 못했다. T. L. Pangle, *The Spirit of Modern Republicanism*, 285쪽, 각주 6을 참조.

이 모든 감정의 뿌리라고 보았다. 이기심이 인간의 본성이라고 본 것이다. 그렇지만 인간의 본성이 악하지는 않으며, 악을 자행하는 것은 인간이라는 존재 안에 덕성과 비열성이 공존하기 때문이라고 보았다.[19]

"어떤 사람이 사심이 없다고 할 때, 우리는 그가 공공의 것을 지향하는 심리를 가졌다는 것 이상의 의미를 부여할 필요가 없다. 즉 그는 영예와 기쁨을 얻기 위해 공공의 일에 봉사하는 것이다. (……) 사심이 없다는 것은 그 이상 아무것도 아니다. 인간이 행하는 가장 위대한 행위는 대개 공포, 허영, 수치심에서 비롯된다. 이런 감정이 결과적으로 다른 사람을 이롭게 할 때 그것을 덕성이라고 부르는 것뿐이다."[20]

그렇기 때문에 공적인 영역에서는 타인을 믿지 말고 불신해야 한다. 그래서 팽글은 마키아벨리의 공화주의가 이 지점에서 홉스와 로크의 정치 철학에 접근했다고 본다. 즉 "최초의 근본적인 자연 법칙은 자기 보존이라는 위대한 법칙이며, 인간이 정치적 사회로 진입하는 유일한 목적은 상호 보호 및 방어다. (……) 보호받을 대상은 생명뿐만 아니라 노동에서 얻는 재산이며 (……) 노동에 기초해서 상업, 은행, 이자, 투자로 얻게 될 재산이다. 따라서 인민의 최고 목적은 재산과 생명을 보장받는 것이다."[21]

고든과 트렌처드의 사상적 스승인 제임스 해링턴한테서도 근대적-개인적 자유주의의 흔적을 엿볼 수 있다. 예를 들면 사익 추구를 중시하는 태도다. 특히 해링턴의 자연권과 자연법 사상, 그리고 개인주의적 태도

---

19) 같은 책, 31쪽.
20) 같은 책, 31~32쪽에서 인용.
21) 같은 책, 32쪽.

는 공화주의의 전통 속에서 자유주의로 기울어가는 흔적이다.[22] 해링턴이 가상의 나라를 상상해서 쓴 『오세아나 공화국』(The Commonwealth of Oceana)은 개인의 이익이 국가의 이익과 충돌하지 않는 나라를 말하며, 그의 자연권 이론도 근대 자유주의의 핵심인 피치자의 동의(consent)라는 관념에 도달해 있었다.[23] 해링턴의 자유는 공동체적 자유가 아니라 개인적 자유였으며, 이상 국가 오세아나의 어떤 시민도 자신의 이익을 전체의 이익보다 앞세우는 것을 수치로 여기지 않았다. 정치의 목표는 개인 이익의 증진이기 때문이다. 홉스를 비판한 공화주의자 해링턴 자신이 어떤 면에서는 이처럼 홉스적이었다. 해링턴 자신도 홉스에 대한 자신의 채무를 다음과 같이 밝히고 있다.

"내가 홉스의 정치학을 비판한 것은 사실이다. (……) 그러나 나는 홉스가 이 세상에서 지금, 그리고 앞으로도 최고의 저술가로 남아 있을 것으로 확신한다. 인간의 본성, 자유의 필연성에 대한 그의 논의는 위대한 빛을 비추고 있으며, 나는 그를 따랐고 또 따를 것이다."[24]

미국 정치의 고대성에 눈 뜬 공화주의 합의 사학자들이 이 사실을 발견하지 못한 것은 18세기 말 미국의 식자들이 읽었던 고전을 제대로 읽지 못했거나, 고전을 대하는 18세기 지식인들의 태도를 몰랐기 때문일 것이다.[25] 물론 해링턴의 사상에서 홉스의 자취가 엿보인다고 해서 그의 공화주의 사상이 자본주의 시대의 근대화한 자유주의와 같다고 보는 것

22) John A. Wettergreen, "James Harrington's Liberal Republicanism," Polity, 20-4 (Summer 1988), 665~687쪽.

23) 같은 논문, 677쪽.

24) 같은 논문, 667쪽에서 인용.

25) T. Pangle, The Spirit of Modern Republicanism, 29쪽.

은 비약이다. 그러나 형성기의 미국에 유입된 해링턴과 신해링턴주의가 고전적 공화주의의 공동체주의(communitarianism)에서 개인주의로 한 걸음 이동했다는 것은 분명하다.

그렇다면 다음 순서는 자유주의와 공화주의가 근대성을 매개로 해서 어떻게 만났는지 그 실상을 볼 차례다.

4-2. 융합

1) 구도

영국의 저항 사상은 컨추리 이념(Country Ideology)으로 알려져 있다. 앞서 말했듯이 저항 사상은 상업 자본에 기초해서 17~18세기 영국의 신흥 지배 세력이 된 코트(Court, 궁정파)와 대립했던 전통적-농업적 귀족 세력의 사상이기 때문이다. 베일린에 따르면 18세기 미국인들의 역사관과 정치관, 다시 말해서 독립선언의 언어와 혁명 지도자들의 사고 방식(grammar of thought)은 컨추리의 이념에 충실한 것이었다.[26] 그래서 당시 아메리카 식민지의 지도자들은 상업 정신이 공화정을 타락시킨다고 생각했다. 그러나 연방헌법의 제정부터 건국 초기까지 미국 정치를 이끈 것은 컨추리의 이념이 아니라 컨추리-반연방파와 코트-연방파 사이의 팽팽한 긴장이었다.[27]

---

26) 베일린은 영국의 저항 사상(Oppositionist Thought)과 컨추리 이데올로기(Country Ideology)를 구별하지 않았다. B. Bailyn, *The Origins of American Politics*, 36, 39, 53, 56, 125쪽. 예컨대 이런 식이다. "이 독특한 이념적 긴장의 근원은 영국의 청교도혁명·명예혁명과 커먼웰스 시대(Commonwealth period, 1649년 찰스 1세의 처형에서 1660년 왕정복고까지의 시대: 인용자)의 혁명적인 사회 사상에 있다. 그러나 이것이 지속적이고 일관된 하나의 형태를 띠게 된 것은 17세기 말에서 18세기 초에 걸쳐 존재한 저항 사상가들, 즉 '컨추리' 정치가와 문사들에 의해서다." B. Bailyn, *The Ideological Origins of the American Revolution*, 34쪽.

27) J. G. A. Pocock, "Virtue and Commerce in the Eighteenth Century." 이 논문은 해밀턴을 전형적인 코트 이론가로 취급한다(130~132쪽). 초기 미국 사상의 전개 과정에서 있었던 컨

컨추리라는 말의 기원은 14세기까지 거슬러 올라간다. 찰스 1세 때부터 쓰이기 시작한 이 말은 궁정 권력에 맞선 저항 세력을 뜻했다. 반대로 코트(Court)는 궁정 권력과 그 사상을 지칭했다.[28] 청교도혁명부터 찰스 2세의 왕정복고 시대까지는 지주 귀족인 궁정 토리(Court Tories)가 코트였고, 휘그 즉 컨추리 휘그(Country Whigs)가 컨추리였다.

이 구도가 명예혁명 이후 역전되었다. 윌리엄 3세가 즉위하면서 휘그가 궁정파 휘그(Court Whigs), 즉 신흥 궁정 세력으로 대두했다. 이들은 유럽 대륙의 전쟁에 적극 개입했고, 전쟁 비용을 조달하기 위해서 재정적·행정적 개혁을 단행했다.[29] 신흥 궁정파 휘그는 상업 자본이 주축이 된 세력으로서[30] 강력한 정부와 효율적인 행정을 강조하면서 지주 귀족 중심의 의회를 압박했다. 즉 토지에 대한 중과세를 통해 재정을 확보하려고 했다. 그 결과 궁정에서 밀려난 토지 귀족들의 박탈감이 커졌다.[31] 신흥 궁정파가 된 옛 휘그당의 재정·행정 개혁이 옛 토리 중심의 토지 귀족들을 저항 세력으로 만든 것이다. 그렇기 때문에 18세기에 식민지 아메리카로 들어온 컨추리의 저항 사상은 토지를 공민적 덕성의 원천으

추리와 코트의 대립이 연방 수립 이후에도 오랫동안 지속되었다는 견해로는 Lance Banning, *The Jeffersonian Persuasion: Evolution of a Party Ideology* (Ithaca, N.Y.: Cornell University Press, 1978), 51~69쪽; John Murrin, "The Great Inversion, or Court versus Country: A Comparison of the Revolution Settlements in England (1688~1721) and America (1776~1816)," in J. G. A. Pocock (ed.), *Three British Revolutions* (Princeton, N.J.: Princeton University Press, 1980)를 보라.

28) Perez Zagorin, *The Court and the Country: The Beginning of the English Revolution* (London: Routledge & K. Paul, 1969), 33, 38쪽.

29) 국채의 발행, 영국 중앙은행의 창설, 군대와 관료 제도의 급격한 강화 등 여러 조치. 이는 "중세의 농업 세계로부터 근대 국가의 상업, 분업 세계로의 이행"이라는 역사적 의의를 갖는다. J. G. A. Pocock, "Virtue and Commerce in the Eighteenth Century," 129쪽.

30) 같은 논문, 128~129쪽. 그리고 J. G. A. Pocock, *The Machiavellian Moment*, 487쪽.

31) James H. Hutson, "Country, Court, and Constitution: Antifederalism and the Historians," 358쪽.

로 보고 상업을 타락의 원천으로 여긴 젠트리 계급의 공화주의였다.[32]

컨추리 이념과 코트 이념의 대결은 연방헌법의 비준을 둘러싸고 벌어진 연방파와 반연방파의 대결에 반영되었다. 물론 공화주의와 자유주의의 대립, 컨추리와 코트의 대립, 반연방파와 연방파의 대립이라는 3중의 대립 구도를 하나로 묶기는 쉽지 않다. 그러나 연방헌법에 반대한 반연방파가 컨추리 이념과 공화주의 계보이고 연방헌법을 지지한 연방파가 코트 이념과 자유주의 계보라면 미국의 토대는 이 두 사상의 대결을 거쳐 형성된 것이나 마찬가지다. 구체적으로 보자.

첫째, 컨추리 이념은 마키아벨리와 해링턴을 거치면서 다듬어진 고전적 공화주의에 뿌리를 두고 있다.[33] 우선 1770년대~1780년대에 남부를 중심으로 한 공화파가 정부의 영향력(influence)과 연방 정부 권력의 타락(corruption)을 경계하는 언어를 자주 사용했다는 점이 그렇다.[34] 1780년부터 1783년까지 모리스(Robert Morris)가 주도한 연방의 상업적 통합 플랜을 공화주의적 견지에서 반대한[35] 사람들 대부분이 컨추리 이념에 심취했고, 이들 중에서 확인된 사람 모두가 반연방파에 가담했다는 사실도 이것을 입증한다.[36] 필라델피아 제헌회의에서 행정부의 의회 통제에 적극 반대한, 다시 말해서 공화주의 견지에서 타락에 반대한 인사들이 컨추리 반연방주의자였고, 거기에 찬성한 사람들이 열렬한 연방주

---

32) J. G. A. Pocock, *The Machiavellian Moment*, 486쪽; H. T. Dickinson, *Liberty and Property: Political Ideology in Eighteenth-Century Britain* (New York: Holmes and Meier Publishers, 1977), 150쪽.

33) J. G. A. Pocock, *The Machiavellian Moment*, 487, 519쪽.

34) B. Bailyn, *The Origins of American Politics*, 70~80쪽.

35) 이 점에 대해서는 E. James Ferguson, *The Power of the Purse: A History of American Public Finance, 1776~1790* (Chapel Hill, N.C.: University of North Carolina Press, 1961), 109~124쪽을 참조.

36) James H. Hutson, "Country, Court, and Constitution: Antifederalism and the Historians," 361~362쪽.

의자였다는 사실도 공화주의와 컨추리 이념의 동질성을 입증한다.[37] 게다가 반연방파의 핵심 사상인 국가 권력에 대한 두려움(Fear of Power)이 고든이나 트렌처드나 제임스 버그를 비롯한 컨추리의 저항 사상에서 나왔다는 사실[38]로 미뤄볼 때 공화주의-컨추리-반연방주의를 동일 계보로 간주하는 것이 타당하다.

둘째, 시야를 확대해서 코트와 컨추리의 차이라는 것이 같은 사상을 실천하는 방법상의 차이라고 보면 코트(궁정파), 연방파, 자유주의도 하나의 계보로 묶을 수 있다. 근본적으로 코트-연방파도 컨추리-반연방파와 동일한 정치적 신념으로 출발했다. 그들도 영국의 전통인 혼합 정체와 균형 정체를 신봉했고 인민이 권력을 감시할 필요성을 인정했다. 코트-연방파는 공화정의 덕성이 상업이 초래할 타락과 상극이라는 점도 인정했다.[39] 다만 그 신념을 실천할 때 주안점을 어디에 두는가라는 점에서 컨추리와 달랐다.[40] 이렇게 보면 연방파는 공화주의 패러다임 안에서 현실의 자유(자본)주의를 받아들인 사람들이다.[41] 공화주의에 두 발을 딛고 선 공동체론자들(nostalgic republican communitarians)이 반연방파였다면 연방파는 공화주의에 한 발만 걸친 자유주의적 근대론자였다. 미국은 이들의 논쟁과

---

37) Max Farrand (ed.), *The Records of the Federal Convention of 1787*, vol. I (New Haven, CT.: Yale University Press, 1966, orig. pub., 1911), 375~376, 380~381쪽. 그리고 vol. II, 125~126, 283~290, 490~491쪽.

38) J. T. Main, *The Antifederalists: Critics of the Constitution 1781~1788*, 8~11, 128쪽. 그리고 B. Bailyn, *The Ideological Origins of the American Revolution*, 35, 55~60쪽.

39) J. G. A. Pocock, *The Machiavellian Moment*, 446쪽; "Virtue and Commerce in the Eighteenth Century," 130쪽; I. Kramnick, *Bolingbroke and His Circle: The Politics of Nostalgia in the Age of Walpole* (Cambridge, MA.: Harvard University Press, 1968), 137~149쪽; H. T. Dickinson, *Liberty and Property*, 24, 103, 142, 165쪽.

40) J. H. Hutson, "Country, Court, and Constitution: Antifederalism and the Historians," 359~360쪽.

41) 같은 논문, 360쪽.

대결을 거치면서 탄생했다.[42] 한편으로는 컨추리-반연방주의-고전적 공화주의가, 다른 한편으로는 코트-연방주의-근대 자유주의가 대결하는 가운데 칼뱅주의가 여기에 융합됨으로써 미국의 정치 문명이 탄생한 것이다.

2) 절충

몽테스키외에 따르면 모든 국가(체제)는 자유로 시작해서 폭정으로 끝나는 쇠락의 행로를 걷는다. 이 비관론이 공화주의의 역사관이다. 13개 식민지를 하나의 연방으로 묶는 데 반대한 반연방파는 연방 정부가 언젠가는 자유를 침해할 것이고, 그 결과 미국도 쇠망의 길을 걷게 될까 봐 겁낸 사람들이다. 반연방파는 독립전쟁을 영국의 타락(폭정)이 이식되어 아메리카의 자유를 타락시키는 것을 저지하기 위한 시도라고 보았다.[43] 18세기 미국의 엘리트들은 고대 바빌로니아와 페르시아부터 근대의 베네치아 및 네덜란드 공국의 역사를 보면서 안일, 사치, 상업적 번영이 권력의 타락과 국가의 쇠망을 야기하는 요인이라는 것을 상기하면서 미국도 로마 공화국의 흥망사를 되풀이할 것이라고 걱정했다.[44] 그들은 사치와 상업 때문에 폭정으로 타락했던 로마 공화정의 역사를 타산지석으로 삼았다. 자유를 지키려면 상업과 번영에 뒤따르는 사치와 안락을 경계하는 한편, 모든 시민이 덕성을 실천하면서 국가와 권력을 감시해야 한다는 교훈을 로마의 역사에서 배운 것이다. 그들은 공화국 아메리카의 미래를 설계할 때 로마의 역사적 교훈을 참고해야 한다고 믿었다. 그래서 상업, 사치, 사익의 범람을 막을 해독제로서 농업적-공민적 덕성과 검박한 삶을 강조했다. 덕성을 지키려는 의지와 상업적 번영의 의지 사이에

---

42) Issac Kramnick, "The 'Great National Discussion': The Discourse of Politics in 1787," *William and Mary Quarterly*, 3rd Ser., vol. 45, no. 1 (Jan. 1988), 3~32, 특히 5쪽.

43) B. Bailyn, *The Ideological Origins of the American Revolution*, 55~93쪽.

44) 같은 책, 26쪽.

'마키아벨리적 긴장'이 존재한 것이다.[45]

공화주의의 역사관에 따르면 덕성과 권력의 대결, 덕성과 타락의 대결, 공익과 사익의 대결은 불가피하다. 또한 연방파가 진보의 수단으로 여긴 상업은 덕성에 대한 위협이기 때문에[46] "우리가 누리는 번영이 결국 우리를 파멸시킬 것"[47]이라는 전망이 공화주의 역사관의 논리적 귀결이었다. 다른 말로 하면 신생 아메리카 공화국의 사활은 공화주의적 '덕성'의 유지 여부에 달려 있었다.

그런데 독립혁명 직후부터 공화주의적 덕성이 미래의 미국에서 존속할 수 있을까라는 의구심이 생겼다. 1776년 7월 4일의 독립선언이 나오기 이틀 전에 '독립 결의안'[48]을 대륙의회(Continental Congress, 독립전쟁의 수행을 위해 결성된 13개 식민지의 첫 연합 체제)에 제출하고, 독립전쟁 중에는 연합의회(Congress of the Confederation)의 의장을 역임한 버지니아의 리처드 헨리 리(Richard Henry Lee)는 공민적 덕성의 쇠퇴 추세를 공공연하게 인정했다. 펜실베이니아 대표로 대륙의회의 외교를 관장했던 윌리엄 빙엄(William Bingham)도 독립전쟁 당시에 흔했던 애국적 희생 정신이 사라졌다면서 미국인들은 "더 이상 순수하고 사심 없는 애국심에 의해 지배되지 않는 자들"이라고 탄식했다. 사사로운 이익에 대한 재빠른 계산이 공공의 이익에 대한 관심을 압도하는 시대가 되면서 정치가 "자기 이익만 챙기는 둔감한 토지 투기꾼들의 노름판"[49]이 되어버렸다는 것

---

45) 당시 미국 엘리트들의 공화주의적 역사관에 대해서는 M. Lienesch, *New Order of the Ages*, 40~44쪽을 참조.
46) 덕성과 상업의 대립에 관해서는 J. G. A. Pocock, *The Machiavellian Moment*와 G. S. Wood, *The Creation of the American Republic*을 참조.
47) M. Lienesch, *New Order of the Ages*, 51쪽에서 인용.
48) 'Resolution for Independence'(1776년 7월 2일), 흔히 'Lee Resolution'으로 부른다.
49) John Jay가 Philip Schuyler 장군에게 보낸 편지(1781년 4월). M. Lienesch, *New Order of the Ages*, 51쪽에서 인용.

이다. 그래서 1780년대 중반이 되면 공민적 덕성을 기대하는 것이 어리석은 짓으로 보였다. "재산의 획득을 위한 사사로운 열정이 공적인 것에 대한 관심을 짓밟아버렸고 (……) 국가의 이익보다는 개인의 이익이 사람들의 주된 관심사가 되었으니" "덕성은 이제 우리의 땅에서 떠나갔다"[50]는 현실을 공화주의자들도 시인해야 했다. 이 비관적 현실을 타개하려면 공민적 덕성(자유)과 상업적 번영이 어쩌면 병존할 수도 있겠다는 식으로 한발 물러나야 했다.

다시 말해서 코트의 사상을 어느 정도 수용해야 했다. 예를 들어 벤저민 프랭클린은 공화주의자였지만, 골수 컨추리와 달리 공민적 덕성과 상업이 반드시 충돌하지는 않는다고 봤다. 그는 상업적 자유주의의 시대적 불가피성을 인정한 공화주의, 즉 '코트 공화주의'를 대변한 사람이다. 프랭클린은 1770년대의 혁명 정신이 사라지면 미국도 로마 공화국처럼 쇠망의 길을 걷게 될 것이라는 비관적 역사관을 거부했다. 유럽에서 사치품을 수입하는 것이 때로는 미국에 유익할 수도 있다고 물러섰다. 또 미국의 광대한 땅이 공화주의 정신을 지킬 보루가 될 것이라고 믿었다. 특히 광활한 땅에서 나올 엄청난 산물을 상업과 교역을 통해 축적할 수 없다면 생산 의욕을 잃을 것이며, 그러면 공화정도 무너질 것이라고 주장했다.[51] 프랭클린 말고도 당시 다수의 코트-연방파 이론가들은 공익에 해를 끼치지 않고 사익을 추구할 수 있다고 생각했다. 그래서 그들은 "많은 정치학자들, 특히 위대한 몽테스키외는 덕성이 공화국의 기반이라고 주장했다. 그러나 그 덕성이라는 것이 사심 없는 애국심이나 공공 정신을

---

50) 차례대로 1786년 6월 27일 존 제이가 워싱턴에게 보낸 편지, 1786년 5월 18일 워싱턴이 존 제이에게 보낸 편지. M. Lienesch, *New Order of the Ages*, 52쪽에서 인용.

51) Drew R. McCoy, "Benjamin Franklin's Vision of a Republican Political Economy for America," *William and Mary Quarterly,* 3rd Ser., vol. 35, no. 4 (Oct. 1978), 605~628, 특히 625~627쪽.

의미하는 것이라면 도대체 인간 사회에 그런 덕성이 존재한 적이나 있었는지 의심스럽다 (……) 모든 인간을 지배하고 그 행위를 다스리는 진정한 원리는 자기 이익의 원리"[52]라고 항변했다. 부지런한 농부와 상인이 근면과 노력을 통해서 얻은 개인적 부가 국가의 부를 증진하고, 국가의 부는 공공 정신과 공민적 덕성을 배양할 토양이 된다고 믿은 것이다.

연방 국가 수립을 지지한 연방주의자들은 대체로 이처럼 변질된 공화주의자들이다. 직접 연방헌법을 기초한 미국의 건국 시조들도 근대적 상업 사회를 공화정의 목표로 보았다. 상업과 덕성의 대립을 믿는 정통 공화주의의 신념이 상당 부분 희석된 당시의 현실을 연방파의 보스 해밀턴은 다음과 같이 표현했다.

"선각자적인(enlightened) 모든 정치가들에 의해서, 이제 상업적 번영은 국가의 부를 증진하기 위한 가장 유용하고 가장 효율적인 원천으로 인식되고 있다. 따라서 상업은 정치가들의 중요한 정치적 관심사가 되었다. 상업은 만족의 수단을 늘리고 인간적인 욕심과 야심(enterprise)의 애절한 목적인 귀금속을 유통시킴으로써 인간의 근면성에 활력을 주고, 또 이 근면을 통해 더 많은 활동과 풍요를 낳는다."[53]

상업화라는 시대적 추세를 피할 수 없고, 또 상업적 심성이 공화주의적 덕성과 더 이상 충돌하지 않는다면 미국의 역사도 타락과 쇠락의 역사가 아니라 상업의 번영을 통해 진보하는 역사로 바뀐다. 영국에서는 이미 17세기 초부터 컨추리 이념이 과거의 향수에 사로잡힌 것이고, 미래는 상업적 번영과 거기에 따른 개인주의, 합리주의, 실용주의가 근본

52) M. Lienesch, *New Order of the Ages*, 55쪽에서 인용.
53) Clinton Rossiter (ed.), *The Federalist Papers* (New York: Penguin, 1961), 91쪽.

이 될 것이라고 믿는 정치인들이 많았다.[54]

상업의 발전이 오히려 역사를 진보시킨다는 새로운 관점은[55] 고전적 공화주의가 자본주의의 현실과 타협한 결과로 나온 것이다. 다시 말하면, 재산의 추구는 사회의 동력이며 정부는 무절제한 이익 추구로 인한 이해 관계의 갈등을 조절하고 정당하게 얻은 재산을 보호해주어야 한다는 자유주의의 비전이 공익과 덕성을 숭배하는 공화주의의 윤리를 이미 대체하고 있었다. 정부의 목적은 사익의 충돌을 조정하고 재산을 보호하는 것이라고 믿는 코트의 이념은 제임스 매디슨이 대변했다. 바로 그 유명한 「연방주의자 제10호」다.

> "인간들 사이에 파벌이 생기는 가장 흔하고도 지속적인 원인은 재산의 불균형한 분배다. 재산이 많은 자와 없는 자는 언제나 한 사회 내에서 개별적인 이익 집단을 형성했다. 채권자와 채무자, (……) 토지 세력과 제조업 세력, 상인들의 이익과 금융의 이익 등 (……) 이 다양하고도 대립적인 이익들을 조정해주는 것이 근대적 정치(legislation)의 (……) 주된 임무가 된다."[56]

매디슨은 생명 못지않게 재산을 보호하는 것도 정부의 존재 이유라고 봤다.[57] 해밀턴도 정의란 재산을 보호하는 것이며, 부당하고 편파적인 법률로 인해 특정 계층의 시민적 권리가 훼손되는 것은 바람직하지 못하

---

54) J. G. A. Pocock, "Virtue and Commerce in the Eighteenth Century," 128쪽; I. Kramnick, *Bolingbroke and His Circle*, 70~76쪽; J. Appleby, "The Social Origins of American Revolutionary Ideology," 935~958쪽.

55) 코트는 쇠락 아닌 진보의 법칙이 역사를 지배한다고 봤다. 이 점에 대해서는 M. Lienesch, *New Order of the Ages*, 45~50쪽.

56) "No. 10," C. Rossiter (ed.), *The Federalist Papers*, 79쪽.

57) "No. 51," "No. 54," 같은 책, 320~325, 336~341쪽.

다고 했다.[58] 연방헌법 전문前文에 명시된 "정의의 확립"(establish justice)
이라는 문구도 개인적 권리의 정당한 보호를 뜻하는 것이다. 정의가 이
런 취지로 실현되어야만 정치적 안정도 확보된다고 믿은 것이다.[59] 서
로 충돌하는 사익을 조정하는 중립적 역할(neutral arbiter)이 정부의 몫
이라고 봤다는 점에서 해밀턴과 매디슨의 사상은 로크의 사상과 일치한
다. 매디슨이 「연방주의자 제43호」에서 연방 정부의 입법자 역할을 심판
(umpire)의 역할에 비유한 것도 이런 맥락에서다.

사익 추구를 인간 행위의 자연스런 동기로 보는 근대 자유주의는 연
방파가 반연방파의 민병관民兵觀을 비판하는 논거로도 동원되었다. 공화
주의에 따르면 국가가 소유한 상비군은 권력이 자유를 억압하게 만드는
제도다. 따라서 상비군을 없애고 시민 스스로 민병(militia, 즉 시민군)을 자
발적으로 결성해서 외침을 막아야 한다. 이것이 폭정으로 타락하는 것을
막을 방법이다. 이것이 공화주의의 민병 사상이다. 연방헌법을 둘러싼
논쟁에서 반연방파가 연방 국가 수립에 반대한 명분도 이것이었다. 그러
나 연방파는 민병제가 공화정을 수호할 덕성이었던 시대는 지났다고 반
박했다. 해밀턴은 민병제는 일과 가정에 쏟을 노동력을 훈련과 방위에
쏟게 해서 노동력의 희생을 강요하는 제도이기 때문에 개인의 권익은 물
론 공동체에도 손해를 끼치는 제도라고 주장했다. 해밀턴이 보기에는 사
사로운 이익을 버리고 공적인 것에 헌신하는 고전적 공화주의는 자본주
의가 대세인 당시의 현실과 맞지 않았다. "이익을 좇아서 농업과 상업에
매진하고 있던 당시의 근면한 미국인들과 고대 공화국처럼 시민이 곧 병
사인 병사 국가(nation of soldiers)는 양립할 수 없는"[60] 것이었다.

---

58) "No. 70," "No. 78," 같은 책, 423~431, 464~472쪽.

59) I. Kramnick, "The 'Great National Discussion': The Discourse of Politics in 1787," 8쪽.

60) "No. 8," Clinton Rossiter (ed.), *The Federalist Papers*, 69쪽.

3) 융합의 틀

미국의 정치 문명이 '자유주의-코트-연방파' 대 '공화주의-컨추리-
반연방파'의 절충과 융합을 통해 형성되었다는 말은 미국이 근대와 고대
의 절충과 융합을 통해 탄생했다는 말이다. 그런데 이 절충과 융합을 관
장한 윤리적 틀은 공화주의다. 다시 말하면, 타락을 덕성으로 제어하는
팽팽한 긴장 관계를 유지해야만 공화정이 존속할 수 있다는 믿음을 토대
로 해서 '자유'와 '공화'가 융합한 것이다.

자유주의와 공화주의의 융합이 공화주의 윤리를 토대로 해서 이뤄졌
다고 보는 근거는 다음과 같다. 미국의 역사적 특징은 개인적 이기심이
무절제하게 범람하고 사적 이익이 공적 이익을 극단적으로 침해하면 여
기에 대한 반발과 개혁 운동이 반드시 일어났다는 점이다. 제6장에서 다
루겠지만, 이런 현상은 주기적으로 반복되었다. 1830년대의 잭슨 민주
주의, 1900년대의 혁신주의, 1960년대의 급진적 평등주의가 좋은 예다.
이 주기적 개혁의 동력은 고삐 풀린 사익을 제어해서 공화정의 정신을
회복하려는 도덕적 의지였다. 다시 말하면 공익과 사익의 모순, 덕성과
타락의 긴장, 즉 포칵이 말한 마키아벨리적 긴장이 미국 역사에서 주기
적으로 폭발한 것이다. 마키아벨리적 긴장이 주기적으로 폭발했다는 것
은 공화주의가 미국의 바탕 윤리로 작동해왔다는 것을 의미한다. 그래서
다음과 같은 가설이 성립한다.[61]

첫째, 컨추리-반연방파는 고전적 공화주의가 강조해온 덕성과 타락

---

61) 자유주의 사상과 공화주의 사상이 연방헌법에 융합되어 있다는 논거를 펴면서 미국 정치의
공화주의적 갱생을 역설한 것으로는 William M. Sullivan, *Reconstructing Public Philosophy*,
1~22, 155~207쪽. 그리고 연방헌법과 *Federalist Papers*에서 공화주의적 요소를 발견하고 분
석한 것으로는 Vincent Ostrom, *The Political Theory of a Compound Republic: Designing
the American Experiment* (Lincoln, NE.: University of Nebraska Press, 1971), 72~107쪽
을 볼 것.

의 대립을 믿었지만 18세기 말의 현실 앞에서 고전적 덕성의 실현이 환상이라는 것을 깨닫고 자유주의의 근대적 인간관을 수용했다. 다만 권력을 견제함으로써 자유를 확보하고 덕성으로 타락을 견제해야 한다는 공화주의의 윤리는 포기하지 않았다.

둘째, 인간을 이기적 존재로 보는 근대의 인간관에 충실했던 코트-연방파는 상업과 사익의 추구가 진보의 동력이라고 믿었다. 고전 시대의 공화주의를 박제된 형태 그대로 실현하는 것은 그들이 보기에는 환상이었다. 그러나 그들도 자유와 덕성의 동반자 관계에 대한 공화주의의 신념은 버리지 않았다.

셋째, 결국 두 계보의 대결은 이기적 근대인으로 덕성의 공화국을 만들고 존속시켜야 하는 딜레마를 해결하기 위한 방법론의 대결이었다. 이기적 인간으로 덕성의 공화국을 실현할 방법을 찾는 과정에서 두 사상이 대립하고 융합한 것이다. 근대 자유주의와 고대 공화주의가 섞이면서 생겨난 이 과제를 해결할 방법은 결국 하나뿐이었다. 인간의 이기심을 제도와 법률로써 통제하는 방법이었다. 지금까지 원문 그대로 보존되고 있는 미국 연방헌법은 "인간의 이기심과 당파성이 초래할 폐단을 어떤 제도로 막을 것인가"라는 치열한 고민의 산물이다.

그러면 공화주의와 자유주의, 또는 컨추리-반연방파와 코트-연방파의 융합을 가능하게 만든 것은 무엇인가?

먼저, 연방파와 반연방파 모두 18세기의 공화주의, 즉 몽테스키외와 영국 저항 사상의 혼합 정체론과 권력 분립 이론에 충실했다. 컨추리-반연방파는 고전적 공화주의에 대한 애착이 더 컸고, 코트-연방파는 상업적 번영의 시대적 추세를 더 인정했을 뿐이다.[62] 연방파와 반연방파의 정

---

62) 두 정파가 가진 정치 관념의 공통점과 차이점에 관해서는 M. Lienesch, *New Order of the Ages*, 130~137쪽을 보라.

치적 신념이 비슷했다고 본 케니언에 따르면 두 정파의 근본 원칙은 동일했다.[63] 다만 반연방파가 연방파보다 더 루소적(Rousseauistic)이었다. 공화정은 작은 나라한테나 어울린다는 몽테스키외의 이론, 또 광활한 연방 국가에서는 공화정을 실현할 수 없다는 루소의 생각에 반연방파가 더 집착했다는 뜻이다. 그러나 당시 연방파도 반연방파 못지않게 몽테스키외의 이론을 차용했다는 사실[64]이 보여주듯 연방파와 반연방파 둘 다 공화주의 윤리는 공유하고 있었다. 그들은 고전적 공화주의의 특징인 귀족주의·엘리트주의도 공유하고 있었다. 코트는 물론 컨추리도 '민주의 과잉'을 우려한 것이다.[65] 또 권력의 남용이 폭정으로 치닫거나 지나친 자유가 방종(licentiousness)이 되면 폭정의 빌미를 제공한다는 정체 순환론도 공유했다. 그래서 둘 다 군주정과 귀족정과 민주정이 균형을 이룬 균형 체제를 원했다. 다른 점이 있다면 연방파는 지나친 민주정을 더 걱정했고 반연방파는 지나친 군주정을 더 걱정한 것이다. 이처럼 두 계보의 차이는 지향점의 차이가 아니라 방법론의 차이였다.[66]

다음, 두 계보는 역사를 대하는 태도도 동일했다. 공화정을 먼 훗날까지 유지할 수 있는 방법을 역사책에서 찾으려고 한 것이다. 다른 점이 있다면 반연방파는 역사를 귀감으로 삼았고 연방파는 역사를 타산지석으로 삼은 것이다. 예를 들어 반연방파는 소규모 공화국들이 중앙 권력이

---

63) C. Keynon, "Men of Little Faith: The Anti-Federalists on the Nature of Representative Government," 38쪽.

64) J. H. Hutson, "Country, Court, and Constitution: Antifederalism and the Historians," 355쪽.

65) I. Kramnick, *Bolingbroke and His Circle*, 60~61, 150쪽; H. T. Dickinson, *Liberty and Property*, 164~168쪽; B. Bailyn, *The Ideological Origins of the American Revolution*, 283~284쪽; J. G. A. Pocock, "Machiavelli, Harrington, and English Political Ideologies in the Eighteenth Century," 575~576쪽; C. Robbins, *The Eighteenth Century Commonwealthman*, 90~91, 116, 276쪽.

66) M. Lienesch, *New Order of the Ages*, 68~72, 76~78쪽.

없는 연합(confederacy) 형태로 존립한 역사를 증거로 들면서 강력한 연방 권력이 존재하는 대규모 연방 국가에서는 공화정이 불가능하다고 주장했다.[67] 반면 연방파는 미국은 고대 그리스나 로마가 아니기 때문에 역사책의 내용을 액면 그대로 수용해서는 안 된다고 반박했다. 예를 들어 해밀턴은 「연방주의자 제9호」에서 반연방파가 주장하는 소규모 공화국의 느슨한 연합 형태로는 일시적 평화만 가능하며 전쟁과 혼돈이 바로 발생한다는 것을 역사에서 배워야 한다고 주장했다.[68]

대규모 연방 국가에서 공화정이 가능한가를 둘러싼 연방파와 반연방파의 논쟁은 인간 본성인 이기심을 통제하는 데 어떤 규모의 국가가 적당한가를 둘러싼 논쟁이었다. 연방파는 인간의 이기심을 통제하려면 오히려 대규모 연방 공화국이 유리하다고 주장했다. 당파(faction)론으로 유명한 「연방주의자 제10호」가 대표적이다. 제임스 매디슨이 쓴 이 논설의 핵심은 공화국의 크기를 키워야 자유와 정의를 더 확실하게 보장할 수 있다는 것이다. "영토를 넓게 만들면(소규모의 직접 민주주의 국가 대신 대의 제도를 활용한 연방 형태의 공화국을 만든다면) 다양한 당파가 생겨나고 이해 관계도 다양해진다. 그러면 이해 관계(동기)가 같은 거대 특정 집단이 대두해서 나머지 소수의 권익을 침해할 가능성도 줄어든다. 설사 이해 관계가 같은 거대 특정 집단이 있다 해도 (……) 일치된 행동을 하기는 어렵다"[69]는 것이다. 인간 본성에 내재된 당파성[70]의 폐해를 막고 다수의 이익이 소수의 이익을 침해하는 폐단을 막을 방법으로서 대규모 연방을 제안한 것이다. 매디슨은 1787년 필라델피아 제헌회의에서도 이런 믿음

67) 같은 책, 121~127쪽.
68) C. Rossiter (ed.), *The Federalist Papers*, 71~76쪽.
69) 같은 책, 83쪽.
70) 같은 책, 79쪽.

을 피력한 바 있다.

> "(……) 동일한 생각과 정념(sentiment)으로 뭉친 다수가 기회를 잡게
> 되면 나머지 소수의 권익은 위험에 처한다 (……) 유일한 해결책은, 국
> 가의 영토를 넓혀서 공동체(국가) 내에 수많은 이익과 당파가 존재하게
> 끔 만드는 것이다. 그렇게 되면 첫째, 국가 전체 또는 소수의 이익과 상
> 반되는 이해 관계를 갖는 다수가 형성될 가능성이 줄어든다. 둘째, 설
> 사 특정 다수가 특정 이익을 공유한다고 해도 그 이익을 실현하기 위
> 해 뭉치기는 쉽지 않을 것이다."[71]

연방파도 반연방파처럼 고전적 공화주의의 윤리에 충실했다는 것을
보여주는 또 다른 사례는 대의제(representation)에 대한 생각이다. 매디
슨은 연방 국가처럼 대규모의 공화국에서 대의제를 실시해야 하는 이유
로 대의제 아래서는 파당의 이익보다 전체의 이익을 생각하는 덕성 있는
관리들이 선출될 것이라는 점을 들었다.[72]

> "민주정과 공화정의 차이점은 두 가지다. (민주정은 다수가 통치하지만:
> 인용자) 공화정에서는 다수가 뽑은 소수의 시민이 정부를 위임받는다
> (delegation of government. 즉 대의제: 인용자). 그것이 첫 번째 차이점이
> 다. 둘째, 공화정은 민주정보다 국가의 크기와 시민의 규모가 더 커도
> 된다. 이것은 첫 번째 차이점(대의제: 인용자)의 효과다. 즉 조국의 참된
> 이익이 무엇인지 식별할 예지를 갖고, 또 잠시라도 편협한 생각에 국가

---

71) 1787년 6월 6일의 토의 기록. M. Farrand (ed.), *The Records of the Federal Convention of 1787*, vol. I, 136쪽.
72) G. Wills, *Explaining America: The Federalist* (Garden City, N.Y.: Doubleday, 1981)를 참조.

의 이익을 저버리고 사익만 좇지는 않을 만큼 애국심과 정의감을 가진 선량(a chosen body of citizens)들이 공적 의견을 다듬고 확산시키게 될 것이다. (……) 인민을 대표하는 자들(representatives of the people)이 빚어낸 공론(public voice)이 (……) 인민으로부터 직접 나오는 견해보다 공공의 이익에 더 부합할 것이다."[73]

충동과 열정이 이성을 압도할 때 공공의 이익이 위태로워질 것이라고 우려하면서 공공의 이성(public reason)으로 사사로운 충동을 통제하려고 한 것이다.[74] 이처럼 연방파가 생각한 대의 제도는 자유주의와 공화주의가 만나면서 생긴 과제, 즉 이기적 개인들로 덕성의 공화국을 유지해야 하는 과제의 해결책이었다.

다만 연방파는 편협한 이익에 생포되지 않을 뛰어난 인물들에게 정치를 위탁하는 엘리트 대의제를 원했다. 반연방파는 모든 계층의 이익을 정확하게 그대로 반영하는 '거울 의회'를 원했지만 연방파는 '필터 의회'를 원한 것이다. 연방파의 수장 알렉산더 해밀턴은 연방 의원이 될 만한 인물로 산업(artisans and manufacturers) 이익과 상업 이익을 둘 다 대변하는 상인과 토지 소유자, 그리고 지식인(learned professions)을 꼽았는데[75] 이것은 연방 의회를 모든 집단의 이익을 곧이곧대로 반영하는 거울로 보지 않고 다양한 이익을 지혜롭게 걸러낼 필터로 생각했기 때문이다. 서로 부딪히는 수많은 이익들을 여과해서 걸러낼 역량과 덕성을 갖춘 사람들이 공익을 위해 헌신하는 것이 대의제의 본질이라고 여긴 것이다.[76]

---

73) "No. 10," C. Rossiter (ed.), *The Federalist Papers*, 82쪽.
74) "No. 49," 같은 책, 313~317쪽; "No. 55," 같은 책, 341~346쪽.
75) "No. 35," 같은 책, 211~217쪽, 특히 214~215쪽.
76) 매디슨은 의회를 "덕성 있는 귀족원貴族院"으로 보았기 때문에 정기적인 선거를 자주 실시하는 데 반대했다. 매디슨의 의회관에 대해서는 *The Federalist Papers*, "No. 52"와 "No. 53"을 참

정리하자. 느슨한 연합헌장 시대(1781~1788)를 청산하고 강력한 연방 국가를 건설하려고 했던 미국의 건국 이념은 공화주의(컨추리)와 자유주의(코트)가 절충하고 융합되면서 생긴 것이다.

> "미국 헌법을 만든 사람들(Founding Fathers)은 덕성에 대한 고전적 기대를 버리기는 했다. 그러나 모든 면에서 덕성의 추구를 포기한 것은 아니다. (……) 이 점을 이해하려면 탐욕(greed 또는 avarice)과 성취욕(acquisitiveness)을 구별해야 한다. (……) 상업 사회에서 발휘되는 것은 (탐욕이 아니라) 성취욕이다. (……) 몽테스키외가 『법의 정신』 제5권 제6장에서 상업에 기초한 민주주의 아래에서만 검약, 절제, 근면, 신중(prudence), 질서 (……) 등의 덕성이 생성된다고 한 것은 (……) (성취욕을 기초로 한 상업을 뜻한 것이다: 인용자)."[77]

특히 연방파도 공화주의와 덕성에 대한 고전 시대의 윤리를 따랐다는 것을 보면 근대화한 자유주의와 근대화한 공화주의가 만난 지점의 윤리적 좌표는 공화주의에 더 가까웠다는 것을 알 수 있다. 근대적 인간으로 고전적 공화국을 만들어야 한다는 윤리를 공유했다는 점에서 자유주의-코트-연방파와 공화주의-컨추리-반연방파의 대결은 사상의 대결이 아니라 방법론의 대립이었다. 미국 정치의 궁극적 규범인 연방헌법은 "때맞춘 절충과 타협의 산물"[78]이지만, 이 절충은 어디까지나 공화주의라는 윤리적 규범 위에서 이뤄진 것이다.

조. C. Rossiter (ed.), *The Federalist Papers*, 325~336쪽.

77) Martin Diamond, "Ethics and Politics: The American Way," in Robert H. Horwitz (ed.), *The Moral Foundations of the American Republic*, 3rd edn. (Charlottesville, VA.: University Press of Virginia, 1986), 99~101쪽.

78) M. Lienesch, *New Order of the Ages*, 119쪽.

물론 연방파-코트와 반연방파-컨추리의 대립을 자유주의 전통 내부의 투쟁(a battle within the liberal tradition)으로 보는 견해도 있다.[79] 그러나 이보다는 연방파와 반연방파 모두 자유주의, 공화주의, 그리고 프로테스탄트적 노동 윤리(work-ethic Protestantism)를 동시에 가지고 있었다는 견해[80]가 설득력이 있다. 미국의 정치 문명이 자유주의와 공화주의 그리고 칼뱅주의의 융합체라는 사실은 다음 인용문이 시사하고 있다.

> "1800년의 미국은 고전적 공화국인 동시에 근대 국가였다. 메릴 피터슨이 보여주었듯이[81] 이런 (고대에서 근대로의: 인용자) 이행을 표상한 인물이 제퍼슨이다. 그는 18세기의 철학자에서 19세기의 실용주의자로, 농업주의자에서 자본가로, 지역주의자(localist)에서 통합주의자(nationalist)로, 그리고 소규모 공화국을 주장한 공화주의자에서 대륙 수준의 팽창주의자로 바뀌어갔다. 그러나 제퍼슨의 이런 변신은 쉽지 않았다. (……) 미국 자체로서도 이런 이행이 평탄치는 않았다. 그 결과 옛것과 새것 사이에서 어색하게 적응해나가는, 그리고 고전적 공화주의 이념과 근대 자유주의 국가의 이념이 뒤엉키는 형국이 되는데, 이것이 그 이후 200여 년간 미국인들을 구속하고 매어놓은 엉킨 거미줄이 된 것이다."[82]

---

79) T. Pangle, *The Age of the Democratic Revolution*, 33쪽. 즉 국가주의적이고 귀족주의적인 자유주의(statist and aristocratic liberalism)와 개인주의적이고 포퓰리즘적인 자유주의(individualist and populist liberalism) 사이의 대립이라고 본다. 미국의 공화주의 합의 사학자들은 이 점을 잘 몰랐기 때문에 *Cato's Letters*와 같은 컨추리 계보의 저술이 당시의 미국에서 어떻게 평가되었는지에 대해 잘못 판단했다는 것이 팽글의 지적이다.

80) I. Kramnick, "The 'Great National Discussion': The Discourse of Politics in 1787," 4쪽.

81) Merrill D. Peterson, *The Jeffersonian Image in the American Mind* (New York: Oxford University Press, 1960).

82) M. Lienesch, *New Order of the Ages*, 204~205쪽.

제5장

미국 정치 문명의 보수성

미국의 정치 문명은 미국 정치와 미국 외교를 이끌어온 역사관과 세계관뿐만 아니라 미국 정치 제도의 특징과 가치관까지 포괄한다. 그렇기 때문에 미국의 정치 문명, 즉 보수적 아메리카니즘은 미국 역사에 기록된 보수적 면모는 물론이고 개혁-진보적인 면모도 본능적 회귀 성향과 보수성에 지배되어왔다는 것을 뜻하는 말이다. 냉전 시대 미국의 선전 외교(Public Diplomacy)를 통해 자유와 진보의 화신으로 각인된 '뉴딜 아메리카'의 후광에 가려 있던 '오리지널 아메리카'의 보수성을 지적하는 말이기도 하다.

정치사나 외교사는 역사학의 한 분야다. 따라서 대상을 해석하는 과정을 반드시 거친다. 해석을 거쳐 그려낸 대상은 해석하는 시공간과 관점에 따라 변형되거나 단순화된 것이다. 우리가 역사적 사실로 믿는 것들은 이처럼 공인된 변형과 단순화를 거친 것이다. 사정이 이런 만큼, 미국 정치나 미국 외교에 강력한 하나의 가치관만 있다고 단정하는 것은 창문 하나를 통해 보이는 풍경만으로 바깥 풍경 전체를 추리하는 것과 같다.

자유주의 합의 사학과 공화주의 합의 사학은 이런 함정에 빠졌다. 합의된 단일 이념을 미국의 정체성으로 삼고 싶었던 합의 사학 자체가 단일 이념으로 미국의 전신상을 그리려는 강박감의 산물이기 때문이다. 공화주의든 자유주의든 합의 패러다임 자체가 이미 합의 콤플렉스의 소산이라는 말이다.

자유주의를 미국의 토대로 여기는 자유주의 합의 사학은 미국의 개혁 성향이 독립혁명과 건국 시대의 자유주의에서 비롯된 것이라고 본다.[1] 그렇지만 미국의 자유주의는 혁명 시대의 유럽을 뒤흔든 진보적 자유주의를 그대로 계승한 것이 아니다. 우선 20세기의 미국 자유주의는 두 갈래다. 시장에 대한 국가의 개입을 허용해야 한다는 민주당의 뉴딜 리버럴리즘과 국가의 시장 개입에 반대하는 공화당의 자유방임주의로 갈라진 것이다.[2] 또 냉전이 끝난 후에 맹위를 떨친 신자유주의(Neo-Liberalism)도 자유주의의 지도를 복잡하게 만들었다.

자유주의 합의 사학은 미국의 개혁성과 진보성을 입증하기 위해 「독립선언문」, 노예 해방, 그리고 미국 민주주의의 역사를 장식한 정치적-법적 평등과 자유를 거론한다. 그래서 미국의 자유 이념을 편파적으로 미화하거나 특정 시대의 진보를 보편적 진보로 오도할 가능성도 있다. 노예 해방 운동만 해도 진보적 측면만 있는 것이 아니다. 개리슨(William Lloyd Garrison), 필립스(Wendell Phillips), 소로(H. D. Thoreau)를 비롯한

1) 이런 관점에서 미국 역사상 자유주의적 문건으로 평가되는 자료를 모아놓고 평가한 작업이 Daniel J. Boorstin (ed.), *An American Primer*, vol. 2 (Chicago, Il.: University of Chicago Press, 1966)이다. 「메이플라워 호 약정」("Mayflower Covenant")과 노예제에 반대하면서 납세를 거부한 소로(H. D. Thoreau)의 「시민 불복종론」("Civil Disobedience"), 여성의 참정권 문제에 대해 자유주의적인 입장을 표명한 「1848년 세네카 폴즈 선언」("The Seneca Falls Declaration of Sentiments and Resolutions"), 링컨과 제퍼슨의 연설, 미국 연방헌법을 중심으로 해서 편집되어 있다.

2) 미국 자유주의의 내부 분화에 대해서는, Theodore Lowi, *The End of Liberalism: The Second Republic of the United States* (New York: W. W. Norton, 1979), 127~163쪽; Douglas MacLean and Claudia Mills, *Liberalism Reconsidered* (Totowa, N.J.: Rowman and Allanheld, 1983), 67~87쪽을 참조.

즉각 폐지론자(Abolitionists)나 도망 노예를 캐나다로 피신시키려고 결성한 지하철도단(The Underground Railroad), 또 일가족 전원이 연방 정부와 전투를 벌인 존 브라운(John Brown) 일가처럼 급진적 폐지론자들도 있었지만, 대다수의 노예제 반대론은 점진적인 입법을 통해 노예제를 서서히 없애자는 쪽이었다. 대표적인 노예 해방론자인 링컨도 마찬가지다.[3] 「독립선언문」에서 자연권은 양도 불가라고 웅변한 자유주의자 토머스 제퍼슨이 샐리 헤밍스라는 노예와 혼외자를 낳았다는 사실도 미국 자유주의의 위선을 지적하는 사람들이 자주 거론하는 단골 메뉴다. 같은 뿌리를 가진 서유럽과 비교해서 개혁의 폭과 깊이가 좁고 얕았던 역사도 미국을 자유와 진보의 표상으로 각인시킨 '리버럴 아메리카' 신화와는 거리가 있다.

미국을 근대 자유주의의 결정체로 볼 때 맞닥뜨리는 이런 모순은 공화주의로 해결할 수 있다. 미국의 기초를 놓은 사상을 고대 공화주의에서 찾아냄으로써 미국이 회귀 본능과 보수성에 기초한 나라라는 것을 입증하면 자유주의만으로는 설명이 불가능한 미국의 보수성을 상당 부분 설명할 수 있다.[4] 그러나 공화주의 합의 사학은 미국의 정치와 외교를 장악한 이분법적 세계관과 계시론적 역사관을 설명할 수 없다.

따라서 자유주의와 공화주의뿐만 아니라 칼뱅주의까지 함께 용해된 정치 문명의 창으로 미국을 다시 봐야 한다. 정치 문명의 차원에서는 공화주의와 칼뱅주의의 태생적 보수성이 자유주의의 습득된 보수성과 합체될 수 있기 때문이다.[5]

---

3) A. M. Schlesinger, *The American as Reformer*, 32~45쪽.
4) Russell Kirk, *The Roots of American Order* (La Salle, Il.: Open Court, 1974); William M. Sullivan, *Reconstructing Public Philosophy*.
5) 미국 보수주의의 테제인 사유재산 지상주의, 시장에 대한 국가의 간섭 배격, 작은 정부, 절대적 평등에 대한 반대는 공화주의와 칼뱅주의의 반평등주의, 엘리티즘, 사회 진화론 사상과 자유

지금부터는 공화주의, 자유주의, 칼뱅주의가 미국의 정치와 외교를 어떻게 끌어왔는지, 또 공화주의(공익 이념)와 자유주의(사익 이념)의 충돌과 모순은 미국 역사에서 어떤 모습으로 나타났는지에 대해 서술한다.

5-1. 형성기 미국의 보수성

1) 독립혁명의 보수성

프랑스대혁명과는 차원이 다르지만, 18세기 기준에서 보면 독립혁명도 급진적이었다. 그러나 혁명의 동기보다는 그 결과가 급진적이었다. 영국보다 더 보수적이던 식민지 아메리카의 사회 관계가 독립혁명 이후 급변했기 때문이다. 독립혁명은 영국으로부터 독립한 정치적 변혁에 불과했지만 그 사회적 파장은 급진적이었다. 지배 세력을 바꾼 혁명은 아니지만 미국을 유럽보다 더 민주적이고 근대적인 (백인들의) 사회로 만들었기 때문이다.[6]

그러나 독립혁명의 사상이 근대 자유주의든 고전 시대의 공화주의든, 독립혁명의 기원과 그 경과는 보수적이다. 독립혁명은 식민지 아메리카의 사회경제 체제를 변혁하려고 시작된 것이 아니다. 애초부터 독립 국가를 만들려고 시작한 것도 아니다. 휘그가 장악한 영국 의회가 1763년 이후 사탕 조례, 차 조례, 인지 조례를 제정하고 식민지에 대한 간섭을 본격화하자 미국인(아직까지는 식민지의 영국인)들은 억압적 간섭을 자행하는 의회를 막아달라고 청원하는 일련의 탄원서를 "우리들의 왕인 영국의 왕"[7]에게 제출했다. 다시 말해서 독립혁명은 모국의 간섭과 그로 인

주의가 합체된 것이다. Clinton Rossiter, "Conservatism," in David Sills (ed.), *International Encyclopedia of the Social Science* (New York: Macmillian, 1968), 292~293쪽.

6) Gordon S. Wood, *The Radicalism of the American Revolution*, 3~8쪽.

7) 예컨대 1775년 7월에 대륙의회가 영국 국왕에게 제출한 'Olive Branch Petition'을 보라. R.

한 경제적 손실 때문에 촉발된 것이지 애초부터 왕정을 거부한 것이 아니다. 혁명 이전의 아메리카인들은 신대륙의 땅을 하사한 것은 영국의 왕이지 의회가 아니므로 식민지는 왕에게만 충성할 의무가 있다고 믿으면서 스스로 영국의 신민으로 여기고 있었다. "우리들과 역대 영국 국왕 간의 계약(compact)에 따라 영국의 국왕은 아메리카의 국왕이기도 하다. 우리가 정착하고 경작하는 이 식민지 영토는 영국의 왕들이 하사한 것이며 우리는 우리와 약정(covenant)을 맺은 왕들과 그 후계자들의 보호를 받아왔다. 식민지를 보호할 국왕의 의무와 왕에게 충성할 우리의 의무는 바로 이 약정에서 비롯된 것"[8]이라는 믿음이 독립전쟁 발발 직전까지 보편적이었다. 「독립선언문」에서 "이러한 (식민지에 대한 영국 의회의: 인용자) 억압들(인지 조례, 차 조례, 사탕 조례 등: 인용자)이 있을 때마다 우리는 머리를 조아려(in the most humble terms) 왕께 그 시정을 탄원하였으나 번번이 모욕만 받았으니, 이렇듯 그 모든 행동에서 폭군으로 규정될 수밖에 없는 군주는 자유로운 인민을 다스리기에 부적합한" 것이라고 선언한 것은 독립전쟁의 원인이 군주제 자체가 아니라 국왕 조지 3세의 잘못된 처신에 있다고 밝힌 것이다. 특히 「독립선언문」의 절반 이상이 왕의 실정失政을 질타하는 내용이면서도 왕정 자체에 대한 혁명적 부정이 없다는 사실도 짚고 넘어가야 한다.[9]

이 '내키지 않는 반란'은 새로운 사회 질서를 목표로 한 것이 아니었

Hofstadter, *The Structure of American History* (Englewood Cliffs, N.J.: Prentice-Hall, 1964), 44~57쪽을 참조.

8) A. Hamilton, "Farmer Refuted," in A. Hamilton (ed.), *Works*, II, 46쪽. M. Jacobson (ed.), *The Development of American Political Thought*, 96~97쪽에서 인용.

9) A. T. Mason and Gordon E. Baker (ed.), *Free Government in the Making*, 4th edn. (New York: Oxford University Press, 1985), 126~129쪽. 그리고 현대 미국 보수주의의 관점에서 독립혁명의 공화주의적 성격과 보수성을 주장한 것은 Irving Kristol, *Reflections of a Neoconservative: Looking Back, Looking Ahead* (New York: Basic Books, 1983), 85~86 쪽; Russell Kirk, *The Roots of American Order*, 393~400쪽.

다. 조지 워싱턴과 존 애덤스를 비롯한 혁명의 지도층은 반란을 틈타서 '천박한 대중'(vulgar mob)이 식민지 아메리카를 무정부 상태로 몰고 가지 않도록 사태를 통제하려고 했다. 영국과의 결별 그 이상은 바라지 않는, 다시 말해서 식민지의 기존 질서를 건드리지 않으려는 의도가 독립혁명의 처음과 끝을 일관한 것이다.[10]

독립혁명의 사상적 동기를 공화주의에서 찾으면 독립혁명의 보수성을 더 쉽게 이해할 수 있다. 뿌리 깊은 보수주의를 독립혁명의 특징으로 본 클린턴 로시터는 "혁명의 교리가 외부 세계에 아무리 혁신적인(radical) 것처럼 비쳤더라도, 혁명의 당사자인 식민지인들이 생각하기에 독립혁명은 과거를 철저히 보존하는, 그리고 과거에 대한 경외심을 전제로 한 것(preservative and respectful of the past)"[11]이라고 지적한다. 이 지적은 영국 저항 사상의 영향을 받은 식민지 지도자들이 휘그의 과두 정치로 타락해버린 영국 공화정을 자신들이라도 원형 그대로 보존하기 위해 독립전쟁을 일으켰다고 보는 공화주의 합의 사학과 일치한다. 다시 말해서 독립혁명은 영국의 체제(British Constitution)에 반대한 것이 아니라 타락한 체제인 휘그 과두정에 반대한 것이다. 독립혁명은 영국의 원래 체제를 식민지에서 복원하려는 시도[12]였고, 휘그 과두정이 모국을 타락시켰다는 경각심을 품은[13] '아메리카의 영국 신민들'이 일으킨 반란이다. 거창하게 말하면 독립혁명은 "기존 사회의 붕괴와 이에 따르는 공포, 절망, 증오를 목표한 것이 아니라 세계사의 전개 과정에서 미국의 숙명

---

10) Clinton Rossiter, *Conservatism in America*, 106쪽.
11) Clinton Rossiter, *The Seedtime of the Republic: The Origin of the American Tradition of Political Liberty* (New York: Harcourt, Brace & World, 1953), 448쪽.
12) G. S. Wood, *The Creation of the American Republic, 1776~1787*, 10쪽.
13) 같은 책, 12쪽.

으로 예정된 자유를 상속받으려는 깨달음"[14]이었다. 모국의 원래 체제를 식민지에서라도 지켜야 한다고 역설한 혁명 지도자들의 외침[15]도 독립 혁명의 비전이 미래가 아닌 과거에 있었다는 것을 보여준다. 독립 이후 미국이 영국식 군주제를 택하지 않은 것은 군주제 자체를 거부해서가 아니었다.[16]

　　"아메리카 식민지인들은 유럽이 이미 타락했다는 생각에 깊이 물들 었고 (……) 미국이 유럽처럼 타락하는 것을 막기 위해 필요하고도 당당한 투쟁이 독립혁명이라는 생각을 하게 되었다. (공화주의에서 말하는: 인용자) 타락의 관념이 미국의 언어(vocabulary) 일부를 형성하게 되었고, 어떤 의미에서는 오늘날까지 지속되고 있다. 매사추세츠와 펜실베이니아, 그리고 버지니아의 지식인들은 18세기 영국의 공화주의적 사회 비판가들(저항 사상가들: 인용자)로부터 전사(warrior)인 동시에 토지의 소유자인 고딕 세계의 시민상을 물려받았다. 이 고전적 시민상은 1500년 이후 정부의 권력 남용, 사치, 관료제, 상비군 제도로 인해 공화주의의 덕성이 훼손되는 바람에 서서히 파괴되고 있던 중이었다. 독립혁명의 대부인 디킨슨, 애덤스, 제퍼슨은 식민지에 대한 영국의 통치 방식이 유럽의 타락을 식민지에서까지 뿌리내리려는 의도가 아닌지 두려워한 (……) 것이다."[17]

　　간단히 말해서 독립혁명은 영국의 권력자들에 대한 반란이지 영국의

---

14) B. Bailyn, *The Ideological Origins of the American Revolution*, 19쪽.

15) G. S. Wood, *The Creation of the American Republic, 1776~1787*, 12~13쪽.

16) 자세한 설명은 같은 책, 43~45쪽.

17) J. G. A. Pocock, *Politics, Language, and Time*, 97쪽.

체제에 대한 반란이 아니다. 그것은 식민지까지 타락시키려는 모국 정치인들의 음모를 막기 위한 예방책이었다.

> "독립혁명은 그 진행 과정에서 예방적(preventive, 식민지를 영국과 같이 정치적으로 타락시키려는 영국 정부의 의도를 막는다는 의미: 인용자)인 동시에 보존적(preservative, 영국의 원래 체제를 식민지에서라도 지켜내야 한다는 의미: 인용자)인 성향을 띠었다. 아메리카 식민지인들은 타락의 독물(poison of corruption)이 미국의 해안에 상륙해서 퍼지는 것을 막으려고 했고 (……) 무엇보다 미국 스스로 덕성을 지키려고 했다. 그들은 진정한 영국적 자유를 수호할 최후의 보루가 자신들이며 영국적 덕성을 지킬 최후의 파수꾼이 자신들이라는 사실을 되뇌어왔다. 즉 그들은 이중의 책무(dual obligation)를 갖고 싸웠다. 하나는 미국의 덕성을 보존하는 것이고 다른 하나는 미국의 덕성을 보존함으로써 잠자는 영국의 자유 정신을 일깨우고 (……) 그 덕성을 드높이는 것이었다."[18]

이처럼 고전적 공화정으로 복귀하려는 것이 독립혁명의 동기였다면 독립혁명은 혁명적 계몽주의 시대에 나타난 최초의 정치적 사건(first political act of revolutionary enlightenment)에서 르네상스 시대의 마지막을 장식한 위대한 사건(the last great act of Renaissance)으로 바뀐다. "본래의 원칙으로 되돌아가자는 것"이지 과거를 없애거나 변화시키려는 것이 아니었기 때문이다.[19]

정리해보자. 독립혁명은 모국과 멀리 떨어진 영국 신민들의 혁명이었고 따라서 영국 내부의 혁명이었다. 과거와 단절했던 프랑스대혁명과 달

---

18) H. T. Colbourn, *The Lamp of Experience*, 187쪽.
19) J. G. A. Pocock, "Virtue and Commerce in the Eighteenth Century," 120~121쪽.

리 독립혁명은 모국의 원래 체제를 복구하려는 혁명이었다. 이것을 알고 나면 이후의 미국 역사에서 나타난 진보와 개혁의 비전들이 왜 '원래의 미국'을 개혁의 비전으로 내걸게 되었는지 이해하기가 수월해진다.

2) 연방헌법의 보수성

제4장에서 말했지만, 미국 연방헌법은 미국 정치 문명의 내부 모순과 충돌을 해소하려는 노력의 산물이다.[20] 고대 공화국에 대한 향수를 자유 및 자본의 시대와 절충하려는 노력이 연방헌법의 제도적 보수성을 낳았다. 미국 연방헌법은 자유주의와 공화주의를 제도적으로 융합시킨 작품이다. 자유주의 정신을 공화주의 제도와 뒤섞어놓았다는 점에서 미국 연방헌법의 기초는 자유주의적 보수주의(Liberal Conservatism)다.[21]

연방헌법의 제정에 참여한 인물들의 경제적 배경을 보면 대다수가 보수적인 인물이었다. 이것은 20세기 초의 혁신주의 역사학자 찰스 비어드가 밝혀낸 것이다. 필라델피아 제헌회의에 참석한 13개 주 대표 55명 가운데 46명은 직업과 관계없이 경제적으로 안락 그 이상을 누리고 있었다.[22] 이들의 지적 배경과 출신 가문도 각 주 의회에서 뽑힐 만한 엘리트

20) 미국 연방헌법이 해링턴을 위시한 영국 저항 사상가들을 거쳐서 들어온 로마 공화주의에 기초하고 있다는 주장을 대표하는 것으로 Mortimer N. Sellers, *American Republicanism: Roman Ideology in the United states Constitution* (New York: New York University Press, 1994)을 참조.

21) 주로 미국의 자유주의적 전통이 보수화해서 미국 대외 정책의 이념적 기반을 이루었다는 점과 또 그것이 어떤 형태로 나타나는지를 다룬 것으로는, 권용립, 「미국의 대한정책에 나타나는 아메리카니즘에 관한 고찰-미국적 보수주의(American Conservatism)를 중심으로」, 『부산정치학회보』 창간호(1987), 227~254쪽. 그리고 미국 자유주의의 보수화에 대해서는 C. Rossiter, *Conservatism in America*, 100~212쪽을 보라.

22) 로시터는 55인의 경제력 정도를 'Rich'(Washington, Mason, Langdon, Gerry, Lansing 등 10명), 'Trying to be rich or having once been'(Gorham, Dayton, Wilson 등 9명), 'Well-to-do'(Franklin, Dickinson, Gouverneur Morris, Randolph 등 11명), 'Comfortable'(Hamilton 등 16명), 'Of modest means'(Madison 등 6명), 'Of very modest means'(Pierce 등 3명) 등으로 구분하고 있다. C. Rossiter, *1787: The Grand Convention*,

가문이 대부분이었다. 헌법 제정 회의의 인적 구성부터 보수적이었던 셈이다. 독립 직후의 연합헌장 시대에 만연한 정치적 불안에서 벗어나 안정과 통합을 꾀하면서 젠트리 계급의 통치를 꿈꾼 보수적 엘리트들도 연방헌법의 제정을 원했다. 헌법 제정 과정의 토론 기록을 보면 각 주의 대표들은 지나친 민주주의(an excess of democracy)를 막기 위해서, 그리고 재산과 원칙이 없는 사람들(men without property and principle)의 변덕과 욕심으로부터 스스로를 지키기 위해서 애썼다는 것을 알 수 있다.[23]

연방헌법의 권력 구조는 의심할 바 없이 공화주의의 혼합 정체론을 반영한 것이다. 자유주의가 정부의 형태에 관해서는 별다른 내용이 없기 때문이기도 하지만, 자유주의와 공화주의의 절충을 관장한 공화주의의 규범(혼합 정체, 국가 권력의 남용과 타락 예방)에 충실했기 때문이다. 게다가 당시 대부분의 식민지(주)들도 혼합 정체를 이미 수용하고 있었다. 1776년에 출간된 존 애덤스의 『정부론』(*Thoughts on Government*)은 당시 가장 영향력 있는 팜플렛 가운데 하나였는데, 여기서 애덤스는 공화정에는 다양한 형태가 있으며, 미국인들은 혼합 정체의 여러 형태 중에서 어떤 것이 바람직한지에 대해서만 의견이 다르다고 지적했다. 예를 들면 카터 브락스턴(Carter-Braxton)과 같은 보수파는 왕정과 귀족정에 무게를 둔 귀족·군주형 혼합 정부(aristo-monarchical mixed government)를 주장했고, 리처드 헨리 리는 민주정에 무게를 둔 민주형 혼합 정부(democratic

---

143쪽. 헌법 제정 회의에 참가한 55인의 정치·경제·사회적 프로필은 같은 책, 79~156쪽.

23) C. Rossiter, *Conservatism in America*, 106~107쪽. 로시터는 헌법안의 정당성과 필요성을 역설한 *Federalist Papers*도 보수적 성향에 기초한 것으로 봤다. 해밀턴이 "The Federalist No. 6"에서 인간은 본래 우매하고 사악하다고 한 것도 보수주의의 인간관에 기초한 것이고, 매디슨이 "The Federalist No. 51"에서 인간의 불완전성과 이기심을 통제하기 위해서는 권력을 분할해서 상호 간의 균형을 맞춰야 한다고 본 것도 보수주의적 인간관에 근거한 것이다. 같은 책, 109~112쪽. 보수주의의 인간관에 대해서는 같은 책, 21~23쪽을 볼 것.

mixed government)를 주장하고 있었다.[24] 어쨌든 군주정을 실현할 왕(대통령), 귀족정을 실현할 귀족원(상원), 민주정을 실현할 인민 대표단(하원)이 서로 견제하도록 한 것은 공화주의의 혼합 정체론이다.[25]

자세히 보자. 지금도 그대로지만, 대통령은 아예 간접선거 방식으로 뽑게 만들어놓았다. 각 주의 의회가 인구 비율에 따라 할당된 수만큼 대통령 선거인단을 선출하면 이들이 다시 모여 대통령을 선출하게 하는 제도다. 이 제도는 현명한 군주의 자질을 갖춘 자가 대통령이 되어야 하는 만큼 변덕스럽고 선동에 휘둘리기 쉬운 일반 대중보다는 각 주의 현자들이 모인 의회가 대통령을 뽑을 사람들을 선정해야 한다는 철학을 반영한 것이다. 또 대통령은 영속성이 중요한 군주정의 실현 기관이기 때문에 중임을 제한하지 않았다(세 번 이상 연임을 금지한 연방헌법 수정 조항 제22조는 1951년에야 통과되었다).

연방 하원은 인민의 의사를 반영하는 민주정의 실현 기관이기 때문에 인민들이 직접 선거로 선출토록 했다. 변덕스런 대중의 의사를 바로바로 반영할 수 있도록 임기도 2년으로 짧게 정했다. 이와 달리 연방 상원은 귀족정을 실현할 기관이기 때문에 대통령 선거인단과 마찬가지로 각 주의 의회에서 선출하도록 했다(상원의원을 직접선거로 뽑기 시작한 것은 1913년 연방헌법 수정 제17조가 통과된 후다). 특히 상원은 지혜롭고 사심 없는 '자연 귀족'들의 경륜을 펼치는 기관이므로 상원의원의 임기는 하원의원의 세 배인 6년으로 정했다. 단순히 삼권 분립으로만 알려진 미국 연방헌법의 권력 구조는 이처럼 군주정, 귀족정, 민주정을 혼합해서 한쪽으로 권력이 치우치는 것을 막아야 한다는 공화주의의 혼합 정체론에 바탕을 둔

---

24) 이 점에 대해서는 G. S. Wood, *The Creation of the American Republic, 1776~1787*, 203~204쪽.
25) Gilbert Chinard, "Polybius and the American Constitution," *Journal of History of Ideas*, I (1940), 38~58, 특히 51쪽.

것이다.[26]

상원의원은 주별로 두 명씩 배정하고 하원의원은 인구 비례로 차등 배정하는 양원제를 택한 것은 연방 의원의 수를 인구 비례로 배정하자는 큰 주들과 균일하게 배정하자는 작은 주들의 주장을 절충한 결과로 이해되기도 한다. 그러나 양원제의 사상적 바탕은 분명히 공화주의의 혼합 정체론이다. 그 증거가 상원과 하원의 선출 방식과 임기를 서로 다르게 장치해놓은 것이다. 귀족원인 상원은 각 주 의회에서 선출하지만 모든 주가 6년마다 한꺼번에 뽑는 것이 아니라 2년마다 상원 의석의 3분의 1을 대상으로 해서 실시하게 해놓았다. 상원 전체가 한꺼번에 다 바뀌어 귀족 정치의 연속성이 붕괴될 가능성을 미리 차단한 것이다.[27] 상원을 소규모(헌법 제정 당시에는 26석)로 만든 것도 '현자'들의 밀도 있는 토론을 보장하기 위한 것이다. 1787년 6월 7일의 헌법 제정 회의 기록을 보면 매디슨은 상원이 고유의 책무를 이행하려면 다수로 구성된 집단의 병폐인 내분을 피할 수 있도록 소규모라야 하고, 이것은 로마의 역사가 가르쳐주는 교훈이라고 주장했다.[28]

---

26) 혼합 정체(mixed government)와 권력 분립(separation of powers)은 다르다. 공화주의에서 말하는 혼합 정체는 사회적 신분(군주, 귀족, 평민) 간의 정치적인 세력 균형을 제도적으로 구비하는 것, 그리고 3자가 상호 간에 덕성을 존중한다는 의미이다. 그러므로 권력 부처 간의 기능적 균형을 의미하는 것은 아니다. 공화주의는 한 나라의 구성원이 군주, 귀족, 평민으로 자연스럽게 분화되는 것(Natural Differentiation)을 당연시하는데, 자연 귀족(Natural Aristocrat)이 생길 수 없는 근대 미국에서는 자연 분화도 불가능하므로 논리적으로 혼합 정체가 불가능하다. 그래서 공화주의적 균형을 사회적 신분 간의 통치력의 균형(governmental balance of social estates) 대신 통치 기능의 균형(balance of governmental function)으로 받아들이기 시작했다. 우드는 이것을 복합대의론複合代議論(theory of multiple representation)의 등장으로 이해하고 있다. G. S. Wood, *The Creation of the American Republic, 1776~1787*, 244~255쪽; J. G. A. Pocock, *The Machiavellian Moment*, 521쪽; "Virtue and Commerce in the Eighteenth Century," 125~126쪽.

27) 미국의 양원제를 해링턴의 영향으로 보는 견해는 J. G. A. Pocock, *The Political Writings of James Harrington*, 173~174쪽.

28) G. Chinard, "Polybius and the American Constitution," 50쪽. 자세한 기록은 M. Farrand (ed.), *The Records of the Federal Convention of 1787*, vol. I, 151쪽.

대통령, 하원의원, 상원의원의 임기를 각각 4년, 2년, 6년으로 엇갈리게 만들어서 행정부와 의회가 일거에 다 바뀔 가능성을 막은 것도 국가와 정치의 연속성을 보장하려는 장치다. 게다가 상원의 동의 없이 행정부가 선전포고를 할 수 없다는 조항, 행정 수반에게 비상 대권을 부여하는 조항, 2년마다 상원의 3분의 1만 대상으로 해서 시행하는 분할 선거제는 이미 해링턴의 『오세아나』에 묘사된 제도다.[29] 독립 이전부터 뉴욕을 비롯한 아메리카의 식민지들은 『오세아나』가 묘사한 공화주의 제도를 이미 차용하고 있었다.[30]

이쯤 되면 연방헌법의 제정 동기, 제정 과정, 그리고 연방헌법 자체의 보수적 성향을 충분히 짐작할 수 있다. 다음 인용문은 미국 연방헌법의 보수적 속성을 압축해놓은 것이다.

> "당시의 민주적 기운을 충족시켜줄 제도—단원제 의회, 복수 행정부, 모든 관리의 매년 선거, 성인 남자의 보통선거권, 거창한 권리장전, 그리고 간편한 (헌법) 개정 절차—대신 그들은 보수적 성향이 뚜렷한 헌법을 만들었다. 그 특징은 다음과 같다. (……) 양원제, (……) 임기 6년에 2년마다 3분의 1만 새로 뽑는 대단히 강력한 상원, (……) 대통령, 상원, 하원의 임기를 엇갈리게 해서 급격한 변화를 예방한 조치, (……) 헌법 개정 절차를 까다롭게 만든 것 (……) 등."[31]

---

29) Theodore W. Dwight, "Harrington: and His Influence Upon American Political Institutions and Political Thought," 14쪽. 미국 연방헌법이 로마 공화정 체제를 모방한 것이라는 주장은 무수히 많다. 이러한 주장은 대부분 보수적 입장에 서 있다. 대표적인 것이 Russell Kirk, *The Roots of American Order*, 101~102쪽.

30) 같은 책, 26~35쪽.

31) C. Rossiter, *Conservatism in America*, 107~108쪽. 보수주의 입장에서 연방헌법의 보수적 성향을 강조한 것으로 R. Nisbet, *Conservatism: Dream and Reality*, 40쪽.

위 인용문의 마지막에 언급된 헌법 개정 절차, 즉 헌법 개정을 쉽사리 할 수 없게끔 해놓은 것도 체제(Constitution, 즉 헌법)의 변화를 두려워하는 공화주의적 사고의 일단을 보여준다. 일단 수립된 원형을 잘 유지해야 공화정이 존속할 수 있다는 믿음이 헌법의 개정 절차를 까다롭게 만든 것이다. 물론 연방헌법 직전에 있었던 연합헌장(Articles of Confederation)의 개정 절차(13개 주 의회에서 모두 비준을 받아야 하는 개정 절차)만큼 까다롭지는 않았다. 그러나 연방헌법의 개정 절차도 "까다롭지만 너무 까다롭지는 않게, 또 전체 인민의 의지를 충실히 반영하되 일개 당파의 당파적 이익에 놀아나지는 않게끔"[32] 정해졌다. 이 까다로운 절차 때문에 헌법이 제정된 뒤 230년이 넘도록 연방 의회가 심사한 개정안은 1만 건이 넘지만 연방 의회를 통과하고 각 주의 비준까지 받아서 실제 개정된 수정 조항(Amendment)은 아직 27개뿐이며, 이나마도 대부분 기술적인 조항들이다. 애초에 정해놓은 혼합 정체의 기본 구조에 손을 댄 조항은 없다.[33]

미국 연방헌법에 명시되어 있는 민병 사상도 공화주의의 강력한 흔적이다. 미국은 시민의 무기 소유와 휴대를 헌법으로 보장하고 있다. 오늘날 미국의 민간인이 소지한 총기는 미국 인구보다 더 많은 3억 9천만 정에 달하고, 열 가구 중에 네 가구는 총기를 보유하고 있다. 서부 영화에 등장하는 황야의 무법자나 석양의 결투부터 오늘날 빈번한 대형 총기 사고에 이르기까지 총기와 관련된 미국의 역사는 미국 헌법의 부산

---

32) J. T. Keenan, *The Constitution of the United States: An Unfolding Story* (Chicago, IL.: The Dorsey Press, 1988, orig. pub., 1975), 40쪽.

33) 미국 연방헌법 제5조에 나오는 헌법의 개정 절차는 다음과 같다. 개정안의 제의는 양원에서 각각 3분의 2 이상의 찬성을 얻거나 연방의 3분의 2가 넘는 주들의 제청에 따라 연방 의회가 소집하는 국민 회의에서 이루어질 수 있다. 그리고 연방의 4분의 3이 넘는 주들이 각각 주 의회에서 개정안을 비준함으로써 개정안, 즉 수정 조항(Amendment)이 발효된다. 또는 4분의 3 이상의 주가 소집한 특별 회의에서 개정안이 비준됨으로써 발효된다.

물이다. 시민의 무기 소지를 보장한 것은 미국 연방헌법 수정 제2조(2nd Amendment)인데, 이 조항은 연방 수립 직후인 1791년에 통과된 수정 조항 제1조부터 제10조(미국판 권리장전, Bill of Rights) 가운데 하나다. 자유를 지키려면 시민이 무기를 직접 소지해야 한다는 것은 공화주의의 핵심 규범이기 때문이다. 고대 공화주의를 다시 일깨운 마키아벨리에 따르면 직업 군인들로 구성된 상비군은 자유의 적이다. 무기를 독점한 상비군을 권력자가 사사로운 목적으로 쓰게 되면 공화정이 폭정으로 타락하기 때문이다. 그런데 외침을 막으려면 군대가 필요하다. 따라서 상비군을 두지 않으려면 유사시에 시민들 스스로 군인이 되어야 한다. 즉 시민인 동시에 민병(militia)이 되어서 외침도 막을뿐더러 국가 권력이 무력으로 자유를 억압할 가능성도 없애야 한다. 전사인 동시에 시민이 되는 것(citizen-warrior)이야말로 공화정을 지킬 방벽이며, 덕성과 자유를 보존하기 위한 필수 조건이다.[34] 마키아벨리는 로마사를 토대로 해서 쓴 『전쟁론』(Art of War)에서 다음과 같이 말한다.

"군인을 유일한 직업으로 삼은 시민은 전성기 로마에 단 한 명도 없었다. 로마 시민이 자유를 잃은 것은 공공의 이익을 아랑곳하지 않는 직업 군인들이 사사로운 이익을 위해 국가의 군사력을 멋대로 쓰기 시작하면서부터다. 그래서 한 나라의 군사력은 공익을 위해서만 써야 한다."[35]

미국 연방헌법은 이 '위대한 공화주의 이론가'의 통찰을 실현했다. "잘 정비된 민병(Militia)은 각 주의 안전에 필요하므로 무기를 소유하고 휴대

---

34) 자세한 내용은 J. G. A. Pocock, *The Machiavellian Moment*, 199~213, 290~293쪽.

35) 마키아벨리의 민병 사상은 후일 해링턴에 의해 약간 수정된다. 해링턴은 무기를 소유하려면 토지를 소유해야 한다고 생각했다. 시민이 소지한 무기가 공화정뿐만 아니라 개인의 자유와 재산을 지켜준다고 생각했다. 같은 책, 388~400쪽.

할 인민의 권리는 침해될 수 없다"는 연방헌법 수정 제2조를 통해서다.[36] 수정 제2조는 권력의 횡포와 외적의 침략으로부터 자유를 지키려면 시민 개개인이 무기를 가진 전사 즉 민병이 되어야 한다는 고대 공화주의의 핵심을 근대 국가에 적용한 표본적 사례다. 좁게 봐도 수정 제2조의 정신은 권력의 횡포로부터 시민의 자유를 보호하기 위한 것이라는 사실을 부정할 수 없다.[37] 제임스 매디슨과 조지 워싱턴이 시민의 무기 소지를 보장한 미국의 헌법이야말로 미국의 우월성을 보여준다고 자평한 것도 이런 이유에서다. 뿐만 아니라 서부 개척민에게 공화정의 정신을 공급하기 위해서라도 일반 시민의 무기 소지는 필수적이었다.[38]

지금까지 마키아벨리에서부터 해링턴을 거쳐 미국으로 유입된 공화주의가 미국 정치의 원형을 제공했다는 것을 연방헌법 원문과 수정 제2조를 통해서 확인했다. 결론은 간단하다. 독립혁명과 연방헌법의 보수성은 자유주의와 공화주의의 융합이 전통의 연속, 변혁의 방지, 원초적 전통의 수호를 지상명령으로 받드는 공화주의의 패러다임 안에서 이뤄졌다는 증거다.

5-2. 우월적 자의식과 회귀 본능

미국의 역사는 보수적 아메리카니즘의 역사다. 뉴딜 시대에 잠시 약화되었다가 21세기에 들어서서 재부상하고 있는 보수적 아메리카니

---

36) Lawrence Delbert Cress, "An Armed Community: The Origins and Meaning of the Right to Bear Arms," *Journal of American History*, vol. 71, no. 1 (Jun. 1984), 22~42쪽.

37) 수정 제2조의 정신을 넓게 해석하는 입장은 Robert E. Shalhope, "The Ideological Origins of the Second Amendment," *Journal of American History*, vol. 69, no. 3 (Dec. 1982), 599~614쪽을 볼 것. 좁게 해석한 것으로는 L. D. Cress, "An Armed Community: The Origins and Meaning of the Right to Bear Arms"를 참조.

38) R. E. Shalhope, "The Ideological Origins of the Second Amendment," 611~612쪽.

즘은 두 가지 모습으로 나타났다. 하나는 미국 수호와 위대한 미국을 기치로 내건 토착주의와 인종주의다. 다른 하나는 사회 진화론(Social Darwinism)에 입각한 반평등주의다.

먼저, 토착주의다. 건국 이후 오늘날까지 미국을 이끌어온 두 개의 상호 모순적인 태도는 '개방'과 '배제'다. 이 중에서 배제와 차별 의식은 바깥 세계에 대한 경계심을 낳고, 이것은 다시 미국이 위협당하고 있다는 편집증(paranoia)과 토착주의(nativism)를 낳는다. 이것은 미국 우파의 일관된 동력이다. 의식하든 못하든 그들의 정신 세계를 구성하고 있는 것은 '미국의 원형'을 수호하려는 공화주의의 회귀 본능과 자유주의에서 유래한 반국가주의(anti-power ethics, anti-statism)다. 여기에 칼뱅주의 교리에서 파생된 선민 의식과 우월 의식이 가미되어 있다. 도널드 트럼프와 그 지지자들의 정신 세계는 이런 성분으로 구성되어 있다.

미국 우파의 회귀 본능은 공화주의의 유산이다. 공화주의는 과거에 대한 기억(memory)과 전통, 관습을 중시한다. 권력이든 체제든 세월이 가면 반드시 타락한다고 믿는 역사관 때문이다. 그래서 "공화주의 논객들은 습성(habit), 관습(custom), 전통(tradition)이야말로 공민적 덕성을 수호하는 데 필수적인 것"이라고 칭송하였고, 역사상 건재했던 공화국들은 스트라우스(L. Strauss)가 말한 "고대성과 선의 등식화(equation of the ancient with the good)를 충실히 준수했다"는 진단도 가능하다.[39] 공화주의의 회귀 정서는 미국 역사에 일관되게 나타난 '고대에 대한 동경'에서 엿볼 수 있다.

"미국은 로마 제국의 일부가 아니며 (……) 미국법도 로마법의 영향

---

39) Bruce James Smith, *Politics and Remembrance: Republican Themes in Machiavelli, Burke, and Tocqueville* (Princeton, N.J.: Princeton University Press, 1985), 15쪽.

을 받은 바가 거의 없다. (……) 그리고 그리스어는 제도권 교육에서 거의 소멸되었고 연방헌법을 만들던 시대에 유창하게 읽혔던 라틴어는 오늘날 그 중요성을 상실했다. (……) 이런저런 이유로 인해, 미국 문화에 고전 시대가 중요한 영향을 끼친다는 주장은 많은 사람이 생각하기에 억지가 될 수 있다. (……) 그러나 고전 시대의 과거가 오늘날의 미국에도 영향을 끼치고 있다는 증거는 도처에 널려 있다. 미국의 수많은 촌락, 타운, 도시의 이름은 Rome, Troy, Ithaca, Athens, Alexandria 이거나 고전 시대의 향취가 있는 Thermopolis, Minneapolis (……) 등 복합어로 되어 있고, 거리의 이름도 (그리스·로마에서 유래한: 인용자) Euclid Avenue, Appian Way, Acadia Drive, Phaeton Road로 정해져 있다. (……) 정부 수반(대통령)도 praesidens라는 라틴어에서 따온 president이고 (……) (상하 양원을 합친) 의회의 명칭도 다 함께 모인다는 뜻의 라틴어 congressus에서 따온 Congress다. (……) 상원의 명칭인 Senate는 로마의 원로원인 senatus에서 따온 것이고, 의회 소재지를 Capitol Hill로 부르는 이유는 이것이 로마의 Capitoline Hill에 서 있던 Jupiter Optimus Maximus 사원을 가리키는 말이기 때문이다. (……) 미국 최초의 정치 집단인 연방파(Federalists)와 공화파(Republicans)라는 이름도 라틴어에서 따온 것으로서 (……) 이런 명칭을 일부러 사용했다. (……) 미합중국의 문장紋章(great seal of the United States)에 새긴 내용(독수리, 평화와 전쟁을 상징하는 올리브 가지와 화살), (……) 그리고 문장의 앞면과 뒷면에 E Pluribus Unum(From Many To One), Novus Ordo Seclorum(New Order of the Ages) 같은 라틴어를 새기고, 독립선언을 공표한 1776년의 정신을 MDCCLXXVI라는 라틴 숫자로 표시한 것도 독립 정신을 바탕으로 해서 고대의 덕성을 부활시키려고 했던 건국 시조들의 염원을 암시한다."[40]

화폐 단위가 영국과 달리 십진법을 따른 것, 살아 있는 대통령의 초상을 화폐에 넣지 않기로 한 것도 로마의 관습을 따른 것이며, 20여 개 주의 문장에 라틴어 구호가 들어간 것도 고대 공화주의의 영향이다.[41]

미국 우파의 '개혁 이념'은 고전 시대의 이런 정서 위에서 칼뱅 교리에 기초한 선민 의식, 앵글로색슨의 우월 의식, 자유주의의 반국가 성향이 결합된 것이다. 그래서 개혁의 문패를 내걸고 원래의 미국으로 회귀하려고 한다. 과거 미국의 우파 운동 대부분이 미국의 원조 주류인 WASP(White, Anglo-Saxon, Protestant)를 중심으로 해서 전개된 것은 이 때문이다. 이 점을 알면 보수적 아메리카니즘이 왜 반이민, 반가톨릭, 반유색인 성향을 띠는지 이해할 수 있다.

미국 토착주의의 역사는 다음과 같다. 일루미니즘(Illuminism)은 1776년 독일 바바리아 지방의 잉골슈타트(Ingolstadt) 대학의 법학 교수였던 바이스하우프트(A. Weishaupt)가 결성한 일루미나티(The Order of Illuminati)라는 조직이 표방했던 이념이다. 그것은 인류를 이성의 지배 아래 두자는 유토피아 사상으로 일종의 계몽주의적 합리주의였다. 그래서 18세기 후반의 유럽 급진주의자들을 매료시켰고 독일 낭만파의 헤르더, 괴테 등이 일루미니즘을 신봉했다는 기록도 있다.[42] 미국인들이 일루미나티에 대해 알게 된 것은 1797년 스코틀랜드의 과학자 로빈슨(John Robinson)이 쓴 책자 『자유석공조합, 일루미나티 및 여러 독회가 비밀 회동을 통해

---

40) Howard Mumford Jones, *O Strange New World: American Culture-The Formative Years* (New York: Viking Press, 1964, orig. pub., 1952), 227~229쪽.

41) 같은 책, 229~248쪽.

42) Richard Hofstadter, *The Paranoid Style in American Politics: and Other Essays* (Chicago, Il.: University of Chicago Press, 1979), 10쪽.

벌이는 음모를 밝힘』(*Proofs of a Conspiracy Against All the Religions and Governments of Europe, Carried on in the Secret Meetings of Free Masons, Illuminati, and Reading Societies*)을 통해서였다. 이 책은 1798년 뉴욕에서 다시 인쇄, 배포되었는데, 여기서 로빈슨은 일루미나티가 전 세계의 모든 종교를 뿌리 뽑고 유럽의 모든 정부를 전복하려는 명백한 목표를 갖고 있다고 했다. 프랑스대혁명의 핵심 주동 인물들도 일루미나티의 회원이라고 했다. 로빈슨과 아울러 일루미나티의 급진적 음모에 관한 과장을 꾀한 또 하나의 인물이 예수회의 바뤼엘(Abbé Barruel)이다. 그는 로빈슨의 책자가 출판될 즈음 런던에서 『자코뱅주의의 역사』(*Mémorie pour sérvir a L'histoire du Jacobinisme*)라는 4권의 저서를 통해 일루미나티가 기존 문명에 반기를 들고 반종교 세력, 프리메이슨 세력과 힘을 합쳐 종교와 질서를 파괴하려는 삼중의 음모를 획책하고 있다고 주장했다. 이 책도 영어로 번역되어 미국과 영국에서 출판되었다.[43]

문제는 미국인들이 일루미나티에 대해 가졌던 편집증(paranoia)이다. 일루미나티 조직이 미국까지 침투해 자코뱅 급진주의자들의 음모를 꾸미고 있다는 편집증적 음모론을 전파했던 보스턴의 모스(Jedidiah Morse) 목사는 "세계는 일루미나티 교단에 의해 움직이는 비밀 혁명 조직이 획책한 음모의 손아귀에 들어갔다 (……) 공화파(당시의 반연방파: 인용자)는 전 세계에서 모든 종교와 정부를 전복하려는 (……) 가증스런 조직의 꼭두각시다"라고[44] 선동하면서 제퍼슨의 공화파를 자코뱅 급진 혁명 세력으로 몰아갔다. 물론 이런 견해는 연방파가 지배하던 당시 뉴잉글랜드의 여론을 반영한 것인데, 코네티컷 주의 연방파 보스이며 예일대 총장을

---

43) 같은 책, 12쪽.

44) Robert R. Palmer, *The Age of the Democratic Revolution: The Struggle* (Princeton, N.J.: Princeton University Press, 1964), 429~430, 453쪽.

지내기도 했던 드와이트(Timothy Dwight IV) 목사는 아예 일루미나티를 적그리스도로 규정하고 제퍼슨의 추종자들이 일루미나티의 신봉자라는 신화를 퍼뜨렸다. 이들은 제퍼슨이야말로 일루미나티의 후예로서 골수 자코뱅이라고 믿었고[45] 일루미나티 조직이 미국의 공직을 석권하려고 한다는 편집증과 피해 망상을 갖고 있었다. 보수적 아메리카니즘의 역사에서 반反일루미니즘이 중요한 것은 미국을 위협하는 세계적 조직이 존재한다고 가정하는 선례를 만들었다는 점 때문이다. 미국식 음모 이론의 모델을 제공한 것이다.[46] 그 특징은, 사악한 음모는 국제적 네트워크를 갖고 있으며 과거에서 미래로 이어질 뿐만 아니라 소수에 의해 지배된다고 믿는 점이다.[47] 1950년대의 매카시즘과 존 버치 소사이어티(John Birch Society)와 같은 20세기 미국의 우파 운동은 이런 특징을 고스란히 재현해왔다. 9.11테러 이후 미국의 대테러 전쟁에 깔린 강박적 안보 의식과 이민자들에 대한 도널드 트럼프의 기본 인식도 이 전통을 보여주고 있다. 미국식 음모론의 원형은 앞에서 언급한 모스 목사가 1798년에 행한 설교에 잘 나타나 있다. 이 설교는 150여 년 뒤 상원의원 조지프 매카시가 공산주의자 마녀 사냥을 시작하면서 연방 의회에서 행하게 될 연설 내용을 미리 보여주고 있다.

"나는 이런 비밀 조직들이 미국에 오랫동안 존재해왔으며 또 존재하고 있음을 입증하는 완벽하고도 의심할 바 없는 증거를 갖고 있습니

45) Seymour Martin Lipset and Earl Raab, *The Politics of Unreason, Right-Wing Extremism in America, 1790~1977*, 2nd edn. (Chicago, Il.: University of Chicago Press, 1978), 36쪽을 참조.

46) R. Hofstadter, *The Paranoid Style in American Politics*, 14쪽.

47) S. M. Lipset and Earl Raab, *The Politics of Unreason, Right-Wing Extremism in America, 1790~1977*, 14~15쪽.

다. 형제들이여, 나는 (……) 일루미나티 교단의 지도자와 구성원들의 이름, 연령, 출생지, 직업 등이 기록된 공식적이고 신빙성 있는 자료를 갖고 있습니다. (……) 형제들이여! 그대들이 알다시피 진실로 우리에게는 비밀스런 적이 있으니 그들은 우리의 성스러운 종교와 자유롭고 훌륭한 정부를 전복하는 것을 공공연한 목표로 삼고 있습니다. (……) 우리가 불행하게, 그리고 위험하리만큼 정치적으로 분열되어 있는 것도 (……) 사악한 서적들이 배포되고 있는 것도 (……) 불경不敬과 비도덕성이 놀랄 만큼 만연하고 있는 것도 (……) 모두 이들이 책동한 것입니다."[48]

이 설교에서 엿볼 수 있는 강박적 음모론이 낳은 공포심 때문에 자코뱅주의가 확산되는 것을 막기 위한 여러 법안이 실제로 제정되기도 했다.[49]

18세기 말의 반일루미니즘이 급진주의에 대한 연방파와 뉴잉글랜드의 강박적 음모론을 대표하는 것이라면, 한 세대가 지난 1820년대의 반비밀공제조합 운동(Anti-Masonic Movement)은 뉴잉글랜드뿐만 아니라 미국 북부 전역을 휩쓴 운동이다. 반비밀공제조합 운동은 미국 사회의

---

48) Vernon Stauffer, *New England and the Bavarian Illuminati* (New York: Columbia University Press, 1918). S. M. Lipset and Earl Raab, *The Politics of Unreason, Right-Wing Extremism in America, 1790~1977*, 36~37쪽에서 인용.

49) 흔히 외국인 및 보안법(Alien and Sedition Acts)으로 통칭되는 일련의 법안들은 1798년 6월부터 7월까지 주로 연방파가 외국인과 공화파의 정치 활동을 규제하기 위해서 제정한 것이다. 6월 18일의 귀화법(Naturalization Act)은 미국 시민권을 얻기 위해 요구되는 거주 기간을 5년에서 14년으로 연장함으로써 외국인의 정치 활동을 억제하려는 것이었다(1820년에 폐지). 6월 25일의 외국인법(Alien Act)은 공공의 안녕에 위협이 된다고 판단되거나 "국가를 배신하거나 음흉한 성향(treasonable and secret inclinations)을 가진 혐의가 있는 모든 외국인을 추방할 수 있는 권한을 대통령에게 부여한 법안이다(1800년에 폐지). 7월 6일의 외적법(Alien Enemies Act)은 전시에 적의 사주를 받고 있다고 판단되는 외국인을 체포, 구금, 추방할 수 있는 권한을 대통령에게 부여한 것이다. 7월 14일의 보안법(Sedition Act)은 국법 집행에 반대하는 불법 단체에 가담한 내·외국인, 그리고 연방 관리의 공무 집행을 방해하는 자, 또 폭동이나 불법 집회를 획책하고 방조하는 자에 대한 처벌을 규정한 것이다. 이 법안들은 당연히 제퍼슨을 위시한 공화파의 맹비난을 받았다. Richard B. Morris (ed.), *Encyclopedia of American History* (New York: Harper & Row, 1976), 155쪽.

소수 엘리트가 만든 비밀 조직을 표적으로 삼았다는 점에서 미국 최초의 반엘리트적 대중 운동(preservatist anti-elitist mass movement)이다. 따라서 상류층 중심의 극우적 반일루미나티와 달리 민주적이며 평등주의적인 운동처럼 보일 수도 있다. 그러나 그 내용을 보면 1828년에 '보통 사람'으로 당선된 앤드루 잭슨(Andrew Jackson) 대통령을 구심점으로 대두한 신엘리트 세력과 그들이 부활시킨 제퍼슨주의에 대한 구엘리트 세력의 저항 운동이었다. 그 기폭제는 비밀공제조합에서 탈퇴한 뒤 폭로성 저서를 쓰고 있던 윌리엄 모건(William Morgan)의 실종 사건(1826년) 이후 쏟아져 나온 (비밀공제조합의) 내막 폭로 책자들이다. 중요한 것은 이 운동의 정치사적 의미다. 한 연구는 다음과 같이 말한다.

"(이 운동을) 자세히 들여다보면 눈길을 끄는 한 가지 사실이 보인다. 이 운동이 바로 잭슨 민주주의라는 주목할 만한 시대, 즉 미국 역사에서 인권의 르네상스 시대인 동시에 제퍼슨주의가 부활한 시대에 일어났다는 점이다. 이 시대는 선거권이 확대되고 (……) 노동자들의 권리 투쟁과 (……) 기타 다양한 급진 운동이 일어난 시대다. 종교적으로 볼 때도 사상의 자유에 관한 토론이 활성화되고 교조적 교리 해석에 대한 비판이 일어났으며, 이에 반발해서 (……) 사상의 자유를 광적으로 혐오하는 반동의 기운이 일어나고 있던 시대였다."[50]

특히 정통 개신교 우파가 볼 때 비밀공제조합은 프로테스탄티즘의 적

---

50) Charles McCarthy, "The Antimasonic Party: A Study of Political Anti-Masonry in the United States, 1827~1840," Annual Report of the American Historical Association for the Year 1902, vol. I (Washington, D.C.: Government Printing Office, 1903), 537~538쪽. S. M. Lipset and Earl Raab, The Politics of Unreason: Right-Wing Extremism in America, 1790~1977, 39쪽에서 인용.

이었다. 그들에 따르면 1820년대의 연방 정부가 취한 여러 조치[51]도 모종의 음모였으며 비밀공제조합의 사상은 미국이 부여받은 천년왕국의 소명을 위협하는 것이었다. 비밀공제조합은 "이 세상의 모든 악을 대변하고 미국에 대한 잠재적 위협을 표상하는 것이며 (……) 비밀공제조합에 반대하는 운동이야말로 신에게서 부여받은 소명을 자각하는 이 나라에 호소력을 지닌"[52] 것이었다.

이와 같은 반급진주의의 이면에는 칼뱅주의적 소명 의식과 공화주의의 회귀 본능도 있었다. 이들을 지배한 소명 의식과 회귀 본능은 묵시록, 즉 「요한계시록」의 예언에 기초한 스토리를 만들어냈다. 비밀공제조합은 사탄의 하수인이며 또 "어둠의 작품이다. 사도 요한은 악의 세력들이 연합해서 세상으로 하여금 하나님에 맞서 무기를 들게 하고, 결국에는 천년왕국이 도래하기 전날의 싸움에서 패배할 것이라고 예언했는데 (……) 비밀공제조합이야말로 바로 사탄이 규합할 세력 중의 하나라는 결정적인 징표를 지니고 있다"[53]라는 식이다.

앞서 말한 모건 실종 사건 이후 1831년까지 수차례의 조사와 재판을 거치는 과정에서 규합된 비밀공제조합 반대파는 1830년에는 뉴욕 주에서 잭슨 대통령에 반대하는 정당을 결성했고, 모든 형태의 급진주의에 반대하는 운동을 전국으로 확산시켰다. 마침내 1830년 9월 26일 볼티모

---

51) 일요일에도 우편물을 배달해야 한다는 1810년 연방 의회의 법령, 연방 정부는 일요일에도 업무를 볼 수 있다는 1825년의 법령, 또 미국에서는 종교와 비종교가 동등한 권리를 가져야 한다고 주장한 일부 의회 위원회의 보고서(한 위원회의 보고서는 일요일을 휴식일로 정하고 행정 업무를 쉰다면 비종교인이나 비기독교인들에게는 불공정한 것이라고 했다) 등을 말한다. S. M. Lipset and Earl Raab, *The Politics of Unreason*, 40쪽.

52) Lorman A. Latner, "Antimasonry in New York State: A Study in Pre-Civil War Reform," M. A. Thesis, Cornell University (1958). S. M. Lipset and Earl Raab, *The Politics of Unreason*, 42쪽에서 인용.

53) Leland M. Griffin, "The Anti-Masonic Persuasion," Ph. D Dissertation, Cornell University (1950), 27~28쪽. R. Hofstadter, *The Paranoid Style in American Politics*, 17~18쪽에서 인용.

어에서 반비밀공제조합당(Anti-Masonic Party)의 전당대회가 열렸고, 여기서 윌리엄 워트(William Wirt)를 1832년 대통령 선거의 후보로 지명하기도 했다. 그리고 미국 최초의 제3당인 반비밀공제조합당은 곧 오늘날 공화당의 전신인 휘그당으로 흡수되었다.[54]

다음, 1830년대 미국의 우파 이념은 미국에 대한 음모 세력으로 가톨릭을 지목한 프로테스탄트의 강박감에도 그 뿌리를 두고 있었다. 당시 대규모로 유입되고 있던 이민 때문에 일자리가 위협받는 노동자들의 위기 의식도 그들의 밑천이었다. 그러나 그 모든 현상의 밑바닥에는 미국의 원래 모습이 '비非미국적인 것들' 때문에 변질되는 데 대한 반발심과 경계심이 깔려 있었다. 다양한 인종이 대량 유입되면서 비프로테스탄트적이며 비미국적인 가치와 문화가 유입되고, 그 결과 미국의 원래 모습이 훼손될 것이라는 위기감은 당시 모든 계층에 팽배했다. 노동자들은 유입된 값싼 노동력과 경쟁해야 하는 부담 때문에 이민자들을 혐오했고, 신분 질서가 재편되면서 우월적 지위를 잃고 있던 사람들도 이민자들을 탓했다.[55] 당시 뉴욕을 휩쓴 아일랜드계 가톨릭 이민에 대한 대대적 공세가 가톨릭의 열등성과 비도덕성에 대한 악선전으로 일관한 것은 당연했다.[56]

또 유럽의 전제주의 권력자들과 한통속인 로마 가톨릭이 미국을 전복하고 합스부르크 왕가를 미국의 통치자로 삼으려고 한다는 음모론이 난무했다. 미국의 자유로운 정치 제도를 싫어하는 유럽의 권력자들이 수많은 이민을 미국에 보내서 폭동을 일으키고 감옥과 빈민가를 채워 결국 무능력자가 미국을 다스리게끔 선거권을 악용하도록 사주하고 있다는

---

54) R. B. Morris (ed.), *Encyclopedia of American History*, 204쪽.
55) S. M. Lipset and Earl Raab, *The Politics of Unreason*, 47쪽.
56) 같은 책, 48쪽.

이론까지 등장했다.[57] 토착주의와 칼뱅주의가 만나면서 외부가 미국의 자유와 제도를 위협한다는 강박적 피해 의식이 격화된 것이다.

"외부 세력이 미국을 전복하려고 한다는 '사실'을 폭로하는 것은 미국 내부의 결속(unity)을 강화하는 수단이기도 했지만, 다른 한편으로 국가적 가치를 명백히 하고 개개인에게 (……) (도덕적) 정당성을 부여하는 수단이기도 했다. 미국의 토착주의자들은 필그림, 헌법 제정자들, 참 기독교인의 이미지가 뒤섞인 몽타주 전통을 자신의 모습으로 반복해서 묘사했다. 따라서 그들은 미국이 안정과 완벽한 통합을 달성했고, 신법과 자연법의 가장 고매한 원칙에 근본을 두었다고 믿었으며, 미국을 위협하는 '외부'의 여러 세력은 (……) 인간이 가질 수 있는 가장 사악한 충동을 따르는 기만적 조직이라고 생각했다. (……) 그들은 미국의 안녕을 해칠 음모를 꾀하는 사악한 집단들을 상정함으로써, 또 그런 적들을 무찌른 후에 도래할 영광의 천년왕국 시대를 내다봄으로써 갈증을 해소했다. 그들 자신의 사사로운 이익이 국가의 이익과 뒤섞이면서 고매한 정당성을 획득했고, 그들 자신과 이해 관계가 어긋나는 집단은 반미국적 음모를 꾀하는 집단으로 매도했다."[58]

음모론에 입각한 미국식 토착주의를 사회 세력으로 결집한 것이 소위 '아무것도 몰라요 운동'(Know Nothingism)이다. 이런 이름은 비밀 결사체와 비슷한 이 운동에 동조하는 사람들이 자신의 근황을 묻는 사람들에게

---

57) R. Hofstadter, *The Paranoid Style in American Politics*, 20~21쪽.

58) David Brion Davis, "Some Themes of Counter-Subversion: An Analysis of Anti-Masonic, Anti-Catholic and Anti-Mormon Literature," *Mississippi Valley Historical Review*, XLVII (1960), 215~216, 223~224쪽. S. M. Lipset and Earl Raab, *The Politics of Unreason: Right-Wing Extremism in America, 1790~1977*, 49쪽에서 인용.

"아무것도 몰라요"라고 대답한다고 해서 붙여진 것인데, 이 운동을 정치적으로 결집한 것이 부지당不知黨(Know-Nothing Party), 즉 미국당(American Party)이다.[59] 가톨릭과 이민에 반대하는 강박적 토착주의가 19세기 중반 미국의 보수 이데올로기를 주도한 것이다.[60]

회귀 본능과 선민 의식이 결합되면서 나타난 반가톨릭, 반이민주의는 1870년대를 거쳐[61] 1880년대에 이르러서 비남부 극우 조직으로는 가장 큰 미국보호협회(American Protective Association, 이하 APA로 약칭)의 결성으로 표출되었다. 1890년대 중반에 250만 명까지 회원을 늘린 APA는 1887년 아이오와 주의 클린턴(Clinton)이라는 작은 도시에서 결성되었는데, 그 이전의 미국당이나 이후의 KKK처럼 비밀 조직이었다. APA의 공식 강령은 비미국적인 이단적 제도와 그 추종자들에 맞서 '참 미국의 혼'(True Americanism)을 수호하며 그 목표를 위해 무상 공공 교육과

---

59) American Party(미국당)는 부지당不知黨(Know-Nothing Party)의 통칭이다. 1840년대의 반가톨릭, 반이민 이념은 1852년 선거 후에 전국적으로 확산되어 미국당의 결성으로 발전하게 되었다. '부지당'이라는 이름이 붙은 것은 거의 모든 주에서 이 조직의 회원들 간의 암호가 "나는 모른다"(I don't know)라는 말이었기 때문이다. 부지당은 1849년 뉴욕에서 결성된 성조기단(Order of the Star Spangled Banner)이라는 비밀 결사로 출발했다. 당의 정책은 구교도와 외국인을 공직에서 배제하는 것, 그리고 외국인이 미국 시민권을 얻기 위해서는 21년간 미국에서 살도록 하는 엄격한 귀화법을 제정하는 것이었다.

60) Know-Nothing 운동은 주로 노동 계층의 지지를 기반으로 했고 그 세력의 중심은 매사추세츠였다. 그리고 이 운동을 정치적으로 집결한 조직인 미국당이 결성되기 이전에 이미 통일미국단(The Order of United Americans. 이 단체는 미국에서 태어난 노동자에게만 입회 자격을 부여했고 1850년대 중반에 이르러 16개 주에서 5만 명 이상의 회원을 확보했다)과 미국기능공연합(The Orer of United American Mechanics)이 결성되어 미국 시민권 획득을 더 까다롭게 하고 새로운 이민 유입을 규제하는 입법을 시도했다.

61) 남북전쟁 이후 가톨릭을 적대시하는 북부 프로테스탄트 토착주의가 부활했다. 그 결과 링컨이 가톨릭 세력의 음모에 의해 암살되었다는 주장까지 나왔다. Charles L. Sewrey, "The Alleged 'Un-Americanism' of the Church as a Factor in Anti-Catholicism in the United States, 1860~1914," Ph. D. Dissertation, University of Minnesota (1955), 163쪽. 잭슨 시대에 시작된 반메이슨주의와 반가톨릭 토착주의에 관해서는 Chip Berlet and Matthew N. Lyons, *Right-Wing Populism in America: Too Close for Comfort* (New York: Guilford Press, 2000), 33~53쪽.

이민 규제를 강화하고 귀화법을 엄격하게 만드는 것이었다.[62] 또 "신입 회원은 가톨릭 교도한테 투표하지 않을 것, 개신교 노동자를 구할 수 있을 때는 결코 가톨릭 노동자를 고용하지 않을 것, 가톨릭 노동자들과 함께 파업을 도모하지 않을 것을 맹세해야만 했다"[63]는 데서 알 수 있듯이 APA도 반가톨릭을 핵심 강령으로 떠받들고 있었다.

APA도 주로 노동 계층의 지지를 받았다. 그러나 지지 기반이 노동자라고 해서 이념을 선도한 계층까지 노동 계층이라는 말은 아니다. 앞서 살펴본 여타 보수 운동과 마찬가지로 APA도 신흥 부유 집단의 출현, 가톨릭 세력의 중산층화, 대도시 민주당 내 가톨릭의 세력 증대로 인해 신분 질서가 변동하는 현실에 위기감을 느낀 기존 상류층과 프로테스탄트 중산층이 선도했다. 불만 세력인 노동자들은 이들을 지지하는 보조 집단일 뿐이었다.[64]

APA가 프로테스탄트 상류층 중심의 조직이었다는 것은 당시 『명사인명록』(Social Register)의 출판업자가 APA에 소속된 반가톨릭계 출판업자라는 사실에서 엿볼 수 있다. 또 바로 이 시기에 미국의 '원래 정신'을 이어받았다고 자처하는 결사들도 생겨나기 시작했다. 과거 회귀적인 상류층들이 APA와 공식적으로 연계되었다는 증거는 없지만, 이들 모두는 이민과 가톨릭 때문에 미국의 전통적 가치가 훼손될뿐더러 급진적 기운이 확산되고 있다는 강박감을 모티프로 삼고 있었다.[65]

---

62) S. M. Lipset and Earl Raab, *The Politics of Unreason: Right-Wing Extremism in America, 1790~1977*, 79쪽.

63) John Higham, *Strangers in the Land: Patterns of American Nationalism, 1860~1925*, 2nd edn. (New Brunswick, N.J.: Rutgers University Press, 1988), 62쪽.

64) S. M. Lipset and Earl Raab, *The Politics of Unreason: Right-Wing Extremism in America, 1790~1977*, 81쪽을 참조. APA의 지지 세력인 당시 노동자들에 대해서는 같은 책, 83~92쪽 참조. APA의 초기 구성에 관해서는 J. Higham, *Strangers in the Land*, 62쪽.

65) 이들은 과거의 유산을 수호한다는 명분을 내건 점에서 같다. 대표적인 단체의 명칭 및 결성 연도는 다음과 같다. Sons of Revolution (1883), Colonial Dames (1890), The Daughters of the

미국의 원형을 지키기 위해 외부를 배제하고 배격하는 성향은 미국 내부에 있는 '외적'에 국한되지 않았다. 제1차 세계대전 참전을 전후해서 폭발한 반독일 히스테리, 즉 '100퍼센트 아메리카니즘'(100 Percent Americanism)은 미국 외부에 있는 적을 직접 겨냥한 것이다. 일종의 전시 국수주의라고도 할 수 있는 100퍼센트 아메리카니즘은 조국에 대한 충성심을 고양하는 한편 조국에 대한 전방위적 순응(universal conformity)도 요구했다. 이런 경향은 국가의 속성이기도 하지만, 사회적 다양성에 비해 정부의 힘이 상대적으로 약한 미국에서는 이처럼 자발적인 여론을 빌려 통합과 일체감을 달성하는 방식이 반복되어왔다. 그중에서도 100퍼센트 아메리카니즘은 민족주의의 기운과 사회적으로 강요된 일체성이 무리 없이 조화된 경우다.[66] 이와 같은 전시 국수주의에 힘입어 모든 이익은 국가의 이익에 종속된다는 사회심리적 긴장감이 만연했고, 각급 학교들은 수업을 시작하기 전에 '미국인의 신조'(The American's Creed)를 암송하는 의식儀式을 도입하기도 했다. 암송 내용은 다음과 같다.

"나는 미합중국을 국민의, 국민에 의한, 국민을 위한 정부로 믿고 따릅니다. 미국의 정의로운 힘이 피치자의 동의, 공화주의적 민주주의, 수많은 주권 국가들 가운데 우뚝 선 주권적 국민에서 나온다는 것을 믿고 따릅니다. 미국을 불가분의 하나로 뭉쳐진 완벽한 연방으로

American Revolution (1890), The Military Society of War of 1812 (1892), The Society of Colonial Wars (1893), The Colonial Order of the Arcons (1894), The Society of Mayflower Descendents (1894), Daughters of Cincinatti (1894), The Order of Founders and Patriots (1896).

66) J. Higham, *Strangers in the Land*,, 205쪽. '100퍼센트 아메리카니즘'이라는 말을 처음 쓴 사람은 멩켄(H. L. Mencken)이다. 멩켄의 저서인 *The American Language* (New York, 1946) 는 '100퍼센트 아메리카니즘'을 전파한 인물로 제26대 대통령 루스벨트(Theodore Roosevelt) 를 지목했다. 이에 대해 하임은 T. 루스벨트의 자료에서 그랬다는 증거를 발견할 수 없다고 했다. J. Higham, *Strangers in the Land*, 390쪽, 각주 26.

믿고 따릅니다. 우리의 애국자들이 목숨과 재산을 바쳐 지킨 자유, 평등, 정의, 인류애의 대의에 입각해서 세운 나라로 믿고 따릅니다. 그래서 나는 내 조국을 사랑하고, 헌법을 받들고, 그 법률에 복종하고, 국기를 존중하며, 이 나라를 모든 적으로부터 지키는 것이 나의 의무라고 믿습니다."[67]

'미국인의 신조'는 미국이 독일에 대해 선전을 포고한 1917년에 연방하원의 서기 윌리엄 타일러 페이지(William Tyler Page)가 쓰고 1918년 4월에 연방 하원이 승인한 것이다. 이것은 외부의 적이 존재하는 순간 토착주의가 맹목적 민족주의로 전환한다는 일반 법칙을 보여준 사례이기도 하다. 그러나 미국의 경우 '100퍼센트 아메리카니즘'은 도덕주의적 색채가 짙었다.

"오로지 단순한 일념으로 국가의 단일한 목표에 헌신함으로써만 국가의 빛나는 의지와 모순되는 여타 이익이 설 자리를 잃을 것이라는 믿음이 있었다. 전시 민족주의는 이 국민적 대동단결을 성취하기 위해서 제국주의와 혁신주의 시대를 가로질러온 미국 국민의 십자군적 충동(crusading impulse)을 십분 활용하였으며 (……) 국가에 대한 봉사를 요구하는 데 도덕주의적 열정이 작동했다. 그런 의미에서 100% 아메리카니즘은 정치의 도덕성을 강조한 한 세대(a generation of political

---

67) "I believe in the United States of America as a government of the people, by the people, for the people; whose just powers are derived from the consent of the governed, a democracy in a republic, a sovereign Nation of many sovereign States; a perfect union, one and inseparable; established upon those principles of freedom, equality, justice, and humanity for which American patriots sacrificed their lives and fortunes. I therefore believe it is my duty to my country to love it, to support its Constitution, to obey its laws, to respect its flag, and to defend it against all enemies."

moralizing)의 결산이었다."[68]

특기할 것은 이 정치적 도덕주의가 지향한 바가 새로운 것의 창조가 아니고 기존 제도와 정신을 수호하고 강화시키는 것이었다는 점이다. 다시 말하면 미국에 존재하는 기존의 모든 것을 수호하려는 열정이었다.[69] 이것이 제1차 세계대전 중에 미국을 휩쓴 반독일 히스테리의 본질이다.[70]

1917년 연방 의회가 통과시킨 간첩혐의법(Espionage Act)은 당시의 국수적 토착주의를 상징한 것이다. 그 내용을 보면 1798년의 외적법(Alien Enemies Act)에 깔려 있던 '외부'에 대한 강박적 경계심이 되풀이 됨을 알 수 있다.[71] 간단히 말해 1917년부터 10여 년간 미국은 공공연히 프로테스탄트 십자군의 나라였다. 1921년에는 1910년의 센서스를 기준으로 해서, 기왕에 미국에 살고 있는 각 민족별 인구수의 3% 미만 한

---

68) J. Higham, *Strangers in the Land*, 206~207쪽.

69) 같은 책, 207쪽.

70) 예를 들면 독일어 신문을 폐간하자는 주장이 나왔고 실제로 판매가 금지되기도 했다. 뉴욕 같은 대도시에서도 독일인은 감히 공공 집회를 개최할 수 없었다. 독일어를 가르치는 것은 비미국적인 정신을 고취시키는 것이므로 독일어를 교과 과정에서 빼야 한다는 캠페인이 일어났고, 실제로 그렇게 한 학교도 있었다. 델라웨어 주, 몬태나 주 등 몇 개 주에서는 주 전체가 독일어 교습을 금지했다. 독일 오페라의 공연이 보이콧되는가 하면 독일어로 된 상표와 상호가 사라지기도 했다. 1915년 8월에는 부유한 보수파의 조직인 미국방위회(American Defense Society)가 결성되어 반독일 국수주의를 조장했고, 독일어 책과 악기를 파괴하는 군중들도 생겼다. 같은 책 208~209쪽. 미국방위회 이외에 1914년 12월에 결성된 국가안보연맹(National Security League), 이듬해 6월에 결성된 평화연맹(League to Enforce Peace) 등도 비슷한 성격의 단체들이다.

71) 1917년 6월에 제정된 간첩혐의법은 적을 이롭게 하거나 징병을 방해하거나 불복종, 군무 거부 등의 행위를 한 혐의가 있는 자를 처벌할 수 있도록 하는 것이었다. 또 불온하다고 인정되는 신문, 잡지의 배달을 거부할 수 있는 권한을 우체국에 부여했다. 이 법은 1919년 '합헌'으로 판결되었다. 아울러 주목할 것은 '간첩'을 색출하기 위한 민간 조직의 결성이다. 대표적인 것으로 누렁이 박멸연맹(Anti-Yellow Dog League, 열 살 이상의 소년들로 조직. 전국에 수천 개의 지부가 있었다)과 미국방어연맹(American Protective League, 법무부의 용인 아래 활동한 반관반민 단체로 미국 전역에 1,200개가 넘는 지부와 25만 이상의 회원을 보유한 것으로 알려짐) 등을 들 수 있다. 자세한 것은 같은 책, 211~212쪽.

도 내에서만 새로운 이민을 받아들이되, 각 민족별 이민자 수를 최대 35만 7,000명으로 규제한 새로운 이민법을 제정했다. 이 법은 북유럽의 개신교 국가를 제외한 모든 지역의 이민자 수를 나라별로 배정한 실질적 이민 쿼터제였다.[72] 또 절반이 넘는 주에서 창조론과 배치되는 진화론을 가르치지 못하게 하는 법안이 상정되었고 플로리다, 오클라호마, 테네시 등 몇 개 주에서는 실제로 시행되기도 했다.

'원래의 미국'을 지키려는 강박증의 절정은 수정헌법 제18조(Prohibition Amendment)와 연방 금주법(National Prohibition Act) 즉 볼스테드법(Volstead Act)[73]이다. 1919년에 비준되어 1920년 1월에 발효된 수정헌법 제18조와 연방 금주법은 1933년 12월 수정헌법 제21조에 의해 폐기되기까지 14년간 술의 양조, 판매, 음주를 금지한 조치로서, 음주를 죄악시하는 청교도 도덕주의의 결정판이었다. 1920년대의 미국은 경제적 호황과 폭발적 소비 문화의 그늘 밑에서 '미국다운 것'이라는 완고한 기준에서 일탈하는 모든 행위를 응징하는 억압적 분위기에 지배받고 있었다. 이것은 또 다른 의미에서 '광란의 20년대'(Roaring Twenties)였다.

"1920년대의 분위기는 소름끼쳤다. 1920년대는 구원자가 나타날 조짐도 전혀 없는 증오와 재앙과 억압의 시대였다. (……) 1926년 미국 시민자유연합(American Civil Liberties Union)의 연례 보고서에 따르면 그해에 군중들에 의해 훼방을 받은 집회 건수는 1922년의 225건이나 1925년의 40건에 비해서 더 줄어든 20건에 불과했다. 자세히 보면 이런 현상은 시민자유연합으로서는 전혀 반가운 것이 아니었다. 왜냐하

---

72) R. B. Morris (ed.), *Encyclopedia of American History*, 657쪽.
73) 윌슨 대통령은 볼스테드법에 거부권을 행사했지만 연방 의회가 재심의, 재가결함으로써 시행되었다.

면 이것은 시민적 자유의 분위기가 증진되었음을 의미한 것이 아니라 사회 전체의 분위기를 해칠까 두려워한 반골들(dissenters)이 집회 자체를 아예 포기했다는 것을 말해주기 때문이다."[74]

제2차 KKK(KU KLUX KLAN)는 이와 같은 프로테스탄트 도덕주의를 배경으로 해서 시작되었다.[75] 1866년에 결성된 제1차 KKK는 흑인들의 시민권 획득을 혐오하고, 나아가서 흑인들이 미국을 지배하게 될지도 모른다는 강박감을 가진 남부군 출신 백인들이 주축을 이루었지만, 1915년의 추수감사절에 조지아 주의 윌리엄 J. 시몬스(William Joseph Simmons)가 개시한 제2차 KKK는 남부에만 국한되지 않았고 단순한 인종차별 운동도 아니었다. 오히려 흑인에 대한 증오심보다 미국의 도덕적 타락에 대한 우려가 촉발시킨 운동이다.[76]

"미국 남서부에서 KKK의 성장은 대부분 선과 악에 대한 미국인들의 토착 관념을 수호하려는 욕구에서 비롯되었다. 즉 미국 바깥의 영향 때문에 생긴 것이라기보다는 도시화로 인해 생긴 미국 내부의 사회악과 (……) 1차 세계대전 후 미국의 공적·사적인 도덕적 타락을 막으려는 욕구에서 비롯된 것이다. (……) 미국 전역을 휩쓴 이 운동에 농업적 심성이 짙게 스며들어 있었던 것은 고립적인 지역주의의 표출이

---

74) John P. Roche, *The Quest for the Dream* (New York: Macmillan, 1963), 103~104쪽. S. L. Lipset and Earl Raab, *The Politics of Unreason*, 111쪽에서 인용.

75) 1915년에 결성된 제2차 KKK단은 약 3백만 내지 6백만의 회원을 보유한 것으로 알려졌다. 이것은 당시 성인 남자의 15~20%, 프로테스탄트 인구의 25~30%였다. 이 조직은 오리건, 오클라호마, 텍사스, 인디애나, 오하이오, 아칸소, 캘리포니아에서 특히 강력했다.

76) Charles C. Alexander, *The Ku Klux Klan in the Southwest* (Lexington, Ky.: University of Kentucky Press, 1965), 23쪽. 100퍼센트 아메리카니즘과 제2차 KKK 운동을 1차대전 전후의 억압적 사회 분위기에서 번창한 우익 인민주의 운동으로 해석한 것은 Chip Berlet and Matthew N. Lyons, *Right-Wing Populism in America*, 83~103쪽.

아니라 급격한 공업화와 도시 집중 현상이 초래했던 당시 미국 사회의 새로운 도덕관이 (전통적인) 농업 가치관과 날카롭게 대립했기 때문이다."[77]

칼뱅주의의 선민 의식과 공화주의의 회귀 의식이 합쳐지면서 미국의 도덕적 순수성을 보존하려는 도덕 지상주의 운동으로 나타난 것이다.[78] 그러므로 제2차 KKK를 결성하고 지탱한 정신적 기둥은 호전적 프로테스탄트 도덕주의다. 여기에 동조한 사람들은 인종적 적개심과 편견에 이끌린 것이 아니라 애국심과 도덕적 이상주의에 매료된 사람들로서, 각 지역의 도덕 개혁 운동의 주역이 되어 금주 시대의 밀주업자와 범법자를 색출하고 처벌했다.[79] 이들은 산업화의 부산물인 도덕적 타락을 비난하고 술주정과 간음 등 청교도적 도덕률을 어긴 자들을 응징하는 데 주력했을 뿐만 아니라 재즈의 유행을 미국의 혼을 파괴하려는 국제 유대계 조직의 음모로 몰고 갔다.[80]

이와 같은 도덕주의의 이면에는 미국의 원형, 그것도 지배 엘리트인 개신교 백인 사회의 인종적, 종교적 순결성을 지켜야 한다는 강박증이 있었다. 제2차 KKK는 비미국적인 것에 대한 멸시와 반감을 도덕성(Morality) 회복 운동으로 재포장한 운동이다.

미국 바깥에 있거나 미국 안에 침투한 '미국이 아닌 것들'에 대한 경계

77) 같은 책, 26~27쪽.
78) KKK단의 영향력이 애틀랜타, 멤피스, 녹스빌, 내슈빌, 리치몬드와 같은 신흥 도시에서 가장 강력했던 것은 이런 이유 때문이다. Kenneth T. Jackson, *The Ku Klux Klan in the City, 1915~1930* (New York: Oxford University Press, 1967), 27쪽; C. C. Alexander, *The Ku Klux Klan in the Southwest*, 28쪽.
79) John M. Mecklin, *The Ku Klux Klan: A Study of the American Mind* (New York: Harcourt, Brace, 1924), 13, 28쪽. S. M. Lipset and Earl Raab, *The Politics of Unreason*, 117쪽에서 인용.
80) Keith Sward, *The Legend of Henry Ford* (New York: Rinehart, 1948), 113쪽.

심과 '내일의 미국은 오늘과 다를 것'이라는 두려움은 인종적 편견을 강화한다. 특히 신분의 이동과 공간 이동은 역동적이지만 사회 체제의 변혁을 꾀하는 혁명적 기운이 약한 미국 같은 나라에서는 모든 급진 이념은 타인종과 타종교의 탓이 된다. 인종적·종교적으로 미국의 정신을 공유하지 못한 세력들이 급진 사상을 전파해서 미국을 해친다고 보는 것이다.[81] 실제로 1901년에 창당한 미국사회당(Socialist Party of America)을 보면, 1917년 당시 8만여 명의 당원 중에 영어를 쓰지 않는 당원이 3만 3천여 명이었다. 볼셰비키 혁명의 영향을 받은 미국사회당 내의 급진 좌파가 1919년에 창당한 미국공산당(Communist Party of the United States of America)은 1만 5천 명에 불과한 당원 중에 외국어 사용자가 85%였다.[82] 이런 사실 하나만으로도 비영어권 이민자들에게 급진주의라는 도장을 찍을 근거는 충분했다. 이처럼 제2차 KKK가 미국 사회 내의 반골 세력까지 공격한 것은[83] 이 운동의 근저에 '위대한 미국'을 지키려는 보수성이 있었기 때문이다.

20세기 미국의 민족주의라고 할 수 있는 반공 이념도 그 본질은 미국 바깥과 비미국적인 것에 대한 편집증적 두려움이다. 1917년 11월, 볼셰비키 혁명 직후부터 러시아와 공산주의에 대한 공포심이 미국 내에서 확산되었다.[84] 이런 분위기에서 1919년에는 이탈리아 출신의 무정부주의자 루이지 갈레아니(Luigi Galleani)가 우편 테러를 포함해서 수십 건의 폭탄 테러를 시도했다. 법무장관 파머(Alexander Mitchell Palmer), 대법

81) 이 점에 관해서는 J. Higham, *Strangers in the Land*, 54쪽.

82) Nathan Glazer, *The Social Basis of American Communism* (New York: Harcourt, Brace, 1961), 24, 42, 46쪽.

83) S. M. Lipset and Earl Raab, *The Politics of Unreason*, 124~125쪽.

84) J. Higham, *Strangers in the Land*, 222~233쪽. 볼셰비키 혁명 직후에는 소비에트 러시아가 여자를 국유화한다는 소문까지 나돌았다. L. Hartz, *The Liberal Tradition in America*, 302쪽.

원 판사 홈즈(Oliver Wendell Holmes), 존 D. 록펠러와 J. P. 모건 같은 기업가와 금융가, 이민국 관리들을 겨냥한 이 사건은 러시아혁명 이후 과격해진 노동 운동과 급진주의에 대한 우려를 증폭시켰고, 미국판 볼셰비키 혁명이 임박했다는 공포심을 확산시켰다. 그리고 이 사회적 공포심은 1919년부터 1921년까지 미국 법무부가 앞장서서 공산주의자와 급진주의자들을 초법적으로 색출하고 추방시킨 첫 번째 반공 히스테리(The First Red Scare)의 원인이 되었다.

대공황 시대의 빈민 문제에 대한 연방 정부의 무관심을 비난하면서 시작된 카플린 운동(Coughlin Movement)은 카플린 신부(Father Coughlin)로 알려진 디트로이트의 찰스 카플린(Charles E. Coughlin)이 시작한 것이다. 지역 방송으로 시작해서 CBS의 전국 라디오 프로그램을 맡게 된 그는 미국 자본주의의 도덕성 회복과 사회 정의의 실현을 외쳤다. 대공황의 절정기에는 당시 미국 인구 1억 2천만 가운데 4천만 명이 카플린이 진행하는 방송을 청취했다. 미국 인구의 1/3을 청취자로 확보한 그는 1932년 대통령 선거에서 민주당의 프랭클린 루스벨트를 지지했고, 민주당 전당대회의 초청 연설자로 나서기도 했다. 그러나 대통령이 된 루스벨트가 은행의 국유화에 반대하자 뉴딜 비판자로 변했다. 그리고 그의 방송 프로그램은 러시아혁명 직후의 반공 히스테리가 그랬던 것처럼 음모론과 파라노이아를 대변하는 운동이 되었다. 카플린은 매주 라디오 연설을 통해 공산주의와 자본가를 싸잡아 비난했다. 그는 제1차 세계대전이 자본가, 특히 유대인 금융가들의 음모에서 비롯되었고 수많은 인명이 그네들의 이익 때문에 희생되었다는 음모론을 설교했다. 자본의 노동 착취를 막으려면 나치즘이나 파시즘처럼 국가가 자본가 위에 군림하는 국가 자본주의(state capitalism)를 도입해야 한다고 부르짖으면서 사회 정의를 위한 전국연합(National Union for Social Justice, NUSJ)을 조직했다. 그리고 1936년 대통령 선거에서는 NUSJ를 기반으로 한 전국연합 당(National Union Party)을 만들기도 했다.

그러나 카플린은 사회주의적 평등을 주장한 것이 아니다. 국가 주도 아래 자본의 도덕성을 회복해야 한다고 주장했을 뿐이다. 그는 금융계를 장악한 유대인들을 비난했으며 반유대주의의 상징인 히틀러와 무솔리니를 지지했다. 카플린 운동은 대공황 시대의 빈곤 문제를 강박적 도덕주의로 해결하려다가 국가주의-파시즘-반공주의로 흘러버린 도덕주의적 파시즘이다.[85]

제2차 세계대전이 끝나고 냉전이 시작되면서 보수적 아메리카니즘은 확실한 적그리스도를 발견했다. 소련과 공산주의다. 1940년대 후반에는 1950년대까지 미국을 휩쓴 두 번째 반공 히스테리(The Second Red Scare)도 시작되었다. 두 번째 반공 히스테리의 절정은 1950년부터 1954년까지 미국을 휩쓴 매카시즘이다. 미국 정부 안에, 특히 국무부에 공산주의자와 소련의 스파이가 침투해 있다는 위스콘신 주 상원의원 조지프 매카시(Joseph R. McCarthy)의 충격 발언[86]으로 시작된 매카시즘은 정략도 아니고 정치 공작도 아니었다. 혁명의 나라이며 핵 보유국인 소련과의 적대적 대치 상황에서 비롯된 위기 의식과 경계심이 극단적 히스테리로 터져나온 것이다. 매카시는 미국 정부에 침투한 공산주의자를 겨

---

85) Louis Ward, *Father Charles E. Coughlin, an Authorized Biography* (Detroit, MI.: Tower Publications, 1953); S. M. Lipset, and Earl Raab, *The Politics of Unreason*, 167~196쪽.

86) "이 나라 정부의 고관들이 우리를 파멸로 이끄는 음모를 꾸미고 있다는 사실을 믿지 않고서야 어찌 오늘날 미국의 상황을 설명할 수 있겠는가? 오늘 미국의 상황은 역사상 어떠한 음모보다도 더 큰 규모를 가진 거대한 음모의 소산이다. (……) 미국을 (소련에 대한) 패배의 전략으로 몰고 가는 (미국 정부의) 끊임없는 정책과 행위를 무엇으로 설명할 것인가? 그것은 (정부의) 무능 때문이 아니다"(1951년 6.14일자 미 의회 제82회기 속기록). R. Hofstadter, *The Paranoid Style in American Politics*, 7~8쪽에서 인용. 매카시즘 관련 문헌은 Robert Griffith, *The Politics of Fear: Joseph R. McCarthy and the Senate*, 2nd edn. (Amherst, MA.: University of Massachusetts Press, 1987), 321~335쪽을 참조.

냉했지만 그의 궁극적인 적은 공산주의 이념이었다. 그에게 미국의 일차적인 적은 소련이 아니라 공산주의라는 사상이었다. 매카시는 비정치적인 사람이며 오히려 도덕주의자라는 평가가 나오는 것은 이 때문이다. 실제로 그는 "우리 서방 문명과 무신론적 공산주의 세계의 차이점은 정치적인 것이 아니라 (……) 도덕적인 것이다"[87]라고 말했다. 공산주의를 반종교(anti-religion)로 규정하고, 이 '반종교에 대한 종교적 반대'를 미국의 종교로 삼은 것이다.

> "공산주의는 이 세상의 모든 사악한 의도와 사악한 인물의 총합을 뜻하는 것이다. 공산주의는 그 무신론적 성격 때문에 '악'이 된 것이 아니고 '악'이기 때문에 무신론적으로 비친 것이다. (……) 미국 종교의 핵심은 공산주의에 깃든 악을 응징하는 것이었다. (……) 미국의 정신 (Americanism)은 바로 이 (반공이라는: 인용자) 종교에 구현된 가치 체계였다. 그래서 매카시의 반공 이데올로기는 추상적이고 아노미적인 토착주의였다. 그 집단적 정체성(identity)은 도덕적 우월성이었다. (……) 매카시즘에는 이러한 도덕적 열정과 도덕적 절대주의가 공존해 있었다."[88]

매카시즘은 미국 정치 문명의 속성인 일원론적-단세포적 충동 (monistic impulse)을 드라마틱하게 표출한 사례다. 매카시즘의 반공 이데올로기는 미국 정치 문명의 자유주의와 칼뱅주의가 합세해서 빚어낸 사회적 히스테리가 그 본질이기 때문이다.

1958년에 로버트 웰치(Robert Welch)가 인디애나폴리스에서 결성한 존 버치 소사이어티(John Birch Society)도 반공 파라노이아의 부산물이

---

87) S. M. Lipset and Earl Raab, *The Politics of Unreason*, 222~223쪽에서 인용.
88) 같은 책, 223쪽.

다.[89] 존 버치 소사이어티는 공산주의뿐만 아니라 부의 재분배와 정부 권력의 확대에도 반대했다. 자유연맹(Liberty League)[90]의 경제적 보수주의와 매카시즘의 반공 이데올로기를 접맥시킨 것이다.[91] 매카시는 미국 국무부에 공산주의의 첩자가 숨어 있다고 우겼지만, 이 단체는 아예 미국 대통령을 공산주의의 꼭두풀로 추정하는 극단성을 노출하는 방식으로 보수적 아메리카니즘의 강박적 음모론을 과시했다. 웰치는 아이젠하워가 매카시의 몰락을 방조한 것, 한국전쟁에서 공산주의자들과 휴전을 한 것, 인도차이나, 베를린, 헝가리의 반공 운동에 대한 원조를 거부한 것, 또 뉴딜 정책과 프랭클린 루스벨트 정부의 급진적 리버럴리즘이 도입한 복지 국가 정책을 확대했던 점을 예로 들면서, 이 모든 것을 설명하는 것은 아이젠하워 대통령이 공산주의자가 아니면 공산주의의 책동에 넘어간 얼간이라는 사실뿐이라고 주장했다. 그래서 그는 "아이젠하워가 공산주의 음모의 헌신적 하수인이라는 나의 확신은 지금까지 쌓아놓은 광범위하고도 명백한 구체적 증거를 근거로 하고 있기 때문에 이런 확신에 한 치도 의심의 여지가 없다"[92]고 전제한 다음, 미국의 대통령과 고위 관료들이 공산주의의 하수인이라는 극적인 주장들을 전개하기 시작했다. 아이젠하워 행정부의 국무장관인 존 포스터 덜레스(John Foster Dulles)를 공산주의의 하수인으로, 앨런 덜레스(Allen Dulles) CIA 국장을 아이

---

89) 지금은 위스컨신 주의 애플턴(Appleton)에 본부가 있다.

90) 시장에 대한 국가 개입을 본격화한 뉴딜로 인해 자유방임 시장주의가 위협을 받게 되자 1934~1935년 무렵에는 뉴딜의 사회 및 재정 정책에 불만을 품은 다양한 반정부 조직(anti-administration groups)들이 생겼다. 1934년 8월에 발족한 자유연맹은 사업가, 금융가, 법률가, 민주당 보수파로 구성된 대표적인 반뉴딜 그룹이다. 이들은 뉴딜이 미국 헌법 정신에 어긋난다고 보았고 자유방임의 경제 원칙에 위배되는 뉴딜 법안들에 대해 반대운동을 전개했다. R. B. Morris, *Encyclopedia of American History*, 415~416쪽 참조.

91) Chip Berlet and Matthew N. Lyons, *Right-Wing Populism in America*, 175~198쪽.

92) J. Allen Broyles, *The John Birch Society: Anatomy of a Protest* (Boston, MA.: Beacon Press, 1966), 7쪽. S. M. Lipset, and Earl Raab, *The Politics of Unreason*, 256쪽에서 인용.

젠하워 다음가는 막강한 워싱턴 공산주의자로 매도하였고, 『미국의 생각』(American Opinion)과 『회람』(Bulletin)을 통해 케네디, 존슨, 닉슨 정부의 고위 관료들이 공산주의의 하수인이라고 선전했다. 예를 들면 케네디 행정부가 일으킨 피그스 만 사건[93]은 카스트로를 제거하는 척하면서 카스트로를 돕기 위한 교묘한 술책이었으며, 인도차이나 개입도 공산주의를 타도하기 위한 것이 아니라 미국의 사회주의화를 도우려는 저의에서 비롯되었다고 주장했다.[94] 이 극우 단체는 1960년대 미국의 민권 운동과 1964년의 민권법에도 반대했다. 민권 운동 내부에 공산주의자들이 침투해서 미국의 전통을 뒤흔들 소요를 선동하고 있다는 주장이었다. 이들의 반공 파라노이아는 미국의 60퍼센트 내지 80퍼센트가 공산주의의 손아귀에 들어갔다고 주장할 만큼 극심했고, 미국의 자유를 파괴하고 잔혹한 독재를 이식하려는 공산주의자들의 책동을 해묵은 일루미나티즘의 소행으로 몰아가기까지 했다.[95]

1990년대에 소련이 무너지고 공산권이 해체된 후에도 안과 밖의 적이 미국을 위협하고 있다는 음모론과 파라노이아는 계속되어왔다. 2001년에 발생한 9.11테러는 냉전 시대의 반공 파라노이아를 반지하드, 반테러, 반무슬림 파라노이아로 바꾸었고, 2008년에 발생한 금융 위기는 소련에 대한 과거의 경계심을 중국에 대한 경계심으로 전환시킨

93) Bay of Pigs 사건. 혁명으로 정권을 잡은 피델 카스트로의 좌파 정부를 붕괴시키기 위해, 미국으로 망명한 쿠바인으로 구성한 특공대를 CIA의 지휘 아래 쿠바의 피그스 만에 잠입시키려다가 실패한 사건이다. 이 사건 이후 카스트로는 친소련 정책을 폈다.

94) 자세한 것은 S. M. Lipset and Earl Raab, *The Politics of Unreason*, 251~257쪽을 참조. 심지어 케네디가 공산주의의 하수인 노릇을 해오다가 소련을 배신하려고 했기 때문에 암살되었다는 주장도 있었다. Revilo P. Oliver, "Marxmanship in Dallas," *American Opinion*, VII (Feb. 1964), 18쪽.

95) 마르크스, 트로츠키, 레닌, 스탈린, 말렌코프, 심지어 네루, 드골, 카스트로까지 다 일루미나티 회원이라고 주장했다. R. Welch, *The New Americanism* (Boston, MA.: Western Islands, 1966), 136쪽.

결정타였다. 그 결과 21세기 미국의 다양한 우파 운동은 대체로 1)자유 무역에 반대하고 관세 전쟁을 불사하는 경제적 국수주의, 2)미국의 이익과 상관없는 인도적 개입에 돈을 쓰는 데 반대하는 불개입주의, 3)'백인의 미국'을 수호하기 위한 반이민주의를 내걸고 있다. 2016년 도널드 트럼프가 선거 구호로 썼던 '미국 최우선'(America First)은 이 셋을 합쳐 놓은 것이다.

하나씩 보자. 2009년에 오바마 행정부가 출범한 직후 급성장한 티파티 운동(Tea Party movement)은 미국 내부 문제부터 해결하자는 온건 리버테리언(자유 지상주의) 운동이다. 민주당을 지지하는 무브온(MoveOn)의 대척점에 있는 티파티는 비대해진 연방 정부를 축소해서 헌법 정신인 공화주의에 따라 '작은 정부'로 복귀하자고 주장한다. 즉 재정 지출을 줄여 국가 채무를 감축할 것을 요구하고 증세와 보편적 의료보험(오바마 케어)에 반대한다.[96] 이 운동의 이름을 독립전쟁의 기폭제가 된 1773년의 보스턴 티파티 사건에서 따온 것은, 영국의 권력 남용에 맞서 싸워서 자유를 쟁취한 미국의 선조들처럼 21세기의 미국 국민도 연방 정부의 권력 남용에 맞서서 자유를 지켜야 한다는 것을 강조하기 위해서다.

미국 역사상 첫 비백인 대통령 오바마가 당선된 2008년 이후에는 백인 우월주의, 백인 민족주의, 신나치(Neo-Nazis), 신남부주의(Neo-Confederates)를 망라한 극우 세력이 대안 우파(Alternative Right, Alt-right)라는 간판을 내걸고 활동하고 있다. 브레이트바트 뉴스(Breitbart News)라는 웹사이트의 운영자에서 트럼프 대통령의 수석 전략 참모까

---

96) 이들의 철학은 가까이는 1994년 중간선거 직전에 뉴트 깅리치 주도 아래 공화당이 선언한 '아메리카와의 계약'(Contract With America)으로 거슬러 올라간다. '아메리카와의 계약'은 방만한 재정 운용 반대, 무분별한 복지 반대, 유엔 평화 유지 활동을 비롯한 방만한 대외 군사 개입 반대, 미국 안보 우선주의, 일자리 창출을 공화당의 공약으로 내걸었다. 이 선거에서 공화당은 뉴딜 이후 처음으로 상하 양원 선거에서 모두 이겼다.

지 지낸 스티브 배넌(Steve Bannon)이 대표하는 대안 우파는 외교적으로
는 경제 민족주의, 독자주의, 미국 우선주의를 내걸고 있으며 정치적으
로는 화이트 아메리카의 수호를 내걸고 있다.

대안 우파를 자처하는 모든 단체가 백인 우월주의를 공공연히 드러
내지는 않는다. 온건 우파에서 과격 극우파에 이르는 다양한 이념 집단
이 대안 우파라는 간판을 내걸고 있기 때문이다. 그러나 무슬림에 대한
반감은 대부분 갖고 있다. 이민자와 페미니즘에 대한 거부감도 강하고
뉴딜 시대의 평등주의인 '결과의 평등'에도 반대한다. 결국 다양한 대안
우파의 공통점은 뉴딜식 평등주의에 대한 반대와 자유주의 세계 질서에
입각한 세계화에 대한 반대다. 그 바탕에 깔린 것은 뉴딜 이후 20세기
의 미국을 이끈 '엘리트 좌파'의 섣부른 실험으로부터 원래의 미국을 지
켜야 한다는 편집증이다.

건국 직후부터 도널드 트럼프에 이르기까지 미국 우파의 정신 세계를
정리해보자.

첫째, 모든 운동과 이념은 미국의 정신, 미국의 자유라는 원형을 설정
해놓고 이것을 외부(또는 미국 내부의 '외부')의 해악과 음모로부터 지켜야
한다는 강박감을 갖고 있다. 그들에게 미국의 우월성이란 애초부터 미국
을 백인 공화국으로 지켜온 지배 집단(WASP)의 정치적·종교적 가치 체
계를 뜻하고, 다른 한편으로는 보수적 아메리카니즘의 전통을 뜻한다.
미국 수호를 위해 십자군적 소명을 떠맡은 그들의 공격 목표는 크게 두
가지다. 하나는 이민, 유색인과 같은 외부 인종, 그리고 가톨릭이나 무슬
림 같은 외부 종교다. 다른 하나는 덕성의 타락, 자본의 물신화, 그리고
미국의 정신과 체제를 파괴하는 급진주의다. 특히 자본의 물신화에 대한
반감은 반유대주의로 이어진다. 미국 금융을 지배한 자본가들이 주로 유
대인이기 때문이다.

둘째, 반비밀공제조합 운동, 매카시즘, 존 버치 소사이어티의 특징인 반엘리트주의도 미국 우파의 정신 세계를 구성하는 요소다.[97] 주의할 것은 미국의 반엘리트주의는 어디까지나 보수적 성격의 반엘리트주의라는 점이다. 역사적으로 미국의 반엘리트주의는 보통 사람을 앞세운 진보적 반엘리트주의가 아니다. 오히려 정권과 금권을 '지금 잡고 있는 세력'과 '새롭게 대두하는 신흥 세력'에 대해서 구세력이 느끼는 상대적 박탈감이 촉발하는 복고적 반엘리트주의이며[98] 엘리트주의 자체에 반대하는 정치적 평등주의가 아니다.

셋째, 트럼프 현상이 적나라하게 보여주고 있는 반지성주의(Anti-Intellectualism)다. 유럽의 우파와 달리 미국의 우파는 일반 대중과 노동자들의 지지를 받는다. 미국 우파의 특징이 반엘리트주의와 반지성주의이기 때문이다. 호프스태터가 지적한 것처럼 반지성주의는 미국의 태생적 특성이다.[99] 매카시즘이 그랬지만[100] 극우 이념이 잠시라도 다수 대중의 지지를 받는 현상은 미국의 반지성주의 전통을 고려해서 설명해야 한다.

미국 우파의 회귀 본능과 도덕주의는 '외부와 세월'로부터 미국을 지키려는 강박증을 낳았다. 그래서 미국을 위협하는 국제적 음모를 상상하

---

97) S. M. Lipset and Earl Raab, *The Politics of Unreason*, 43, 239, 251쪽.

98) 같은 책, 24, 29, 43쪽.

99) "사상가로서의 지성인은 항상 미국에 새로운 변화를 야기하고 또 변화를 수용하도록 재촉하는 인물들이기 때문에 미국의 원초적 모습을 파괴하는 데 주도적인 역할을 담당해온 것으로 인식되었다. (……) 가장 편협한 심성을 가진 미국인들이 보기에는, 추상적인 것만 보느라고 상식적인 일에 먹통인 사람(지성인)이야말로 미국의 체제가 갖고 있는 장점을 보지도 수용하지도 못하는 사람이다." R. Hofstadter, *Anti-Intellectualism in American Life* (New York, Alfred A. Knopf, 1974), 43~44쪽. 호프스태터는 미국 종교의 복음주의 전통(Evangelicalism)에서 반지성주의가 기원한다고 본다(같은 책, 47, 59~72쪽). 그리고 평균적 미국인이 높이 평가하는 지능(intelligence, 고민하지 않고 실용적인 일만 효율적으로 수행하는 능력)과 백안시하는 지성(intellect, 의심하는 능력)의 구별에 대해서는 같은 책, 25쪽을 볼 것.

100) 같은 책, 13~14쪽, 그리고 S. M. Lipset and Earl Raab, *The Politics of Unreason*, 228쪽을 참조.

고[101] 선한 미국과 악한 적그리스도(공산주의, 테러, 반미주의)와의 일전을 미국의 숙명으로 보는[102] 묵시론적 세계관이 대외적 규범이 되었다.

미국은 특별한 나라라는 자의식과 비미국적인 것에 대한 편집증적 반감은 자유의 신화로 귀결되었다. 미국인들의 심상에 각인된 미국의 과거는 지워버리고 싶은 어두운 과거가 아니라 위대한 자유를 쟁취하고 확대해온 자유의 역사로 신화화되었다. 기술이나 경제와 같은 물질의 영역에서는 미래 지향적인 미국이 제도나 가치와 같은 정신의 영역에서는 보수적이고 고집스러운 까닭이 여기에 있다.

"독립혁명의 비혁명성, 노예 폐지 운동의 한 갈래인 반노예제 운동(이것은 Anti-Slavery Movement를 의미한다. 즉 노예제의 즉각 폐지를 주장한 즉각 폐지론자[Abolitionist]와 달리 흑인을 해방시켜 해외 식민지로, 즉 미국 바깥으로 내보내자는 반흑인 인종차별 운동이다: 인용자)의 종족주의, 그리고 자본주의 체제 자체는 유지한다는 대전제를 깔고 정치 개혁을 부르짖은 포퓰리즘(Grangers 운동, Greenbackers 운동 즉 지폐 사용 운동, 은화 사용 운동과 같은 19세기 말 미국 농민 운동: 인용자)의 반혁명 운동, 또 20세기 초 소위 혁신주의(Progressivism) 시대를 지배한 보수성, 곰퍼즈(Samuel Gompers)의 보수적 이념과 그 지도 아래 노동 운동의 급진성을 제어해 왔던 미국노동총연맹(American Federation of Labor)의 반급진주의 등(……) 미국 역사에서 자유는 항상 보수를 통해 유지되어 왔다."[103]

---

101) R. Hofstadter, *The Paranoid Style in American Politics*, 4~6쪽.

102) 같은 책, 29~34쪽.

103) 권용립, 「미국의 대한정책에 나타나는 아메리카니즘에 관한 고찰-미국적 보수주의를 중심으로」, 239쪽. 미국 진보의 태생적 보수성에 관해서는 C. Rossiter, *Conservatism in America*, 84~98쪽을 볼 것.

5-3. 반평등의 평등관

20세기 중반의 뉴딜 시대를 제외하면, 미국의 표준적 평등관은 '반평등의 평등관'이다. 즉 기회만 균등하면 개인의 노력과 운에 따르는 결과의 불평등을 당연하게 받아들여야 한다는 믿음이다. 미국에서 사회주의가 뿌리를 내리지 못한 이유 중 하나가 이것이다. 이 평등관은 미국 정치문명을 구성하는 세 가지 사상에 공통된 것이다. 공화주의의 자연 분화론, 자유주의의 '작은 정부', 칼뱅주의의 신정주의와 엘리트주의는 모두 국가가 강요하는 작위적 평등(Artificial Equality)을 거부하기 때문이다.

1) 자연 분화론(Natural Differentiation)

공화주의 사상에 따르면 모든 인간은 태생적으로 1인, 소수, 다수 가운데 하나다. 다시 말해서 모든 사회는 왕의 자질을 갖고 태어난 사람, 현명하고 공공의 이익을 위해 몸 바칠 도덕성을 가진 자연 귀족으로 태어난 사람들, 일반 시민의 자질만 갖고 태어난 사람들로 자연스럽게 분화(Natural Differentiation)된다.[104] 자질과 능력이 이처럼 평등하지 않은 사람들이 각자의 자질과 능력에 따라서 왕, 귀족, 인민의 역할을 각각 분담하는 것이 공화주의가 지향하는 평등이다. 존 해링턴이 "잘 마련된 성문법 체계 아래서 가장 우수하고 현명한 사람들이 통치하는 것"(rulership by the best and the wisest under well-considered laws, circumscribed by a

---

104) J. G. A. Pocock, "The Classical Theory of Deference," 518쪽. *Commonwealth of Oceana*에서 해링턴은 자연 귀족의 탄생 과정을 이렇게 예시했다. 만약 20명으로 구성된 사회가 있다면 그중 6명은 나머지 14명보다 우월하다. 그래서 정치적 문제를 논의한다(debate). 나머지 14명은 토론의 결과를 놓고 최종 결정(result)하는 역할을 분담한다. 이 6명이 원로(senate, 앞장에서 말한 바와 같이 미국 상원의 명칭이 이것임을 상기할 것)로 선출될 사람들이다. J. G. A. Pocock (ed.), *The Political Writings of James Harrington*, 172~173쪽.

written constitution)[105]이 이상적인 체제라고 말한 것도 현명하고 도덕적인 소수와 그렇지 못한 다수의 구별을 전제한 것이다. 한편 소수의 자연 귀족(Natural Aristocrat)과 다수 인민의 계급 분화가 야기할 갈등은 상호 간의 경의(deference)를 통해 해소되는 것으로 이해되었다.[106]

> "(……) 타인으로부터 존경을 받을 만한 인물이 있다는 사실을 부정하는 인간관이나 정의관만큼 위험한 것은 없다. 또 참된 인물에 경의를 표하는 정치 체제가 민주주의라는 사실을 부인하는 것만큼 위험한 것도 없다."[107]

한 사회가 뛰어난 자들과 그렇지 못한 자들로 나눠지는 것을 중력의 법칙과 같은 자연의 법칙으로 보는 공화주의의 자연 분화론은 인위적이거나 절대적인 평등을 용납하지 않는다. 토머스 제퍼슨도 미국은 자연 귀족의 이상을 구현하는 나라라고 생각했다. 유럽은 신분 세습에 의존하는 인위적 귀족(Artificial Aristocrat) 때문에 타락했지만 미국은 신분 아닌 자질과 능력에 근거한 자연 귀족의 비전을 구현하는 나라가 되어야만 했다.

이처럼 자연의 질서를 존중하는 평등관은 '공정하게 얻은 재산은 존중되어야 한다'는 믿음, 즉 재산의 불평등을 인정하는 반평등의 평등관

---

105) V. L. Parrington, *Main Currents in American Thought*, 269쪽.
106) 공화주의에서 말하는 '경의'란 능력이 더 뛰어난 소수(자연 귀족)의 지배를 다수(나머지 시민 대부분)가 불평 없이 받아들이고 또 당연히 여기는 것이다. 즉 다수가 자신보다 우월한 소수의 자연 귀족에 대해 경외심을 갖고 정치적 문제에 대한 자연 귀족의 지배를 자연스럽고 정상적인 것으로 보는 태도를 의미하는 것이다. 따라서 '경의'는 강요되는 것이 아니라 자발적으로 생기는 것이며 바로 이러한 점에서 복종(obedience)과 구분된다. 포칵은 '경의'를 이렇게 정의한다. "(Deference의 본질적 의미는) 엘리트에 속하지 못한 사람들이 엘리트의 지도자적 역할을 흔쾌히 인정하는 (……) 것으로 그 자체도 하나의 정치적 행위다." J. G. A. Pocock, "The Classical Theory of Deference," *American Historical Review*, vol. 81, no. 3 (Jun. 1976), 516~517쪽.
107) Martin Diamond, "Ethics and Politics: The American Way," in R. H. Horwitz (ed.), *Moral Foundations of the American Republic*, 103쪽.

을 낳는다. 토크빌도 1830년대의 미국을 다녀본 후 미국의 평등은 결과의 평등이 아닌 기회의 평등(Born Equal)이라고 지적했다. 기회만 평등하면 결과의 불평등은 정당하다는 말이다. 이것은 또 정치적, 법적 평등이 경제적 불평등을 정당화한다는 말이다. 미국이 경제보다는 정치에서 균등 지향적(egalitarian)이고[108] "누구도 크게 부자이거나 빈자여서는 안 되지만, 공정하게 얻은 부의 차이는 인정해야 한다는 이중성"[109]을 보이는 것은 미국 정치 문명의 기회 평등주의 때문이다. 독립혁명의 지도자들도 계급과 직업이 수평적으로 분화된 사회를 원하지 않았다. 그들은 인간의 자질에 차등이 있다는 것을 꿰뚫고 있었다. 그래서 건국 시대 미국의 지도자들은 지혜롭고 덕성 있는 엘리트 즉 자연 귀족이 미국을 통치하는 데 이의를 제기하지 않았다. 또 자기들처럼 이성적이고 교양 있는 청중만 상대했다.[110] 독립전쟁의 정당성도 교양 있는 상류층한테 전파하면 그들이 일반 민중에게 전파할 것으로 생각했다.

자연 귀족의 계도를 당연시하는 태도는 연방헌법 제정을 위한 필라델피아 회의의 기록에서 쉽게 찾을 수 있다. 1787년 6월 26일자 토의 기록을 보면 매디슨은 찰스 핑크니(Charles Pinckney)의 주장을 반박하면서 상원의원의 임기를 4년이나 6년보다 더 길게 9년으로 해야 한다고 주장한다.[111]

---

108) Sidney Verba and Gary R. Orren, *Equality in America: The View from the Top* (Cambridge, MA.: Harvard University Press, 1985), 5, 8쪽.

109) G. S. Wood, *The Creation of the American Republic*, 73쪽.

110) G. S. Wood, "The Democratization of Mind in the American Revolution," in R. H. Horwitz (ed.), *Moral Foundations of the American Republic*, 112~113쪽. 혁명 지도자들은 그들의 독자가 귀족적인 상류층에 국한된다고 보았기 때문에 라틴어 인용문이나 고전에 나오는 문구들을 자주 사용했다. 따라서 성서만 이해하면 누구나 알 수 있게끔 라틴어를 사용하지 않은 페인의 『상식론』은 '혁명적'인 것이었다. 같은 책, 115~118쪽.

111) 필라델피아 제헌회의에 참가했던 각 주 대표들은 행정부(대통령)를 군주로, 상원을 (자연) 귀족 집단으로, 하원을 인민(민주)적 세력의 대의 기구로 생각했다. 이 점에서 폴리비우스의 영향을 엿볼 수 있다. Gilbert Chinard, "Polybius and the American Constitution," 50~52쪽.

"우리가 만들 정부를 공화주의 형태로 할 것인지 아닌지를 결정해야 합니다. (……) 이제 우리는 그 지혜에 기댈 수 있는, 또 장기적 재임(임기)을 통해 그 지식과 굳건한 의지를 발휘할 어떤 기구(상원)를 만들려고 합니다. 민주주의(다수가 지배하는 체제) 공동체는 불안정하고 순간적 충동에 휩쓸립니다. (……) 모든 문명 사회에는 엇갈리는 이익들이 공존합니다(the interests of a community will be divided). 채권자가 있으면 채무자가 있을 것이고 소유한 재산도 불평등할 것입니다. 이 때문에 통치 체제 안에서도 상이한 견해와 목표들이 충돌할 것입니다. 이런 상황이 귀족 정치를 작동시킬 터전(ground-work)이 됩니다. (……) 우리가 수립하려는 정부는 긴 세월에 걸쳐 존속될 정부라야 합니다. 비록 지금은 토지 세력이 지배적이지만 (……) 교역과 제조업이 다양해지고 지주의 수효가 상대적으로 줄어들어 미래의 선거에서 토지 이익이 다른 이익에 눌리게 되면 (……) 어떻게 되겠습니까? (그래서) 우리가 세울 정부는 변화에 대처할 수 있게끔 영속적인 이익(토지 이익)을 보장할 수 있는 정부라야 합니다. 무한한 가치가 있는 토지(공화주의에서 토지가 왜 중요한지는 이 책의 제3장 3절, 제9장 1절, 2절을 참조: 인용자)를 소유한 지주의 이익을 떠받쳐주고 여타 이익과 토지 이익의 균형을 잡으려면 토지 소유자들이 정부의 한편을 차지해서 부유한 소수를 나머지 다수로부터 보호해야 합니다. 이 역할을 할 기구가 상원입니다. 이 역할을 수행하려면 상원의원의 임기는 길고 안정적이어야 합니다. 다양한 견해가 제시되었지만 상원의원의 임기가 길면 길수록 우리가 기대하는 역할에 더 잘 부응할 것이라는 게 제 생각입니다."[112]

---

112) Max Farrand (ed.), *The Records of the Federal Convention of 1787*, vol. 1, 430~431쪽.

알렉산더 해밀턴의 평등관도 비슷하다. 매디슨의 기록에 따르면, 해밀턴도 자신의 견해에 찬성하면서 재산의 평등 따위는 존재한 적도 없고, 자유가 존재하는 한 불평등도 계속될 것이라고 봤다.[113] 자유와 평등을 모순 관계로 보는 매디슨과 해밀턴의 평등관은 기회의 평등을 보장함으로써 결과의 불평등을 정당화하는 미국적 평등관의 원형이다. 건국 시대의 미국 지도자들이 품고 있던 자연 귀족에 대한 신뢰와 세습 귀족에 대한 혐오는 제3대 대통령 토머스 제퍼슨이 자신의 평생 정적인 제2대 대통령 존 애덤스에게 보낸 편지(1813년 10월 28일자)에 잘 드러나 있다.

"(……) 타고난 귀족이 있다는 귀하의 생각에 저도 동의합니다. 자연 귀족의 바탕은 덕성과 자질입니다. (……) 그러나 인위적 귀족도 있습니다. 그들은 덕성과 재능이 아니라 부와 출생 배경에 따라 귀족이 된 사람들입니다. (……) 저는 자연 귀족이야말로 사회의 운영과 계도를 위해 자연이 우리에게 예비해준 가장 귀한 선물이라고 생각합니다. (……) (그렇다면) 이런 자연 귀족을 공직에 선출할 수 있는 제도를 효율적으로 갖춘 정부 형태가 최상의 정부라고 말할 수 있지 않겠습니까? 인위적 귀족은 정치에 해가 되는 존재이며, 그들의 세력 확장을 막을 장치가 있어야만 합니다."[114]

제퍼슨은 사람들이 진정한 귀족인 자연 귀족과 사이비 귀족인 인위적 귀족을 잘 가려낼 것으로 믿었다. 그러나 사이비 귀족을 제거할 확실한

---

113) 같은 책, 424쪽. 예이츠(Robert Yates)의 기록을 보면 해밀턴의 발언 내용은 이렇다. "그러나 우리가 민주주의 쪽으로 너무 치우치면 곧 군주정으로 변할 것이다. 이미 우리들의 재산의 차이는 크다. 그런데 상업과 산업이 융성하게 되면 지금의 불평등은 더 심화될 것이다"(같은 책, 432쪽).

114) A. T. Mason, and G. E. Baker (ed.), *Free Government in the Making*, 339~340쪽.

방법으로 장자 상속제를 폐지할 것을 제안하기도 했다. 동시에 이와 같은 소극적 방법보다는 국가가 교육 기회를 균등하게 부여함으로써 자연 귀족을 적극적으로 육성해야 한다고 내다봤다. 제퍼슨의 기회 평등주의는 다음 인용문에서 확연해진다.

> "(내가 준비한 교육 확산을 위한 법안은) 모든 지역을 5~6평방마일 단위의 구로 나눠서 각 구마다 읽기와 쓰기, 산수를 무상으로 가르치는 학교를 운영하는 것이다. 매년 각 구의 학교에서 가장 우수한 학생들을 선발해 해당 지역 고등학교에서 무상으로(공공 재정으로) 교육을 받게 하고, 또 이들 지역 고등학교에서 가장 유망한 학생들을 모든 유용한 학문이 전수되는 대학교로 선발해서 보내는 것이다. (이렇게 하면) 어떤 조건에서든 값진 재능의 소유자가 뽑히게 되어 부와 출생을 배경으로 한 (인공 귀족의: 인용자) 도전을 교육 제도를 통해 물리치게 된다. (……) 나아가서 이 우수한 학생들이 후일 각각 자기 지역의 행정(빈민 구호, 도로 건설과 보수, 치안, 선거, 사소한 사법적 처리, 민병 업무 등)을 담당하도록 각 지역에 자치권을 주자는 것이다."[115]

이처럼 미국의 평등관은 기회 평등을 해치는 인습적 특권을 부정하는 데서[116] 출발하지만 경쟁의 결과로 생기는 불평등은 당연시한다. 능력의 차이를 고려하지 않는 절대적 평등을 거부하는 이 평등관은 완벽한 자유

---

115) 같은 책, 340쪽.
116) 1776년의 펜실베이니아 주 헌법, 노스캐롤라이나 주의 헌법, 노스캐롤라이나 주의 권리선언(North Carolina Declaration of Rights) 제22~23조, 메릴랜드 주의 권리선언(Maryland Declaration of Rights) 제39~40조, 1777년의 조지아 주 헌법 제51조는 당시의 미국에서 세습적 특권에 대한 반감이 어떠했는지를 보여준다. G. S. Wood, *The Creation of the American Republic*, 72쪽 참조.

경쟁을 평등의 시작인 동시에 끝으로 보는 19세기 후반의 자유방임 자유주의(Laissez-Faire Liberalism)로 연결되었다. 그 징검다리 역할을 한 사람이 19세기 남부 보수주의의 대부인 존 칼훈(John C. Calhoun)이다.

미국의 토착 보수주의를 체계화한 칼훈은[117] 연방 정부의 노예제 폐지를 비난하면서 독립선언과 연방헌법이 보장한 각 주의 주권에 근거해서 모든 주는 연방에서 탈퇴할 자유가 있다고 주장한 인물이다. 그는 흑인이 백인보다 열등하기 때문에 노예제 존속이 인류의 진보에 이롭다는 논리를 전개했다. 이것은 노예제를 유지하기 위한 핑계가 아니라 그의 신념이었다. 흑인은 자유를 누릴 권리가 없다는 것, 자유와 평등은 병존할 수 없다는 것을 그는 이렇게 말했다.

> "이상의 언급에서 자유를 누릴 권리를 만인이 동등하게 갖는다고 상정하는 것이 대단히 위험한 실수라는 사실이 드러난다. 자유란 아무한테나 펑펑 뿌려지는 축복(boon)이 아니라 애써서 얻게 되는 보상(reward)이다. 지성적이고 애국적이며 덕성이 있고 존경받을 만한 사람이나 누리는 것이지, 무지하고 저질스럽고 사악해서 자유를 즐기거나 자유에 감사할 능력도 없는 사람에게 뿌려지는 축복이 아니다. (……) 이에 못지않게 위험한 또 다른 실수도 있다. (……) 자유와 평등이 긴밀히 결속되어 있기 때문에 완벽한 평등 없이는 자유도 온전할 수 없다는 견해가 그것이다. 물론 법 앞에서의 시민적 평등은 민주 정부 아래서 자유를 누리는 데 긴요하다. 그러나 더 나아가 여건(condition, 여기서는 결과를 뜻함: 인용자)의 평등을 자유의 필수 조건으로 삼으면 자유도 망치고 진보에도 해로울 것이다. 왜냐하면 여건(결과)의

---

117) Robert C. Whittemore, "The Philosophical Antecedents of American Ideology," in J. K. Roth and Robert C. Whittemore (ed.), *Ideology and American Experience*, 23쪽.

불평등이야말로 자유의 필연적 결과이며 진보에도 불가결한 것이기 때문이다. (……) 이 점을 이해하려면 자신이 처한 여건을 개선하려는 개개인의 욕망이 진보의 원동력이라는 것을 기억하면 된다. (……) 각 개인은 지력이나 예지, 정력, 인내심 (……) 지위, 기회의 측면에서 큰 차이가 있으므로 각자가 자신의 상황을 개선하기 위해 자유롭게 능력을 쓸 수 있도록 내버려두면 (……) 반드시 능력에 따른 불평등이 생긴다. (……) 이 불평등을 막을 방법은 고도의 능력을 가진 자가 능력을 발휘하는 것을 막거나 그 노력의 결과를 몰수하는 것뿐이다. 그러나 이런 방법은 상황을 개선하려는 욕구를 빼앗고 자유를 파괴한다. 그렇기 때문에, 앞서 나가는 사람에게는 자신의 자리를 지키려는 충동을 부여하고, 쫓아가는 사람에게는 앞으로 더 나아가려는 강한 충동을 부여하는 것은 다름 아닌 여건(결과)의 불평등이다."[118]

정치적, 법적 기회 균등을 자유의 충분 조건으로 보는 이런 평등관을 갖고 있으면 경쟁의 결과로 생기는 불평등을 시정하는 행위는 오히려 자유를 해치는 것으로 보인다. 그래서 19세기 미국의 자유방임주의를 대변한 섬너(William Graham Sumner)와 같은 사람은 만약 민주주의가 절대적 평등을 실현하는 체제라면 미국은 공화주의의 나라일 뿐 민주주의의 나라가 아니라고 했다.

2) 자유방임

진정한 평등은 종점이 아닌 기점의 평등이라는 조건부 평등 사상은

118) John C. Calhoun, *A Disquisition on Government and Selections from the Discourse*, ed. by C. Gordon Post (Indianapolis, IN.: Bobbs-Merrill Educational Publishing, 1953), 42~44쪽.

공화주의의 독점물이 아니다. 반국가주의 철학인 자유주의도 국가가 주도하는 평등 정책을 거부한다. 산업 자본주의가 폭발하고 불평등이 심화된 19세기 후반부터 혁신주의가 대두한 20세기 초까지 미국을 휩쓴 것은 자유방임의 이데올로기였다.

자유방임의 철학은 진화론의 원칙인 적자생존이다. 그래서 남북전쟁 이후 북부와 공화당이 주도한 미국 산업 자본의 전성 시대는 사회 진화론의 시대이기도 했다. 이 시대의 미국을 다윈의 나라(Darwinian Country)라고 부르는 것은 이 때문이다.[119] 찰스 다윈이 모교인 케임브리지 대학에서 명예 박사 학위를 받기 10년 전인 1869년에 이미 미국철학회(American Philosophical Society)의 명예 회원이 된 것, 또 다윈의 진화론을 인간 사회에 적용한 사회 진화론의 대부 허버트 스펜서의 철학이 당시의 미국을 휩쓴 것도[120] 우연이 아니다. 과학자들한테는 무식한 과학으로 무시당하고 철학자들한테는 피상적인 철학으로 매도당하던 스펜서의 이론이 미국 사회 특히 재계의 전폭적 지지를 받게 된 것은[121] 사회 진화론이 자본주의의 약육강식 현실을 자연 법칙으로 정당화했기 때문이다. 자유방임주의와 사회 진화론은 "개인주의가 미국의 전통으로 확립되고 나서도 한참 후에 (……) 도도한 개인주의의 물결을 더 거세게 만든"[122] 사상이 된 것이다.

---

119) R. Hofstadter, *Social Darwinism in American Thought*, rev. edn. (Boston, MA.: Beacon Press, 1955), 4쪽.

120) 스펜서의 저서는 1860년부터 1903년까지 미국 내에서 정확히 36만 8,755부가 팔렸다고 한다. 이것은 당시 기준으로 보면 철학, 역사학 분야에서 독보적인 판매량이었다. 그리고 1882년 가을에 스펜서가 미국을 방문했을 때 누린 인기는 대단했다. 구체적인 것은 R. Hofstadter, *Social Darwinism in American Thought*, 48~50쪽을 참조. 호프스태터는 스펜서의 철학이 당시 미국의 상황에 딱 들어맞았던 이유를 스펜서의 철학이 과학적인 논거와 넓은 시야를 갖고 있는 데다가 특히 물리학과 생물학에 기반을 둔 '진보의 이론'이라는 사실에서 찾았다.

121) A. T. Mason and G. E. Baker (ed.), *Free Government in the Making*, 503쪽.

122) R. Hofstadter, *Social Darwinism in American Thought*, 50쪽.

이뿐만이 아니다. 다윈이 밝혀낸 자연계의 적자생존, 자연도태, 약육강식의 법칙을 인간계를 지배하는 보편 법칙으로 연장한 사회 진화론은 신과 인간의 냉혹한 관계를 강조한 칼뱅주의와 합치된다. 신을 냉혹하고도 가차 없는 심판자로 섬기는 칼뱅의 교리는 냉혹하고도 가차 없는 사회 법칙을 신봉한 스펜서의 철학과 서로 통한다. 칼뱅주의가 현세의 삶을 꾸려나갈 태도로 요구하는 검약의 윤리도 나태한 부류의 도태를 자연 법칙으로 믿는 사회 진화론과 합치된다. 또 근면과 검약을 강조하는 칼뱅의 교리는 '성공'을 개인의 문제로 보는 자유(방임)주의와도 맥이 통한다.[123]

> "반면, 스펜서는 프로테스탄티즘의 토착적 극기 관념(self-discipline)을 일깨웠다. 이것은 (……) 사회 진화론과 프로테스탄티즘의 문화적 유산이 두텁게 조화될 수 있다는 것을 보여준 사례 가운데 하나다. 다윈주의(Darwinism)가 (창조설을 부인함으로써: 인용자) 신학을 위협한 것은 사실이지만, 다윈주의는 프로테스탄트의 나라인 미국의 지배적 윤리 풍토를 강화했기 때문에 미국에서 쉽사리 받아들여졌다. 프로테스탄티즘은 지상의 인간이 신에게 영광을 돌리기 위해 재물을 쌓아야 한다고 설교했고, 사회 진화론은 인류의 진보와 향상을 위해서는 각자 자기 완성을 위해 매진해야 한다고 설교했다. 둘 다 개인적인 이익 추구가 사회적 선善으로 전환된다고(turn self-concern into a social good) 본 것이다."[124]

게다가 시장에 개입하는 강력한 국가를 거부하는 사회 진화론은 국가

---

123) Max Lerner, "The Triumph of Laissez-Faire," in Arthur M. Schlesinger, Jr. and Morton White (ed.), *Paths of American Thought* (Boston, MA.: Houghton Mifflin Company, 1963), 161쪽.
124) 같은 책, 127쪽.

권력을 철저히 감시해서 폭정으로 타락하는 것을 막아야 한다는 공화주의의 권력 철학과 합치된다. 이처럼 평등을 위한 국가의 개입을 거부한다는 점에서는 자유주의, 공화주의, 칼뱅주의 모두 사회 진화론과 통한다. 미국 정치 문명의 사상적 성분 자체가 사회 진화론과 합치되는 것이다.

이 점을 염두에 두고, 19세기 미국 산업 자본주의를 대변한 예일 대학의 사회학 교수 윌리엄 그레이엄 섬너를 통해 미국적 평등관의 원형을 살펴보자.

섬너의 사상은 무제한 경쟁을 요구하던 당시 미국 자본주의의 거친 현실 속에서 나왔다.[125] 그는 보기에 따라서 사회 진화론자일 수도 있고 자유방임주의자일 수도 있다. 어떻게 규정하든 섬너는 자유주의와 다윈주의를 결합시켜 자본의 축적을 도덕적으로 정당화한 사람이다. 그는 자연계에 적자생존과 자연도태의 법칙이 있듯이 인간 사회에서도 타고난 자질의 차이에 따른 불평등이 생긴다고 봤다. 또 각 개인이 차지한 몫(rewards)은 그 개인의 능력을 보여주는 척도라고 믿었다.[126] 그에게 미국은 계약 사회의 표본이었다. 계약이 전부이기 때문에 불평등한 계약도 정당한 것이었다. 유리한 처지에서 계약을 맺는 자는 적자適者(fittest)의 혜택을 누리는 것이고 불리한 입장에서 계약을 맺는 자는 부적자不適者(unfittest)에게 허용된 몫을 받는 것뿐이기 때문이다. 섬너가 보기에 법과 정책으로 평등을 강제하는 것은 강자가 능력과 노력을 통해 이룬 것

---

125) 사적 자유(private liberty, private interest)와 공공 이익(public good) 간의 갈등(공화주의와 자유주의 간의 긴장)을 조화시킨 것이 애덤 스미스의 자유방임주의이며 이것이 버크가 말한 신의 법, 자연의 법칙이다. R. Jeffrey Lustig, *Corporate Liberalism: The Origins of Modern American Political Theory 1890~1920* (Berkeley, CA.: University of California Press, 1982), 2쪽. 이렇게 보면 19세기 말 미국에서 자유방임주의와 사회 진화론이 득세한 것은 미국 정치 문명에 내재된 공화주의와 자유주의의 상호 모순과 긴장 때문으로 볼 수도 있다.
126) 자연은 덕성(virtue)에 대해서는 상을 내리고 악은 징벌하는 본성이 있기 때문에 역경도 인간에게 필연적이며 섭리에 따른 것이라는 말이다. 같은 책, 80쪽.

을 빼앗아서 약자에게 나눠주는 행위이며 '일부'를 위해 '모두'를 희생시키는 행위였다.[127)

"인간의 삶에 따르는 고통은 자연의 본성에서 비롯된 것이다. 이 고통은 인간이 자연과의 투쟁을 통해 생존해야 한다는 사실에서 비롯된다. 따라서 우리가 어떤 고통을 받는다고 해서 그것을 이웃 탓으로 돌릴 수는 없다. 나보다 내 이웃이 생존 경쟁에서 더 성공했다는 사실은 결코 이웃을 욕하게 만들 이유가 될 수 없다. (……) 현대 국가에서, 특히 어느 나라보다 미국에서 사회는 계약이라는 구조물 위에 서 있고 신분의 중요성은 사라졌다. 그런데 계약은 합리적이고 (……) 현실적이며 냉엄하다. (……) 계약에 기초한 사회는 자유롭고 독립적인 인간들이 모인 단체이며 (……) 따라서 개개인이 (능력과 노력에 따라: 인용자) 자신을 발전시킬 수 있는 최대의 여지와 기회를 제공한다. 계약에 의해 상호 협동하는 자유로운 인간들이 모인 사회야말로 역사상 존재했던 어떤 사회보다 강한 사회이며 (……) 따라서, 자유로운 나라에서는 누구도 남에게 도움을 청할 권리가 없고, 어느 누구도 타인을 도와야 할 부담을 떠맡지 않는다."[128)

섬너는 이런 논거를 바탕으로 삼고 불평등을 경쟁 사회의 철칙으로 보았으며 국가가 강요하는 평등을 경멸했다. 무능한 부적자를 돕기 위해 유능한 적자가 애써 이룬 바를 빼앗는 것은 적자나 부적자 모두에게 손해를 끼치기 때문이다.[129)

---

127) 같은 책, 80쪽.
128) William Graham Sumner, *What Social Classes Owe to Each Other* (New York: Harper & Brothers, 1883), 12~168쪽. A. T. Mason and G. E. Baker (ed.), *Free Government in the Making*, 510~512쪽에서 인용.
129) "이렇게 되면 적자는 남이 필요로 하는 것을 위해서 자신의 것을 잃게 되는데, 이것은 고대

빈민에 대한 섬너의 인식은 불평등을 개인 책임으로 돌리는 자유방임주의와 사회 진화론의 세계관을 극단적으로 보여준다. 그가 보기에 빈민은 인간 세계의 부적자였다.

> "빈민은 자기 힘으로 벌어먹지 못하는 자다. 자신에게 필요한 소비를 감당하기에는 생산력(producing powers)이 전혀 미치지 않는 자이며, 한마디로 자기 뒤치다꺼리도 못하는 인간이다. (⋯⋯) 소비자로 존재하고 생활하면서도 자신의 토지나 노동이나 자본을 가지고 사회를 유지하는 데 기여할 수 없는 자는 결국 짐이 된다. 이런 사람들이 정치의 한 몫을 맡아서 차지해야 한다는 말은 어떤 정치 이론에도 없다. 이런 사람들은 노동자와 생산자의 대열에서 떨어져나갈 인물이며 (⋯⋯) 빈자입네 또는 약자입네 하는 미명하에 게으르고 (⋯⋯) 어리석고 보잘 것없는 인간들이 근면·검약하고 성실한 사람들에게 달라붙어 책임과 의무를 다하라고 강요하고 있다."[130]

섬너의 사상은 "한 인간이 여기 있다는 사실만 갖고 다른 사람에게 그의 생존을 책임지라고 요구하는 것은 있을 수 없는 일"[131]이라고 믿는 개인 능력주의이며 개인 책임주의다. 섬너는 같은 논리에 의거해서 뛰어난 자의 자연스런 독점(natural monopolies)에는 찬성하되, 보호 관세나 제국주의처럼 정책적-인위적으로 발생하는 독점(artificial monopolies)에는 반대했다. 기회 평등과 배치되는 제도적 특혜와 특권은 자연도태 법칙에

군주들의 폭정에 비견할 만한 현대 빈민의 폭정이다. 또 부적자는 자활의 기회를 포기하게 된다는 점에서 근본적으로 부자유스럽게 된다"는 논리다. Donald Fleming, "Social Darwinism," in A. M. Schlesinger and M. White (ed.), *Paths of American Thought*, 128~129쪽.

130) A. T. Mason and G. E. Baker (ed.), *Free Government in the Making*, 511쪽.

131) A. M. Schlesinger and M. White (ed.), *Paths of American Thought*, 156쪽에서 인용.

지배받아야 하는 인류 사회의 진보를 가로막는 것이라고 믿었기 때문이다. 그는 국가의 권력이 평등을 조작하는 행위는 물론이고 제국주의처럼 강대국이 국제적 불평등을 제도적으로 심화시키는 행위도 자연 법칙을 거스르는 잘못이라고 강조했다. 정책적 평등을 부르짖는 당시의 개혁론자들에 대해서 섬너는 다음과 같이 반박했다.

> "사회를 아마추어들의 방식으로 진단하는 것은 아마추어 의사가 환자를 진료하는 것이나 마찬가지다. 이런 자들은 미리 처방만 생각하다가 인체에 대한 해부학 지식과 사회 생리학에 대한 지식도 없이, 또 진단도 제대로 내리지 않은 채 처방전만 쓰고 있다."[132]

섬너는 기회 균등과 법적 평등이 구비되어 있다면 자유 경쟁의 결과로 발생하는 빈부 격차는 도덕적으로 정당하다고 했다. 만약 민주주의가 재산의 평등을 뜻하는 체제라면 그런 민주주의는 존재할 수 없고, "개개인의 생산 능력과 상공업적 자질(industrial virtue)에 차이가 있는 한 경제의 세계는 공화주의적일 수는 있되 민주주의적일 수는 없다"[133]고 단언했다.

> "재산을 많이 모으는 것은 부끄러운 게 아니다. 개인의 능력과 노력에 따라 부를 축적하는 것은 오히려 사회가 다양하게 진보하기 위한 필수 조건의 하나다. 재물을 일정 한도 이상 축적하지 못하게 막는 것은 (······) 전쟁터에서 우리 손으로 아군 장수를 죽이는 것과 마찬가지다."[134]

---

132) A. T. Mason and G. E. Baker (ed.), *Free Government in the Making*, 515쪽.
133) R. Hofstadter, *Social Darwinism in American Thought*, 60쪽.
134) A. T. Mason and G. E. Baker (ed.), *Free Government in the Making*, 514쪽.

섬너의 이 같은 사회 사상은 카네기를 비롯한 당시의 미국 기업인들에게 당연히 환영받았으며 미국 자본주의의 경쟁 논리를 떠받치게 되었다.[135] 1889년 『뉴아메리칸 리뷰』(New American Review) 제148호에 실린 앤드루 카네기의 「부」("Wealth")라는 글을 보면 섬너의 사상이 현실의 기업가들에게 어떻게 수용되었는지 볼 수 있다.

> "자선 행위의 주안점은 자조自助할 수 있는 자만 돕는 것이다. 스스로 상황을 개선할 욕구가 있는 자에게 일어설 수 있는 수단을 줌으로써 돕는 것이라야지 처음부터 끝까지 모든 것을 책임지는 방식이어서는 안 된다. 개인이든 종족(민족)이든 자선을 베푸는 것 자체만으로는 향상시킬 수 없다. (……) 참된 개혁가는 도와줄 가치가 있는 자만 돕고 그럴 가치가 없는 자는 돕지 않을 신중함을 가진 사람이다."[136]

사회 진화론은 인간 사회도 자연계처럼 지각 변동의 속도로 서서히 변하는 슈퍼 유기체(superorganism)라고 본다. 즉 급격한 변혁을 외치는 혁명이나 급진주의를 거부한다.[137] 다시 말하면 미국 정치 문명의 반급진적 성향과 잘 조화된다. 서구에서 유독 미국에서만 사회주의나 공산주의가 뿌리를 내리지 못한 데는 이런 까닭도 있다. 자유방임 자본주의의 폐해를 고발하면서 대두한 20세기 초 미국의 혁신주의도 사회주의와는 거리가 멀었다. 게다가 미국 사회의 실용적이고 다원적인 성격도 극우나

---

135) 클라크(John Bates Clark - 경제학), 버지스(John W. Burgess - 법학) 등 다양한 분야에 나타난 사회 진화론에 대해서는 R. Hofstadter, *Social Darwinism in American Thought*, 174~175쪽.
136) A. T. Mason and G. E. Baker (ed.), *Free Government in the Making*, 529쪽에서 인용.
137) 자세한 것은 R. Hofstadter, *Social Darwinism in American Thought*, 60~63쪽을 볼 것.

극좌를 생리적으로 거부한다.[138) 또 '원초의 것'에 대한 향수와 애착이 강한 미국 정치 문명 자체가 급격한 변화를 싫어한다.[139) 이와 같은 다양한 정신적 토양 위에서 "섬너는 개혁주의(reformism), 보호주의(protectionism), 사회주의, 그리고 정부의 간섭주의(government interventionism)에 대한 성전(holy war)을 수행했던 것이다."[140)

20세기 중반까지 미국인들이 경제적 불평등이 심화되는 현실 속에서도[141) 미국이 유럽보다 더 평등하다는 착각에 빠졌던 것도 이런 평등관 때문이다. 독립혁명 당시의 문헌을 살펴보면 미국인들은 미국의 계급 차별이 유럽보다 덜하다는 사실을 긍지로 삼았다는 것을 알 수 있다. 빈부 격차가 심하고 인구의 20%가 노예였던 그 시대에도 미국을 평등의 나라, 근면 절약하는 자에게 무한한 기회를 보장하는 나라로 본 것이다. 뉴딜 시대의 급진적 평등주의가 절정에 달한 1965년에 동부의 보스턴과 중부의 캔자스시티에서 표본 집단을 추출해서 설문 조사한 결과를 보면, 대다수의 응답자들이 소득, 직업, 학력의 명백한 차이에도 불구하고 미국 사회의 개방성과 기회 부여를 믿고 있었다. 사회적 지위를 결정하는 것은 근면성과 같은 개인의 자질이라고 여긴 것이다.[142) 20세기 중반 뉴

---

138) Robert H. Wiebe, *The Segmented Society: An Introduction to the Meaning of America* (London: Oxford University Press, 1975), 5쪽.

139) 같은 책, 16쪽.

140) R. Hofstadter, *Social Darwinism in American Thought*, 5쪽.

141) 예컨대 부의 편재가 심각해지기 이전인 1974년을 기준으로 하더라도 미국 내 부의 집중도는 상당히 높아서 상위 0.5%가 전체 부의 20~25%를 점유하고 있었다. 소득 편중도를 보면 상위 5%가 14~16%의 현금 소득을 점유하고 있었다. 자세한 것은 G. William Domhoff, *Who Rules America Now?-A View for the '80s* (Englewood Cliffs, N.J.: Prentice-Hall, 1983), 41~43쪽을 참조.

142) J. T. Main, *The Social Structure of Revolutionary America* (Princeton, N.J.: Princeton University Press, 1965), 239, 284쪽; Richard P. Coleman and Lee Rainwater, *Social Standing in America* (New York: Basic Books, 1978); W. G. William Domhoff, *Who Rules America Now?*, 3~4쪽. 계급의 존재를 부정하는 것이야말로 미국적인 신화이며 또 미국인의 특징이라는 주장은 Edward Pessen, "Social Structure and Politics in American History,"

딜 시대의 평등주의가 경제적 불평등보다 소수 인종의 권리, 여성의 권리, 낙태의 권리, 성 소수자의 권리, 소비자의 권리, 동물의 권리와 같은 사회적 불평등 문제에 치우친 것도 소득과 재산의 차이는 개인의 책임으로 돌리는 보수적 평등관 때문이다.

　미국은 계급 사회도 신분 사회도 아니다. 그러나 주로 가문 단위로 공인된 상류층은 있다. 그래서 신분의 수직 이동이 생각만큼 쉽지 않다. 다시 말하면 미국은 '신분 사회 아닌 신분 사회'다. 좋은 사례가 소위 명문가의 가족 관계, 학벌, 혼인 관계를 수록해놓은 『사회 명사 인명록』(*Social Register*)이다. 1880년대에 루이스 켈러(Louis Keller)가 뉴욕시에서 처음 발행한 『사회 명사 인명록』은 1차 세계대전 무렵에는 미국 내의 26개 도시에서 각각 발행되었다. 그리고 1976년에 『포브스』(*Forbes*)의 발행인 맬컴 포브스가 인수한 후 미국 전역을 포괄하는 단행본으로 바뀌었다. 대통령과 부통령의 가문은 자동 수록되지만 돈과 혈통과 도덕성을 두루 갖춰야 '명사'의 신분을 얻기 때문에 도널드 트럼프도 대통령이 되기 전까지는 이름을 올리지 못했다.

　『사회 명사 인명록』은 "기회의 민주주의가 제공하는 귀족주의적 성취를 교육을 통해서 꿈꾸자"(Let us in education dream of an aristocracy of achievement arising out of a democracy of opportunity)는 토머스 제퍼슨의 말을 전면에 내걸고 기회의 평등을 강조하고 있지만, 정치사회적 명문가의 리스트를 매년 책자로 공표하는 관행이 130년 넘게 계속되어왔다는 사실은 흥미롭다. 그래서 미국을 지배하는 것은 귀족 제도와 카스트 제도라는 말도 나왔다.[143] 다만 보통 사람들과 전혀 다른 삶을 사는 상

American Historical Review, vol. 87, no. 5 (Dec. 1982), 1292쪽.

143) E. Digby Beltzell, *The Protestant Establishment: Aristocracy and Caste in America* (New York: Random House, 1964); G. William Domhoff, *Who Rules America Now?*, 20~40, 82~151쪽.

류층이 존재하는데도 '계급'이라는 말을 잘 쓰지 않는 것은[144] 신분과 계급의 존재를 묵인은 하되 공인은 하지 않는 전통 때문이다.

지금까지 살펴본 평등관은 미국 정치 문명의 산물이다. 자유주의, 공화주의, 칼뱅주의에 공통된 반평등의 평등관은 18세기 이후 미국의 일관된 평등관이다. 물론 도전이 있었다. 대표적인 것이 20세기 중반 뉴딜 시대의 평등 정책이다. 짧게 잡아 1930년대부터 1970년대까지 계속된 뉴딜 시대는 미국 정치 문명의 보수적 평등관에 대한 도전의 연속이었다. 그러나 워싱턴 정계, 미디어, 교육계, 그리고 연예계까지 점령한 뉴딜 리버럴리즘의 위세 아래서도 남부와 중서부에 기반을 둔 기층 백인 사회는 국가가 주도하는 뉴딜식 평등주의에 반감을 품고 있었다. 1960년대의 민주당과 연방 정부가 밀어붙인 급진적 평등 정책에 반발한 공화당의 배리 골드워터(Barry Goldwater), 골드워터에서 닉슨과 레이건으로 이어진 공화당 보수파의 극우화, 그리고 뉴라이트(New Right)와 네오콘[145]을 거쳐 21세기의 대안 우파로 이어지는 현대 미국 우파의 공통점은 뉴딜의 결과 평등주의에 대한 반감이다. 2016년 이후 본격화한 트럼프 현상을 비롯한 미국 보수의 극우화도 그 본질은 뉴딜 시대의 미국이 주도해 온 평등주의 정책에 대한 '오리지널 아메리카'의 반격이다. 이 문제는 제7장에서 다룬다.

---

144) Richard P. Coleman and Lee Rainwater, *Social Standing in America*, 25쪽; Susan Ostrander, "Upper-Class Women: Class Consciousness as Conduct and Meaning," in G. William Domhoff (ed.), *Power Structure Research* (Beverly Hills, CA.: Sage, 1980), 78~79쪽.
145) 구체적인 것은 Peter Steinfelds, *The Neoconservatives: The Men Who Are Changing America's Politics* (New York: Simon and Schuster, 1979), 214~247쪽. 1980년대 이후 미국 보수주의의 반평등주의 및 그 원천을 사회 집단 차원에서 분석한 것으로는 이봉희, 「급진적 보수주의 정치-미국의 New Right 등장을 중심으로」, 『한국정치학회보』, 23집 1호(1989), 234~297쪽.

제6장

회귀의 정치—미국에서 개혁은 무엇인가?

미국의 정치 문명은 자유주의의 사익 정신과 공화주의의 공동체 정신이 융합된 것이다. 그래서 내면적 모순과 충돌이 불가피하다. 이 모순과 충돌이 미국 정치사에서 반복된 주기적 개혁의 원인이다. 일정한 세월(60~70년)이 흘러 사익 정신이 공화정의 정신을 위협한다는 위기감이 고조되면 공화국 아메리카의 본래 정신으로 돌아가기 위한 도덕적·정치적 개혁이 반복된 것이다. 미국의 개혁 운동이 '더 나은 내일'이 아니라 '더 나았던 어제'를 꿈꿔온 것은 다른 나라와 달리 정치적 개혁의 지향점이 과거에 있기 때문이다. 이렇게 볼 때 미국에서 진보주의자(liberal)와 보수주의자(conservative)가 독특한 성격을 띠고 있다는 지적은 정확한 것이다.

"분명히 미국에서는 진보주의자와 보수주의자의 역할이 대단히 자주 뒤엉켜왔고, 어떤 점에서는 다른 나라와 반대였다. 그래서 미국에서는 자유주의와 보수주의의 전통이 별도로 분명하게 존재하지 않았다. (……) 미국의 정치적 전통에서 '우익'(기존의 권익을 보존하는 데 신경을 쓰면서 대중의 열정이나 민주주의적 주장에는 냉담한 사람들)은 정치적으로 보수주의자이면서도 사회·경제적으로는 개혁자요 대담한 모험 정신의 소유자들이었다. (……) (그런데) (……) 미국 정치사를 보면 과거의 가치로 되돌아가거나 과거의 가치를 회복하자고 하는 사람들은 대개 약간 '좌익' 성향(여기서 좌익이라고 하는 것은 넓은 의미에서 개혁 지향적 인물을 뜻한다: 인용자)에 경도된 사람들이다. 농업 중심주의를 유지하고 대농장주의 이익을 수호하려던 제퍼슨주의자들과 공화주의적 질박성으로 복귀하자고 했던 잭슨주의자들, 그리고 진정한 자유 경쟁과 진정한 민주주의로 복귀하려고 했던 (19세기 말의) 혁신주의자(Progressives)들과 인민주의자들(Populists)이 바로 미국의 좌익이다."[1]

미국 역사에 기록된 개혁들의 공통점은 회귀 성향이다. 미국의 원초적 정신을 파괴하지 않는 범위 내의 개혁, 나아가서 오히려 원초적 정신으로의 복귀를 지향한 것이다. 독립전쟁과 건국 시대의 미국으로 되돌아가려는 복고적 개혁이 주기적으로 반복되는 독특한 현상을 미국의 역사학자들과 정치학자들은 다음과 같이 설명해왔다. 먼저, 건국 후 반세기가 지난 1841년에 에머슨(Ralph Waldo Emerson)은 보수의 당(party of Conservatism)과 혁신의 당(party of Innovation)이 일찍부터 미국을 양분했고, 이 두 세력이 번갈아 지배해왔다고 지적한 바 있다.[2] 1889년에는 헨리 애덤스(Henry Adams)가 미국 역사의 주기적 성격을 이론화했다. 그는 독립선언 이후 12년마다 힘이 중앙으로 집중되는 현상과 지역으로 분산되는 현상(centralization and diffusion of national energy)이 교차해왔다고 지적했다.[3] 1950년에는 하버드의 역사학자 슐레신저 1세(Arthur M. Schlesinger)가 개혁의 주기적 반복 현상을 설명했다. 그는 평균 16.5년마다 보수주의의 시대와 자유주의의 시대(보수주의 시대는 소수의 기득권 유

---

1) R. Hofstadter, *Social Darwinism in American Thought*, 8~9쪽.
2) A. M. Schlesinger Jr., *The Cycles of American History*, 23쪽.
3) Henry Adams, *History of the United States of America During administrations of Thomas Jefferson and James Madison* (Englewood Cliffs, N.J.: Prentice-Hall, 1963).

지를 위해 민주주의를 봉쇄하는 시대이고 자유주의 시대는 그 반대)가 교차하면서 약 30년을 한 주기로 해서 보수주의와 자유주의가 순환하는 사이클이 계속되어왔다고 했다.[4] 미국만 대상으로 삼은 것은 아니지만, 허쉬만은 산업혁명 이후 서구 사회에서 사적 이익이 지배하는 시대와 공적 이익을 중시하는 시대가 주기적으로 교차해왔다고 봤다.[5] 한편, 주기론을 전제하지는 않았지만 미국의 지배적 정서를 자본주의 에토스와 민주주의 에토스의 긴장 관계로 파악한 잘러와 매클로스키의 분석도 궁극적으로는 미국 정치의 주기성에 관련된 것이다.[6] 주기적 순환론을 대표하는 슐레신저 2세는 미국 정치의 이념이 주기적으로 순환하는 이유를 이렇게 설명한다.

"전반적 여건을 향상시키려고 하는 '공익의 시대'는 상대적으로 짧은 기간에 대규모 변화를 축적한다. 즉 미국에서 개혁은 대개 급격하게 이루어지는 경향을 보인다. (……) 이 혁신의 물줄기는 곧 정치를 질식시킨다. 왜냐하면 정치는 이런 변화를 소화할 시간적 여유를 요구하기 때문이다. (……) 더구나 지속적인 공익 지향 성향은 정서적으로 곧 고갈된다. (왜냐하면) 한 나라가 고도로 긴장된 정치적 쇄신의 추동력을 감당할 능력이 제한되어 있기 때문이다. (……) 결국 사람들은 조용한 사적 생활에 다시 침잠하기를 갈망한다. 지속적인 전투적 구호와

---

4) 이 분석은 비교적 정확한 것이었다. 당시 슐레신저는 1947년부터 자유주의가 퇴조하고 1962년을 전후해서 자유주의가 다시 부흥할 것이며 1978년을 전후해서 다시 보수의 시대가 시작될 것이라고 예측했다. A. M. Schlesinger, Jr., *The Cycles of American History*, 24~25쪽.

5) A. O. Hirschman, *Shifting Involvements: Private Interest and Public Action* (Princeton, N. J.: Princeton University Press, 1982).

6) Herbert McClosky and John Zaller, *The American Ethos: Public Attitudes toward Capitalism and Democracy* (Cambridge, MA.: Harvard University Press, 1984). 이 책은 미국의 역사를 자본주의적 가치(사유재산의 불가침, 이윤 극대화의 정당화, 자유 경쟁과 적자생존)와 민주주의적 가치(평등, 공공의 복지)가 투쟁해온 역사로 본다.

요구에 지친 데다 끊임없는 국가 현안에 식상해서, 또 그 혁신의 결과에 환멸을 느껴서 이들은 (……) 휴식과 기력 회복을 위한 휴지기를 원한다. 그 결과 공익을 추구하는 열정, 이상주의, 개혁 운동은 침체기에 접어들고 공공성의 문제를 겉으로 드러내지 않는 시장 경제 법칙이 지배한다. (……) 이것이 사익(privatization)의 시대요, 물질주의의 시대다. (……) 이때는 계급 문제나 경제적 갈등을 중시하는 정치가 전면에서 후퇴하고 문화적 차원의 정치—인종 문제, 종교, 신분, 도덕성 문제가 주된 이슈가 되는—가 전면에 등장한다. (……) 이 사익의 시대는 다시 모순을 잉태하는데 (……) 국민 일부는 사적 이익의 획득 경쟁에서 뒤처지고 지식인들은 소외된다. 방치했던 문제들이 심각해지고 (……) 사람들은 이기적 동기 추구와 이기적 비전에 식상한다. (……) (그래서) 다시 사적인 삶 바깥에서 의미를 찾으려고 하고 (……) 시장 경제의 법칙으로 해결할 수 없는 문제들이 커지고 급박해져서 (……) 마침내 새로운 정치적 시대가 개막된다(즉 공익의 시대로 다시 접어든다: 인용자).[7]

이상의 다양한 이론을 종합하면 대체로 약 30년을 주기로 해서 공익(public purpose)의 시대와 사익(private interest)의 시대가 교차해왔다는 결론이 나온다.[8] 또 사익 이념과 공익 이념이 주기적으로 교차하는 이유도 슐레신저 2세가 위 인용문에서 설명한 방식으로 이해할 수 있다. 그러나 미국 정치 문명의 차원에서 바라보면 공화주의적 덕성(공익)과 자유주의적 상업(사익)의 모순(tension between virtue and commerce)과 충돌

---

7) A. M. Schlesinger, Jr., *The Cycles of American History*, 28~29쪽.
8) 같은 책, 31~33쪽. 토크빌은 일찍이 미국 사회의 이러한 주기적 변화를 예측한 바 있다. "미국인들은 마치 이 세상에 자기 자신만 있는 것처럼 사적인 이익에만 몰두하다가 금세 사익을 다 잊은 것처럼 공공의 복지와 안녕에 매달린다." 같은 책, 43쪽에서 인용.

이[9] 주기적 개혁의 최종 원인이다.[10] 달리 표현하면 사익이 공익을 압도하는 현실을 타개해서 공익과 덕성의 정치를 회복하려는 신념과 열정이 주기적 개혁의 원인이다.

개혁의 원인을 현실과 신념의 모순에서 찾은 좋은 예가 있다. 새뮤얼 헌팅턴은 미국 정치가 타락해서 미국의 정신인 '자유주의'를 배반하게 되면 이에 맞서 원래의 정신을 복구하려는 도덕적 열정이 폭발했고, 이 열정이 미국 역사에서 반복된 개혁의 동력이라고 봤다.[11] 헌팅턴에 따르면 미국인의 정체성을 제공하는 것은 혈통이 아니라 정치적 신념이다. 또 미국인들이 유럽보다 더 큰 자유와 평등을 누리는데도 규범과 현실의 괴리를 더 심하게 느끼는 것은 이념과 가치에 대한 집착이나 권위와 위계에 대한 반감이 유럽보다 월등히 크기 때문이다.[12]

헌팅턴은 미국에서 개혁이 주기적으로 반복된 원인을 미국적 신념(American Creed)과 현실의 괴리에서 찾았다. 미국 정치의 합의된 신념인 자유주의 에토스(Lockean Ethos)[13]가 시간이 지나면서 퇴색하는 현실에 대한 저항[14]이 개혁의 동력이라고 본 것이다. 이 점에서 헌팅턴은 미국을 자유주의라는 단일 이념의 나라로 본 자유주의 합의 사학에 갇혀 있다.

---

9) 덕성과 타락의 보편적 대립 관계를 논한 것으로는 J. G. A. Pocock, *Politics, Language, and Time*, 89~90쪽을 참조. 미국 역사 내내 제도적인 현실과 내면적인 가치 사이에 긴장 상태가 지속되어왔다고 본 것으로는 J. G. A. Pocock, "Virtue and Commerce in the Eighteenth Century," 132~134쪽을 참조.

10) 공화주의에 따르면 사익을 앞세우는 것(privatization) 자체가 이미 '타락'이다. 미국 역사에 있었던 이런 사례들은 A. M. Schlesinger, Jr., *The Cycles of American History*, 40~41쪽을 참조.

11) Samuel P. Huntington, *American Politics: The Promise of Disharmony* (Cambridge, MA.: Belknap Press of Harvard University Press, 1981).

12) 같은 책, 10~12쪽.

13) 같은 책, 33~39, 130~131쪽.

14) 헌팅턴은 이것을 "gap between American political ideals and institutions" 즉 미국의 정치적 이상과 현실적 제도(정치 현실) 간의 괴리(IvI Gap. Ideal versus Institution Gap의 약칭)로 부른다. 같은 책, 39~41쪽.

물론 원초의 이념에 대한 향수와 회귀 본능이[15] 개혁을 위한 도덕적 열정(Moral Passion, Creedal Passion)을 제공해왔다고 보는 관점 자체는 탁월하다. 개혁의 본질은 신념과 열정의 정치(Politics of Creedal Passion)라는 주장, 또 열정의 정치가 개인의 자유와 존엄, 평등과 권력의 개방성이 위험해진 현실에 대한 도덕적 분노(Moral Indignation)와 열정에서 비롯된 것이라는 관찰도 예리하다.[16] 그러나 그가 놓친 것이 있다. 이 도덕적 분노의 실제 근원이 이기적 자유의 범람 때문에 타락한 공화정의 본래 정신을 회복하려는 정치 문명 차원의 본능이라는 사실이다.

헌팅턴은 미국의 개혁 시대, 즉 신념과 열정의 정치가 휩쓴 시대로 독립혁명 시대(1770년대), 잭슨 민주주의 시대(1830년대), 혁신주의 시대(1890~1900년대), 뉴레프트 시대(1960년대)를 들고 있다. 헌팅턴의 주기는 대체로 60~70년이다. 이 주기는 앞에서 본 사익 이념과 공익 이념의 순환주기인 30년보다 더 길다.[17] 그렇지만 헌팅턴의 한 주기는 슐레신저 2세의 두 주기에 해당하기 때문에 한 주기의 길이만 다를 뿐 결국 겹친다.[18]

---

15) "미국 역사에 등장해온 사회적 혁신 세력은 새로운 제도를 만들자고 한 것이 아니라 기존 제도를 미국의 원초적 가치와 이념에 맞게끔 조정하고 쇄신해야 한다는 주장을 펴왔다"(같은 책, 113쪽). 미국에서는 이것이 개혁의 의미다. 미국은 과거에서 미래를 찾는 나라이며, 과거로 돌아가는 것이 진보가 되는 나라다.

16) 같은 책, 86~87쪽.

17) 지금까지 미국의 개혁 시대를 독립혁명의 시대(1770년대), 잭슨 민주주의의 시대(1830년대), 혁신주의 시대(1900년대), 반전과 민권 운동의 시대(1960년대)로 보면 대략 70년을 주기로 해서 개혁이 반복되어왔다는 것을 알 수 있다. 또 하나의 주기는 다시 4단계로 나뉜다. 즉 Cynicism(원초적 이념과 현실이 멀어지고 있다는 것을 알지만 그냥 두는 단계 – gap tolerating), Complacency(이상과 현실의 괴리를 알고도 외면하는 단계 – gap ignoring), Hypocrisy(이상과 현실의 괴리가 극심해졌지만 이런 사실을 부정하고 외면하는 위선의 단계 – gap denying), 그리고 Moralistic Reform(원초적 이상을 부르짖으면서 현실과 이상의 괴리를 줄이는 개혁 – gap elimination)의 순서로 순환된다. Samuel P. Huntington, *American Politics*, 68~70쪽.

18) 슐레신저의 주기는 1770-1800-1830-1860-1900-1930-1960이 되고 헌팅턴의 주기는 여기서 1800, 1860, 1930년대를 건너뛴 것이다. 따라서 기본 골격은 양자가 같다. 헌팅턴이 생략한 세 시대는 각각 제퍼슨의 시대, 남북전쟁과 노예 해방의 시대, 뉴딜 시대다.

그러면 자유주의와 공화주의의 모순이 주기적 개혁의 원인이라고 보는 까닭은 무엇인가? 독립혁명부터 살펴보자. 독립혁명은 신대륙에 거주하던 영국인들이 일으킨 영국 내부의 반란이지만 미국 역사에서는 최초의 '개혁'이다. 따라서 독립혁명의 기원과 성격은 미국 역사학계의 핵심 논쟁거리다. 그런데 독립혁명이 영국 정치의 타락상에 대한 저항으로 시작되었다는 점, 특히 영국 의회의 식민지 정책에 대한 반발로 시작되었다는 점에 대해서는 더 이상 논쟁하지 않는다. 1763년 이후 식민지에 대한 영국의 이기적 과세 정책이 공화정의 원칙을 배신한 데 대한 분노가 독립혁명을 촉발한 것이다. 그렇기에 독립혁명은 휘그가 장악한 영국 의회의 이기적 자유주의로부터 스스로를 지키려던 식민지 공화주의자들의 반란이다.

1830년대의 잭슨 민주주의와 19세기 말에서 20세기 초에 걸친 혁신주의도 자유주의와 공화주의의 충돌을 보여준 것이다. 잭슨 민주주의 시대인 1830년대 전후는 미국 역사에서 민주주의의 시대, 평등의 시대로 해석되고 있지만 불평등이 더 심화된 시대로 해석하기도 한다. 평등의 시대로 보는 혁신사가 터너(F. J. Turner) 같은 사람은 잭슨 시대를 미국 민주화(democratization)의 시대로 보고 잭슨의 이념을 프런티어, 즉 서부와 변경의 현상으로 파악했다. 슐레신저 2세는 잭슨주의를 동부의 도시 이데올로기로 보았지만 잭슨주의가 제퍼슨주의에서 비롯되었고 모든 미국인의 기회 평등과 권리 평등을 주장한 개혁이라는 점에는 인식을 같이 한다.[19] 이와 달리 잭슨은 민주적 개혁을 지향하기보다는 각 주의 기업가들이 연방 정부의 권력 행사에 대해 느낀 우려와 질투심을 대변한 것뿐이라는 관점도 있다. 다시 말해서 잭슨이 1832년에 연방은행(Bank of the

---

19) A. M. Schlesinger, Jr., *The Age of Jackson* (Boston, MA.: Little, Brown and Company, 1953).

United States)에 대한 인가를 갱신하는 데 반대한 것이 잭슨주의의 핵심이라고 보는 관점(entrepreneurial thesis)[20]이 있다. 또 에드워드 페센처럼 잭슨 시대를 오히려 불평등주의가 심화된 시대(age of rising inequalitarianism)로 보기도 한다.[21]

잭슨주의의 본질을 둘러싼 논쟁은 분분해도 한 가지는 분명하다. 잭슨주의가 지나친 자유주의에 대한 공화주의의 견제라는 사실이다. 1832년 제2차 연방은행 설립 법안(Bank Bill)에 거부권을 행사하면서 의회에 보낸 그의 교서를 보면 인위적 불평등에 반대하는 공화주의의 평등관이 뚜렷하게 보인다.

> "흔히 돈 있고 권세 있는 자들이 자기네의 이기적 목적을 달성하기 위해 정부의 정책을 조종하려 한다는 사실은 유감입니다. 인간이 만든 제도를 갖고는 재능이나 교육이나 부에서 만인의 평등을 달성할 수 없습니다. 모든 사람은 하늘로부터 받은 자질을 십분 활용하고 근검절약의 덕성을 발휘하는 한도 내에서만 법으로 보호받을 권리를 똑같이 부여받고 있습니다. 그런데 천부적으로 가지고 있는 정당한 이점(자질상의 이점: 인용자)에 법을 통한 인위적 가감을 해준다거나 (……) 특정인한테 특혜를 베풀어 부자를 더 부유하게 하고 힘 있는 자에게 더 힘을 준다면 농부, 기술자, 노동자처럼 특혜를 받을 수단을 갖추지 못한 하층민들은 정부의 불공정함을 비난할 권리를 가지게 됩니다. (……) 내 앞에 놓여 있는 이 법안(연방은행 재인가장, Bank Bill: 인용자)은 이 공정한 원칙

---

20) Lee Benson, *The Concept of Jacksonian Democracy: New York as a Test Case* (Princeton, N.J.: Princeton University Press, 1961).

21) Edward Pessen, *Jacksonian America: Society, Personality, and Politics*, rev. edn. (Urbana Champaign, Il.: University of Illinois Press, 1985).

에서 지나치게 멀리 벗어나 있는 것으로 보입니다."[22]

쉽게 말해서 잘못된 제도와 법이 만들어낸 인위적 불평등을 용납하지 않는 공화정의 정신으로 돌아가자는 것이다. 잭슨의 이 신념은 공직을 순환(rotation in office)시키고 정치적 임용직의 임기를 4년으로 제한하는 법률의 제정을 주장한 데서도 드러났다. 잭슨은 누구든 특정한 공직을 장기 점유하면 공공의 이익에 무관심해져서 '타락'하게 된다고 믿었다.[23] 이런 믿음은 권력의 타락을 철저히 경계하는 공화주의 특유의 강박증(anti-corruption obsession)을 보여준다. 그러므로 잭슨주의는 단순히 제퍼슨주의를 되살린 것이 아니다. 그것은 사익이 범람하는 현실에 대한 공화주의의 저항이었다.

이처럼 미국에서는 타락한 자유(자본)주의에 대한 저항이 사회주의의 몫이 아니라 공화주의의 몫이었다. 산업 자본주의가 급격하게 팽창하고 있던 19세기 말 미국의 자유방임주의에 대한 대항 이데올로기였던 헨리 조지(Henry George)의 농업 자유주의(agrarian liberalism)도 그 본질은 빗나간 자유주의에 대한 공화주의적 반성이었다. 헨리 조지는 시민의 정치적 자유를 확보하기 위해서는 토지를 공동 소유(common property)로 해야 한다고 주장했다. 그가 말한 토지 공유란 사회주의적 공유가 아니다. 토지의 개인 소유는 그대로 두되 지대를 세금으로 거두어 재정에 충당하고 다른 세금을 폐지하는 것이다. 그가 보기에는 이것이 부를 사회적으로 공유하는 방법이었다.

---

22) A. T. Mason, *Free Government in the Making*, 390쪽에서 인용.

23) James Roger Sharp, "Jacksonian Democracy," in Jack P. Greene (eds.), *Encyclopedia of American Political History*, 668쪽.

"지대는 (……) 인간의 노력으로 만들 수도 없고 확장할 수도 없는 자연 요소(토지)를 개인이 소유하도록 한 데서 비롯된다. 즉 지대는 독점의 대가다. (……) 가난을 근절하고, 일한 자들만 정당한 임금을 벌 수 있도록 하려면 토지의 개인 소유를 공유로 대체해야 한다. 이 방법만이 근대 문명에서 모든 악의 근원인 불공정하고 불평등한 부의 분배를 치료하는 길이다. 즉 우리는 토지를 공동의 재산으로 만들어야 한다. (……) (그러나) 토지 자체를 몰수할 필요는 없다. 토지의 지대만 몰수하면 된다. (……) 지대를 세금으로 거둬들이는 것이다. 이렇게 해서 국가는 만인의 지주(universal landlord)가 되고 (……) 외형적으로 토지의 소유 형태는 변치 않는다. 누구도 땅을 빼앗길 필요가 없고 토지 소유의 한도를 규제할 필요도 없다. 지대를 세금으로 징수함으로써 토지는 진정한 공동 소유가 되고 공동체의 전 구성원이 토지를 소유한 것과 동일한 혜택을 누릴 것이기 때문이다. (……) 토지세 이외의 세금은 모두 없애야 한다."[24]

헨리 조지는 모든 사람이 평등하게 태어났고 불가양의 권리를 가진다는 독립선언의 정신을 구현하고 미국의 정신을 지키기 위해서는 지나친 경제적 불평등부터 제거해야 한다는 믿음을 가졌던 것뿐이다. 그래서 평등을 궁극의 목표로 삼는 사회주의와는 거리가 멀다.

"내가 제안한 개혁안은 (……) 질적으로 진정한 개혁안이다. (……) 이것이야말로 독립선언에 나오는 '자명한 진리'—만인은 평등하게 창조되었고 조물주로부터 불가양의 권리를 부여받았다는 진리—를 실

24) Henry George, *Progress and Poverty* (New York: D. Appleton & Co., 1882). A. T. Mason, *Free Government in the Making*, 533~536쪽에서 인용.

현하는 것이 아니고 무엇이겠는가? 토지에 대한 권리가 거부당하면 이 불가양의 권리도 거부당한다. 정치적 권리만 평등해서는 자연이 베푼 것(토지)에 대한 평등권이 거부되는 현실을 보상할 수 없다. 토지에 대한 평등권이 거부되면 정치적 자유란 (……) 기아선상의 임금을 받고 고용되기 위해 서로 경쟁할 수밖에 없는 자유를 의미할 뿐이다."[25]

자본의 횡포와 사익 이념의 범람에 대한 저항으로 시작된 다른 개혁 운동들도 있다. 19세기 말 미국의 사회적 복음 운동(Social Gospel)으로서 헨리 조지의 이념보다 더 조직적으로 확산된 것이 에드워드 벨러미(Edward Bellamy)의 국가 사회주의(National Socialism)다. 1888년에 벨러미가 공상 희곡 『뒤돌아보니』(*Looking Backward*)를 출판한 이후 전국적인 운동(Nationalist Movement)으로 시작된 국가 사회주의는 토지만 다룬 헨리 조지의 이념보다 더 포괄적이었다. 벨러미의 국가 사회주의는 자유 경쟁의 근본 원칙과 사유재산제 자체를 겨냥했다.[26] 벨러미는 이 희곡에서 고전적 자유주의와 자유방임주의야말로 무정부적 이기주의의 온상이며, 사회의 생산물은 개인을 살찌우는 데 쓰일 것이 아니라 공공의 이익을 위해 써야 한다고 주장했다.[27] 이렇게 보면 벨러미는 앞에서 본 윌리

---

25) 같은 책, 536쪽. 헨리 조지, 그리고 19세기 후반 미국의 노동 운동을 주도한 단체 중 하나인 노동기사단(The Order of the Knights of Labor, 1871년에 필라델피아에서 결성되어 1893년까지 존속한 비밀 조직)의 이념이 공익 사상(cooperative commonwealth)에서 유래한 것으로 보는 견해로는 Robert Wiebe, *The Search for Order 1877~1920* (New York: Hill and Wang, 1967). 미국의 노동 운동과 개혁을 부르주아 개혁주의로 단정한 엥겔스와 마르크스의 입장은 *Marx and Engels on the United States*, compiled by Nelly Rumyantseva (Moscow: Progress Publishers, 1979), 285~289, 310~315, 319~320, 326쪽을 참조.

26) R. Hofstadter, *Social Darwinism in American Thought*, 113쪽. 그리고 R. Jeffery Lustig, *Corporate Liberalism*, 199쪽. 벨러미의 이 희곡은 주인공 웨스트(J. West)가 1887년 5월에 잠들었다가 2000년에 깨어나는 상황을 가상한 것이다. 19세기의 미국을 휩쓴 이기적이고 무자비한 경쟁을 2000년에 깨어나서 회고하는 내용이다.

27) E. Bellamy, *Looking Backward, 2000~1887* (New York: Houghton Mifflin, 1888).

엄 그레이엄 섬너의 대척점에 서 있는 인물이다.

벨러미는 이렇게 말한다. 섬너의 자유방임주의가 주장하듯이 부자가 적자適者라면 문제가 없다. 그러나 자유 경쟁 자체가 부적자不適者가 이기게끔 방치하는 제도다. 따라서 산업 사회에서 국가는 모든 기업을 통합한 거대 단일 기업(One Big Trust)이 되어서 그 경영을 출생이나 지위나 부가 아닌 능력에 따라 등급이 정해진 엘리트 집단에게 맡겨야 한다.[28] 이처럼 벨러미는 공익의 정신으로 자유 경쟁 자본주의의 사익 이념을 제어하는 것이 평등이라고 믿었다. 그렇기 때문에 벨러미와 섬너의 사상적 대립은 미국 정치 문명에 내재된 자유주의와 공화주의의 대립을 표상한다.[29]

벨러미의 국가 사회주의 운동은 1888년 보스턴에서 국가주의자 클럽(Nationalist Clubs)을 결성했고, 1891년에는 『뉴네이션』(*The New Nation*)이라는 잡지도 창간했다. 국가 사회주의는 미국 전역에 170여 개의 클럽을 조직한 1890년대 중반에 절정에 달했다가 당시 새로이 대두하고 있던 혁신주의(Progressivism)에 묻히면서 수그러들기 시작했다.[30]

개인의 이익보다 공동체의 유대를 중시한 그의 사상은 무절제한 사익 풍조에 반발한 중산층이 주도한 신국가주의(New Nationalism)로 이어졌다.[31] 대기업 규제 정책을 내걸고 혁신주의를 이끈 허버트 크롤리

---

28) R. Jeffrey Lusting, *Corporate Liberalism*, 199~200쪽. 그리고 R. Hofstadter, *Social Darwinism in American Thought*, 113쪽.

29) "인류가 한 형제라는 원칙은 동물의 세계와 다른 인간 세계의 발전 경로를 지배하는 영원한 진리의 하나다. 경쟁의 원리는 가장 강하고 교활한 종의 생존을 보장하는 짐승의 법칙을 적용한 것뿐이다. 그러므로 우리의 산업 사회에서 경쟁이 계속 지배 요소로 작동한다면 각 개인의 최대치 발전도 이룰 수 없고 인간의 고매한 목표도 달성할 수 없다." *The Nationalist*, I (1889). R. Jeffrey Lustig, *Corporate Liberalism*, 199~200쪽에서 인용.

30) Ralph Gabriel, *The Course of American Democratic Thought*, 2nd edn. (New York: Ronald Press, 1956), 212쪽.

31) 이것은 허버트 크롤리, 월터 웨일(Walter Weyl), 월터 리프만(Walter Lippmann)으로 이어

(Herbert Croly)와 시어도어 루스벨트 대통령의 정책 이념이 바로 신국가주의다.

신국가주의는 20세기 초 미국의 혁신주의(Progressivsm)를 낳았다. 미국의 혁신주의를 보는 관점은 다양하다. 호프스태터처럼 회고적이고 방어적인 이념으로 본 사람도 있고[32] 대기업이 환영한 미래 지향적 사상으로 본 사람도 있다.[33] 그러나 분명한 것은 공화당의 시어도어 루스벨트 대통령이 밀어붙인 반트러스트 정책과 노동 정책, 그리고 민주당의 윌슨(W. Wilson) 대통령이 추진한 기업 규제와 금융 개혁은 지나친 자유주의가 훼손시킨 미국 정치의 원형을 복구하려는 처방이었다는 점이다. 다시 말해서 혁신주의는 산업 자본의 이념으로 변신한 자유주의가 훼손한 미국의 원래 정신을 회복하고 공화국 아메리카를 지키려는 공화주의의 반격이었다.

지금까지 19세기 후반부터 20세기 초까지 다양하게 나타난 개혁 이념들을 살펴보았다. 이 이념들을 자본주의와 국가주의(statism)를 결합시킨 집체 자유주의(Corporate Liberalism, 한때 조합 자유주의로 잘못 번역되기도 했다)[34]라고 본다면, 당시 미국의 집체 자유주의는 자본의 이념으로 변질한 자유주의를 공화주의로 제어하려던 것이다. 이처럼 미국의 정치 문명

졌다. 혁신주의 시대의 신국가주의(New Nationalism)를 주도한 매체는 지금도 발간되고 있는 진보적 성향의 『뉴리퍼블릭』(The New Republic)이다. 신국가주의는 계급 투쟁보다는 사회적 연대 의식을 강조한다. 또 자유주의의 폐해를 치유하고 공공선善에 입각한 사회를 만들기 위한 것이라면 권력 집중과 국가의 간섭도 수용한다. 이 점에서 혁신주의는 뉴딜 리버럴리즘의 선구자다. 혁신주의는 사회주의적 평등을 지향한 것이 아니다. 공동체 정신의 복구를 통해 미국의 정체성을 회복하려고 한 것이다. R. Jeffrey Lustig, Corporate Liberalism, 208~213쪽을 참조.

32) 대표적인 것으로 R. Hofstadter, The Age of Reform: From Bryan to F. D. R. (New York: Knopf, 1955).

33) G. Kolko, The Triumph of Conservatism: A Reinterpretation of American History, 1900~1916 (New York: Free Press of Glencoe, 1963).

34) R. Jeffrey Lustig, Corporate Liberalism, 30쪽.

에 내장된 자유주의와 공화주의의 모순과 충돌을 간파하면[35] 미국 정치가 "고귀한 도덕적 원칙과 사사로운 이익의 결합"에 기초하고 있다는 말도[36] 이해할 수 있다.

미국을 개혁과 진보의 나라로 보이게 만든 개혁의 역사가 미국 정치 문명에 내재된 자유주의와 공화주의의 모순과 충돌을 보여준 것이라면 다음 장에서 다루게 될 현대 미국 정치 또한 미국 정치 문명의 내면적 모순을 드러내 보여준다.

---

35) 정치가 상업(business)으로 인해 타락하는 현실에 대한 공화주의적 반성이 미국의 혁신주의를 이끌었다는 견해는 널리 인정되어왔다. Richard L. McCormick, "The Discovery that Business Corrupts Politics: A Reappraisal of the Origins of Progressivism," *American Historical Review,* vol. 86, no. 2 (Apr. 1981), 247~274쪽. 예를 들면 공화당의 아이젠하워 대통령도 자유주의의 지나친 횡포(부의 집중, 공익 이념의 퇴조)에 대한 공화주의적 반성 즉 혁신주의 전통에 서 있었다. Robert Griffith, "Dwight D. Eisenhower and the Corporate Commonwealth," *American Historical Review*, vol. 87, no. 1 (Feb. 1982), 87~121, 특히 90~96, 120쪽.

36) Robert A. Goldwin, "Of Men and Angels: A Search for Morality in the Constitution," in Robert H. Horwitz (ed.), *Moral Foundations of the American Republic*, 27쪽.

제7장

'뉴딜 아메리카'와 '오리지널 아메리카'
─현대 미국 정치의 이해

7-1. 뉴딜, 현대 미국의 시작

어느 나라든 역사의 행로를 결정하는 정신적 토대는 그 나라의 정치 문명이다. 미국의 역사도 결국 미국 정치 문명의 역사다. 적어도 뉴딜 이전까지는 그랬다. 건국 시대부터 뉴딜에 이르기까지 150년간 미국은 자신의 정치 문명에 충실한 '오리지널 아메리카'였기 때문이다.

이 전통을 깬 것이 뉴딜이다. 뉴딜은 대부분의 현대인들이 본래의 미국으로 알고 있는 리버럴 아메리카를 만들었다. 이런 의미에서 1930년대의 뉴딜 정책은 오리지널 아메리카와 현대의 리버럴 아메리카를 갈라놓는 분기점이라고 볼 수 있다.

뉴딜 이전까지 미국 연방 정치는 3중의 대결 구도 속에서 전개되었다. 지리적으로는 남부와 북부의 대결, 정치적으로는 노예제와 반노예제의 대결, 경제적으로는 농업과 상공업의 대결이었다. 이 구도를 진보와 보수의 이념 대결 구도로 바꿔놓은 것이 뉴딜이다. 뉴딜의 리버럴리즘이 미국의 진보가 되고 반뉴딜이 미국의 보수가 된 것이다.

뉴딜 리버럴리즘의 핵심은 모든 국민의 최저생활 보장을 위한 연방 차원의 복지, 경제적 파국을 예방하고 해결하기 위한 연방 차원의 시장 개입, 소수자와 약자와 빈자의 동등한 권익 보장을 위한 연방 정부의 평등 정책이다. 또 평등을 구현하기 위한 수단은 연방 정부의 권한 증대를 통한 국가의 시장 개입과 사회 개입이다. 뉴딜 리버럴리즘의 기원은 19세기 말 미국의 혁신주의 운동이지만, 이것을 정치에 구현한 것은 『뉴리퍼블릭』(The New Republic)을 창간한 허버트 크롤리의 영향[1]을 받은 공화당의 시어도어 루스벨트 대통령과 그의 먼 친척인 민주당의 프랭클린 루스벨트 대통령이다.

뉴딜 리버럴리즘은 강력한 연방 정부가 지휘하는 상업 제국을 꿈꾼 알렉산더 해밀턴의 사상과 평등한 자영 농민이 주축이 된 농업 제국을 꿈꾼 토머스 제퍼슨의 사상을 합쳐놓은 것이다. 제퍼슨의 평등주의를 해밀턴의 국가주의로 실천하려는 것이다. 문제는 뉴딜 리버럴리즘의 두 기둥인 국가주의와 평등주의가 자유주의와 공화주의에 공통된 반국가주의와 반권력주의에 대한 정면 도전이었다는 점이다. 또한 자유주의의 개인 책임주의와 공화주의나 칼뱅주의에 내포된 반평등주의에 대한 도전이기도 했다. 간단히 말해서 뉴딜은 미국 정치 문명에 내장된 공화주의와 자유주의의 긴장이 낳은 '개혁'의 하나이지만, 통상적인 개혁을 넘어 미국 정치 문명의 사상적 기반을 뒤흔든 대전환이었다.

민주당이 행정부와 연방 의회를 대부분 장악한 뉴딜의 시대(1930년대부터 1970년대까지)에 미국은 달러 본위의 브레튼우즈 통화 체제와 나토(NATO)를 위시한 동맹 체제를 바탕으로 해서 공산주의에 대적하는 '리버럴 아메리카'의 이미지를 각인시켰고, 서방 세계의 수호자로서 입지를 굳혔다. 또 교육과 미디어를 통해 뉴딜 리버럴리즘을 현대 미국의 정체성

---

1) Herbert Croly, *The Promise of American Life* (New York: Macmillan, 1909).

으로 완성시켰다. 공화당도 이런 추세를 거스르지 못했고, 뉴딜이 미국의 정신과 전통에 위배된다는 비판은 정치권과 사회 일각에 국한되었다.

그러나 1970년대를 넘어서면서 뉴딜 시대의 호황을 누려온 미국 경제가 흔들리고 자유주의적 국제 질서를 바탕으로 한 미국의 위상이 위협받기 시작했다. 그 결과 그동안 움츠리고 있던 '오리지널 아메리카'의 반격이 시작되었다. 남부, 주류 백인 사회, 보수적 개신교 세력이 결집한 뉴라이트와 공화당을 매개로 한 오리지널 아메리카의 응전이 시작된 것이다.

이렇게 보면, 뉴딜로 시작된 현대 미국 정치의 본질은 미국의 정치 문명에 대한 뉴딜의 도전과 이에 대한 응전이다. 이것이 현대 미국에서 보수와 진보의 대결을 야기하는 원인이다. 2016년 미국 대통령 선거에서 도덕적, 인간적 흠결이 뚜렷한 도널드 트럼프가 예상을 깨고 당선된 원인은 궁핍해진 백인 노동자들이 민주당 대열에서 이탈했기 때문만도 아니고, 힐러리 클린턴의 전략 실패 탓만도 아니다. 러시아의 공작 탓만도 아니다. 뉴딜의 시대에 억눌려 있던 기층 백인 사회의 인종적, 문화적 불만을 트럼프라는 정치적 아웃사이더가 일깨우고 터트려주었기 때문이다.[2]

현대 미국 정치의 기본 구도는 보수-공화당 대對 리버럴-민주당이다. 이 구도는 프랭클린 루스벨트의 뉴딜 정책을 계기로 해서 나타났다. 따라서 미국에서 진보(리버럴)와 보수라는 말은 뉴딜 이후에 양대 정당이 다져온 철학과 정책을 의미한다. 보수-공화당의 철학은 시장과 사회의 자율성을 확보하고 국가 즉 연방 정부의 개입을 최소화하는 것이다. 국가의 권력과 시민의 자유가 충돌한다고 믿는 이 철학은 미국 헌법의 기초인 공화주의의 핵심이기도 하다. 이와 반대로 민주당은 개인의 기본권

---

2) John Sides, Michael Tesler, and Lynn Vavreck, *Identity Crisis: The 2016 Presidential Campaign and the Battle for the Meaning of America* (Princeton, N.J.: Princeton University Press, 2018).

과 자유를 보장하기 위해서는 오히려 연방 정부가 적극 개입해야 한다는 믿음에 기초한다. 민주당은 건국 시대와 달리 국가의 역할이 중요해졌다는 것이고, 공화당은 여전히 사회와 시장의 자율성을 국가 간섭으로부터 보호해야 한다는 입장이다.

19세기만 해도 노예 해방의 정당으로서 진보적이던 공화당이 20세기에는 보수의 대명사가 되고, 노예제를 고집했던 민주당이 오히려 리버럴-진보의 대명사가 된 것은 앞서 말했듯이 1930년대부터다. 유럽에서는 19세기 중반부터 보수와 진보라는 개념이 쓰였지만 미국에서는 19세기 말까지도 보수주의나 자유주의(리버럴리즘)라는 말이 정치적 개념으로 쓰이지 않았다. 그러다가 20세기 초에 '트러스트 파괴자'로 알려진 공화당의 시어도어 루스벨트 대통령이 정유 회사와 철도 회사를 비롯한 대기업을 겨냥한 반트러스트법을 추진하자 여기에 전통적 자유방임주의자들이 반발하기 시작했고, 그때부터 국가의 시장 개입에 반대하는 태도를 보수주의[3]로 부르기 시작했다. 19세기의 영국에서 리버럴(liberal)로 호칭되던 자유방임주의가 20세기의 미국에서는 보수가 된 것이다.[4]

이 초기 보수주의의 대척점이 현대 미국의 진보적 자유주의인 리버럴리즘(liberalism)이다. 1932년에 당선된 민주당의 프랭클린 루스벨트 대통령이 자신의 뉴딜에 반대하는 공화당 주류를 보수주의자로 부르고 자신과 민주당을 리버럴로 부르면서부터 현대 미국 정치의 보수 대 리버럴이라는 대결 구도가 등장한 것이다.

뉴딜은 현대 미국 정치를 이해하기 위한 필수 항목이다. 첫째, 뉴딜

---

3) 정부 주도의 개혁에 대한 반대, 여성의 참정권에 대한 반대, 전통적 종교 및 도덕에 대한 강조가 당시 보수주의의 내용이다. 보수주의의 일반적 내용과 역사에 대해서는 R. Nisbet, *Conservatism: Dream and Reality*를 참조.

4) 이 점에 대해서는 S. M. Lipset, *American Exceptionalism: A double-Edged Sword*, 35~38쪽.

은 미국 정치에서 국가와 시민사회의 대립을 불거지게 한 계기다. 그 이
유는 다음과 같다. 원래 '미국의 예외성'으로 손꼽는 것은 반국가주의 전
통, 즉 국가 권력이 강하면 안 된다는 신념이 합의되어 있다는 점이다. 이
때문에 19세기까지는 연방 정부의 권력 남용에 대한 경계심은 있었지만
연방 권력이 강력하게 행사된 일은 없었다. 뉴딜 이전에 있었던 강력한
연방 권력 행사(예컨대 앤드루 잭슨 대통령의 연방은행 재인가 거부)[5]도 국가가
시민사회의 자율성을 침해한 것이라기보다는 불평등과 경제력 집중을
막으려는 예방 조치에 가까웠다. 남북전쟁이 끝나고 북부가 주도권을 쥔
연방 정부가 남부를 연방에 재편입한 조치들, 즉 '연방 재건'(Reconstruc-
tion)을 지휘한 공화당 과격파(Radical Republicans)도 북부로서 남부를 몰
아붙인 것이지 연방이 주 위에 군림한다는 인식 때문에 그런 것은 아니
다.[6] 국가가 정치의 중심을 차지한 유럽에서는 노동 운동을 비롯한 반골
세력의 목표가 국가의 장악이었지만 미국은 달랐다. 1870년대의 철도
파업에서부터 1950년대의 자동차, 철강 파업에 이르기까지 미국의 노동
운동, 그리고 19세기 후반에 있었던 동부의 자본 세력에 대한 중서부 농
업 세력의 저항(Greenback Party, People's Party로 정치 세력화됨)도 국가 장
악이 아니라 경제적 실리를 위한 투쟁이었다. 다시 말해서 미국에서는
국가 즉 연방 정부가 비대해지면 안 된다는 합의가 일찍부터 존재했고,
이 합의가 있었기 때문에 19세기까지 미국 연방 정부는 선거에서 표를
얻으려고 정책을 판매하는 정치적 시장에 불과했다.[7]

---

5) 1832년 제2차 연방은행(Second Bank of the United States) 설립을 위한 법안, 흔히 Bank
Bill로 통한다. 이 법안에 대한 잭슨의 거부권 행사는 공화주의의 평등관을 반영한 것이다.
6) 남부의 정치사회적 배경을 뿌리부터 흔들어서 남부를 북부의 구미에 맞게 재건하려던 급진적
연방 재건론자(Radical Reconstructionist)들이 공화당 과격파(Radical Republicans)였다. 남
북전쟁 이후의 연방 재건 시대를 다룬 대표적 작업으로는 Eric Foner, *Reconstruction: Ameri-
ca's Unfinished Revolution 1863-1877* (New York: Harper & Row, 1988)을 볼 것.
7) 시민사회가 국가보다 우위에 서 있다는 점에서 미국은 예외적이라고 보는 다니엘 벨의 표

이 같은 전통에 비춰볼 때 뉴딜은 유약해야 마땅한 연방 정부가[8] 시장과 사회에 대한 대대적 간섭과 규제를 시작한 코페르니쿠스적 전환이었다. 물론 뉴딜은 1929년의 대공황으로 인한 경제적 파국에 대처할 능력이 없는 시장에 대한 정부의 불가피한 대응이기도 했다.[9] 그러나 뉴딜의 핵심인 연방 정부의 시장 개입과 사회 보장 제도로 인해 미국 역사상 처음으로 연방 정부가 미국 정치의 중핵을 차지하게 되었다. 바로 이 점 때문에 뉴딜은 이전의 개혁, 예컨대 T. 루스벨트의 혁신주의와는 규모와 차원이 다르다.[10]

둘째, 뉴딜은 미국의 전통적 평등관, 즉 미국 정치 문명의 전통을 붕괴시켰다. 뉴딜의 소득 재분배 및 복지 정책으로 인해 출발점의 평등만 보장하면 되던 미국의 평등관이 무너진 것이다. 이 새로운 평등관과 평등 정책에 힘입어 뉴딜은 흑인, 도시 빈민, 노동자, 소수 인종 집단을 민주당 지지 세력으로 끌어들였다. 이것이 남북전쟁 이후 공화당이 주도해온 연방 정치의 판세를 민주당 쪽으로 기울게 한 '뉴딜 리얼라인먼트'(New

현을 빌린 것이다. Daniel Bell, "The 'Hegelian Secret': Civil Society and American Exceptionalism," in Byron E. Shafer (ed.), *Is America Different?: A New Look at American Exceptionalism* (Oxford, Eng.: Clarendon Press, 1991), 46~70쪽.

8) 미국을 국가로 보지 않은 헤겔의 견해는 Stephen Skowronek, *Building A New American State: The Expansion of National Administrative Capacities 1877-1920* (Cambridge, Eng.: Cambridge University Press, 1982), 6~8쪽을 볼 것. 이와 관련해서 J. P. Nettl, "The State as a Conceptual Variable," *World Politics*, vol. 20, no. 4 (July 1968), 559~592쪽 및 George A. Kelly, "Hegel's America," *Philosophy and Public Affairs*, No. 2 (Fall 1972), 2~36쪽도 참조할 것.

9) 뉴딜은 보수파한테는 '사회주의 이념을 은근히 수용한 것'으로, 혁신사가들한테는 '자본주의를 살리기 위한 국가의 개입'으로 비쳤다. 뉴딜이 시민사회의 비대화에 대한 대응이라는 견해에 관해서는 Byron Shafer, *Is America Different?*에 수록된 Daniel Bell의 "The Hegelian Secret: Civil Society and American Exceptionalism"을 참조.

10) William E. Leuchtenburg, *Franklin D. Roosevelt and the New Deal* (New York: Harper & Row, 1963), 326~336쪽; Richard Hofstadter, *The Age of Reform: From Bryan to F. D. R.*, 272~328쪽.

Deal Realignment)다.[11]

셋째, 뉴딜 리얼라인먼트 덕분에 민주당은 1970년대까지 대통령 선거와 연방 의회 선거에서 우세를 차지하면서 뉴딜 리버럴리즘[12]을 현대 미국의 정체성으로 확립시켰다. 그리고 미국 민주당과 미국 공화당의 이념적 좌표도 뉴딜 이후에 정해졌다. 미국의 양대 정당이 각각 서로 다른 정치적 이념을 전면에 내걸게 된 것은 이처럼 뉴딜 이후다.[13]

---

11) 뉴딜 정당 체제의 성립은 남북전쟁 이후 미국의 가장 큰 정치적 변동이다. 남북전쟁 이후부터 1932년 이전까지 연방 차원의 정치 판도를 보면 민주당은 전통적으로 약세였다. 특히 공화당의 우세를 결정적으로 확립한 1896년의 선거 이후 36년간 민주당은 대통령 선거에서 두 번(1912과 1916년, 윌슨)만 승리했고, 민주당이 여당이었던 기간은 상하원 합쳐서 6년에 불과했다. 윌슨의 당선도 두 번 모두 총투표수(선거인단 수가 아니라)의 과반수에 못 미치는 득표로 이루어진 것인 데 반해서 나머지 대통령 선거에서는 공화당 후보가 계속 압승을 거두었다. 특히 1920년(W. Harding 공화당 후보), 1924년(C. Coolidge 공화당 후보), 1928년(H. Hoover 공화당 후보)의 선거가 그랬다. 이 사실을 감안하면 1932년 선거에서 F. D. 루스벨트가 총투표수의 57퍼센트를 얻은 것은 혁명적인 변화였다. 민주당으로서는 1856년 선거(J. Buchanan 당선) 이후 80년 만에 처음이었다. 또 1932, 1934, 1936년의 연방 의회 선거에서도 민주당은 도합 170석의 하원 의석, 36석의 상원 의석을 추가로 획득해서 1937년에 시작된 제75차 연방 의회의 양당 의석 분포를 보면 상원에서 75대 17로, 하원에서는 333대 89로 민주당이 공화당을 압도하기 시작했다.

12) 현대 미국의 'liberalism'을 '자유주의'로 번역하면 혼란이 생긴다. 왜냐하면 뉴딜 시대 미국 민주당의 '리버럴리즘'은 국가 권력의 부당한 간섭에 반발하면서 시작된 유럽의 자유주의(liberal)와 다르고 뉴딜 이전의 미국 자유(방임)주의 전통과도 어긋나기 때문이다. 현대 미국의 리버럴리즘은 19세기의 자유주의에 비하면 초기 연방파의 국가주의 색채가 강하다. 따라서 자유주의로 번역하기보다는 '리버럴리즘'이라는 원어 그대로 호칭하는 것이 자연스럽다.

13) 미국의 양대 정당이 공화당과 민주당이라는 이름을 내걸게 된 것은 19세기 초중반이지만, 건국 시대부터 양대 정당 또는 양대 정파는 엄연히 존재했다. 이미 1780년대에 연방헌법의 비준을 둘러싸고 제퍼슨의 공화파(Republicans, 또는 반연방파[Anti-Federalist])가 해밀턴, 애덤스를 중심으로 한 연방파(Federalist)와 대립했다. 이때는 정당이 없었기 때문에 정파(faction) 대립이었다. 1800년 제퍼슨의 대통령 취임 이후 양자의 대립은 잠시 소멸되었다가 1820년대에 'National Republicans'와 'Democrats'(Democratic Republicans)의 양대 정파로 다시 분리되었다. 잭슨의 급진 민주주의에 반대한 National Republicans는 휘그당을 거쳐 오늘날의 공화당으로 그 맥이 이어지고, 잭슨을 중심으로 한 Democrats가 오늘날 민주당의 기원이라고 볼 수 있다. 문제는 미국 정당의 이합집산이 기본적으로 각 정당 내의 정파(faction)를 중심으로 한 것이기 때문에 오늘날의 공화당을 휘그당이나 연방파의 후신으로, 또 민주당을 잭슨 민주당의 후신으로 꼬집어 말할 수 없다는 점이다. 단적인 예로, 1854년에 결성된 오늘날의 공화당은 노예제 문제를 둘러싸고 남부와 북부가 분열된 상황에서 북부 휘그당과 북부 민주당(Free Soil Party, Liberty Party 포함)이 연합해서 생긴 것이고, 민주당은 남부 휘그당과 남부 민주당이 연합해서 생겼다. 따라서 오늘날의 민주당과 공화당이 뉴딜 이전 시대부터 각각 뚜렷한 이념을 갖고 있었다고 확정할 수 없다.

7-2. 현대 미국의 보수주의

미국의 보수주의는 뉴딜에 대한 반발로 시작되었다. 그 핵심은 국가가 시민의 삶을 계획하고 시장을 규제하는 데 대한 반대다. 국가가 주도하는 평등과 복지, 그리고 시장에 대한 간섭은 '국가가 시민사회의 삶을 조직하고 기획하는 것'이나 마찬가지이며 결국 집체주의[14]로 전락할 것이라는 우려가 미국 보수주의의 출발점이다. 당시 뉴딜 반대 운동을 주도한 미국자유연맹(American Liberty League)과 시민 단체, 허버트 후버(Herbert Hoover)를 비롯한 정치인, 『아메리칸 머큐리』(*American Mercury*) 같은 언론이 볼 때 뉴딜은 질이 나쁜 혁명이었다.[15]

그런데 뉴딜에 대한 저항으로 출발한 미국의 보수주의는 두 가지 변화를 겪으면서 현대 미국의 보수주의로 진화했다. 하나는 외교 철학의 변화이고 다른 하나는 기독교적 경건성, 공동체 가치, 전통적 도덕과 사회 윤리를 중시하는 사회적 전통주의(Traditionalism)와 결합하면서 생긴 변화다.

우선 외교 철학은 다음과 같이 변했다. 연방 정부의 권한 축소를 주장한 반뉴딜주의자들은 제2차 세계대전이 끝난 뒤에 미국의 세계적 개입에도 당연히 반대했다. 반공적 개입주의로 인해 미국이 떠안을 경제적 부담이 연방 정부의 지출을 늘릴 뿐만 아니라, 개입에 필요한 군사력 증

---

14) 뉴딜 반대자들은 뉴딜을 국가주의(statism), 집체주의(collectivism), 전체주의 (totalitarianism) 등으로 다양하게 불렀다. Jerome L. Himmelstein, *To the Right: The Transformation of American Conservatism* (Berkeley, CA.: University of California Press, 1990), 30쪽.

15) 그러나 뉴딜은 당시의 더 급진적 운동, 예를 들어 은행을 국유화해야 한다던 카플린(Charles Coughlin) 운동, 60세 이상이면 누구나 월 200달러 이상의 연금을 국가로부터 받아야 한다고 한 타운센드(Francis Townsend) 운동, 그리고 SOW(Share Our Wealth) 운동이 내세운 재분배 정책에 비하면 경제를 살리기 위한 국가의 온건한 간섭을 주장한 것에 불과하다. 같은 책, 15~16쪽.

강은 대통령의 권력 행사 범위를 넓힐 것이라는 우려 때문이다. 이것은 반공적 군사 개입이 소련보다 미국 국민의 자유를 더 위협할 것이라는 우려이기도 했다.

그러나 초기의 반개입주의는 1950년대 이후 적극적 개입주의와 전투적 반공주의로 바뀐다. 이 전환의 원인은 다음과 같다. 첫째, 뉴딜 이후 트루먼에 이르기까지 민주당의 반공 정책이 유약했기(soft on communism) 때문에 미국이라는 '선'이 공산주의라는 '악'에게 심각한 위협을 당하는 사태가 벌어졌다고 비난하는 공화당 보수파의 공세를 차단하기 위해서는 강력한 반공 정책과 같은 선제적 방어 조치가 필요했다.[16] 둘째, 정치적 엘리트의 세대 교체가 이뤄지는 가운데[17] 중국의 공산화와 한국 전쟁을 겪는 과정에서 불개입주의의 설득력이 약해졌다.[18]

그 결과 거대 국가(Leviathan State)에 반대하던 원래의 보수주의가 둘로 갈라졌다.[19] 하나는 반공을 위해서라면 '거대 국가'도 괜찮다는 냉전적 보수주의다. 냉전적 보수주의는 공산주의라는 '악'과 '야만'에 대한 십

---

16) 이에 대해서는 M. J. Heale, *American Anticommunism: Combating the Enemy Within, 1830-1970* (Baltimore, MD.: Johns Hopkins University Press, 1990), 145~166쪽을 볼 것. 아이젠하워 행정부 당시 미국 국내 공산주의 네트워크에 대한 편집증적 강박감을 전형적으로 보여준 매카시 선풍이나 그 이후의 존 버치 소사이어티 등의 강박적 반공주의도 뉴딜 이후의 강경 보수주의에서 유래한 것이다.

17) 태프트(Robert Taft) 상원의원이 중심이 된 반뉴딜 보수주의가 배리 골드워터, 버클리 2세 (William F. Buckley, Jr.) 등의 '신세대 보수주의'로 변화한 것을 두고 하는 말이다.

18) 당시 개입주의적 보수주의를 대변한 슐램(William Schlamm)과 불개입주의적 보수주의를 대변한 초도로프(Frank Chodorov)의 논쟁(1954년)을 거치면서 불개입주의가 개입주의로 변화한 과정에 대해서는 J. L. Himmelstein, *To the Right*, 31~45쪽. 이와 관련한 자세한 논의는 George H. Nash, *The Conservative Intellectual Movement in America: since 1945* (New York: Basic Books, 1976), ch. 4를 참조.

19) 개입주의적 보수주의자들은 보수주의자(conservative)로, 반뉴딜의 전통을 고수하면서 불개입주의적 보수주의를 견지한 인사들은 '리버테리언'(libertarian)으로 남게 되었다. 그리고 냉전적 개입주의가 미국 보수주의의 주류를 차지하게 된다. 강경한 반소, 반공 이념은 1950년대부터 1980년대 후반까지 미국 보수주의의 핵심이다. Barry Goldwater, *Conscience of a Conservative* (Shepherdsville, KY.: Victor, 1960); Richard Viguerie, *The New Right: We Are Ready To Lead* (Falls Church, Va.: Viguerie Company, 1980) 참조.

자군적 징벌을 미국의 역사적 사명으로 받아들였다. 다른 하나는 대외 개입과 시장 간섭을 일삼는 거대 국가에 일관되게 반대하는 원래의 보수주의, 즉 반뉴딜과 자유방임의 보수주의다. 이 원래의 보수주의는 이제 리버테리어니즘(libertarianism)으로 남게 되었다.

그 다음, 초기의 보수주의는 사회적, 종교적, 도덕적 전통주의와 결합하면서 지금의 보수주의로 진화했다. 개인주의적인 데다가 자유방임주의를 내건 반뉴딜 보수주의가[20] 자본주의의 타락을 비난하고 도덕적 쇠퇴를 우려하는 도덕적 전통주의[21]와 접맥하기는 쉽지 않았다.[22] 이것을 가능하게 만든 것이 냉전이다. 미국의 정신으로 떠받드는 헌법에 대한 초당적 존경심, 공산주의가 선전하는 집단적 유토피아에 대한 도덕적 반감, 타락한 전체주의의 표상이 된 소련에 대한 사회적 공포심이 양자의 결합을 가능하게 만든 것이다.[23]

이상의 두 가지 변화를 겪으면서 현대 미국 보수주의의 윤곽이 잡혔

---

20) 집체주의(collectivism)에 반대하는 리버테리어니즘이 뉴딜 이후 미국 보수주의를 정립해나가는 과정에서 가장 큰 영향을 준 지성사적 업적이 Friedrich A. Hayek, *The Road to Serfdom* (Chicago, Il.: University of Chicago Press, 1944)이다.

21) 이 접합의 과정에서 리버테리어니즘을 대표한 사람이 하이에크라면 사회적, 도덕적 전통주의를 대변한 사람은 리처드 위버다. Richard M. Weaver, *Ideas Have Consequences* (Chicago, Il.: University of Chicago Press, 1948).

22) 양자의 구체적 차이는 J. L. Himmelstein, *To the Right*, 53~55쪽을 볼 것.

23) Robert Goldwin (ed.), *Left, Right, and Center: Essays on Liberalism and Conservatism in the United States* (Chicago: Rand McNally, 1965), 1~17쪽. 그리고 이 접합에 대한 에반스(M. Stanton Evans), 버클리 2세(William Buckley, Jr.), 메이어(Frank Meyer)의 논지에 대해서는 J. L. Himmelstein, *To the Right*, 56~58쪽을 볼 것. 이 접합은 기본적으로 불안한 것이었고, 이 때문에 80년대까지도 *Modern Age*와 같은 보수주의 계열의 잡지에서 미국 보수주의 내부의 동질성에 대한 논의가 계속되었다. Robert Nisbet, "Conservatives and Libertarians: Uneasy Cousins," *Modern Age*, vol. 24 (1980), 2~8쪽; John East, "The American Conservative Movement of the 1980's: Are Traditional and Libertarian Dimensions Compatible?," *Modern Age*, vol. 24 (1980), 34~38쪽; George W. Carey, "Conservatives and Libertarians View Fusionism: Its Origins, Possibilities, and Problems," *Modern Age*, vol. 26 (1982), 8~18쪽; Dante Germino, "Traditionalism and Libertarianism: Two Views," *Modern Age*, vol. 26 (1982), 49~56쪽.

다. 경제 이념으로서의 보수주의는 조세 증대, 복지 예산 확대, 기업 규제 등 국가의 시장 개입이 개인적 자유, 사회적 번영, 국가적 부의 증대와 배치된다는 신념을 기조로 삼게 되었다. 사회 윤리로서의 보수주의는 미국 현대 문화의 세속적이고 유약한 상업성과 타락상(마약, 포르노, 도박, 동성애, 상업주의적 미디어 등)에 대한 비판을 주도했다. 전통적 가족 제도가 붕괴되면서 남녀의 성 역할이 애매해지고 종교적 경건성과 사회 윤리가 붕괴되는 데 대한 우려가 현대 미국 보수주의의 또 다른 축이 된 것이다. 이처럼 경제적 방임주의(economic libertarianism), 사회적 전통주의(social traditionalism), 호전적 반공주의(militant anticommunism)가 하나로 합쳐지면서 현대 미국 보수주의의 원형이 마련되었다. 이것이 1950~60년대 초에 이르기까지의 미국 보수주의다. 그리고 이때 형성된 보수 세력이 소위 구舊우파(Old Right), 그러니까 1970년대 이전의 보수 세력이다.[24]

1970년대부터 모습을 드러낸 신우파(New Right)는 1964년의 대통령 선거에서 공화당의 배리 골드워터가 민주당의 존슨(Lyndon B. Johnson)에게 대패한 뒤에 결집한 보수 세력이다. 신우파의 형성 배경은 다음과 같다.

1960년대부터 민권법과 투표권법 등 민주당의 흑백 평등 정책이 본격화하자, 이것을 미국의 전통에 위배되는 급진적 평등주의로 인식한 남부 백인들의 거부감이 커졌고, 애리조나 주의 상원의원 배리 골드워터는 존슨과 맞붙은 1964년의 대통령 선거에서 이 거부감을 선동했다. 골드워터는 대패했지만 이후 신우파가 형성되기 시작했다. 남북전쟁 이후

---

24) 우파(Right)라는 말도 '보수주의'와 마찬가지로 뉴딜 이후에 등장했다. 처음에는 뉴딜의 국가 개입주의에 반대하고 경제적 방임주의를 주장한 공화당 우파 인사들(Old Republican Rights)을 지칭했다. 그러나 2차 세계대전 이후에는 공화당 우파의 경제적 방임주의와 기독교 우파의 사회적(도덕적) 전통주의, 그리고 호전적 반공주의가 합쳐지면서 생긴 정치 블록을 우파로 부르게 되었다. 이 정치적 블록이 현대 미국 보수주의의 원조인 셈이다.

100년간 민주당만 지지해온 남부의 백인들이 인종 평등 정책에 반발해 공화당 쪽으로 선회하면서 신우파가 대두한 것이다.[25) 신우파는 베트남 전쟁으로 인한 달러 유출과 패전으로 인한 국민적 좌절감, 1970년대 중반의 경기 침체, 미국에 대한 제3세계의 저항과 이에 따른 국가적 위신의 추락 등 다양한 조건을 자양분으로 삼아 세력을 키웠다. 1980년대에는 레이건(Ronald Reagan)과 공화당을 앞세워 미국의 보수화를 선도해왔다. 2000년대 초에 이라크 침공 등 칼뱅주의의 선악 이분법을 앞세워 강경 외교를 주도한 네오콘은 신보수화의 부산물이다.

신보수화는 복음주의 개신교(Evangelism), 백인 노동자, 보수적 미디어,[26) 재계의 지원을 받는 보수적 싱크탱크(Think Tank)와 보수적 지식인들이 반민주당 전선에 합류하면서 탄력을 받았다. 우선 1980년 레이건의 대통령 당선 이후 가속화된 재계와 공화당의 유착, 남부 개신교 우파의 정치적 성장, 공화당 자체의 우경화, 민주당의 아성에서 공화당의 텃밭으로 바뀐 선벨트(Sun Belt. 플로리다에서 미시시피, 루이지애나, 아칸소, 텍사스, 애리조나를 거쳐 남부 캘리포니아에 이르는 미국 영토의 남쪽 1/3)가 미국 정치의 신보수화를 촉진했다. 뉴딜 시대 내내 고전을 면치 못했던 공화당이 무려 80여 년 만에 연방 의회의 양원을 모두 장악한 1994년의 중간선거는 신우파와 신보수의 정치적 부활을 확인해준 선거다. 2016년 도널드 트럼프의 대통령 당선은 이 긴 흐름의 최근 매듭일 뿐이다.

---

25) 1960년대에 배리 골드워터의 반뉴딜 보수주의를 지지한 교외 지역 백인 사회의 움직임을 사회 운동 차원에서 분석한 것으로는 Lisa McGirr, *Suburban Warriors: The Origins of the New American Right* (Princeton, N.J.: Princeton University Press, 2001) 참조.
26) 기독교 우파의 미디어 공세와 그 정치 세력화를 분석한 것으로는 Sara Diamond, *Spiritual Warfare: The Politics of the Christian Right* (Boston, MA.: South End Press, 1989).

7-3. '진보'의 역설

역사적으로 무척 다양한 개념이지만, 평등(equality)과 평등주의
(egalitarianism)는 독립혁명, 잭슨 민주주의의 시대, 남북전쟁, 혁신주의
와 뉴딜 시대, 뉴레프트 시대 등 미국 역사의 전환기마다 정치적 담론의
중심이 된 개념이다.[27] 특히 현대 미국 정치는 평등의 종류와 한계를 둘
러싸고 전개되었다고 해도 과언이 아니다. 이 때문에 평등 문제는 뉴딜
리버럴리즘이 '급진적 평등주의'(radical egalitarianism)로 변한 1960년대
부터 미국 선거의 향배를 좌우하는 변수로 떠올랐다.

미국에는 유럽에서 찾아볼 수 없는 정치문화적 현상이 있다. 상호
모순되는 개인주의와 평등주의가 공존하는 현상이다. 개인주의, 평등
주의, 위계적 공동체주의(collectivism, 또는 hierarchy), 그리고 숙명주의
(fatalism)가 비정상적으로 공존하는 것이다.[28] 물론 미국의 평등주의는
사회주의적 평등주의와 다르다. 그러나 국가가 앞장서는 평등주의가 국
가주의에 반대하는 개인주의와 공존하는 현상이 뉴딜 시대, 특히 1960
년대 이후 미국 정치의 특징이 된 것은 분명하다. 19세기 이후의 유럽
은 평등주의를 위해 국가를 이용하는 사회주의를 낳았지만, 미국에서는
평등주의가 국가를 의심하고 경계하는 개인주의와 결합한 것이다.[29]

유독 미국에서 개인주의와 평등주의가 결합할 수 있었던 것은 기회만

---

27) S. Verba and Gary R. Orren, "The Meaning of Equality in America," *Political Science
Quarterly*, vol. 100, no. 3 (Fall 1985), 369~370쪽; *Equality in America: The View from
the Top* (Cambridge, MA.: Harvard University Press, 1985), 21~51쪽.

28) 이러한 다양한 정치 문화가 혼재하면서 역대 대통령의 통치 방식을 이끌었다고 보는 것으
로는 Richard Ellis and Aaron Wildavsky, *Dilemmas of Presidential Leadership: From
Washington Through Lincoln* (New Brunswick, N.J.: Transaction Publishers, 1991).

29) Aaron Wildavsky, "Resolved, that Individualism and Egalitarianism be made
Compatible in America: Political-Cultural Roots of Exceptionalism," in B. E. Shafer (ed.),
Is America Different?, 116~137쪽.

평등하면 된다는, 즉 결과의 불평등은 당연한 것이라는 전통적 평등관 때문이다. 역사적으로 미국의 개혁 운동들도 대부분 기회의 평등이 평등의 시작이요 끝이라고 믿는 암묵적 합의를 공유해왔다. 19세기 후반 이후 미국의 개혁 운동들이 대기업, 대자본, 국가의 권력 남용에 대한 견제에 주력한 것도 기회 평등만 보장되면 족하다는 신념 때문이었다.

그런데 1960년대에 들어서면서 뉴딜 리버럴리즘과 민주당의 평등 정책이 '과격'해졌다. 민주당이 장악한 연방 정부와 연방 의회는 결과의 불평등은 기회의 불평등을 입증하는 증거라고 보고 결과의 평등까지 보장하기 위해 나섰다. 결과를 보고 과정의 공정성 여부를 판단하겠다는 역전된 평등관이 정책으로 나타난 것이다. 그래서 약자나 소외층의 권리 보장과 관련된 이슈들(인종 평등, 낙태, 성 소수자 문제)이 정치적 쟁점으로 떠올랐다. 미국 바깥에서 보면 도덕적이고 비정치적인 문제들이 미국의 대통령 선거에서는 핵심 쟁점이 된 것이다. 그 이유는 명백하다. 급진적 평등주의의 정치적 도전에 대한 전통 세력의 응전은 당연한 이치인데, 미국의 경우 이 도전과 응전의 최종 무대가 대통령 선거이기 때문이다.[30]

1960~1970년대에 절정을 누린 뉴딜 리버럴리즘의 화두는 '취약하고 억압받는 자들을 위한 평등'이었다. 여성, 소수 인종, 빈민, 노인, 심신 미약자, 비흡연자(이제는 흡연자가 피억압자가 되었지만), 성 소수자, 소비자가

---

30) '무엇을 어떻게 하느냐'에 따라 차등 대우를 받는 것이 평등이라는 전통적 관념 대신 급진적 평등주의는 모든 사람이 결과적으로 같은 대우를 받아야 한다는 신념을 일컫는 말이다. 이에 대해서는 Aaron Wildavsky, *The Rise of Radical Egalitarianism* (Washington, D.C.: American University Press, 1991), xxvii~xxxvi쪽을 볼 것. 이 책은 급진적 평등주의의 온상이 된 ACLU(American Civil Liberties Union), 〈뉴욕타임스〉를 비롯한 진보적 언론, 민주당, 가톨릭, 의회, 그리고 단일 이슈를 정치 쟁점화시켜온 운동 단체들(single-issue group)을 평가하고 있다.

대표적인 피억압 집단이었다.[31] 뉴딜의 평등주의는 낙태의 권리,[32] 소수 인종의 고용 쿼터제, 소수 인종의 입학 및 장학금 쿼터제, 사회 보장제의 강화, 성 소수자의 권익 보장, 심신 장애자의 권리, 환경권, 반핵, 동물의 권리[33], 흡연에서 해방될 권리 등 일상의 모든 평등을 보장하는 일에 국가(연방 정부)가 앞장서야 한다고 주장했다.[34]

결과 평등주의가 기회 평등주의를 밀어내고 미국 정치의 기준점이 되자 여기에 불만을 가진 세력들도 정치적으로 결속했다. 이 결속의 결과가 1980년대 이후 본격화된 미국의 신보수화 현상이다. 미국의 신보수화는 워싱턴을 장악한 국가주의적 평등 정책에 반발한 남부, 개신교 우파, 중하층 백인 사회, 보수적 지식인들과 재계가 공화당을 중심으로 결집한 결과다. 이 점에 대해서는 나중에 설명한다.

되돌아가서, 급진적 평등주의는 미국의 선거 제도와 미국 대통령의 자질까지 변화시켰다. 1960년대 후반에 민주당이 앞장선 양대 정당의 예비선거 제도 개혁 때문이다. 원래 미국 정당의 역사는 정치적 평등을 제도적으로 확장해온 역사다.[35] 각 주 의회의 정당별 지도부가 주지사 후

---

31) 여기에 소비자, 하층 백인(폴란드계, 아일랜드계, 이탈리아계 등)을 보태면 미국 인구의 4배 가까운 374%가 피억압 계층이라는 역설이 생긴다. 같은 책, xii~xiii쪽.

32) 낙태를 둘러싼 논쟁을 보면 마치 미국의 정치적 담론이 자유에서 평등으로 완전히 넘어간 것 같다. 낙태 찬성론(pro-choice)은 임신을 '당할 수밖에 없는' 여성의 평등권, 즉 여성의 선택권이 그 명분이고 반대론(pro-life)은 '태어나지 않은 자'의 평등권을 반대의 명분으로 내세운다. 같은 책, 88~91쪽.

33) 이는 종간種間 불평등을 해소하자는 것이다. 채식 → 건강 → 자연과의 조화 → 동물 해방으로 이어진다. 몇몇 주에서는 주 법에 반영하고 있다. 이것은 종간 불평등의 해소가 인간 사회 내의 불평등 해소로 이어진다는 믿음에 기초한다. 같은 책, 70~74쪽.

34) 이러한 평등관의 부분적 변화는 시민적 권리의 내용 자체를 뒤집는 극단적인 경우도 만든다. 단적인 예로 옛날에는 포르노를 금지한 법이 자유를 침해하는 것이었다. 그러나 지금은 여성의 상품화를 조장하는 '불평등'한 상품으로 여겨지기 때문에 포르노를 허용하는 것이 시민권의 침해다. 같은 책, 92쪽.

35) 미국의 정당 개혁사는 Austin Ranney, *Curing The Mischiefs of Faction: Party Reform in America* (Berkeley, CA.: University of California Press, 1975) 참조.

보를 지명하고, 연방 의회 내의 정당별 지도부가 대통령 후보를 지명하는 간부회의제(congressional caucus) 대신 후보 지명을 위한 전당대회(National Convention)를 개최하는 방식은 이미 앤드루 잭슨 대통령의 개혁(1820~1840)[36]을 통해 선보였다. 1890년대부터 1900년대 초까지는 각 주의 법이 주 당(state party)과 지역당(local parties)의 조직, 제도, 그리고 주별 전당대회의 규정을 명문화함으로써 주 정당 이하의 정당 조직은 정치 제도로 포섭되었다. 그 결과 정당도 법적 평등의 굴레 속에서 규제를 받게 되었다. 이것은 어디까지나 각 주 정당 이하에만 해당되는 사항이었지만[37] 그 덕분에 1903년 이후에는 연방 의회 의원 후보를 각 주의 당원들이 선출하는 예비선거(direct primary)가 도입되기 시작했다.

예비선거 제도가 미국 전역에서 보편화되어 대통령 후보와 연방 의원 후보를 지명하는 데까지 결정적 영향력을 발휘하기 시작한 것은 1960년대 이후다. 시발점은 민주당의 정당 개혁이다. 1960년대 후반의 혼란, 즉 1968년의 민주당 전당대회 사건, 베트남전 반대 운동의 확산, 민주당 대통령 예비후보 로버트 케네디의 암살로 인한 일련의 정치적 소요와 불안을 겪으면서 민주당의 전면적인 개혁이 시작되었다. 1969년 2월에 결성된 '민주당의 구조 및 전당대회 대표 선출에 관한 위원단'(The Commission On Party Structure and Delegate Selection, 흔히 맥거번-프레이저 위원회 [McGovern-Fraser Commission]으로 통칭)이 민주당 개혁안[38]을 내놓았고,

---

36) 따라서 미국 정당사에서 최초의 전당대회는 1831년 앤드루 잭슨에 대항해서 헨리 클레이(Henry Clay)를 대통령 후보로 지명한 National Republicans의 전당대회와 1832년 잭슨파가 주도한 민주당 전당대회다.

37) 이 때문에 전당대회에 파견되는 주 대표단을 선발할 때 중앙당의 규정과 주 법이 상충되는 경우 어느 것이 우선하느냐의 문제가 가끔 생겼다. A. Ranney, *Curing The Mischiefs of Faction*, 82~85쪽.

38) 이 개혁안의 제목이 'Mandate For Reform'이고 공식적으로는 'Official Guidelines of the Commission on Party Structure and Delegate Selection'이라는 제목으로 채택되었다.

이것이 1970년대에는 공화당에도 영향을 주면서 예비선거가 전국적으로 보편화되었다. 그리고 미국 양대 정당의 예비선거는 미디어의 헤드라인을 연일 장식하는 정치 드라마가 되었다.

문제는 맥거번-프레이저 위원회의 정당 개혁안과 그 실현이 가져온 예상치 못한 부작용이다.[39] 민주당의 개혁안은 대통령 후보를 지명하는 전당대회 즉 전국 당 대회에 파견할 주 대표단을 선출할 때 그 주의 인종, 성, 연령 비율을 대표단 구성에 반영해야 한다는[40] 조항을 비롯해서, 각 주 대의원단의 선출 과정을 표준화하고 공개할 것을 중앙당(정확히 말하면 민주당 전국위원회[Democratic National Committee])이 각 주 정당에 요구하도록 했다.

게다가 직접 예비선거의 보편화 추세와 선거 자금법 개정(1974년의 FECA Amendments)[41]은 각 주 당위원회가 대통령 후보 선출에 관여할 수 있는 여지를 줄였고, 이 때문에 각 정당의 예비선거 후보들은 당 내의 세력 연합(coalition building)과 같은 전통적 전략 대신 소규모 정파와 선거 캠프를 중심으로 모여 후보자 개인의 이미지를 조작하고 과장하는 아이돌 전략을 쓰기 시작했다. 당 내 입지가 넓고 경륜이 검증된 인물 대신 풍부한 자금력과 선동적인 이미지로 대중적 인기몰이에 능한 사람이 대

---

39) 1969년부터 시작된 민주당 개혁의 구체적 내용 및 과정, 정치적 여파를 자세히 분석한 것으로 B. E. Shafer, *Quiet Revolution: The Struggle For the Democratic Party and the Shaping of Post-Reform Politics* (New York: Russell Sage Foundation, 1983)를 참조할 것.

40) 그 결과 1984년에는 민주당 전당대회에 대표로 참가한 여성 대표의 수가 1944년 대비 450% 증가했다.

41) 선거 자금에 대한 제한뿐만 아니라 20개 주 이상에서 각각 250달러 이상의(합계 5,000불 이상) 선거 자금을 개인이나 PAC(Political Action Committee)로부터 받은 후보만 연방 정부의 선거 자금을 지원받을 수 있게끔 한 조항도 1974년 FECA의 주된 내용이다. 이 때문에 후보들은 예비선거에 일찍 뛰어드는 전략을 취하게 되었다. N. Polsby, *Consequences of Party Reform* (New York: Oxford University Press, 1983), 59~61쪽.

통령 후보로 선출되는[42] 역설이 생겨난 것이다. 소위 정당 민주화의 역설이다. 예비선거 제도 개혁 이후, 즉 1970년대 후반부터 연방 상원 출신의 노련한 정치인 대신 워싱턴 정치의 경험이 없는 주지사 출신[43] 아니면 깜짝 스타가 대통령 후보로 뽑히고 당선되는 일이 잦아진 것이다. 1980년대 이후 미국 대통령의 무게감과 평균적 자질이 과거와 비교해 현저히 하락한 것은 이 때문이다. 급진적 평등주의의 산물인 정당의 진보가 오히려 정치의 퇴보를 초래한 것이다. 2016년에 도널드 트럼프가 공화당 후보로 선출된 것도 워싱턴에서 잔뼈가 굵은 검증된 정치인보다는 선동과 반짝 인기몰이에 능한 아웃사이더를 정치적 신데렐라로 만들기 쉬운 미디어 중심의 예비선거 제도가 만들어낸 부작용이다.

민주당이 앞장서서 구축해놓은 급진적 평등주의가 낳은 또 다른 역설이 있다. 선거에서 대체로 공화당이 더 유리해진 것이다. 급진적 평등주의와 1980년 이후 대통령 선거[44]에서의 민주당 열세 추세가 연결되어

---

42) 직접 예비선거제는 궁극적으로 양당의 대통령 후보 지명전 출마자들에게 정당의 존재 의미와 그 필요성을 감소시킨다. 또 전통적인 '연대'(coalition building) 전략의 중요성이 감소했기 때문에 후보자들은 자신의 정견을 미디어에 선명하게 전달하는 것이 중요하다. 1970년대 이후 선거에서 나타난 쟁점의 첨예화 현상, 대통령 후보들의 자질 하락도 바로 여기에 기인한다. Aaron Wildavsky, *The Rise of Radical Egalitarianism*, 105~106쪽. 1970년대 이후 연방 정치 경험도 없는 주지사 출신의 인물들(카터, 레이건, 클린턴, 부시 2세)이 계속 대통령으로 당선되는 현상은 바로 전국적인 당내 기반이 없어도 전략만 잘 준비하면 되게끔 만들어놓은 새로운 예비선거제 때문이다. N. Polsby, *Consequences of Party Reform*, 188쪽, note 1, 2를 참조.

43) 1976년부터 미국 대통령 선거에서는 주지사들이 대거 당선되기 시작했다. 지미 카터 조지아 주지사(1976), 로널드 레이건 캘리포니아 주지사(1980, 1984), 빌 클린턴 아칸소 주지사(1992, 1996), 조지 W. 부시 텍사스 주지사(2000, 2004). 연방 상원의원 출신으로 당선된 사람은 조지 H. W. 부시(1988)와 버락 오바마(2008, 2012)뿐이다. 그러나 오바마는 연방 상원 초선 의원이었고 도널드 트럼프(2016)는 특별한 정치적 기반 없이 여론 선동과 인기몰이로 당선되었다.

44) 강화된 보수주의가 연방 의회나 주지사, 주 의회 선거 등에서는 공화당 우세로 연결되지 못하는 이유는 미국식 연방 제도의 특수성에 기인한다. 즉 대통령 선거의 쟁점과 연방 의회나 기타 선거의 쟁점이 근본적으로 다르기 때문이다. 대통령 선거는 국방, 사회, 문화 정책, 조세 등이 주요 쟁점이 되고 나머지 선거는 궁극적으로 유권자들의 생활(사회 복지)에 직접 관련된 쟁점이 중심이 되기 때문에 뉴딜 이후 전통적으로 지속된 지역 정치에서의 민주당 우세 추세가 대통령 선거 판도 변화에는 큰 영향을 받지 않는 것이다. 이에 대해서는 B. E. Shafer, "The Notion of an

있다는 말이다. 뉴딜 이후 미국 민주당은 공화당에 비해서 다양하고도 상호 이질적인 사회 세력(노동자, 소수 인종, 실업자, 빈민, 부유하지만 진보적인 중산층, 환경론자, 낙태 찬성론자, 동성애자 등)을 지지 기반으로 삼아왔다. 민주당의 지지 세력은 대체로 급진적 평등주의에 기울어 있기 때문에 겉만 보면 민주당이 공화당보다 이념적 응집력이 더 강한 것처럼 보인다.[45] 그러나 이들은 평등주의라는 이념보다는 자기네 집단 이익을 정책으로 실현하기 위해 민주당을 전술적으로 지지할 뿐이다. 이 때문에 민주당 후보들과 민주당 지도부는 자신의 발목을 잡고 있는 다양하고도 서로 대립하는 이해 관계를 두루 수용하면서 선거를 치러야 하는 부담을 진다. 바꿔 말하면 당 내 온건파와 급진파의 편차가 공화당보다 더 크고, 따라서 지지층의 응집력과 투표율도 공화당보다 낮다. 2016년 대통령 선거에서 민주당 지지자 일부가 힐러리 클린턴에 대한 거부감 때문에 트럼프에게 표를 던진 것이 좋은 예다. 지지율이 더 높은 민주당이 대통령 선거에서는 공화당에게 밀리는 이유 가운데 하나가 이것이다.[46]

7-4. 뉴딜과 탈뉴딜의 충돌 — 21세기의 미국 정치

건국 이후 150년간 남부와 북부의 대결 구도로 전개되던 연방 정치가 뉴딜 이후 리버럴한 민주당 대 보수적인 공화당의 대결 구도로 바뀌었

Electoral Order: The Structure of Electoral Politics at the Accession of George Bush," in B. E. Shafer (ed.), *The End of Realignment?* (Madison, WI.: University of Wisconsin Press, 1992), ch. 3.

45) 1972년부터 1980년까지 양대 정당 전당대회에 파견된 대표단의 의식 조사 결과를 보면 민주당은 평등주의가 지배적이다. 즉 두 정당 간의 이념적 분극 심화 현상이 확연해졌다. Aaron Wildavsky, *The Rise of Radical Egalitarianism*, 50~62쪽.

46) N. Polsby, *Consequences of Party Reform*, 212~215쪽의 통계 참조. 양대 정당 지지 세력의 전통적 성분과 문화적 차이는 Clinton Rossiter, *Parties and Politics in America* (Ithaca, N.Y.: Cornell University Press, 1960), ch. 3, 4.

다. 그런데 뉴딜 리버럴리즘의 전성기인 1932년부터 1980년까지 공화당 출신의 미국 대통령은 드와이트 아이젠하워와 워터게이트 사건으로 사임한 닉슨(제럴드 포드가 승계)뿐이다. 게다가 아이젠하워는 보수보다는 리버럴에 가까웠다. 연방 의회도 민주당이 장악했다. 반세기에 걸쳐 리버럴-민주당이 보수-공화당을 압도한 것이다. 이것이 일반인들이 알고 있는 현대 미국 즉 뉴딜 시대의 미국이다.

뉴딜 시대의 '리버럴 아메리카'는 경제-군사적 패권과 자유의 제국, 선의의 제국이라는 이미지를 구축했다. 현대 미국의 진보적 이미지는 뉴딜 아메리카의 초상이며 자화상이었다. 그런데 리버럴 아메리카의 물적 기반은 경제적 호황과 번영이었다. 미국의 경제적 번영을 토대로 해서 리버럴 아메리카가 확립되었다면 미국 경제의 쇠락과 침체는 당연히 탈뉴딜, 탈리버럴리즘의 물적 토대로 작용한다. 따라서 미국의 경제적 위기와 탈뉴딜을 외치는 트럼프 현상은 맞물려 있다.

21세기의 미국 정치는 뉴딜의 유산을 폐기하려는 우파와 뉴딜을 복구하려는 리버럴의 대결이 되고 있다. 2016년 미국 대통령 선거는 트럼프와 힐러리 클린턴의 대결이나 트럼프의 예상 밖 승리 때문에 중요한 것이 아니다. 양대 정당의 바깥에 있던 트럼프와 샌더스라는 두 인물이 불러일으킨 정치적 돌풍의 의미가 더 중요하다. 트럼프가 반뉴딜과 탈뉴딜을 상징한다면 샌더스는 빌 클린턴 이후 민주당이 자발적으로 포기해온 뉴딜 리버럴리즘의 부활을 대변하기 때문이다.

한쪽에서는 사회주의를 내건 샌더스가 막강한 민주당 주류를 등에 업은 힐러리 클린턴과 접전을 벌이고, 다른 한쪽에서는 정치적 교양 수준을 거론하기조차 힘든 트럼프한테 대중이 열광하는 쌍둥이 기현상을 설명하기 위해 전문가들이 생각해낸 것은 심화된 불평등에 대한 불만과 워싱턴의 주류 정치에 대한 염증이었다. 그러나 양대 정당에서 동시에 정

치적 기반이 없는 아웃사이더들이 주류를 위협하고 제압한 정치적 기상

이변을 부의 양극화와 기성 정치에 대한 반발의 결과로만 보게 되면 중

요한 것을 놓친다.

근본적이고 역사적인 원인은 따로 있다. 트럼프 지지자들은 반세기가

넘는 뉴딜의 시대에 미국 정치의 윤리적 기준이 된 반인종주의, 평등주

의, 형식적 도덕률(Affirmative Action,[47] Political Correctness[48]와 같은)에 반

기를 든 트럼프한테서 '위선의 뉴딜'을 끝장내고 '오리지널 아메리카'를

복구할 전사의 모습을 보았고, 샌더스를 지지한 사람들은 뉴딜 정신에서

후퇴해온 민주당 주류의 대표인 힐러리 클린턴을 응징하고 훼손된 뉴

딜을 복구할 투사의 모습을 샌더스에게서 찾아낸 것이다.

그런 의미에서 트럼프와 샌더스는 21세기 미국의 양극화를 예고하는

정치적 상징이다. 이들이 뉴딜에 대한 향수와 탈뉴딜에 대한 욕구를 상

징하게 된 역사적 맥락은 다음과 같다. 1930년대에서 1970년대까지 지

속된 뉴딜의 시대는 자본주의를 그냥 방치하면 자유, 기회 균등을 실현

할 수 없다는 믿음이 지배적인 시대였다. 이 신념을 정책으로 뽑아낸 것

은 물론 연방 정부와 연방 의회다. 눈앞에 닥친 대공황을 극복하기 위해

시작된 프랭클린 루스벨트의 뉴딜 정책이 워싱턴의 엘리트들로 하여금

작은 정부를 지향하는 자유주의와 공화주의의 전통을 깨게 만든 방아쇠

가 된 것이다. 그 결과 자본주의가 초래한 불평등을 완화하고 시민적 자

---

47) 연방 정부가 교육, 고용 등에서 흑인을 비롯한 소수 인종, 여성, 장애인 등 정치사회적 약자를 차별하지 않도록 권고하거나 강제하는 법과 정책, 지침을 통칭하는 말이다. 정부의 취지에 호응하는 민간 단체들의 자체 내규나 자발적 지침도 여기에 포함된다. 공무원 충원, 대학 정원, 교사 및 교수진, 장학금 배정 등에 사회적 약자를 위한 일정 비율을 할당하거나 권고하는 것이다. 기업의 고용 원칙에도 비슷한 방식을 적용한다. 탈뉴딜 보수주의는 이것이 능력자에 대한 역차별이라고 반발해왔다.

48) 이것은 정부, 미디어, 교육, 기타 단체 및 개인이 사회적 약자를 배척하거나 차별하지 않게끔 할, 다시 말해서 정치적으로 공정한 사고와 올바른 언행을 하기 위해 지켜야 할 사회적 도덕 기준이다. 예를 들면 흑인은 아프리카계 미국인(Afro-American)이라고 불러야 한다.

유를 보장하려면 '큰 정부'의 적극적 개입이 필요하다는 뉴딜 리버럴리즘이 현대 미국 정치의 불문율이 되었다. 자세히 보자.

1932년에 당선된 민주당의 프랭클린 루스벨트 대통령은 상하 양원을 장악한 민주당의 도움을 받아 시장과 경제는 국가 권력이 침해할 수 없는 성역이라는 금기를 깨고 시장과 경제에 대한 대대적 통제와 규제를 개시했다. 재정 적자를 해결하기 위해 공무원의 임금과 연금을 대폭 삭감했고, 은행법 개정을 통해 대공황의 원인을 제공한 투자 은행들의 투기를 금지했다. 사회 보장제(Social Security)를 도입하는 한편, 노동법과 세법을 강화해서 국가가 시민의 삶을 일정 부분 책임지기 시작했다. 대대적인 댐, 철도, 항만 건설 붐을 조성해서 정부 주도의 취로 사업을 강행했고 농민에 대한 지원도 제도화했다.

고삐 풀린 자본주의가 파탄 낸 경제를 부흥시키려면 국가가 시장을 관리하고 경제 정의를 실현해야 한다는 뉴딜의 철학은 뉴딜 시대의 미국 양대 정당이 암묵적으로 합의한 것이었다. 이 합의를 바탕으로 민주당의 프랭클린 루스벨트와 트루먼 행정부, 아이젠하워의 공화당 정부, 그리고 다시 민주당의 케네디와 존슨 행정부로 이어지면서 뉴딜 리버럴리즘은 그야말로 전성기를 누렸다.

문제는 국가가 경제적 불평등 해소에 나서야 한다는 복지 국가의 이념이 미국 정치 문명의 전통적 평등관과 충돌한다는 점이다. 출발선의 평등은 보장하되 능력과 운에 따라 생기는 결과의 불평등은 당연시해온 미국의 평등관을 뉴딜이 깨버린 것이다. 앞 절에서도 언급했지만, 초기의 뉴딜 반대파는 뉴딜로 인해 작은 국가와 공화정의 전통이 파괴되었다고 반발했다. 그들이 볼 때 뉴딜은 거대 국가의 횡포였다. 이 때문에 그들은 미국인들이 혐오하는 '혁명'이라는 수식어까지 뉴딜에 갖다붙였다. 80년이 지난 21세기의 버니 샌더스가 외치고 있는 정치 혁명이란 바로 이 '혁명의 뉴딜'로 돌아가자는 것이다.

독립혁명부터 뉴딜 이전까지 미국 연방 정치의 기본 구도였던 남부와 북부의 대결이 뉴딜 이후에는 민주당=리버럴과 공화당=보수의 대결 구도로 바뀌었다고 앞에서 말했지만, 이 전환의 과정은 단순하지 않았다. 처음부터 민주당이라고 해서 다 리버럴은 아니었고 공화당이라고 해서 다 보수는 아니었기 때문이다. 특히 남부 민주당의 보수파는 공화당 보수파와 연합해서 뉴딜에 반대하는 강력한 세력이 되었다.

원래 미국 남부는 상공업 위주의 북부 양키 문화와 달리 농업과 대지주를 중심으로 한 보수적 기사(cavalier) 문화가 지배한 곳이다. 남북전쟁에서 공화당의 북부에 패한 남부는 이후 100년간 민주당 보수파의 아성이 되었다. 뉴딜은 이 민주당 보수파가 공화당 보수파와 손을 잡는 계기를 제공했다. 남부의 주권파(각 주의 주권을 연방 주권보다 우선시하는 남부 민주당의 주류)와 공화당 내 반뉴딜 보수파가 연방 정부의 권한을 강화하는 여러 법안을 봉쇄하기 위해 연합한 것이다. 이것이 소위 보수연합(Conservative Coalition)이다.

1939년을 전후해서 연방 의회 내에서 형성된 보수연합은 연방 정부의 권한 증대에 조직적으로 반대했다. 노동조합, 노동권, 복지 정책의 확대에도 반대했다. 진보적 법안이 상정되면 초당적 협력을 통해 본회의 상정을 막았다. 오리지널 아메리카를 사수하겠다는 신념과 반뉴딜, 반노동의 철학으로 결속한 보수연합은 1960년대 초까지 연방 의회에서 강력한 영향력을 행사했다. 보수연합은 남부가 공화당의 세력 기반으로 전환한 1980년대에 이르러서야 약화되었다. 그리고 이제는 남부에 둥지를 튼 공화당이 과거 민주당 보수파의 역할을 대신하고 있다.

보수연합의 치열한 저항에도 뉴딜 시대의 민주당은 국가가 주도하는 평등주의를 정책으로 실현했다. 이미 1948년 대통령 선거에서 해리 트루먼을 위시한 민주당 지도부는 흑인 민권 문제에 대해 전향적 태도를 표명하고 인종차별을 비판하는 정강을 내놓았다.[49] 또 1963년에 케네디가 암살된 후 대통령직을 승계한 존슨은 남부의 텍사스 출신인데도 흑인의 시민권을 보장한 민권법(Civil Rights Act)과 흑인의 투표권을 보장한 투표권법(Voting Rights Act) 등 반인종주의 법안을 밀어붙였다. 서유럽에 비해 정치적 보수성이 강한 미국의 특성 때문에 1960년대의 민주당이 추진한 정책들은 미국 기준에서는 급진적 평등주의(radical egalitarianism)였다. 청년기 샌더스의 신념도 이 급진적 평등주의의 세례를 받은 것이다.

그런데 남북전쟁에서 패배한 후 민주당만 지지해온 남부 백인들에게 급진적 평등주의는 민주당의 정치적 배신이었다. 그래서 이들은 민주당에 등을 돌리고 공화당을 지지하기 시작했다. 그 첫 선거인 1964년의 대통령 선거에서는 공화당 보수파의 보스인 배리 골드워터가 현직 대통령 존슨에게 참패했다. 인종 평등 정책과 베트남전쟁이 쟁점이 된 1964년의 선거는 현대 미국 정치사에서 대단히 중요하다. 민주당의 평등주의에 분노한 남부 백인 사회가 공화당의 기층 세력으로 바뀌는 전환점이 되었기 때문이다. 남북전쟁 이후 100년간 난공불락의 민주당 성채로 남아 있던 남부가 1964년 선거를 계기로 해서 공화당의 텃밭으로 바뀌기 시작한 것이다. 그 결과, 4년 후인 1968년의 대통령 선거에서는 남북전쟁 당시에 연방을 탈퇴했던 남부 11개주 가운데 텍사스를 제외한 10개 주에서 공화당의 닉슨이 이기거나 민권법에 반대한 무소속 후보 조지 월리스가 이겼다. 공화당의 새로운 텃밭이 된 남부 백인 사회와 기존 보수 세력이 연합해서 탄생한 뉴라이트는 이 시대적 추세의 산물이다.

---

49) 여기에 반발해서 사우스캐롤라이나의 스트롬 서몬드(Strom Thurmond) 상원의원이 이끈 민주당 보수파가 민주당을 뛰쳐나가 주권민주당(States' Rights Democratic Party)을 창당했다.

민주당은 지지층 이탈 추세에도 불구하고 "모든 약자의 권리"를 보장하는 데 매진했다. 흑인의 권리, 여성의 권리, 소비자의 권리, 장애인의 권리, 동성애의 권리, 비흡연자의 권리, 심지어 동물의 권리까지 정치적인 이슈로 삼았고, 전당대회의 대의원 구성과 대통령 후보의 선출 방식에 이르기까지 모든 종류의 평등을 법제화했다. 1960년대는 뉴딜 리버럴리즘의 절정기였다.

뉴딜 리버럴리즘에 대한 반발은 불패의 미국(Invincible America)이 베트남에서 패배하면서 정치세력화되기 시작했다. 과도한 전쟁 비용으로 인한 달러 가치의 하락과 경기 침체를 계기로 해서, 그리고 미국의 세계적 리더십이 흔들리면서 뉴딜 아메리카도 흔들리기 시작했다. 베트남전쟁과 인종 평등주의에 대한 보수적 백인 사회의 반감이 누적된 가운데 배리 골드워터에서 리처드 닉슨과 로널드 레이건으로 이어진 공화당 보수파와 뉴라이트가 외연을 확대했다. 자유를 위해서는 강력한 연방 정부가 필요하다는 뉴딜의 정치 철학이 도전을 받기 시작했다.

이런 기류는 1980년대부터 공화당의 극우화를 촉발했다. 신보수화의 기류가 가시화된 첫 선거는 1980년의 대통령 선거다. 골드워터와 닉슨을 이은 로널드 레이건은 총투표수의 50%가 넘는 지지를 얻었다. 레이건은 44개 주에서 이겼고 총 538석의 대통령 선거인단 가운데 489석을 확보해서 49석에 그친 현직 대통령 카터에게 압승을 거두었다. 민주당은 1984년 선거에서도 참패했다. 민주당의 월터 먼데일 후보가 미네소타주를 제외한 49개 주에서 패배한 것이다. 이때 공화당의 레이건은 선거인단 538석 중 무려 525석을 휩쓸었다.

두 번 연속 참패한 민주당은 흔들리기 시작했다. 패배의 원인으로 지목된 것이 교조주의로 변한 뉴딜 리버럴리즘에 대한 미국 국민의 반감과 보수화였다. 그래서 민주당은 뉴딜 리버럴리즘에서 한발 물러선 소위 중도

노선으로 후퇴하기 시작했다.[50] 민주당의 우경화가 시작된 것이다.

이제 민주당은 뉴딜 시대의 급진적 평등주의를 재고하기 시작했다. 베트남전 패배의 후폭풍이 몰아치고 뉴딜 시대의 호황에 황혼이 드리우는 현실을 앞에 두고 '좌파의 정책'을 고집하다가는 영원히 공화당에 패배할 것이라는 비관론이 대두한 것이다. 1985년에는 저널리스트 앨 프롬(Al From)을 필두로 해서 민주당의 정책을 재편하라고 요구하는 정치인들이 민주당 리더십회의(Democratic Leadership Council)를 설립했다. 민주당의 변신을 예고하는 신호탄이었다. 이들은 공화당의 일당 독주를 막으려면 뉴딜 시대, 특히 1960년대의 급진적 평등주의와 좌파 포퓰리즘에서 벗어나야 한다고 믿었다.

1992년의 대통령 선거에서 현직 대통령인 조지 H. W. 부시를 꺾고 당선된 빌 클린턴은 중도화 내지 우경화한 '신민주당'의 첫 대통령이다. 그는 1960년대와 1970년대의 급진적 리버럴리즘을 포기한 중도파를 민주당의 주류로 만들었다. 뉴딜 리버럴리즘과 어긋나는 정책도 시행했다. 탈냉전 시대의 신자유주의와 타협한 새 민주당은 복지 정책부터 수정했다. 클린턴 대통령은 1992년의 대선 공약에서 뉴딜 시대의 복지 정책과 작별하겠다고 공언했고, 1996년에는 공화당이 지배하는 연방 의회가 통과시킨 개인 책임제 및 노동 기회에 관한 법률에도 서명했다. 이 법으로 인해 뉴딜 시대의 복지 관련 연방법이 대거 폐기되었다. 그 대신 빈곤 가정을 위한 임시 지원 프로그램이 시행되었다. 그 결과 저소득 성인이 정부 보조금을 받으려면 취업하거나 직업 훈련을 받아야 하고, 보조금 현금 수령도 평생 5년을 넘을 수 없게 되었다. 덕분에 이 분야의 복지 예산

---

50) 1984년 대통령 선거 직후 뉴딜 노선의 수정을 위한 민주당 내부의 움직임에 대해서는 Thomas Ferguson and Joel Rogers, *Right Turn: The Decline of Democrats and the Future of American Politics* (New York: Hill and Wang, 1986), 3~11쪽.

은 7년 만에 1/3로 줄었다.

민주당의 '변절'을 극적으로 보여준 것은 금융 규제 완화다. 기업 친화적이고 시장 친화적인 노선으로 선회한 민주당이 월가 규제에 대한 완화를 시작한 것이다. 1999년에 클린턴 대통령은 공화당 지도부와 협력해서 그램-리치-블라일리법(Gramm-Leach-Bliley Act)에 서명했다. 이 법은 대공황의 시대인 1933년에 제정된 은행법(Bank Act of 1933) 즉 글래스-스티걸법(Glass-Steagall Act)을 무효화시킨 법이다. 글래스-스티걸법은 투기를 전문으로 하는 투자 은행과 여신 업무만 전담하는 일반 은행의 합병을 금지한 법이다. 1929년의 대공황이 투자 은행과 일반 은행의 합병을 허용했다가 발생했기 때문이다. 그램-리치-블라일리법으로 투자 은행과 일반 은행의 벽을 66년 만에 허문 클린턴 정부는 주택 소유자 비율을 높인다는 명분을 내세워 2008년 금융 위기의 주범이 될 주택 담보 모기지 대출까지 허용했다. 이처럼 70년 만에 투자 은행, 보험 회사, 일반 은행의 합병이 다시 허용되자 씨티그룹과 뱅크오브아메리카, 그리고 JP모건체이스처럼 여신, 투자, 기업 합병을 전문으로 하는 거대 금융 기관이 속속 출현했다. 클린턴 대통령은 대표적 규제 완화론자인 공화당의 필 그램(Phil Gramm) 상원의원이 주도한 선물 거래 현대화법에도 서명했다. 이 법은 파생상품 시장을 풀어놓아서 투자 은행이 공격적인 모기지 장사를 하도록 길을 터준 법이다. 이렇게 보면 2008년 미국의 금융 위기를 초래한 장본인은 월가지만 그 정치적 책임은 빌 클린턴에게 있다는 말이 맞다.

어쨌거나 클린턴 시대의 미국은 케네디 이후 30년 만에 연방 예산의 적자도 해소했고 균형 예산도 달성했다. 또 1990년대의 금융 및 IT 산업 호황과 맞물려 미국 경제가 반짝 부흥했고 실업률과 인플레율도 25년 만에 최저치를 기록했다. 그러나 오래가지 못했다. 조지 W. 부시가 대통령이 된 2001년 이후 아프가니스탄전쟁과 이라크전쟁으로 재정 적자와 국가 부채가 급증했고, 제조업의 몰락과 2008년의 금융 위기가 겹치면서 중산층이 붕괴했다. 양극화를 부추긴 기업 친화적 조세 정책 때문에 2016년 미국의 소득 불평등 수준은 1929년 대공황 직전과 비슷해졌다. 대공황 직전인 1927년에 미국의 상위 10%가 총소득의 50%를 차지했는데 2007년에도 상황이 비슷해졌다. 1979년부터 30년간 상위 1%의 소득은 130% 늘었지만 하위 20%의 소득은 30% 이상 줄었다. 1979년만 해도 상위 20%의 평균 소득이 하위 20%의 10배 남짓이었지만, 2011년 기준으로 상위 20%의 평균 소득은 하위 20%의 15배가 넘었다. 이제 미국의 소득 불균형 수준은 남북전쟁 당시인 1860년대와 비슷한 지경이 되었다.

세계은행이 발표한 2011~2015년간 미국의 지니(GINI) 계수도 41.1이다.[51] 이 수치는 서유럽은 물론 중동의 이란보다도 높고 볼리비아, 페루, 우루과이, 코스타리카 등 중남미 권위주의 국가들과 비슷하다. 샌더스가 사회주의 간판을 내걸고 돌풍을 일으킨 배경에는 이처럼 빌 클린턴 이후 민주당과 공화당이 합작해서 심화시킨 양극화로 인한 보통 미국인들의 박탈감이 있다. 이렇게 보면 2016년 민주당 예비선거에서 민주당 주류를 대표한 힐러리 클린턴이 버니 샌더스에게 고전한 것은 민주당의 우경화가 치러야 했던 업보일지 모른다.

민주당이 오른쪽으로 이동하면서 공화당은 더더욱 우경화했고, 결과적으로 미국 정치판 전체가 오른쪽으로 이동했다. 뉴딜 시대가 사실상 끝난 것이다. 물론 외교, 세금, 환경, 복지, 이민과 같은 구체적인 정책에서는 두 정당의 정책 차이가 아직도 있다. 그러나 현실과 타협한 민주당이 뉴

---

51) 0은 소득이 균등한 완전 평등의 상태, 100은 한 사람이 국민 총소득을 독점하는 완전 불평등 상태다.

딜 시대의 평등주의를 포기하면서 뉴딜의 지지 기반도 해체되기 시작했다. 당장 뉴딜의 굳건한 지지대가 되었던 중서부 공업지대의 백인 노동자들이 민주당을 지지할 이유를 더 이상 찾지 못하게 되었다. 바로 이들이 2016년에 트럼프를 대통령으로 당선시킨 주역의 하나다.[52]

또 앞에서 본 것처럼 남북전쟁 이후 100년간 민주당의 아성이었던 남부가 공화당의 텃밭으로 변한 것과 텍사스, 조지아, 플로리다와 같은 남부 큰 주들의 인구가 급증하면서 대통령 선거에서 남부 선거인단의 비중이 커진 것도 미국의 보수화를 촉진한 요인이다. 각 주에서 확보한 선거인단의 수를 합해 당락을 결정하는 대통령 선거에서 공화당이 유리해진 것이다. 2016년 미국 대통령 선거의 예상 밖 결과는 이 모든 요인이 합세해서 만든 것이다. 강조하지만 2016년 미국 대통령 선거의 역사적 의미는 클린턴의 패배도 아니고 트럼프의 승리도 아니다. 이 선거의 의미는 트럼프와 샌더스라는 두 아웃사이더가 미국 정치의 양극화를 예고하는 상징으로 대두했다는 점에 있다. 이들의 돌풍이 일회성이 아니기 때문이다. 트럼프가 '오리지널 아메리카'의 회복을 꿈꾸는 절반의 미국을 대변한다면 샌더스는 민주당과 공화당이 합작해서 훼손해온 뉴딜의 복구를 꿈꾸는 나머지 절반의 미국을 대변하기 때문이다.

도널드 트럼프부터 살펴보자. 그는 2017년 기준 순자산 35억 달러를 보유한 뉴욕 출신의 사업가로서 『포브스』지 순위에 따르면 전 세계

---

52) 공화당 지지 세력의 다수가 고졸 이하의 노동 계층이라는 사실을 겨냥한 트럼프는 노동 계층을 공략하기 위해 '트럼프식 뉴딜'(Trump New Deal)을 공약했다. 프랭클린 루스벨트의 뉴딜이 연방 정부의 발전소나 댐과 같은 사회 기반 시설 건설을 통해 일자리 창출을 꾀한 것처럼 트럼프도 지난 수십 년간 공화당 주류의 재정 감축 기조로 인해 퇴락한 도로, 학교, 공립 병원, 공항과 같은 사회 기반 시설의 보수와 확충을 연방 정부가 지원할 것이라고 약속한 것이다. 그러나 트럼프식 뉴딜은 백인 노동 계층을 공략하기 위한 것으로서 뉴딜 리버럴리즘과는 전혀 다르다. 연방 정부가 사회간접자본 구축에 적극 나선다는 점에서 뉴딜과 외형은 유사하지만 사회적, 문화적으로 트럼프의 사고 방식은 철저히 탈뉴딜, 탈리버럴리즘이다.

544번째 부자다. 그는 미국 내외에 18개의 골프 코스를 소유하고 있으며 카지노 사업, 호텔업, 부동산 개발업에 종사해왔다. 트럼프의 정치적 신념은 트럼프 가족의 유산이기도 하다. 그의 아버지 프레드 C. 트럼프는 1927년 KKK단과 파시즘 지지자들이 주도한 이민 반대 행진에 참석했다가 뉴욕 경찰의 해산 명령에 불복해서 체포된 7명 중 하나라는 경찰 기록도 있다. 트럼프 자신은 1989년 뉴욕 센트럴파크에서 백인 여성을 강간 살해한 혐의로 다섯 명의 흑인과 히스패닉 소년이 기소되자 8만 5천 달러를 들여 뉴욕 시의 4개 일간지에 사형제를 부활시키라고 전면 광고를 내기도 했다. 14년 후 DNA 증거에 기초한 재수사를 통해 이 범행이 다른 연쇄 강간범의 소행으로 밝혀졌지만, 그는 재수사 결과를 믿을 수 없다고 우겼다. 그의 뿌리 깊은 인종주의에 비하면 그의 섹스 추문은 가십거리에 불과하다.

트럼프의 불안정한 정신 상태에 관한 진단은 다양하다. 팽창주의 외교로 영국을 위협하다가 독일을 1차 세계대전으로 몰아간 독일 황제 빌헬름 2세와 트럼프를 비교한 것도 있고[53] 트럼프의 언행을 정신분석 차원에서 해석한 책도 있다.[54] 더 크게는 트럼프에 열광하는 백인 사회에 초점을 맞춰 트럼프 열풍을 사회병리적 현상으로 본 연구도 있다.[55] 그리고 정치사의 관점에서 트럼프 열풍을 1820년대에 농업지대 백인들의 지

---

53) 이런 관점에서 쓴 평론과 에세이가 많다. 예를 들면 Andrew J. Bacevich, "Trump's not the new Hitler... he's the new Kaiser Bill," *The Spectator* (April 8, 2017); David E Banks, "Stop comparing Donald Trump to Hitler," *Independent* (March 6, 2017); Doug Bandow, "What Trump Has in Common with the Last German Emperor," *The National Interest* (January 31, 2017).

54) Bandy X. Lee and Robert Jay Lifton (ed.), *The Dangerous Case of Donald Trump: 27 Psychiatrists and Mental Health Experts Assess a President* (New York: St. Martin's Press, 2017).

55) Arlie Russell Hochschild, *Strangers in Their Own Land: Anger and Mourning on the American Right* (New York: The New Press, 2016); Allen Frances, *Twilight of American Sanity: A Psychiatrist Analyzes the Age of Trump* (New York: Harper Collins, 2017).

지를 받은 잭슨주의의 귀환으로 보기도 한다.[56]

그런데 중요한 문제가 있다. 정치적 불문율을 무시하는 언사와 행보에도 트럼프에 대한 고정 지지율이 40%를 넘나드는 현상은 트럼프 현상이 일시적인 아이돌 열풍이 아니라는 것을 뜻한다. 1980년대의 레이건 대통령도 연방 정부가 문제 해결책이 아니라 문제 그 자체라고 말하면서 연방 정부의 역할을 줄이려고 했지만, 메디케어(Medicare)나 메디케이드(Medicaid)와 같은 뉴딜의 유산은 건드리지 못했다. 비록 실패하기는 했지만 트럼프는 오바마케어를 폐지하고 의료보험의 민영화를 추진함으로써 뉴딜의 유산을 노골적으로 청산하려고 나섰다. 멕시코와의 국경에 장벽을 쌓는가 하면 이슬람에 대한 반감도 거침 없이 드러냈다. 그는 뉴딜 시대에 억눌렸던 보수적 아메리카니즘의 강박증인 '비미국적인 것에 대한 경멸과 반감'을 선동하고 있다. 트럼프가 내건 미국 우선주의, 미국 제일주의(America First)는 뉴딜 직전에 유행한 100퍼센트 아메리카니즘(5장 참조)이 대변했던 국수주의의 유산이다. 명시적이든 암묵적이든, 트럼프의 반이민주의와 백인주의는 실질적인 탈뉴딜 선언이다. 1970년대에 공화당, 복음주의 개신교, 남부 백인, 재계가 뉴딜 리버럴리즘에 대한 불만을 공유한 채 뉴라이트로 결속했듯이, 트럼프 지지자들도 뉴딜이라는 자물쇠로 잠가둔 인종주의의 봉인을 뜯고 뉴딜 리버럴리즘의 도덕주의를 조롱하는 트럼프의 저돌성에 환호하면서 결집한 것이다.[57] 사정이 이

---

56) Taesuh Cha, "The return of Jacksonianism: The international implications of the Trump Phenomenon," *The Washington Quarterly*, 39–4 (2016).

57) 2016년 대통령 선거 당일 출구조사 결과를 보면 백인, 남부 중심의 개신교 우파(evangelicals)의 트럼프와 힐러리 클린턴 지지율이 큰 차이를 보인다. 백인은 58 대 37, 백인 복음주의 신자는 81 대 16으로 트럼프를 지지했다. 반면 히스패닉은 88 대 8로 클린턴을 지지했다. 이 출구조사 결과는 선거 당일 Edison Research for the National Election Pool, ABC News, Associated Press, CBS News, CNN, Fox News, NBC News가 공동으로 미국 전역 350개 투표소에서 24,537명의 투표자에 대한 설문, 그리고 4,398명의 부재자 및 조기 투표자에 대한 전화 인터뷰를 진행한 결과다.

렇기 때문에 미국이 뉴딜 시대의 경제적 호황기로 되돌아가지 않는 한 리버럴 아메리카의 온전한 복귀는 쉽지 않다고 봐야 한다.

버니 샌더스는 트럼프의 반대편에서 뉴딜의 복구를 상징하는 인물이다. 샌더스는 뉴욕 출신의 유대계 미국인이다.[58] 1960년대 초에 미국사회당의 청년 조직인 청년사회주의연맹(Young People's Socialist League)에 가입했고, 인종평등회의(Congress of Racial Equality)의 조직책으로서 유색인을 위한 민권 운동에 뛰어들었다. 흑인과 백인의 기숙사를 분리한 시카고 대학교의 정책에 반대해서 총장실을 점거하기도 했고, 1960년대 중반에는 베트남전 반대 운동에 뛰어들었다. 1981년부터 10년간 버몬트 주의 벌링턴 시 시장을 지냈고 1990년에 미국 연방 의회 하원의원에 선출되었다. 2006년까지 16년간 버몬트 주 연방 하원의원(8선)을 지낸 뒤 2006년에는 버몬트 주의 연방 상원의원으로 선출되었고, 2012년과 2016년에 재선되었다.

샌더스는 자칭 사회주의자다. 그가 내건 민주적 사회주의(Democratic Socialism)는 사회주의적 자본주의다. 샌더스의 이념은 모든 미국인의 기본 생활권 보장이다. 그가 주장하는 최저임금제, 금융 규제, 부자 증세, 고등 교육 기회의 확대, 선거 자금법 개혁, 환경 규제는 뉴딜 시대 민주당의 프랭클린 루스벨트와 공화당 아이젠하워의 정책을 합친 것이다. 그러나 샌더스의 사회주의는 프랭클린 루스벨트의 사상보다 오히려 '덜 사회주의적'이다. 샌더스 자신도 공화당의 아이젠하워 대통령에 비하면 자신은 덜 사회주의적이라고 말한다.[59]

---

58) 샌더스에 대한 설명은 권용립, 「버니 샌더스 이야기」, 『황해문화』 통권 91호(2016년 여름), 319~337쪽에서 발췌하고 이를 보완한 것이다.

59) 샌더스의 사상적 족보는 유진 뎁스(Eugene Debs, 1855~1926)로 거슬러 올라간다. 뎁스는 미국에서 사회주의를 내걸고 대통령 선거에 출마한 최초의 인물이다. 그는 민주당 소속으로 인디애나 주의 주의원을 지냈으며 미국철도노조(ARU)를 창설한 주역이다. 또 시카고 풀먼 객차 회사

샌더스 돌풍의 원인도 몇 가지가 있다. 심화된 빈부 격차, 우경화한 민주당 주류에 대한 불만이 주된 요인이지만 냉전이 끝난 뒤에 태어나거나 성장한 미국의 젊은 세대가 더 이상 사회주의라는 말에 적대감을 느끼지 않는다는 사실도 중요하다. 오히려 민주당을 지지하는 청년층은 절반 이상이 사회주의라는 말에 호감을 갖고 있다.[60]

이렇게 보면 버락 오바마 시대에 시작된 티파티 운동에서 대안 우파와 트럼프로 이어지고 있는 탈뉴딜의 여정도 순탄치 않다. 첫째, 반세기에 걸친 뉴딜 시대에 뿌리내린 리버럴 아메리카라는 집단 자의식은, 안토니오 그람시(Antonio Gramsci)의 용어를 빌리면, 교육과 언론, 문화예술과 지식인 사회의 의식과 규범을 지배하는 헤게모니가 되었다. 둘째, 미국 정치의 보수화를 주도해온 유럽계 백인의 인구 비율이 줄어들고 있다.[61] 선거가 모든 것을 결정하는 선거 국가에서 소수 인종의 상대적 증가와 백인 인구의 상대적 감소는 탈뉴딜의 동력인 백인 국가로서의 정

를 상대로 벌인 1894년 총파업의 주동자다. 파업 주동 혐의로 투옥된 기간에 사회주의 서적을 탐독한 뒤 사회주의자가 되었다. 출옥 후인 1897년에 미국사회민주연합, 1989년에는 미국사회민주당(Social Democratic Party of America), 그리고 1901년에는 미국사회당(Socialist Party of America)을 창당했고, 사회당 간판을 걸고 대통령 선거에 다섯 번 출마했다. 1900년에는 사회민주당의 후보로 나와서 총투표수의 0.63%를 얻었고, 1904년에는 미국사회당 후보로 나와 2.98%를 얻었다. 1908년에는 2.83%, 1912년에는 5.99%까지 얻었다. 1917년 제1차 세계대전 당시 징집에 반대하는 대중 연설을 하다가 윌슨 대통령한테서 반역자라는 비난을 받았고 결국 보안법(Sedition Act of 1918) 위반 혐의로 구속되었다. 옥중에서 마지막으로 출마한 1920년 대통령 선거에서 총투표수의 3.41%를 얻었지만 10년 만기형을 채우기 전인 1926년에 사망했다.

60) 물론 그들이 이해하는 사회주의란 자유시장주의라는 틀 속에서의 평등이다.

61) 1965년만 해도 미국 인구의 85%를 차지했던 백인은 2015년 기준 63%로 줄었다. 2065년에는 46% 내외로 줄어들어 미국 인구의 절반이 채 안 될 것으로 전망된다. 2065년에는 미국 인구의 약 1/4을 히스패닉이 차지하고 나머지 1/4의 대부분을 흑인과 아시안이 차지할 것으로 전망된다. Pew Research Center, "The Changing Face of America, 1965-2065," https://www.pewresearch.org/fact-tank/2016/01/27/the-demographic-trends-shaping-amer-ican-politics-in-2016-and-beyond/ft_16-01-25_nextamerica_1965_20651/. 또 같은 연구소의 다음 글도 참조. "10 demographic trends that are shaping the U.S. and the world," http://www.pewresearch.org/fact-tank/2016/03/31/10-demographic-trends-that-are-shaping-the-u-s-and-the-world/.

체성을 약화시킨다. 셋째, 21세기에 들어 급격히 심화된 부의 편중과 경제적 양극화는 샌더스의 뉴딜식 사회주의(New Deal Socialism)에 대한 공감대를 확장하고 있다. 이상의 몇 가지 요인만 봐도 뉴딜 이전의 오리지널 아메리카로 되돌아가는 여정은 뉴딜이 시작되던 80여 년 전의 여정보다 거칠고 힘들 것이다.

결론을 내리자. 2008년 오바마의 대통령 당선, 그리고 2016년 민주당 예비선거에서 샌더스가 일으킨 돌풍은 뉴딜의 부활을 꿈꾸는 리버럴 아메리카의 도전이었고, 그 반대편의 트럼프 현상은 탈뉴딜을 꿈꾸는 오리지널 아메리카의 응전이다. 그러나 뉴딜 아메리카와 오리지널 아메리카의 대결은 어느 쪽도 쉽게 이길 수 없는 대결이다. 어느 정당도 압도적으로 이기지 못한 2018년 중간선거 결과는 이 도전과 응전의 치열한 접전이 이런 식으로 계속될 것이라는 예고편이다. 사소한 부침과 굴곡은 있겠지만, 뉴딜의 유산을 수호하려는 리버럴 아메리카의 도전과 뉴딜 이전의 미국으로 되돌아가려는 오리지널 아메리카의 응전은 21세기의 미국 정치를 이념적 양극화의 정치로 몰고 갈 것이다.

제8장
미국 외교의 철학

    외교는 그 나라의 정치 문명을 반영한다. 거친 정치 문명은 거친 외교를 하고 유약한 정치 문명은 유약한 외교를 한다. 미국의 외교도 미국 정치 문명의 거울이다. 미국 외교의 습성과 전통이 러시아, 중국, 일본, 심지어 서유럽과도 다른 것은 미국 정치 문명의 세계관과 역사관이 이 나라들과 다르기 때문이다.

    제2차 세계대전 이후의 현대 미국 외교를 다룬 이론은 다양하다. 크게 보면 두 가지다. 냉전 시대에 미국 학계의 주류가 된 현실주의자들은 강대국 간의 세력 균형을 세계 평화의 유일한 방책으로 보는 강대국 정치(Power Politics)의 논리에 근거해서 미국의 소련 봉쇄가 불가피했다고 봤다. 이와 반대로 워싱턴을 장악한 자본 이익이 2차 세계대전 이후의 미국 외교를 지나치게 공세적인 소련 봉쇄 정책으로 몰아갔다는 비판적 관점도 있다. 자본주의 세계 체제를 유지·확장하려는 미국 자본의 이익에 초점을 맞춘 이 경제 환원론은 1960년대에 대두한 수정주의 역사학자들이 애용했다. 이들의 수정주의 이론은 미국을 개입주의로 몰고 간 것은 자유 세계의 수호라는 도덕적 책무가 아니라 자본의 이익이었고, 미국 외교를 움직이는 정경 엘리트들이 자기네 이익을 미국의 국가 이익으로 포장했다고 비판한 신좌파-뉴레프트 이론으로 이어졌다. 이들에 따르면 소련 봉쇄를 선언한 1947년의 트루먼 독트린은 자본 이익의 세계화를 위한 것이었고, 미국 자본 이익의 외교적 실현은 19세기 말의 문호 개방 정책(Open Door Policy)에서 이미 시작되었다. 소련의 공세를 방어하기 위해 냉전이 시작되었다고 보는 현실주의 이론을 수정하면서 미국 자본의 공세적 개입주의를 비판한 것이다.[1]

간단히 말해서 현실주의 이론은 현대 미국 외교를 형이상학적 자유와 민주의 전파 행위로 해석했고, 수정주의 이론은 미국의 외교를 형이하학적 이윤 추구 행위로 해석했다. 따라서 이 두 이론은 모두 미국의 역사적 고유성이나 독자적인 정치 문명으로서 미국이 가진 세계관과 외교적 습성에는 관심이 없다.

미국의 세계관에 대한 설명을 생략한 미국 외교의 이론은 불완전하다. 어느 강대국이든 자신의 세계관에 따라 원하는 세계를 구상하고 실현하기 때문이다. 물론 미국의 세계관이 스며든 이론은 편파적이다. 다양한 입장과 관점이 얽혀 빚어내는 세계 정치를 미국의 입장과 관점에서 설명하기 때문이다. 따라서 미국적 세계관의 바깥에서 미국 외교의 속성

---

1) 냉전 초기 미국에서 나온 강대국 국제 정치론은 다음과 같다. Hans J. Morgenthau, *In Defense of National Interest* (New York: Alfred A. Knopf, 1951); "The Mainspring of American Foreign Policy," *American Political Science Review*, vol. 44 (Dec. 1950), 833~854쪽; G. F. Kennan, *American Diplomacy 1900~1950* (Chicago, Il.: University of Chicago Press, 1951); *Realities of American Foreign Policy* (Princeton, N.J.: Princeton University Press, 1954); "The Sources of Soviet Conduct," *Foreign Affairs*, vol. 5, no. 4 (July 1947), 566~582쪽(소위 'Mr. X Article'로 알려진 것이다); Stanley Hoffmann, *Gulliver's Troubles, or the Setting of American Foreign Policy* (New York: McGraw-Hill, 1968). 냉전을 소련이 아닌 미국의 책임으로 돌린 수정주의 이론으로는 다음을 참조. W. A. Williams, *The Tragedy of American Diplomacy* (New York: W. W. Norton, 1988); Walter LaFeber, *The New Empire, An Interpretation of American Expansion 1860~1898* (Ithaca, N.Y.: Cornell University Press, 1963); Lloyd C. Gardner, *Economic Aspects of New Deal Diplomacy* (Madison, WI.: University of Wisconsin Press, 1964); Gabriel Kolko and Joyce Kolko, *The Limits of Power* (New York: Harper & Row, 1972); Gar Alperovitz, *Atomic Diplomacy: Hiroshima and Potsdam* (New York: Simon and Schuster, 1965).

과 전통을 파악하지 않으면 미국 외교의 큰 그림을 그릴 수 없다.

　미국 외교의 동기를 분석하는 대신 미국 외교의 방향과 규범을 제시한 이론들도 있다. 여기에 속하는 논저들도 입장에 따라 보수와 진보로 나뉜다. 보수적 이론에 따르면 프랭클린 루스벨트와 트루먼 행정부가 소련에 대해 유화책을 쓰다가 미국을 위험에 빠트렸고, 공산주의 격퇴를 선언한 1947년의 트루먼 독트린은 이 위험에서 벗어나려는 자구책이었다.[2] 보수적 이론은 미국 외교의 입안과 집행을 담당해온 행정부(대통령, 국무부, 국방부, CIA 등)의 관점을 반영하는 것으로서, 소련에 대한 힘의 우위(Position of Strength)를 확보해야만 공산주의로부터 자유를 지킬 수 있다는(Peace Through Strength) 신념에 기초한다. 이 입장에서 보면 1970년대의 데탕트는 군사 경쟁에서 밀리던 소련의 화해 전략에 미국이 말려든 것이다.[3] 이 관점은 보수적 신고립주의(Conservative Neo-Isolationism)[4] 또는 냉전적 개입주의(Cold War Interventionism)[5]로도 알려져 있다. 냉전적 개입주의는 미국이 자유 세계의 영도자가 되려면, 또 데탕트와 평화 공존의 가면을 쓰고 팽창하려는 소련의 음모를 막으려면 군비를 증강하고

---

2) Edgar Ansel Mowrer, *The Nightmare of American Foreign Policy* (New York: Alfred A. Knopf, 1948); Thomas J. Dodd, *Freedom and Foreign Policy* (New York: Bookmailer, 1962). 이들 보수적 규범은 국제 정치의 현실주의 이론에 근거한다.

3) Strobe Talbott, *The Russians and Reagan* (New York: Random House, 1984); Alexander Haig, *Caveat: Realism, Reagan, and Foreign Policy* (New York: Macmillan, 1984); Barry Goldwater, *The Conscience of Conservative*; *The Conscience of a Majority* (New York: Macfadden, 1970); Richard Nixon, *The Real War* (New York: Warner Books, 1981); Norman Podhoretz, *The Present Danger* (New York: Simon and Schuster, 1980) 등이 냉전 시대의 보수적 미국 외교론을 대변했다.

4) Cecil V. Crabb, Jr., *Poilicy-Makers and Critics: Conflicting Theories of American Foreign Policy*, 2nd edn. (New York: Praeger, 1986), 31~63쪽.

5) Ole R. Holsti and James N. Rosenau, "A Leadership Divided: The Foreign Policy Beliefs of American Leaders, 1976~1980," in C. W. Kegley, Jr. and Eugene R. Wittkopf (eds.), *Perspectives on American Foreign Policy: Selected Readings* (New York: St. Martin's Press, 1982), 196~212쪽.

언제든 무력을 사용할 태세를 갖춰야 한다는 외교적 신념이다.

이와 반대로 냉전적 보수주의의 지나친 대외 개입을 비판하는 자유주의적 신고립주의(Liberal Neo-Isolationism)와 탈냉전 초기에 대두한 신개입주의(탈냉전 개입주의, Post-Cold War Interventionism)는 정부의 권한을 축소하고 의회의 권한을 강화시키자는 입장이다.[6] 이것은 세계 정치를 미·소 간의 양극 대결로 몰아가지 말고 선후진국 간의 남북 문제를 포함한 비군사적 의제를 중시하자는 입장이다. 또 소련은 팽창주의 국가가 아니라 일반적이고 상식적인 강대국이라고 규정했다. 군축 협상을 비롯한 소련과의 타협 가능성을 인정한 것이다.[7]

탈냉전과 21세기의 미국 외교를 지도할 규범으로 제시된 근래의 담론도 두 가지로 나뉜다. 하나는 패트릭 뷰캐넌(Patrick Buchanan)에서 티파티 운동을 거쳐 스티브 배넌과 도널드 트럼프로 이어진 극우적 미국 제일주의다. 다른 하나는 강경파인 로버트 케이건(Robert Kagan)에서 온건파인 조지프 나이(Joseph S. Nye, Jr.)까지 포괄하는 신자유주의적 개입주의, 즉 미국 중심의 세계화론이다.

---

6) 베트남전쟁 이후 연방 정부의 해외 군사 개입을 통제하기 위해 의회가 적극적으로 나선 현상을 분석한 것으로 다음을 참조. Cecil V. Crabb, Jr. and Pat Holt, *Invitation to Struggle: Congress, the President, and Foreign Policy*, 2nd edn. (Washington D.C.: Congressional Quarterly Press, 1984); Thomas Franck and Edward Weisband, *Foreign Policy by Congress* (New York: Oxford University Press, 1979).

7) Stanley Hoffmann, *Primacy or World Order* (New York: McGraw-Hill, 1978); Seyom Brown, *New Forces in World Politics* (Washington D.C.: The Brookings Institution, 1974); O. R. Holsti and J. N. Rosenau, "Vietnam, Consensus, and the Belief Systems of American Leaders," *World Politics*, vol. 23 (Oct. 1979), 1~56쪽; Richard A. Falk, "Beyond Internationalism," *Foreign Policy*, 24 (Fall 1976), 65~113쪽; W. Laqueur, *Neo-Isolationism and the World of the Seventies* (Chicago, IL: Open Court Publishing Company, 1972). 그리고 Robert W. Tucker, *The Purposes of American Power: An Essay on National Security* (New York: Praeger, 1981); A. Wildavsky (ed.), *Beyond Containment: Alternative American Policies toward the Soviet Union* (San Francisco, CA.: Institute for Contemporary Studies, 1983)도 이 범주에 들어간다.

그런데 이 모든 분석과 규범은 뉴딜 이후의 현대 미국만 대상으로 삼기 때문에 미국 외교의 전통과 습성이 무엇이며 어떤 양상으로 전개되어 왔는지 설명하지 않는다. 그래서 21세기의 미국 외교를 예측하는 데 도움이 안 된다. 현대 미국 외교는 현대의 생산물이 아니라 건국 이후 쌓여온 오랜 전통의 발현이기 때문이다. 19세기의 고립주의에서 20세기의 냉전적 개입주의를 거쳐 21세기의 탈냉전적 개입주의에 이르기까지 미국 외교의 역사에 일관된 무엇이 있다는 것, 또 어느 정당의 어떤 인물이 통치하든 미국 외교의 일관성과 연속성을 담보하는 불변의 상수가 있다는 것을 전제해야 미국 외교의 시계열 분석과 예측이 가능하다.

여기서 재차 강조할 것은 미국 외교(사)를 다룬 '거시 이론'들은 대체로 합의된 이익이나 이념이 단독 변수처럼 미국 외교를 이끌어왔다는 환원주의에 기울어 있었다는 사실이다. 자유주의라는 신념 하나로 미국 정치의 주기적 개혁과 대외 정책을 풀어낸 헌팅턴이 그랬고[8] 자본의 이익이라는 변수만 갖고 미국 외교를 풀이한 수정주의 역사학자들이 그랬다. 미국 외교를 움직이는 일관된 이익과 이념이 있다고 전제하는 환원주의는 설명을 단순화시킨다는 점에서 분명히 매력적이다. 그런데 단일 이념과 일치된 이익이 미국 외교를 지배한다는 전제를 깔면 이익과 이념이 서로 어긋나는 경우에도 개입을 해온 까닭을 설명할 수 없다.

미국 외교는 정치 문명 차원에서 이해할 필요가 있다. 미국의 외교에 깔려 있는 이익은 분명히 자본과 시장의 이익이겠지만 그 밑바탕에는 미국의 정치 문명이 배태한 세계관과 역사관이 작용한다. 자본 이익을 구현하는 방식이나 반공, 반테러 외교의 '방식'은 메시아니즘과 도덕주의, 그리고 독자주의와 사회 진화론적 세계관에 충실한 것이다. 미국 외교를

---

8) S. P. Huntington, *American Politics: The Promise of Disharmony*.

정치 문명 차원에서 바라보면 미국의 팽창 성향과 개입 본능이 공화주의와 자유주의가 융합하는 과정에서 발생한 '마키아벨리적 긴장'의 해결책이라는 것도 알 수 있다(제9장 참조). 또 식민지 시대부터 미국의 시민 종교로 기능해온 칼뱅주의의 선민 의식과 천년왕국 사상이 '미국은 예외적인 나라'라는 자만의 근원인 동시에 국제 정치를 선과 악의 대결로 보는 권선징악의 세계관을 낳았다는 사실도 보인다. 미국이 치른 모든 전쟁이 자유를 수호하고 악을 물리치는 권선징악의 전쟁이 된 것은 이 때문이다.

제8장은 미국 정치 문명의 산물이며 미국 외교의 전통으로 확립된 철학과 습성을 설명한다. 흔히 미국 외교의 기조와 이념으로 오해받고 있지만, 미국 외교의 방식과 레토릭은 정권과 시대에 따라 변하는 외형일 뿐이다. 이 외형을 미국 외교의 철학과 습성으로 착각하면 안 된다. 좋은 예가 도널드 트럼프다. 트럼프 외교의 방식과 언사는 민주당은 물론 과거 공화당 정권과도 크게 다르지만, 세계의 지도국으로서 '위대한 미국'의 입지를 굳히고 독자적인 행동 자유를 확보하려는 그의 비전은 조지 워싱턴 이후 230년간 계속된 미국 외교의 전통을 고스란히 계승하고 있다. 트럼프 외교의 겉만 보면 세계 경찰의 역할을 포기한 고립주의처럼 보이지만, 그 실제는 위대한 미국의 입지를 굳건히 하려는 패권주의다. 미국 외교에서 고립과 개입은 일관된 외교 철학의 시대적 변용에 불과하다. 미국 외교의 역사에서 고립과 개입의 철학적 본질은 같다는 말이다. 하나씩 보자.

8-1. 메시아니즘과 도덕주의

제2차 세계대전 이후 미국은 명실상부한 세계적 제국으로서 세계 정치의 행로를 이끌어왔다. 특히 비합리적일만큼[9] 도덕주의를 내걸었고 또 그것은 자유 세계를 지킨다는 메시아적 열정으로 채색되어 있었다.[10] 미국 외교가 도덕주의라는 외투를 걸치는[11] 이유는 무엇인가? 또 군사력에 기초한 힘의 정치(Power Politics)를 적나라하게 구사하면서 외교의 방침 즉 '독트린'을 끊임없이 선포하는 습성은 왜 생겼는가?

미국 외교에 관한 개론서는 대부분 미국의 외교 이념과 규범에 대한 설명으로 시작한다.[12] 제국의 보편적 속성과 다른 미국 외교만의 특징이 있다고 믿기 때문이다. 이 특징은 세상을 선과 악의 대결로 보는 종교적이고 권선징악적인 전쟁관, 실리도 없는 '자유'와 '인권'의 전쟁에 인명과 예산을 투척하는 습성이며, 자신을 위협할 상대도 없고 인접 강대국도 없는 막강한 제국인데도 다른 나라와 비교할 수 없이 심각한 안보 강박증 등이다. 그런데 이런 특징을 나열하는 데 그치지 않고 그 원인을 설명하려면[13] 미국 외교의 철학을 낳은 미국 정치 문명을 들여다봐야 한다.

---

9) Robert Dallek, *The American Style of Foreign Policy: Cultural Politics and Foreign Affairs* (New York: Alfred A. Knopf, 1983), xii쪽.

10) Kenneth W. Thompson, *Morality and Foreign Policy* (Baton Rouge, LA.: Louisiana State University Press, 1980), 25, 49쪽. 톰슨은 미국 대외 정책을 관통한 도덕적 윤리적 원칙이 '화려한 고립'(Splendid Isolation, No Entangling Alliances)과 '명백한 숙명'(Manifest Destiny)이라고 보고, 이것이 20세기 미국의 대외 정책, 특히 윌슨 대통령의 메시아적 이상주의와 트루먼 독트린에서 구현되어왔음을 보여주었다. 같은 책, 30~43쪽.

11) Charles M. Lichtenstein, "The Modern World: World War I to 1984," in Michael Hamilton (ed.), *American Character and Foreign Policy* (Grand Rapids, MI.: William B. Edermans Publishing Company, 1986), 45쪽.

12) 미국 외교의 정신적 유산과 전통으로 대부분 고립주의, 사명 의식(American Mission), '명백한 숙명'을 거론한다. Ronald J. Stupak, *American Foreign Policy: Assumptions, Processes & Projections* (New York: Harper & Row, 1976), 4~23쪽.

13) 남북전쟁부터 냉전적 대결 상황에 이르기까지 미국 외교의 역사를 통해 미국의 세계관, 특히 전쟁관의 종교적 성격을 추적한 것으로는 다음을 참조. Andrew Preston, *Sword of the Spirit, Shield of Faith: Religion in American War and Diplomacy* (New York: Anchor Books, 2012).

"미국 독립혁명 전야에 토머스 페인은 미국의 대의(Cause)는 곧 전 인류의 대의라고 했다. 이로부터 반세기가 더 지난 다음에 링컨은, 독립선언은 미국한테만 자유를 준 것이 아니라 온 인류의 미래에 자유를 부여한 것이라고 했다. (……) 제1차 대전 중에 윌슨 대통령은 성조기는 미국만의 깃발이 아니라 인류(Humanity)의 깃발이며 시간이 지나면 모든 나라가 모든 자유의 토대인 도덕적 영감(Moral Inspirations)을 미국에서 구할 것이라고 했다."[14]

이 자신감은 식민지 시대부터 내려온 우월 의식, 회귀 본능, 선민 의식이다. 선민 의식과 우월 의식은 미국의 세계관인 동시에 외교 철학이다. 식민지 시대부터 미국인의 일상을 지배한 시민 종교로 작용해온 프로테스탄트의 도덕률은 절대적 도덕주의(Moralistic Absolution)에 입각해서 세계를 상대하도록 만들었다. 선택받은 선민으로서의 미국이 세상의 악(evil)을 제거하고 세상을 구원할 십자군의 소명을 떠맡았다는 세속적 신화가 구원의 꿈을 간직한 나라[15]라는 미국의 자화상을 각인시킨 것이다.

"구원에 대한 미국(인)의 신념은 오래된 것이다. 이 신념은 독립혁명과 연방 형성 이전으로 거슬러 올라간다. 미국을 (세계의) 구원자로 여기는 신화를 아메리카에 전한 사람들은 퓨리턴이다. 그들은 부패된 구

---

14) Cecil V. Crabb, Jr., *Policy-Makers and Critics: Conflicting Theories of American Foreign Policy*, 189쪽.

15) Mona Harrington, *The Dream of Deliverance in American Politics* (New York: Alfred A. Knopf, 1986); Ernest Lee Tuveson, *Redeemer Nation: The Idea of America's Millennial Role*; Dick Anthony and Thomas Robbins, "Spiritual Innovation and the Crisis of American Civil Religion," *Daedalus*, 111 (Winter 1982), 216쪽. 즉 "미국인들은 자신이 신에 의해 구원받은 사회의 구성원이며 다른 나라를 구원할 사명을 갖는다고 생각한다." Edmund Stillman and William Pfaff, *Power and Impotence: The Failure of America's Foreign Policy* (New York: Random House, 1966), 9쪽.

대륙을 떠나 새로운 약속의 땅, 새 예루살렘에서 구원을 찾았으며, 미완성인 데다가 오염되지 않은 이 처녀지에서 신의 뜻에 따라 정의로운 질서 속에서 살아갈 수 있다고 믿었다."[16]

고매한 모범이 되어 세계를 계도해야 한다는 소명의 신화는 미국이 영토의 제국, 이념의 제국, 경제와 군사의 제국으로 성장하면서 강화되었다. 그리고 시간이 흐르면서 소명의 내용도 변해왔다. 보스턴 식민지와 플리머스 식민지 시대의 소명은 종교적 자유의 확립이었고, 독립혁명과 연방헌법 제정 시대의 소명은 자유주의와 공화주의의 구현이었다. 토머스 제퍼슨에서 앤드루 잭슨에 이르는 19세기 초의 미국은 민주와 평등을 실현할 소명을 지닌 나라였고, 남북전쟁과 링컨 시대의 미국은 노예 해방이라는 신의 소명을 실천한 나라였다. 20세기 미국의 소명 의식은 민주주의의 세계화를 통한 영구 평화를 제창한 우드로 윌슨의 메시아니즘과 프랭클린 루스벨트의 세계경찰론으로 나타났다.[17] 또 냉전 시대에는 '자유 세계의 수호자'라는 소명 의식이 미국 외교를 이끌었다.

미국의 외교적 소명 의식은 미국의 정치 문명, 특히 칼뱅주의의 천년왕국론과 연관시켜 설명해야 한다. 천년왕국 사상의 강력한 영향력을 입증하는 문헌 목록[18]이 말해주듯, 식민지 시대를 포함해서 미국 역사 400여 년을 통틀어 선민 의식과 소명 의식은 일관된 것이다. 그래서 미국의 이념사를 다룬 역사책들은 독립혁명에서 시작하지 않고 그 이전의 대각성 시대(Great Awakening)를 이끈 에드워즈(Jonathan Edwards), 조지

---

16) Mona Harrington, *The Dream of Deliverance in American Politics*, 17쪽.

17) Frederick Merk, *Manifest Destiny and Mission in American History: A Reinterpretation*, 3~4쪽.

18) Le Roy Froom, *The Prophetic Faith of Our Fathers: the Historical Development of Prophetic Interpretation*, 4 vols. (Washington D.C.: Review and Herald, 1946~1954).

프 벨러미(Joseph Bellamy), 홉킨스(Samuel Hopkins), 프리스틀리(Joseph Priestly), 프라이스(Richard Price), 드와이트(Timothy Dwight), 캠벨(Alexander Campbell), 보인턴 스미스(Boynton Smith)와 같은 신학자와 종교인에 대한 설명으로 시작한다.[19]

미국이 태평양으로 진출한 19세기 말에 이르면 선민 의식과 소명 의식은 '앵글로색슨의 미국'을 전 세계의 모범(model)인 동시에 세상의 진보를 위한 지도자로 여기는 모범 의식으로 발전한다. 19세기 후반 미국의 선민 의식과 우월 의식을 대변한 인물은 스트롱(Josiah Strong)이다. 스트롱은 전 세계를 '앵글로색슨화'시키는 것이 신의 섭리라고 믿었다. 이 말은 세계를 영국화시킨다는 뜻이 아니라 미국화시킨다는 뜻이었다.[20] 같은 앵글로색슨이지만 미국은 영국과 다르다는 것이다. 그는 미국은 메시아의 소명을 하사받은 나라이며[21] 미국이 선민의 나라인 것은 세계를 위해 무언가를 하라는 신의 명령을 받았다는[22] 사실을 뜻한다고 했다. 스트롱이 대변한 미국의 위대성(American Greatness)에 대한 신념, 그리고 미국이 모범(American Model)이라는 자의식은[23] 미국 정치 문명의 세 줄기 사상 가운데 칼뱅주의에서 비롯된 것이다.[24] 20세기 이후 미국 외교의 특징이 된 도덕주의는 앵글로색슨의 법적-도덕주의적 태도

---

19) E. L. Tuveson, *Redeemer Nation: The Idea of America's Millennial Role*, 53쪽.

20) Josiah Strong, *Our Country*, 208쪽. E. L. Tuveson, *Redeemer Nation: The Idea of America's Millennial Role*, 165쪽에서 인용.

21) 같은 책, 166쪽.

22) 같은 책, 167쪽.

23) Michael H. Hunt, *Ideology and U.S. Foreign Policy*, 19~45쪽. 역사학적 관점에서 미국의 대외 인식을 분석한 헌트는 미국의 대외 인식으로 미국의 위대함에 대한 자신감, 인종 간의 서열에 대한 확신, 혁명과 급진주의에 대한 반감을 들고 있다. 같은 책, 46~124쪽.

24) 역사는 신의 섭리에 의한 것이라는 'Providential History'의 관념은 모든 세속 공동체의 유한성과 타락성을 전제하는 것이다. Sacvan Bercovitch, *The Puritan Origins of the American Self*, 41쪽.

(legal-moralistic approach)의 산물일 수도 있지만[25] 근본적으로는 식민지 시대와 건국 시대부터 미국의 정체성으로 전해 내려온 우월 의식과 선민 (소명) 의식의 산물이다.

우월 의식과 선민 의식은 공화주의의 자연 분화론 및 반평등주의와도 합치된다. 공화주의에 따르면 자연 귀족에 의한 지배가 가장 훌륭한 지배다. 따라서 국제 정치도 자연 귀족에 해당하는 국가가 주도해야 한다. 그런데 구세계의 타락을 피해 와서 진정한 공화국으로 거듭난 미국이야 말로 국제 정치의 '자연 귀족'이다. 그렇다면 우월한 미국이 앞장서서 자유와 정의를 솔선수범하는 것이 곧 이 세계의 '덕성'이다.

이런 논리에 따르면, 강력한 국가 권력을 혐오했던 초기의 아메리카 공화국이 가장 강력한 군사력과 경제력을 누리는 아메리카 제국으로 변한 것도 모순은 아니다. 인간 세계의 자연적 위계와 계급 분화를 믿는 공화주의에 따르면 지혜롭고 도덕적인 나라가 주도하는 국제 정치야말로 덕성의 정치이기 때문이다. 정치 체제든 인권 문제든 미국이 표방하는 가치 기준에서 벗어나면 비도덕적인 것으로 판정하는 심판 의식도 이런 믿음에서 비롯된 것이다.[26]

"전 세계를 미국처럼"이라는 기치를 내건 우드로 윌슨 대통령의 외교 철학은 20세기의 미국 외교를 이끈 절대적 도덕주의의 표본이다. 제1차 세계대전에 참전을 결정했다고 의회에 통보하면서 보낸 그의 교서에 따르면 미국은 세계의 메시아였다. 윌슨의 절대적 선악관과 도덕주의는 다

---

25) 영미권 외교의 특징인 법률적 태도(Legalistic Approach)에 대해서는 Arnold Wolfers, *Anglo-American Tradition in Foreign Affairs* (New Haven, Conn.: Yale University Press, 1956)를 참조할 것. 미국 외교에 법적, 도덕적 접근 태도가 강한 원인을 정치인 가운데 법조계 출신이 많다는 데서 찾기도 한다. K. Thompson, "Moral Reasoning in American Thought on War and Peace," *Review of Politics* (July 1977), 397쪽.
26) '미국은 구세주'라는 신화는 공화주의와도 관계가 있다. B. Bailyn, *The Ideological Origins of the American Revolution*, 20쪽.

음 짧은 인용문에 압축되어 있다.

> "자유롭고 행운으로 가득한 이 대륙의 역사에서 눈을 돌려 바깥 세
> 계의 역사를 보면, 가혹한 권력의 마수가 유사 이래 수많은 인간의 어
> 깨를 짓눌러왔다는 것을 볼 것입니다. (······) 아메리카 공화국은 해방자
> 의 능력(liberating power)을 (신에게서: 인용자) 부여받았으며 (······) 세계
> 는 미국의 병사들을 십자군으로 환영했고 (······) (궁극적으로) 미국은 그
> 소명을 완수해서 세계를 구원할 무한한 특권을 지니고 있습니다."[27]

그래서 "우리 역사의 큰 전쟁은 모두 어느 정도는 아마겟돈의 싸움(선
과 악, 그리스도와 적그리스도의 최후의 결전: 인용자)으로 간주되었다"[28]고 단
언한다. 우월하고도 모범적인 구원자의 나라인 미국은 타락한 구대륙과
달리 미개한 세상의 등불이 될 지극히 예외적인 나라라는 이런 믿음은 미
국의 경험과 미국의 체제가 보편적 진리라는 믿음으로 이어진다.

> "자유주의의 나라 미국이 직면한 문제 가운데 하나는 미국이 독특
> (uniqueness)하다는 사실이다. 토크빌이 말한 것처럼 미국은 자유롭게
> 태어났기 때문에 자유를 쟁취하기 위해 봉건 잔재와 싸울 필요가 없었
> 다. 그래서 미국은 자신이 겪지 않았던 역사(예를 들면 봉건주의: 인용자)
> 와 싸워야 하는 나라들을 잘 이해하지 못한다. 풍요한 자연 환경, 바깥
> 세계의 소란에서 격리되어 있던 지리적 혜택, '후손을 희생시키지 않는

---

27) Ray S. Baker and William A. Dodd (eds.), *Presidential Messages and Addresses and Public Papers (1917~1924)*, vol. 2, 268, 355, 367, 414쪽. E. L. Tuveson, *Redeemer Nation: The Idea of America's Millennial Role*, 210~212쪽에서 발췌 인용.

28) E. L. Tuveson, *Redeemer Nation: The Idea of America's Millennial Role*, 214쪽. 제2차 세계대전 이후 미국 대통령들의 연설문은 예외 없이 소명 의식을 내비치고 있다. C. W. Kegley and E. R. Wittkopf, *American Foreign Policy: Pattern and Process*, 36쪽.

혁명'에서 태어난 공화국 (……) (등등의 천혜를 누리는 국민이) 역사로부터 천대받은 다른 나라 사람들을 어찌 이해할 수 있겠는가? (……) 유달리 독특하고도 행운이 넘친 발전 과정 때문에 미국인들은 미 공화국이야 말로 특별한 덕성을 신에게서 부여받았고 죄의 멍에에서 해방되어 있다는 신념을 갖게 되었다."[29]

미국과 얼마만큼 비슷한지를 기준으로 해서 다른 나라를 평가하는 미국 외교의 습성은[30] 미국이 세계의 모범이라는 자의식에서 비롯된다. 이것은 가장 말 많고 수다스러운 민주주의를 누리면서도[31] 자신의 보편성을 끊임없이 확인하려는 본능의 발로다. 이 도취는 미국은 특별한 나라라는 믿음[32]과 미국이 세계의 모델이라는 자의식에서 멈추지 않는다. 제3세계의 민족주의처럼 미국적 경험의 바깥에 있는 '비미국적인 것들'에서 악과 비정상을 찾아내는 독선도 이 도취의 결과다. 독립혁명과 연방헌법의 정신은 누구나 실현 가능한 것이라고 믿기 때문에 그렇지 못한 모든 나라는 비정상이다.[33] 미국 역사에 기록된 개혁들의 구호나 미국이 참가한 전쟁의 슬로건이 모두 반이민, 반트러스트, 반가톨릭, 반독일, 반

---

29) J. P. Diggins, *The Lost Soul of American Politics*, 345쪽.

30) L. Hartz, *The Liberal Tradition in America*, 302쪽.

31) Raymond Aron, "Reflections on American Diplomacy," *Daedalus* (Fall 1962), 719쪽.

32) 이 믿음은 미국 예외론(American Exceptionalism)의 근거인 봉건 유산의 부재, 기회의 평등을 향유할 수 있게끔 한 신분의 평등, 프런티어의 존재로 인한 사회적 갈등 완화(미개척지의 존재 덕분에 사회 계급의 분화와 대립이 극단적으로 치닫는 것을 막을 수 있었다는 안전판 이론) 등 자유주의 합의 사학자들이 강조한 미국 역사의 특수성에 대한 자신감이다.

33) 미국식 신화에 따르면 인간 관계의 본질은 대립이 아니라 조화다. 따라서 사회적 갈등은 자연의 이치도 아니고 불필요하다. 그러므로 집단들과 국가들 간에 본질적 차이는 없고 이해 관계도 상호 보완적이다. 따라서 국내적이든 국제적이든 갈등과 대립이 생긴다는 것은 무언가 비정상적인 것, 사악한 것(evil, demon)이 자연의 흐름을 방해하기 때문이다. 이런 사고 방식은 합의 사학이 강조하는 미국식 관념의 특징이다. Mona Harrington, *The Dream of Deliverance in American Politics*, 16~17, 24~25, 27~28쪽.

파시즘, 반공, 반테러처럼 '반~주의'(Anti-~ism) 일색인 것은 이런 사정 때문이다. 자신이 특별(Uniqueness, Distinctiveness)한 존재라는 것을 확신하기 위해서는 자신의 타자 즉 적을 설정해서 부정해야 하기 때문이다.

식민지 시대부터 미국의 정체성은 유럽과 다른 아메리카, 즉 '유럽의 부재不在'였다.[34] 독립전쟁과 건국 초기에 자유라는 말이 미국의 정체성이 되었을 때도 미국의 자유는 유럽에는 없는 자유라야 했다. 이후 미국의 민족주의는 미국만 갖고 있는 자랑스런 무엇에 대한 과시 아니면 비미국적인 것에 대한 배격의 형태를 띠게 되었다. 제2차 세계대전 직전인 1938년에는 헌법을 부정하는 행위나 반미국적인 책동을 막기 위해 연방 하원에 '비미국적 행위 조사위원회'(House Committee to Investigate Un-American Activities, HUAC)[35]를 설치했는데, 이 이상한 이름의 위원회가 40년이나 존속되었다는 역사적 사실은 미국과 다른 것을 미국의 적으로 여기고 미국의 적과 반대되는 것을 미국의 정체성으로 여겨왔다는 것을 보여주는 단적인 증거다. 가치와 비전이 미국과 다른 나라를 '악'으로 여긴다는 말은 미국의 특수성을 보편성으로 여긴다는 말이며, 미국의 가치를 전파하고 실천하는 것을 세계에 대한 봉사로 여긴다는 말이다.[36]

이쯤에서 이토록 자의식이 강한 미국이 과연 가치관이나 문화가 미국과 다른 나라의 자유와 공존할 수 있겠는가라는 의문이 제기될 법하다. 그런데 이 의문에 대한 답도 미리 마련되어 있다. 미국 시민 개개인의 자

---

34) 공화주의도 군주정과 자코뱅주의의 부재를 뜻한다. 미국 민주주의도 인습적 특권의 부재를 뜻한다. 그리고 자유주의의 기둥인 자유기업 정신도 결국 국가 간섭의 부재를 뜻한다. R. H. Wiebe, *The Segmented Society: An Introduction to the Meaning of America*, 6쪽.

35) 나치, 파시스트, 공산주의 및 기타 '비미국적'(Un-American)인 단체들을 조사하기 위해 미국 연방 하원이 1938년에 설치한 위원회로서 '미국적인 것'을 지키려는 편집증과 강박 관념이 제도적으로 표출된 대표적인 사례다. 1969년에 House Committee on Internal Security로 개명했다.

36) M. H. Hunt, *Ideology and U.S. Foreign Policy*, 20쪽.

유는 강력한 연방 정부와 상충하는 측면이 있지만[37] 강력한 미국 연방 정부가 강력한 외교(군사)력을 행사할 때 해당 지역(예를 들면 중남미나 한국)의 자유가 신장되었다는 답변이다. 미국 내부에서는 자유와 권력이 상충 관계에 있지만 대외적으로는 미국의 권력 행사 강도와 대상국의 시민적 자유가 비례한다는 논리다.[38]

자유의 전파가 미국의 사명이라는 믿음[39]은 20세기 미국 외교의 이념적 성역이었다. 자유주의 합의 사학의 거두 루이스 하츠도 자유에 대한 미국인들의 신념(Liberal Creed)은 절대적이며 미국 외교는 이 자유주의 신념을 관철하기 위해서 십자군주의(Crusading Americanism)를 실천한다고 진단했다.[40] 미국 외교사가 다른 나라에서 보기 힘든 수많은 독트린과 그 독트린의 구체적 적용 지침(Corollary)들로 가득한 것은 미국 외교가 절대적이고 교조적인 원칙의 일방적 선포에 능숙하다는 증거다.[41] 미국 외교를 분석할 때는 도덕적 차원을 반드시 고려해야 한다고 믿는 미국 외교 사학의 풍토도 미국 외교의 역사적 특성을 감안한 것이다.[42]

끝으로, 메시아니즘, 십자군주의, 절대적 도덕주의는 독특한 전쟁관과

---

37) 다른 나라의 자유를 신장하기 위한 미국 연방 정부의 권한 강화가 미국 시민의 자유에 대한 억압으로 이어져서 미국 자유주의의 이상을 퇴색시키는 측면을 말한다. S. P. Huntington, *American Politics: The Promise of Disharmony*, 247쪽.

38) 같은 책, 248~259쪽.

39) F. Merk, *Manifest Destiny and Mission in American History: A Reinterpretation*, 28~29, 46쪽.

40) L. Hartz, *The Liberal Tradition in America*, 305쪽.

41) 독트린의 빈번한 사용을 미국 외교 정책의 또 하나의 특징인 실용주의 즉 프래그머티즘의 결과로 보는 견해도 있다. 즉 상황 변화에 따라 수단과 방법이 변화해야 한다는 인식의 결과 하나의 독트린에 집착하면서도 역설적으로 여러 독트린을 빈번히 내세우게 된다는 것이다. 그러나 원칙의 선포와 시행에 일종의 도덕성까지 부여하는 행태 자체는 결코 실용주의적이라고 볼 수 없다. 미국 외교의 실용주의적 특징에 관해서는 Cecil V. Crabb, Jr., *The American Approach to Foreign Policy: A Pragmatic Perspective* (New York: University Press of America, 1985)를 보라.

42) Dexter Perkins, *The American Approach to Foreign Policy* (Cambridge, MA.: Harvard University Press, 1953), 63~64쪽. 미국 외교의 도덕주의적 성격을 보여주는 구체적 사례는 같은 책, 66~67, 69~82쪽을 참조.

승패관을 생산한다. 도발을 당했든 아니든 일단 미국이 참전하면 그 전쟁은 미국의 소명이며 암묵적 성전(Holy War)이 된다.[43] 그리고 목표는 철저한 승리뿐이다. 이런 십자군적 승패관은 미국 민주주의의 특성에서 비롯된다. 아래 인용문은 제1차 세계대전 참전에 반대하던 여론이 윌슨 대통령의 참전 결정 직후에 어떻게 변했는지 보여준다.

"그저께만 해도 그 문제(제1차 대전: 인용자)는 미국인 소년 하나의 목숨보다도 가치 없는 것이었다. 그런데 이제는 전쟁 아닌 그 무엇도 중요하지 않다. 미국의 전쟁(그리고 그 명분)은 성스러운 것이다. 치를 대가가 무엇이라도 좋다. 무조건 항복을 받을 때까지 (미국은) 힘을 행사할 것이다. 왜 이렇게 되는지 나는 알고 있다. 민주주의는 평화를 사랑한다. 그래서 쉽게 전쟁을 도발하지 않는다. 그러나 일단 도발되어 무기를 잡는 지경에 이르면 이 사태를 야기한 적을 쉽사리 용서하지 않는다. 그들이 전쟁을 도발했다는 사실 그 자체가 전쟁의 이유가 된다. (……) 민주주의는 상대방이 절대 잊지 못할 교훈을 가르쳐주기 위해 싸운다. 이런 전쟁은 결국 끝장을 봐야 된다."[44]

절대적 도덕주의와 정의의 폭력을 자처하는 습관은 미국 역사의 초기부터 있었다.[45] 적은 악이며 적과의 싸움에서 이기는 것은 신이 선민에게

---

43) 미국의 전쟁관에 대해서는 다음 논문을 참조. 이현휘, 「소명으로서의 전쟁: 미국 대외정책 정신과 신의 눈물」, 『화이트헤드 연구』 vol. 14(2007), 105~176쪽.

44) G. F. Kennan, *American Diplomacy 1900~1950*, 65~66쪽. 미국의 십자군적 전쟁관에 대한 설명은 M. Hamilton (ed.), *American Character and Foreign Policy*, 10~15쪽.

45) 독립선언의 묵시적 원칙이 미국의 무장 투쟁을 정당화했다는 사실을 환기시킨 것으로는 Nathan Tarcov, "Principle and Prudence in Foreign Policy: The Founder's Perspective," *Public Interest*, No. 76 (Summer 1984), 45~60쪽. 물론 무조건적인 돌격 형식의 무장 투쟁이 아니라 원칙과 신중함(prudence)에 기초한 무장 투쟁을 뜻한 것으로 본다.

부여한 사명이라는 칼뱅주의의 섭리적 투쟁관은 미국이야말로 타락한 구대륙에 맞서서 자유와 공화정을 실현할 위대한 존재라는 자의식과 결합했다. 그래서 독일과의 전쟁에서는 독일이, 소련과의 대결에서는 소련이 악의 화신(Beast of Revelation)으로 규정된다.[46] 대테러 작전도 테러라는 악에 대한 전쟁이다. 미국의 전쟁은 스스로 떠맡은 도덕적 목표를 달성할 수단이며, 미국의 군사력은 목적과 수단의 윤리성을 따지기 이전에 정당화된다.[47]

미국의 비전을 세계로 투사하는 십자군 외교와 절대적 도덕주의는 선악의 문제를 대하는 독특한 방식과도 연관된다. 정치적 문제를 도덕적이고 종교적인 관점에서 재단하는 도덕주의는 국제 관계에 필요한 복합적이고 다면적인 사고(Pluralism)를 배격하고 단세포적 사고 방식(Monism)을 선호한다. 그래서 이질적이고 다양한 국가들이 함께 움직이는 세계 정치를 자신의 가치관과 신념으로 요리할 수 있다고 믿게 된다.[48] 영미권의 경험을 보편적인 것으로 보는 미국 외교의 단세포적 사고 방식으로는 중동이나 아시아처럼 제국주의를 겪은 지역의 저항적 민족주의에 내포된 정감을 이해하기 어렵다. 특히 패전은 미국의 도덕적 자부심에 대한 결정타다. 미국 역사상 처음으로 패전한 베트남전쟁 이후 폴 케네디[49]를

---

46) Ruth Bloch, *Visionary Republic: Millennial Themes in American Thought, 1756~1800*, 12쪽. 프로테스탄티즘의 관점에서 반프랑스, 반가톨릭 관념을 묵시론적으로 표현한 것에 대한 자세한 설명은 Thomas More Brown, "The Images of the Beast: Anti-Papal Rhetoric in Colonial America," in Richard O. Curry and Thomas M. Brown (eds.), *Conspiracy: The Fear of Subversion in American History* (New York: Holt, Rinehart and Winston, 1972), 1~20쪽.

47) 전쟁을 도덕적 목적 달성을 위한 수단으로 여긴 19세기 말 미국의 팽창주의자 머핸(Alfred Thayer Mahan)의 공화주의적 군사관에 대해서는 Charles D. Tarlton, "The Styles of American International Thought: Mahan, Bryan, and Lippmann," *World Politics*, vol. 17, no. 4 (Jul. 1965), 584~614, 특히 586~590쪽.

48) K. W. Thompson, *Morality and Foreign Policy*, 21~31쪽.

49) Paul Kennedy, *The Rise and Fall of the Great Powers: Economic Change and Mili-*

비롯한 역사학자들의 미국 쇠망론이 갑작스레 유행하기 시작한 것은 이 때문이다.

8-2. 독자주의(Unilateralism)

독립전쟁에 이어 두 번째로 영국과 치른 1812년~1814년 전쟁 당시에 미국은 영국군에 의해 수도 워싱턴이 포격을 당하는 수모를 겪었다. 그리고 2001년 9월 11일, 190년 만에 본토가 다시 공격을 받았다. 그것도 경제 제국의 상징인 맨해튼과 군사 제국의 상징인 펜타곤이 유린당했다. 조지 W. 부시 행정부는 그 보복으로 알카에다의 본거지 아프가니스탄을 침공했고, 대량 살상 무기를 없앤다는 명분을 내세워 2003년 봄에는 사담 후세인의 이라크를 공격했다.

이듬해인 2004년에 미국의 역사학자 존 루이스 개디스는 9.11테러를 계기로 해서 미국이 다자 협력과 동맹 네트워크를 중시한 냉전 시대의 안보 정책과 작별하고 미국의 원래 전통인 독자주의(Unilateralism)로 복귀했다는 내용을 담은 짧은 책을 출간했다.[50] 이 책에서 개디스는 건국 이후 계속된 미국의 독자주의와 예방공격 사례들을 열거하면서 냉전의 종식과 9.11테러 이후 미국의 독자주의, 예방 안보, 선제공격 본능이 부활했다고 주장했다.

미국의 대중 매체들도 9.11테러 직후 미국의 공세 외교를 'Unilateralism'으로 지칭하기 시작했다. 그리고 우리는 이것을 '일방주의'로 번역했다. 이라크를 비롯한 적성 국가를 대하는 미국의 방식이 미국 자신의 이익과

tary Conflict from 1500 to 2000 (New York: Random House, 1987).

50) John Lewis Gaddis, Surprise, Security, and the American Experience (Cambridge, MA.: Harvard University Press, 2004).

판단에만 기초한 일방적인 것이기 때문이었다.

그런데 'Unilateralism'의 정확한 의미는 우리가 생각하는 일방주의가 아니다. 이것을 이해하려면 'Unilateralism'의 기원이 된 조지 워싱턴의 「고별사」(Farewell Address)를 다시 봐야 한다. 「고별사」는 1796년 9월 19일, 당시 수도였던 필라델피아의 〈데일리 애드버타이저〉(*Daily Advertiser*)에 게재된 워싱턴의 대국민 편지를 일컫는 말이다. 워싱턴이 세 번째 임기를 사양한 연설문으로만 알려진 「고별사」는 미국 외교 철학의 원형이 담긴 중요한 문서다. 워싱턴이 건네준 메모를 보고 「고별사」를 실제로 집필한 사람은 알렉산더 해밀턴인데, 해밀턴의 글로 빚어낸 워싱턴의 외교 철학은 「고별사」의 후반부에 등장한다. 해밀턴과 워싱턴은 당시 대서양의 패권을 둘러싸고 전쟁 중이던 영국과 프랑스의 압박을 양면에서 받고 있던 '틈새 약소국인 미국'의 생존 방책을 제시하면서 '어느 나라와도 영구적인 동맹을 삼갈 것'(steer clear of permanent allies)을 권고했다. 독립전쟁 당시 영국과 싸우기 위해서 프랑스와 맺었던 1778년의 동맹조약에 구애받지 말고 영국-프랑스 전쟁에서 중립을 지켜야 한다는 말이었다. 당시 미국에서는 프랑스와의 동맹조약에 따라 프랑스를 도와주자는 남부 공화파와 철저히 중립을 지키자는 북부 연방파의 정치적 갈등이 극심했는데, 이 국면에서 대통령 워싱턴이 연방파의 손을 들어준 셈이다.

그런데 「고별사」의 진정한 중요성은 강대국 중심으로 돌아가는 국제 정치의 야수적 본성을 통찰했다는 점에 있다. 「고별사」는 대서양의 패권을 놓고 전쟁 중이던 영국과 혁명 프랑스의 틈새에 끼인 18세기 말의 틈새 약소국인 미국의 외교 철학 지침서다. 워싱턴과 해밀턴이 국제 정치의 야수적 본성을 추론해낸 과정은 다음과 같다. 「고별사」의 한 구절을 보자.

"다른 나라의 사심 없는 호의를 기대하는 것이 어리석다는 것, 다른 나라의 어떤 호의라도 일단 받아들이면 그 대가로 자주 독립의 일부를 지불해야 한다는 것, 그리고 그런 호의를 수용하면 그에 상응하는 호의를 우리도 베풀어야 하는 상황이 닥치고, 오히려 왜 그것밖에 베풀지 않느냐는 등 배은망덕하다는 비난까지 받는 상황에 처한다는 것을 꾸준히 상기합시다. 나라와 나라 사이에 순수한 호의를 기대하거나 미리 계산하는 것만큼 막중한 실수는 없습니다. 이런 기대는 (국제 정치에 대한: 인용자) 경험을 해봐야 치료되는 환상이며, 제대로 된 자긍심을 지녔다면 내던져버려야 할 환상일 뿐입니다."

국제 관계에서 대가 없는 호의는 없다. 소위 대가성 없는 호의라는 것도 반드시 대가를 지불해야 하며, 그 대가는 나라의 자주성과 독립이다. 이게 국제 정치의 본성이다. 워싱턴은 강대국 사이에 끼인 틈새 약소국은 특정 외국에 대한 애착과 반감부터 없애야 한다고 주장한다. 이익 아니면 손해만 존재하는 외교에 편견이나 감정이 개입되면 안 된다는 말이다.

"어떤 나라를 습관적으로 미워하거나 습관적으로 좋아하는 성향에 빠지면 사실상 노예(in some degree a slave)가 됩니다. 적개심의 노예든 애착의 노예든 노예가 된다는 말입니다. 타국에 대한 적의와 애착, 이 둘 다 책임도 다하지 못하고 이익도 지키지 못하는 엉뚱한 방향으로 나라를 몰고 가기 십상입니다."

워싱턴과 해밀턴은 특정 강대국에 대한 상습적 적대감이 위험한 까닭을 다음과 같이 설명한다.

"어떤 나라에게 (습관적: 인용자) 반감을 품게 되면 그 나라를 쉽사리 모욕하고 상처 주고 또 사소한 일로 트집 잡게 됩니다. 우연히 사소한 분쟁만 발생해도 (그 나라에 대해: 인용자) 오만해지고 고집불통이 됩니다. 그래서 충돌은 잦고, 집요하고도 독기 서리며 피비린내 나는 싸움만 벌어집니다. 특정한 외국에 대한 악의와 증오심에 찌든 나라의 국민들은 때때로 자기네 정부를 최선의 정책과 정반대인 전쟁으로 몰아갑니다. 또 그들의 정부도 국민의 이런 성향에 편승해서 이성적으로 판단한다면 거부해야 마땅할 정책을 감정에 휩쓸려 채택하게 됩니다. 또는 자만심, 야심, 기타 사악한 동기를 가진 정부 스스로 적대적인 계획을 추진하기 위해 국민들의 이런 적개심을 이용하기도 합니다. (그 결과: 인용자) 평화, 어쩌면 자유까지도 이 적개심의 제물이 됩니다."

뒤이어서 특정 국가에 대한 습관적 애착은 적대감보다 더 위험하다고 역설한다.

"(……) 특정 국가에게 열정적 호감을 품어도 갖가지 해악이 발생합니다. 우리나라와 그 나라가 실질적 이익을 공유하지 않을 때도 공동의 이익이 존재한다는 환상에 쉽사리 빠지는 것은 우호의 감정 때문입니다. 그 결과 그 나라가 제3국에 대해 품은 적개심이 우리한테도 주입되고, 결국에는 충분한 동기와 정당성 없이 그 나라의 분쟁과 전쟁에 함께 참여해서 우리 스스로를 배신하게 됩니다. 또 특정 국가에 대한 애착은 다른 나라한테 베풀지 않는 특혜를 그 나라한테만 베풀게 만드는데, 이것은 이중의 해악입니다. 첫째는 우리가 마땅히 수호해야 할 권익까지 불필요하게 양도하는 해악입니다. 둘째는 특혜를 받지 못한 다른 나라의 악의를 자극해서 우리한테 보복하게끔 만드는 해악입니다. 또한 (특정 외국에 대해 맹목적이고 관습적으로 애착하는) 야심 가득한 타락하고도 미혹된 인간(정치인: 인용자)들로 하여금 아무 비난도 받지 않고 — 때로는 박수까지 받으면서 — 조국의 이익을 배신하고 희생시키게끔 만듭니다. 그 바탕에 깔린 어리석은 야심, 타락, 미혹을 용감한 책임감, 여론에 대한 존중, 공공의 이익을 위한 고상한 열정으로 보이게끔 덧칠해놓고는 말입니다."

감정적으로든 현실적으로든 다른 나라의 호의를 기대하지도 말고 영향력을 받아들여서도 안 된다는 말이다. 이것이 「고별사」의 외교 철학이다. 독자주의의 핵심은 「고별사」의 다음 구절에 나온다.

"자유 국가의 국민은 음흉한 책략을 품은 외국의 영향력(국민 여러분, 제 말을 믿어주시기를!)을 경계하고 항상 깨어 있어야 합니다. 왜냐하면 외국의 입김이야말로 공화국의 정부에 대해 가장 큰 해악을 끼치는 적이기 때문입니다. 다만 이 경각심은 반드시 (어느 나라에 대해서나) 공평해야 쓸모 있습니다. 그렇지 않고 특정 국가에게만 치우친 경각심은 외국의 영향력을 방어하는 수단이 아니라 그 영향력을 수용하는 수단이 됩니다. 어떤 나라에 대해서는 과도한 애착심을, 다른 나라에 대해서는 과도한 적대감을 품게 되면 한쪽의 위협만 보게 되고 다른 쪽의 교묘한 입김은 베일로 덮어버리거나 심지어 조장합니다. (이렇게 되면) 편애의 덫에 빠지지 않으려는 진정한 애국자는 의심을 받거나 미움을 받기 쉬운 반면, 그 덫의 도구가 된 앞잡이들은 국민적 갈채와 신임을 받으면서 자국의 이익을 헌납하게 되는 것입니다.

이 정도면 「고별사」의 현실주의 외교 철학인 'Unilateralism'을 왜 일방주의가 아니라 독자주의로 번역해야 하는지 그 까닭이 뚜렷해진다. 다른 나라한테 구애받지도 않고 다른 나라와의 약속 때문에 행동의 자유를 구속받아서도 안 된다는 외교 철학은 독자적일지언정 일방적이지는 않기 때문이다.

문제는 이것이 우리말 '일방주의'로 번역되고 이해되는 바람에 마치 21세기의 미국 외교가 일방주의라는 새로운 외교 철학을 채택함으로써 냉전 시대의 다자주의와 결별한 것처럼 보게 만들었다는 점이다. 나아가서 냉전 시대 미국의 국제주의-다자주의(Internationalism-Multilateralism)가 외교의 철학 아닌 방식일 뿐이었고, 냉전 시대 미국 외교의 기저 철학은 처음부터 독자주의(Unilateralism)였다는 사실도 놓치게 되었다.

물론 이라크 침공을 비롯한 미국 외교는 분명히 독선적이고 일방적인 외교였다. 그러나 'Unilateralism'의 역사적 의미를 생각하면 선제공격의 정당성을 강변한 9.11 직후의 미국 외교는 'Unilateralism'이 아니라 독선과 독단의 외교, 즉 'Dogmatism'이었다.

독자주의는 외교 철학이다. 반면 다자주의나 국제주의는 외교의 철학이 아니라 방식이다. '주의'가 붙는다고 해서 무조건 철학이나 이념이 되는 것은 아니다. 다자주의는 외교의 본성이다. 외교는 원래 다자의 게임이며 국제 정치는 다자 간 갈등과 협력으로 굴러가기 때문이다. 냉전 시대 미국의 다자 협력을 미국의 외교 철학으로 오해하면 미국이 냉전 시대 내내 수많은 독트린을 일방적으로 선포한 현상을 설명할 수 없다.[51]

---

51) 냉전 시대의 미국 대통령들은 예외 없이 미국의 외교 기조를 독자적으로 선포했다. 트루먼 독트린(공산주의 봉쇄), 아이젠하워 독트린(중동 개입), 케네디 독트린(중남미 개입), 존슨 독트린(공산주의 봉쇄), 닉슨 독트린(베트남전쟁의 베트남화, 미군의 개입 축소), 카터 독트린(중동), 레이건 독트린(반공 게릴라 지원), 클린턴 독트린(인도적 개입주의), 부시 독트린(선제공격론)은 모두 냉전 시대 미국 외교의 독자주의를 드러낸 것이다.

냉전 시대 미국 역대 대통령들이 쏟아낸 독트린은 다른 나라(동맹이든 아니든)의 눈치를 보지 않고 독자적인 판단에 따라 행동하는 독자주의 외교 철학의 상징인 것이다.

미국 외교의 기저 철학이 독자주의라는 증거는 역사적으로 충분하다. 미국은 건국 이후 160년간 군사 동맹을 체결한 적이 없다. 영국과 독립 전쟁 중이던 1778년에 프랑스와 군사 동맹을 체결한 적이 있을 뿐, 연방 국가로 탄생한 1789년부터 북대서양조약기구(NATO)를 결성한 1949년까지 단 한 건의 동맹도 체결하지 않았다. 다시 말하면 누군가의 동맹 국으로 전쟁을 한 적이 없다. 제1차 세계대전에 가담할 때도 영국과 프랑스의 동맹군이 아니라 지원군으로 참전했다. 당시 유럽에 파견한 미군의 공식 명칭을 동맹군(Allied Forces)이 아니라 미국 원정군(American Expeditionary Forces)으로 정한 것은 이런 전통 때문이다. 제2차 세계대전 당시 진주만 피습으로 시작된 태평양전쟁과 유럽 전선 참전도 당시 연합국의 일원으로 치른 것이 아니다. 한국전쟁에 참전한 미군의 자격도 유엔군이었지 한국의 동맹군은 아니었다.[52] 1953년의 한미동맹 조약(한미상호방위조약)은 한국전쟁이 끝나고 나서야 맺은 것이다.

미국의 독자주의는 군사와 안보 분야에만 국한된 것이 아니다. 냉전이 끝난 이후 초강대국의 독선적 독자주의를 유감없이 과시한 조지 W. 부시 행정부의 두 가지 사례만 보자.

미군을 개인 자격으로 국제 재판정에 세울 가능성이 있는 국제형사재판소(International Criminal Court of Justice)를 설치하는 데에 반대한 것은 독자주의의 전형적인 사례다. 1998년 6월에 160여 개 나라가 국제형사재판소 설립을 위한 로마헌장(Rome Statute)을 채택했다. 로마헌장은 국

---

52) 권용립, 「부시독트린의 재해석 – 미국 외교의 변화 가능성과 관련하여」, 『사회과학연구』(경성대학교 사회과학연구소, 2009), 95~117쪽.

가들 간의 분쟁만 취급한 기존 국제사법재판소와 달리 대량 학살, 반인도주의적 범죄, 전쟁 범죄, 침략 범죄를 저지른 개인을 기소하고 재판할 기구로 구상되었다. 로마헌장은 60개국 이상이 비준한 2002년 7월 1일에 구속력을 갖게 되었고 국제형사재판소가 네덜란드의 헤이그에 설치되었다. 그리고 2002년 7월 1일 이후의 범죄에 대해 공소권과 재판권을 갖게 되었다. 미국의 클린턴 대통령은 2000년 12월 31일에 서명했다. 그러나 로마헌장이 발효되기 직전인 2002년 5월, 조지 W. 부시 대통령은 미국 군인의 개별적인 소추 가능성을 우려해서 유례없는 서명 철회를 강행했다. 국제형사재판소가 정치적으로 악용될 소지가 있다는 것이 철회의 명분이었지만, 아프가니스탄과 이라크 전쟁이 시작된 상황에서 미군이 전투 지역 민간인 살상 행위로 소추되는 일을 막으려는 것이었다. 미국은 또 미국의 무오류성(infallibility)을 내세우면서 미국 국민을 국제형사재판소에 인도하지 않겠다고 약속하는 쌍무적 면책 협정(Bilateral Immunity Agreement, BIA)을 체결하자고 각국에 요구했다. 2004년에 미국 연방 의회는 미국과 BIA를 체결하지 않은 채 로마헌장을 비준한 나라에게 원조를 중단하는 법도 만들었다.

이산화탄소 배출량을 규제하기 위한 교토의정서에 대한 반대도 같은 맥락이다. 1997년 12월 기후변화협약 제3차 당사국 총회에서 채택된 교토의정서는 온실 가스의 감축 목표와 감축 일정, 개발도상국의 참여 문제와 선진국 간, 그리고 선진국·개발도상국 간에 갈등을 빚기도 했지만 2005년 2월에 러시아가 비준함으로써 발효되었다. 그러나 1997년 7월에 미국 상원은 산업 생산을 위축시킬 것이라는 이유로 교토의정서를 만장일치로 거부했고, 1998년 11월에 앨 고어 부통령이 교토의정서에 서명했지만 클린턴 대통령은 상원에 비준을 요구하지도 않았다. 그리고 2001년에는 조지 W. 부시 대통령이 중국과 인도를 개발도상국으로 분류

해서 감축 의무 이행 대상국에 포함시키지 않았다고 항의하면서 미국은 교토의정서의 정신이 아닌 내용에 반대한다고 밝혔다. 물론 강대국의 독단이 미국에 국한된 것은 아니다. 그러나 미국처럼 보편적 인권을 역설하는 나라가 보편적 인권을 위해 공조할 사안까지 반대하는 이면에는 미국의 이익뿐만 아니라 보다 근원적인 전통과 관성도 작용하고 있다.

지금까지 설명한 메시아니즘과 십자군주의, 절대적 도덕주의와 독자주의를 종합한 결정판이 9.11테러 직후의 부시 독트린이다. 부시 독트린의 핵심인 선제공격론은 표면적으로는 민주주의의 확산에 대한 소신과 군사력에 대한 자신감에서 나왔다.[53] 그러나 부시 독트린의 본질은 미국 정치 문명의 대외 인식을 압축해놓았다는 것이다. 부시 독트린의 첫 번째 기둥은 세상을 선과 악으로 나누고 선한 미국이 악을 응징한다는 십자군주의다.[54] 독립전쟁부터 지금까지 자신을 세상의 악(억압과 독재)을 응징하는 십자군으로 여겨온 정신의 관습이 탈냉전과 9.11 이후 수면 위로 떠오른 것이다. 두 번째 기둥은 미국은 '자유의 나라'이며 특별한 존재라는 우월적 자의식과 미국 예외론(American Exceptionalism)이다. 세 번째 기둥은 테러와의 전쟁을 수행하는 방식에서 드러났듯이 다른 나라의 간섭을 받거나 다른 나라 때문에 행동의 구애를 받지 않겠다는 독자주의다. 네 번째 기둥은 세계를 구원할 소명을 가진 미국은 다른 나라를 교화하고 미국에 대적하는 나라를 당연히 응징할 수 있다는 메시아니즘이다. 이라크를 사담 후세인의 압제에서 구원하고 '민주화'하겠다던 네오콘의 공언을 이익을 위장한 가식으로만 보면 안 된다. 그들은 스스로 인식하

53) Jonathan Monten, "The Roots of the Bush Doctrine: Power, Nationalism, and Democracy Promotion in U.S. Strategy," *Internatioanl Security*, vol. 29, no. 4 (Spring 2005), 141~143쪽.

54) Melvin Gurtov, *Superpower on Crusade: The Bush Doctrine in U.S. Foreign Policy* (Boulder, CO.: Lynne Rienner Publishers, 2006).

지도 못한 채 미국 외교의 철학과 습성을 부시 독트린으로 정제해낸 것뿐이다.

줄여 말하면 부시 독트린은 냉전 시대에 소련을 봉쇄하기 위해 잠시 밀쳐두었던 미국 외교의 원래 전통을 공식적으로 되살린 것이다.[55] 그렇기 때문에 부시 독트린은 딕 체니 부통령이나 존 볼턴 같은 네오콘의 신발명품이 아니다. 미국 외교의 선제공격 전통은 19세기 초부터 시작되었고[56] 가까이는 1995년 6월 클린턴의 대통령 훈령 제39호(Presidential Decision Directive)도 테러 대응 방식의 하나로 선제공격을 지시한 바 있다.[57] 또 적국의 미사일이 도달하기 전에 선제적으로 요격하겠다는 레이건 대통령의 전략방위구상(SDI)과 이를 계승한 미사일방어계획(MD), 선제공격의 정당성을 공식화한 『2002년 미국 국가안보보고서』와 역대 미국 행정부가 마련해온 적성국에 대한 선제공격 계획안은 모두 메시아니

55) Lamont Colutti, *Crusading Realism: The Bush Doctrine and American Core Values After 9/11* (Lanham, MD.: University Press of America, 2008).

56) 미국의 선제공격 전통은 19세기 초에 국무장관과 대통령을 지낸 존 퀸시 애덤스로 거슬러 올라간다. John Lewis Gaddis, *Surprise, Security, and the American Experience*, 16~22쪽. 1817년 미국 국무장관 퀸시 애덤스는 당시 스페인의 영토였던 플로리다 동부 지역에서 무법 행위를 일삼던 인디언, 도망 노예, 범법자들을 소탕하기 위해 군대를 파병했다. 미국인 거주민이 입게 될 더 큰 피해를 예방한다는 것이 명분이었다. 이것이 미국 외교사에 등장하는 선제공격의 첫 사례다. 1846년에 제임스 포크 대통령이 텍사스 공화국을 미국에 병합한 것도 텍사스 지역의 미국인들이 세운 텍사스 공화국을 영국이나 프랑스가 접수할 가능성을 막는 예방 조치였다. 1899년에는 미국 군함 메인 호가 쿠바 아바나 항에 정박하던 중에 폭발했고, 이것을 스페인의 소행으로 단정하고 태평양 함대가 필리핀에 있는 스페인 함대를 선제공격했다. 미국-스페인 전쟁의 시작이었다. 20세기에 들어서서 공화당의 T. 루스벨트와 하워드 태프트, 민주당의 윌슨 행정부가 멕시코, 베네수엘라, 도미니카, 니카라과, 아이티 등 중미 지역에 개입한 것도 아메리카 대륙의 패권을 선언한 먼로 독트린에 입각한 선제공격형 개입이다. 핵전쟁의 가능성 때문에 공식화하지는 않았지만 아이젠하워와 케네디, 레이건 행정부가 소련과 중국을 대상으로 마련한 최종 옵션도 선제공격이었다. Melvyn P. Leffler, "9.11 and American Foreign Policy," *Diplomatic History*, vol. 29, no. 4 (2005), 395~413쪽. 그리고 Mare Trachtenberg, *History and Strategy* (Princeton University Press, 1991)의 제3장을 참조할 것. 미국을 사정권 안에 두는 적성국(쿠바)의 미사일 기지 건설을 막기 위해 군사력을 예방적으로 동원한 대표적 사례가 1962년 쿠바 미사일 위기다.

57) Leffler, "9.11 and American Foreign Policy," 404~405쪽.

즘, 십자군주의와 함께 독자주의라는 미국 외교의 철학적 전통을 구현하고 있다는 점에서 동일하다.

8-3. 고립과 개입

서로 상반된 듯 보이는 미국 외교의 고립주의와 개입주의는 미국 외교의 기저 철학인 메시아니즘과 독자주의를 각각 다른 방식으로 드러낸 것이다.[58] 과거의 통설은 미국이 조지 워싱턴 이래 고립주의를 외교 철학으로 삼아왔고, 1898년에 시작된 스페인과의 전쟁부터 개입주의 철학으로 바뀌었다는 것이었다. "미국의 자유로운 행동을 구속할 번거로운 동맹은 사절한다"(No Entangling Alliances)는 토머스 제퍼슨의 취임사와 영구적인 동맹을 배제하라는 조지 워싱턴의 「고별사」는 고립주의의 처방전이며[59] 이것이 먼로(James Monroe) 대통령에 이르러 미국 외교의 확고한 전통으로 굳은 뒤에는 20세기 이전까지 미국 외교의 기조가 되었다는 것이다.

이 통설은 잘못이다. 우선 고립주의를 잘못 이해했다. 미국 외교의 원래 전통을 고립주의로 본 사람들은 워싱턴의 독자주의를 고립주의로 오해했을 뿐만 아니라, 미국이 북아메리카 안에 머물고 유럽 문제에 개입하지 않으면 고립으로 간주했다. 여기에는 두 가지 잘못이 있다. 하나는 현재의 관점에서 과거를 본 것이다. 건국 당시에는 미국 바깥에 있던 지금 미국의 서부, 남부, 중서부도 애초부터 미국의 영토였다고 착각한 것이다. 1803년의 루이지애나 매입 이후 수많은 전쟁과 협상을 통해 미국

---

58) 권용립, 『미국 외교의 역사』(삼인, 2010), 82~87쪽.

59) 미국인들은 'No Entangling Alliances'를 고립주의를 뜻하는 것으로 받아들였다. Samuel F. Bemis, *A Diplomatic History of the United States*, 2nd edn. (New York: Henry Holt, 1942), 202~203쪽.

영토로 편입시킨 땅 전부를 건국 당시의 미국 영토로 여기는 것인데, 이것은 현재의 눈으로 과거를 본 것이다.[60] 또 전쟁과 매입을 통해 기존 영토 바깥으로 확장해온 역사를 미국의 외교사가 아닌 정치사로 본 것이다.

또 하나의 잘못은 미국의 유럽 정책만 기준으로 해서 고립주의와 개입주의를 나눈 것이다. 고립주의 선언으로 알려진 1823년의 먼로 선언은 유럽에 대한 불개입주의를 선언했지만 중남미에 대해서는 패권적 개입주의를 암시한 것이다. 그런데도 먼로 선언이 외교 철학으로서의 고립주의를 선포했다고 오해했다. 유럽에 대한 불간섭주의를 보편적 외교 철학으로서의 고립주의로 확대 해석한 것이다. 이처럼 고립의 의미를 잘못 설정하는 바람에 19세기의 미국은 고립주의의 나라였지만 20세기의 미국은 개입주의의 나라로 바뀌었다고 보는 단절론이 정설이 되었다.[61]

그리고 미국이 고립주의(내향기)와 개입주의(외향기)를 주기적으로 오간 원인을 설명하는 미국 외교의 주기론도 나오게 되었다.[62] 미국 외교의 주기론은 개입과 고립의 원인을 다음과 같이 설명한다. 미국이 개입주의에서 고립주의로 전환하는 요인은 국제 긴장의 완화, 개입의 원인이 된 국내 문제의 해결, 정치적 세대교체, 개입으로 인해 소홀히 했던 내부 문제의 적체, 정상적 평온(normalcy with the nation at peace)에 대한 욕구다. 또 고립주의적 내향기에서 개입주의적 외향기로 전환하는 원인은 미

---

60) 이것은 Geir Lundestad가 지적한 '현재주의'(presentism)다. Geir Lundestad, "Moralism, Presentism, Exceptionalism, Provincialism, and Other Extravagances in American Writings on the Early Cold War Years," *Diplomatic History*, vol 13, no. 4 (Fall 1989), 530~533쪽.

61) 매킨리 대통령(1897~1901)과 T. 루스벨트 대통령(1901~1909) 시대에 고립주의가 개입주의적 신외교(New Diplomacy)로 바뀌었다는 말이다.

62) 1776~1798, 1824~1844, 1871~1896, 1918~1940, 1967 등의 기간이 내향기고 나머지가 외향기다. F. Klingberg, *Cyclical Trends in American Foreign Policy Moods: The Unfolding of America's World Role* (Lanham, MD.: University Press of America, 1983), 2~3쪽. 클링버그가 제시한 주기의 동인에 관해서는 11~18쪽, 미국 외교사를 통한 구체적 검증은 39~167쪽.

국을 위협할 만한 국제 긴장의 고조, 국내 정치의 외교적 해결 가능성 증대, 상대국의 도전을 방치하다가는 목표 달성이 힘들 것이라는 인식, 정치적 세대교체, 예상되는 위협에 대처하기 위해 세계적 역할을 맡아야한다는 욕구의 증대라고 본다.

또 다른 이론에 따르면 미국의 외교적 사고 방식은 20~30년 단위로 개입주의와 고립주의를 왕복해왔다. 한 방식이 위기와 실패를 겪으면 다른 방식이 득세하는데, 이것이 세대교체라는 요인과 맞물려 외교 기조의 변화를 초래한다는 것이다. 또 이 과정은 20~30년을 주기로 해서 반복되기 때문에 고립주의와 개입주의도 20~30년을 단위로 해서 번갈아 나타난다고 본다.[63] 이런 이론에 따르면 독립 이후 1880년대까지는 미 대륙 바깥에 관심이 없는 고립주의의 대륙 패러다임(Continental paradigm)이 지속되었지만, 20세기에 들어와서는 고립주의와 개입주의가 번갈아 나타났다. 즉 1890~1910년간은 개입주의적 제국 패러다임(Imperial paradigm - 카리브해와 아시아 진출, 중국에 대한 문호 개방 정책, 1차 대전 참전), 1920~30년대는 고립주의적 베르사유 패러다임(Versailles paradigm), 1940~1960년대는 개입주의적 진주만 패러다임(Pearl Harbor paradigm), 1970년대 이후 다시 고립주의적 베트남 패러다임(Vietnam paradigm)이 번갈아 지배했다고 본다.[64]

이처럼 다양한 이론이 미국 외교의 주기적 변화를 설명하고 있지만[65]

---

63) Michael Roskin, "From Pearl Harbor to Vietnam: Shifting Generational Paradigms and Foreign Policy," in G. John Ikenberry (ed.), *American Foreign Policy: Theoretical Essays* (Glenview, Ill.: Scott, Foresman, 1989), 539~560쪽. 그러나 로스킨은 클링버그와는 달리 주기론을 미국 외교사 전체에 적용하지는 않고 20세기 이후에만 적용한다. 왜냐하면 그는 북미 대륙 내에서 팽창에 전념했던 19세기까지의 미국 대외 정책은 고립주의로 단정하기 때문이다.

64) G. John Ikenberry (ed.), *American Foreign Policy: Theoretical Essays*, 553쪽.

65) 미국 정치사의 주기('Public Interest'의 시대와 'Private Interest' 시대의 교차)와 클링버그가 제시한 대외 정책 주기가 일치한다고 단언할 수는 없지만, 공익 즉 'Public Interest' 관념이 지배한 시기에는 타국의 중도 좌파를 지원하는 성향을 지녔고, 사익 즉 'Private Interest' 관념이

미국 외교의 역사를 살펴보면 고립과 개입의 차이는 철학의 차이가 아니라 방식과 형식의 차이에 불과하다. 미국은 철학으로서의 고립주의를 추구한 적도 없고 실천한 적도 없다. 고립주의를 미국 외교의 원래 철학으로 믿는 사람들은 조지 워싱턴의 「고별사」를 고립주의의 철학적 지침서로 보고 있지만 조지 워싱턴은 세계와 연을 끊는 고립주의(Isolationism)가 아니라 다른 나라에 휘둘려서는 안 된다는 독자주의(Unilateralism)를 설교했다. 독자주의 외교 철학은 상황과 필요에 따라 고립과 개입의 외교 방식을 넘나든다. 미국의 고립주의와 개입주의는 서로 다른 것이 아니며, 유럽은 개입주의 시대의 미국보다 고립주의 시대의 미국을 더 경계했다는 지적은[66] 틀린 말이 아니다.

이것을 납득하려면 미국-스페인전쟁으로 시작된 19세기 말 미국의 해외 진출과 그 이전의 서부 개척을 구별하는 이분법부터 버려야 한다. 또한 신의 뜻으로 구대륙의 타락에서 해방된 미국은 바깥 세계와의 단절(고립)을 통해 순수성을 보존하든지, 아니면 미국의 가치와 제도를 전파하는 방법(개입)을 통해 세계를 교화해야 한다는 신념이 시대별 상황에 따라 번갈아 나타난 것이라고 봐야 한다. 고립주의와 개입주의 둘 다 자유주의의 신념을 실천한 것이라고 해석한 루이스 하츠도 이런 입장이다. 미국 혼자서라도 자유를 보전하려는 비전이 유럽과 얽히지 않으려는 고

지배하는 기간에는 우익 정부를 지원하는 경향을 보였다. A. M. Schlesinger, Jr., *The Cycles of American History*, 44~45쪽. '사익의 시대'인 레이건 대통령의 대외 개입주의(우익 정권에 대한 지원)와 대내적 자유방임주의도 이 틀로 보면 모순이 아니다. 국내 정치의 준거가 되는 신념과 가치 체계가 국제 정치를 보는 눈을 규정하기 때문이다. A. J. Reichley, "Conservative Roots of the Nixon, Ford, and Reagan Administration," *Political Science Quarterly*, 96~4 (Winter 1981~1982), 543~544쪽.

66) Raymond Aron, *The Imperial Republic: The United States and the World 1945~1973*, tran. by Frank Jellinek (Cambridge, MA.: Winthrop Publishers, 1974), xxii~xxiv쪽. 레이몽 아롱은 미국의 이념적 토대를 딱히 명시하지 않았다. 그러나 한 나라의 외교와 국제 정치 인식, 그리고 국제 정치에서 자국의 역할에 관한 믿음은 그 나라의 전통과 과거의 유산에 의해 지배받는다고 본다.

립주의의 원인이라면[67] 자유를 적극 전파해서 세계를 바꾸려는 십자군적 비전이 제1차 세계대전 무렵의 개입주의와 냉전 시대의 개입주의를 낳았다는 것이다. 바꿔 말하면 19세기 미국의 고립주의는 타락한 유럽과 거리를 둠으로써 미국의 순수성을 보존하려는 충동의 소산이었고,[68] 20세기 미국의 개입주의는 미국의 이념과 제도를 전파해서 세계를 구원하려는 메시아니즘의 소산이다.

18세기 말부터 21세기 초에 이르기까지 미국 외교의 철학과 습성이 이어지고 있다는 것을 확인하려면 이처럼 자유주의뿐만 아니라 공화주의와 칼뱅주의가 함께 작용하는 미국 외교의 철학과 습성을 간파해야 한다.[69]

> "논리적으로 볼 때, (……) 고립주의와 개입주의는 양극단에 있고 분명히 서로 절충될 수 없는 외교적 정향이다. 그러나 좀 더 깊게 이념이나 철학의 차원에서 보면 고립주의 성향과 자유주의적 개입 성향은 상당히 유사하다. (……) 러너(Max Lerner)가 지적했듯이 미국 사회에서 고립주의와 개입주의의 근본 목표는 같다. 미국의 자유와 민주주의, 복지와 안녕을 증진하는 데 도움이 될 조건을 세계적으로 마련하려는 목적뿐이기 때문이다."[70]

---

67) L. Hartz, *The Liberal Tradition in America*, 284~287쪽. "비미국적인 것으로부터 아예 담을 쌓거나, 아니면 비미국적인 것을 미국적인 것으로 변형시키기 위해 적극적인 행동을 취할 수밖에 없는 것은 자유주의적 전통의 절대성, 또는 자유주의에 대한 절대적 신념을 핵심으로 하는 미국의 도덕주의적 생리(American Moral Ethos) 때문이다."

68) Norman A. Graebner (ed.), *Ideas and Diplomacy: Readings in the Intellectual Tradition of American Foreign Policy* (New York: Oxford University Press, 1964), 88~89쪽.

69) 권용립, 『미국 외교의 역사』, 제2장 참조.

70) Cecil V. Crabb, Jr., *Policy-Makers and Critics: Conflicting Theories of American Foreign Policy*, 190쪽.

제9장
미국 외교의 숙명

미국의 국제정치학과 외교사학이 지적해온 미국 외교의 전통이 몇 개 있다. 조지 케넌(G. F. Kennan)과 아놀드 월퍼스(A. Wolfers)는 법치주의와 도덕주의를 미국 외교의 특징으로 지목했고[1] 우드로 윌슨의 야심 찬 이상주의를 20세기 미국 외교의 전통으로 지적한 사람들도 있다.[2] 몇 가지 전통이 섞여 있다는 무난한 답안도 있다. 이를테면 경제 제국을 미국 외교의 비전으로 삼은 해밀턴주의, 자유와 민주를 세계로 전파하는 이념 제국을 꿈꾼 윌슨주의, 위험한 바깥 세계로부터 미국 민주주의를 수호하는 제퍼슨주의, 미국의 이익과 명예를 떨치려는 잭슨주의 등 네 가지 전통이 뒤섞여서 이 중 하나가 미국 외교를 독점하는 것을 막아왔다는 식이다.[3] 이런 식의 모범 답안이 편하기는 하다. 그렇지만 영국의 식민지 정책에 대한 저항으로 출발한 미약한 공화국이 세계적 패권을 당연시하는 거대 제국으로 변모해온 역사를 훑어보면 미국이 걸어온 제국의 길을

---

1) Arnold Wolfers, *Anglo-American Tradition in Foreign Affairs*; G. F. Kennan, *American Diplomacy 1900~1950*.

2) Frank Ninkovich, *The Wilsonian Century: U.S. Foreign Policy since 1900* (Chicago, IL.: University of Chicago Press, 1999).

3) Walter Russell Mead, *Special Providence: American Foreign Policy and How It Changed the World* (New York: Knopf, 2001).

개척한 것은 이런저런 '주의' 그 이상의 무엇임을 감지할 수 있다.

그것은 앞 장에서 살펴본 메시아니즘과 도덕적 근본주의이며, 자유주의와 공화주의가 낳은 우월 의식과 위계적 세계관이다. 제국과 맞싸워 독립한 공화국이 150년 만에 더 큰 제국으로 바뀐 모순을 설명하는 다른 방식도 있기는 하다. 20세기의 해악인 전체주의와 공산주의로부터 자유를 지킬 필요성 때문에 제국이 되었다고 설명하는 미국적인 방식이다. 그러나 이 방식은 미국이 19세기 내내 북미 대륙 내부에서 추진했던 개입과 팽창의 외교를 설명할 수 없다. 또 현대의 미국이 소득도 없이 부담만 떠안을 불필요한 전쟁에까지 습관적으로 뛰어든 사례들도 설명할 수 없다.

팽창과 개입은 미국 정치 문명의 외교적 발현이다. 칼뱅주의가 세계의 구원자를 자처하는 메시아니즘을 낳았고 자유주의와 공화주의는 도덕주의와 위계적 세계관을 낳았기 때문이다. 그런데 미국 외교의 팽창과 개입 성향에는 또 다른 근원이 있다. 미국 정치 문명의 내부 모순, 즉 자유주의와 공화주의의 모순이다. 건국 직후부터 계속된 미국의 대외 팽창(개입)은 자유주의와 공화주의의 모순과 충돌을 해소하는 방책이었다. 자유주의와 공화주의의 모순이 정치적으로는 주기적 개혁의 동력을 제공하고(제6장 참조) 외교적으로는 팽창과 개입을 촉진한 것이다. 미국의 외교는 18세기 말에 시작되었다. 미국 외교의 시작은 비공식적으로는 독립선언이고, 공식적으로는 연방헌법이 발효된 1789년이다. 그렇다면 19세기 내내 북미 대륙 내에서 추진된 미국 영토의 확장은 미국 외교의 역사다. 루이지애나 매입(Louisiana Purchase, 1803),[4] 텍사스 병합

---

4) 1,500만 달러에 매입했다. 루이지애나 매입의 구체적 과정은 Howard Jones, *The Course of American Diplomacy: From the Revolution to the Present* (New York: Franklin Watts, 1985), 45~54쪽을 참조.

(Texas Annexation, 1845), 오리건 지역을 둘러싼 영국과의 타협(1846), 멕시코전쟁으로 텍사스 서쪽에서 캘리포니아에 이르는(지금의 네바다, 유타, 애리조나, 와이오밍, 콜로라도, 뉴멕시코) 지역을 병합한 것(Mexican Cession, 1848), 애리조나와 뉴멕시코 남쪽의 접경지대 매입(Gadsden Purchase, 1853), 러시아로부터 알래스카를 매입한 것(1867)[5]은 모두 미국 외교사에 속한다. 이렇게 보면 19세기 말 스페인과의 전쟁으로 시작된 미국의 아시아-태평양 진출과 제1차 세계대전 참전으로 시작된 20세기의 개입 외교는 19세기 미국 외교의 연속이다.[6]

19세기만 해도 고립주의를 고수했던 미국이 20세기에 개입주의로 바뀌었다고 보는 '단절론'은 앞 장에서(제8장 제3절) 언급한 바 있는데, 단절론은 미국이 시장에 대한 욕구 때문에 개입주의로 전환했다고 본다.[7] 이런 설명은 불완전하다. 미국이 이미 19세기 중반부터 멕시코와 전쟁을 치르고 중남미에 적극적으로 개입해온 역사를 설명할 수 없기 때문이다. 미국 외교의 역사에서 북미 대륙 내에서의 영토 확장(Continental Expansionism)[8]과 북미 대륙 바깥의 해외 팽창(Overseas Expansionism)은 그 본

---

5) 당시 국무장관 슈어드(William Henry Seward)의 업적. 처음에는 쓸모없는 땅을 720만 달러에 샀다고 해서 '슈어드의 바보짓'(Seward's Folly)으로 조롱받았다. 슈어드에 관해서는 Ernest N. Paolino, *The Foundations of American Empire: William Henry Seward and U. S. Foreign Policy* (Ithaca, N.Y.: Cornell University. Press. 1973). 알래스카 매입에 관해서는 105~118쪽 참조.

6) '대륙 내부 팽창'에 해당되는 위의 사건들을 '대외 팽창' 범주에 묶는 것도 이 때문이다. Walter Lippmann, *U.S. Foreign Policy: Shield of the Republic* (Boston, MA.: Little Brown and Company, 1943). 리프먼은 독립전쟁부터 미국-스페인 전쟁에 이르기까지 계속된 미국의 영토 확장을 대외 개입('Foreign Commitment')으로 보았다. 같은 책, 11~26쪽.

7) 상공업적 이익만 뜻하는 것이 아니라 농업의 해외시장 개척 필요성까지 의미한다. 농업 이익을 20세기 초 미국의 팽창 원인으로 보는 견해는 다음을 참조. William Appleman Williams, *The Tragedy of American Diplomacy* 20~26쪽; "The Rise of an American World Power Complex," in Howard Bliss and M. Glen Johnson (eds.), *Consensus at the Crossroads: Dialogues in American Foreign Policy*, 58~72쪽.

8) 비어드는 원래 'Continental Americanism'이라는 개념을 사용하면서 미국의 대륙 내부 팽창을 고립주의 성향의 표출로 이해했다. 대륙 팽창주의 즉 'Continentalism'에 대한 개괄적 정의는

질이 같다. 팽창과 개입은 미국의 정치 문명에 내장된 숙명이기 때문이다.[9] 자세히 보자.

미국의 영토는 프런티어의 서진西進, 즉 서부 개척을 통해 확장되었다. 헨리 내시 스미스(Henry Nash Smith), 루이스(R. W. B. Lewis), 찰스 샌포드(Charles Sanford), 레오 맑스(Leo Marx)와 같은 프런티어 연구자들이 미국의 서부를 문명의 해악을 피해 원초적 순수성으로 돌아가기 위한 터전으로 본 것은 미국인들이 서부에 대해 품어온 신화를 근거로 한 것이며[10] 서부 개척과 영토 확장이 미국인들에게 갖는 의미를 설명한 것이다.

공화주의의 역사관에 따르면 공화국의 정신과 덕성이 타락하는 것은 세월이 흐르면서 사익과 사치가 범람하기 때문이다. 그런데 덕성의 원천인 '땅'(영토)을 확장하면 공화국의 타락을 상쇄할 '덕성'을 계속 공급할 수 있다. 타락의 원인인 세월은 멈추거나 되돌릴 수 없기 때문에 덕성의 보급 창고인 토지(영토)를 넓혀야 한다는 것이다. 1780년대와 1790년대에 제퍼슨을 위시한 공화파(Jeffersonian Republicans)가 상업과 번영이 초래할 타락을 막기 위해 서부로 진출하려고 했던 것은 미국의 역사를 세월(타락)과 영토(덕성)의 치열한 대결로 봤기 때문이다.[11] 그들

C. A. Beard, *A Foreign Policy for America* (New York: Knopf, 1940), 12~35쪽.

9) Charles Vevier, "American Continentalism: An Idea of Expansion, 1845~1910," *American Historical Review*, vol. 65, no. 2 (Jan. 1960), 323~335쪽. 베비어는 팽창주의를 대변한 길핀(William Gilpin), 휘트니(Asa Whitney), 모리(Matthew Fontaine Maury), 콜린스(Perry McDonough Collins) 및 슈어드(William Henry Seward), 머핸(A. T. Mahan)의 이념이 연속성을 띤다고 보았다.

10) '서부라는 신화'에 대해서는 다음을 참조. Henry Nash Smith, *Virgin Land: The American West as Symbol and Myth* (New York: Vintage Books, 1957); Charles Sanford, *The Quest for Paradise: Europe and the American Moral Imagination* (Urbana, IL.: University of Illinois Press, 1961); Leo Marx, *The Machine in the Garden: Technology and the Pastoral Ideal in America* (New York: Oxford University Press, 1964); R. W. B. Lewis, *The American Adam: Innocence, Tragedy, and Tradition in the Nineteenth Century* (Chicago, IL.: University of Chicago Press, 1955).

11) Drew McCoy, *The Elusive Republic: Political Economy in Jeffersonian America*,

에게 미국 영토의 확대는 자유와 자본주의의 타락을 해소하는 방책이었다.

9-1. 농업 제국(Agrarian Empire)의 비전

공화주의에 따르면 자유는 무기와 재산(토지)에서 나온다. 토지는 공화국을 유지하는 데 필요한 덕성의 원천인 동시에 자유의 조건이다. 식민지 시대와 건국 시대의 미국에 영향을 끼친 영국의 공화주의자 해링턴이 말한 덕성의 공화국도 농업 국가다.[12] 공화주의의 역사관을 적용하면 미국의 역사는 농업적 덕성(agrarian virtue)과 상업적 타락(commercial corruption)이 팽팽한 긴장 관계를 유지해온 역사다. 그렇기 때문에 미국의 역사적 행로를 이해하려면 농업주의와 상업주의의 갈등에도 주목해야 한다.

공화주의에 따르면 토지와 무기가 없는 사람은 노예다. 토지의 불균등 분배는 정치 권력의 불균등 분배다. 건국 초기에 연방파와 대립했던 공화파의 수장 토머스 제퍼슨이 꿈꾼 미래의 미국은 평등한 소규모의 자영농민으로 구성된 농업 공화국 또는 농업 제국이었다. 공화정을 지탱하는 덕성은 땅에서만 나오기 때문이다.[13]

그런데 1800년 무렵의 현실은 농업 공화국의 비전을 배반하고 있었다. 알렉산더 해밀턴이 이끈 연방파는 미국의 미래가 농업 공화국이 아

13~104쪽.

12) "republic of free holder owning his own lands and weapons," in J. G. A. Pocock, *Politics, Language, and Time: Essays on Political Thought and History*, 110쪽.

13) T. Jefferson, "Notes on the State of Virginia," in J. G. A. Pocock, *The Machiavellian Moment*, 532~533쪽.

닌 상업-군사 제국이라고 주장하면서[14] 비현실적인 농업 공화국에 집착한 제퍼슨의 공화파와 대립했다.[15] 그 결과 사익의 추구와 상업적 번영이 대세인 현실과 덕성에 대한 공화주의의 향수가 공존하는 과도기를 거쳐 절충적 비전이 생성되었다. 이 비전은 자유의 제국(Empire of Liberty)이다.[16] 상업적인 제국 비전과 농업적인 공화국 비전을 절충한 자유의 제국은 농업 제국을 뜻했다. 이처럼 농업주의가 상업주의와 절충하게 됨으로써 제퍼슨 스스로도 팽창을 미국의 숙명으로 받아들이게 된다.

"지금 관점에서 보면 우리가 (지금의) 국경선에 머물러야 하지만 먼 미래를 보지 않을 수가 없습니다. 그 미래가 오면 우리 영토가 몇 배 더 늘어나서 지금의 경계선을 훨씬 넘어, 남미까지는 아니더라도 북미 전체를 뒤덮을지 모르겠습니다."[17]

그의 이런 전망은 제국형 공화국(Imperial Republic)의 비전이다. 이 비

14) 해밀턴은 자신을 현대의 휘그(modern Whig)로 보았다. 이것은 해밀턴이 공화주의가 지향하는 '덕성의 고대'(virtuous antiquity)보다는 '상업적 현대'(commercial modernity)를 선호했다는 말이다. 즉 미국은 향후 상공업 경제로 나아갈 것이며 다른 상업 국가들과 경쟁할 운명을 지니고 있다고 봤다. 또 국내적으로도 개개 시민의 공화주의적 덕성을 더 이상 기대할 수 없다고 체념했다. G. Stourtz, *Alexander Hamilton and the Idea of Republican Government*, ch. 4를 참조.

15) 18세기 말 미국 형성기의 상공업적 팽창 관념을 설파한 바턴(William Barton) 등의 주장에 관해서는 M. Lienesch, *New Order of the Ages*, 96~102쪽을 참조.

16) '자유의 제국'으로서의 미국, 즉 미국의 자유를 보존하기 위해 꼭 필요한 만큼의 대외 관계만 가져야 한다는 제퍼슨의 사상과는 달리 거대한 군사·상업 제국으로서 미국의 웅대한 대외 관계를 내다본 해밀턴의 생각은 그가 쓴 "Federalist, No. 11"에 나와 있다. 여기서 해밀턴은 강한 연방의 결성만이 강력한 해군력을 가능케 하고 또 강한 해군력만이 미국의 상업 교역을 번창하게 해서 결국 유럽을 압도하게 될 것이라는 논리를 펴고 있다. C. Rossiter (ed.), *The Federalist Papers*, 84~91쪽. 그리고 Jerald A. Combs, *The Jay Treaty: Political Background of the Founding Fathers* (Berkeley, CA.: University of California Press, 1970), 35쪽도 참조할 것.

17) 제임스 먼로(J. Monroe)에게 보낸 편지에서. Charles A. Beard, *The Idea of National Interests: An Analytical Study in American Foreign Policy* (New York: Crowell-Collier-Macmillan, 1934), 53~54쪽.

전은 펜실베이니아의 텐치 콕시(Tench Coxe)[18]처럼 연방파와 공화파를 넘나든 사람들과 벤저민 프랭클린[19]을 통해 확산되었다. 그 결과 19세기 초에는 덕성과 상업, 공화정과 제국의 공존 가능성을 믿는 영토 제국의 비전이 탄생했다. 그리고 상업적 번영과 농업적 덕성을 동시에 누릴 수 있다는 믿음이 확산되었다.[20] 미국 영토 확장의 전기를 마련한 1787년의 서북영토조례(Northwest Ordinance)는 이 믿음에 바탕을 둔 것이다. 서북영토조례는 13개 주가 연방으로 통합되기 전인 1787년 7월에 13개 주의 협의체인 연합의회(Congress of Confederation)가 오하이오 강 북쪽 지역을 대상으로 만든 방침인데, 1784년의 제퍼슨 안[21]을 참고로 해서 작성한 것이다. 이 법안은 5,000명의 성인 남자(자유민)만 있으면 양원제 의회를 수립할 수 있게 하고, 다시 6만 명의 거주민만 있으면 연합에 (한 주의 자격으로) 가입할 수 있게 해서, 궁극적으로 그 지역에 기존의 주와 동등한 권리 및 의무를 갖는 새로운 주를 향후 3~5개 만든다는 계획을 공포했다. 영토 제국의 비전이 법제화된 것이다.[22] 1787년을 기점으

18) 콕시도 상업적 번영에 따르는 사치와 기타 도시의 해악으로부터 공화주의적 덕성과 도덕을 방어하는 것은 농업의 몫이라고 보았다. 그러나 그는 궁극적으로는 농업이 상업의 발전에 이바지한다고 함으로써 농업 공화주의적 덕성이 상업적 번영과 병존 가능하다는 것을 시사했다. 그리고 미국의 자연 조건이 그 병존 가능성을 보장한다고 보았다. M. Lienesch, *New Order of the Ages*, 94쪽. 그리고 Leo Marx, *The Machine in the Garden*, 150~169쪽.

19) 덕성과 상업의 대립에 관한 프랭클린의 생각은 V. L. Parrington, *Main Currents in American Thought*, 170~173쪽을 참조. 프랭클린에게는 공화주의가 중시하는 정치적 독립보다 자유주의가 중시하는 경제적 독립이 더 중요했다. 즉 공화주의의 덕성인 시민적 독립은 경제적 번영을 전제로 해야 한다고 보았다. 이 점에서 프랭클린도 자유주의와 공화주의를 절충시킨 인물이다. M. Lienesch, *New Order of the Ages*, 91~93쪽.

20) 매코이는 상업 번영이 초래하는 정치의 타락을 농업적 덕성으로 바로잡기 위해 농업적 관념을 상업적 관념과 병존시키려고 한 대표적 인물로 매디슨을 꼽고 있다. D. McCoy, *The Elusive Republic: Political Economy in Jeffersonian America*, 120~132쪽.

21) 버지니아 서쪽 지역을 몇 개의 주로 나누어 연합에 가입시키자는 것으로서 제퍼슨이 제시한 방안이다. 당시 연합의회가 채택했지만 실현되지는 않았다. 흔히 'Jefferson's 1st Territorial Ordinance'로 지칭한다.

22) 이 법안의 의의는 토지에 대한 평등권을 보장한 것이다. 이런 이유로 1862년의 자작농지법

로 해서 공화주의의 농업 이데올로기와 자유주의의 상업 이데올로기가
절충되었다고 보는 것은 이런 사정 때문이다.

"1780년대 중반의 미국 정치에서 대단히 중요했던 서쪽 영토의 처리
방안에 대한 논쟁을 거치면서 명확히 구별할 수 있는 양대 진영이 모습
을 드러내기 시작했다. 1787년에 이르러 연방파(Federalist Party)의 주
축을 이룰 (농업과 상업의) 연합이 이미 나타나기 시작했다. (……) 물론
반연방파도 결집하기 시작했다. (……) 필라델피아 헌법 제정 회의가 소
집되면서 연방파의 철학, 아니면 적어도 연방파의 논리가 구축되었다.
그들의 논리는 미국의 (전통적: 인용자) 공화주의를 근본적으로 수정한
것이다. (……) 그들은 고전적 공화주의 사상에서 해방된 좀 더 근대적
인 정치 철학을 만들었다. 이 철학의 전제는 미국은 (영토가) 광대해도
(공화주의적 의미의: 인용자) 자유를 누릴 수 있다는 것이다. 반연방파는
물론 이런 생각에 반대할 것이 분명했지만, 이때를 전후해서 공화정은
소규모 영토 안에서만 가능하다는 믿음이 점차 힘을 잃게 되었다."[23]

9-2. 숙명으로서의 팽창

공화주의에 따르면 타락의 원천인 상업 정신이 농업 정신을 압도하면
안 된다. 18세기 말 미국의 공화주의자들은 자유로운 토지 소유자들을
물적 토대로 해서만 공화정을 유지할 수 있다고 주장하면서 마키아벨리,

(Homestead Act)과 서북영토조례는 미국 독립혁명의 비전인 평등과 자유를 구현하기 위한 노
력으로 해석되기도 한다. Harold M. Hyman, *American Singularity: The 1787 Northwest
Ordinance, the 1862 Homestead and Morrill Acts and the 1944 G. I. Bill* (Athens, GA.:
University of Georgia Press, 1986), 18~34쪽.
23) M. Lienesch, *New Order of the Ages*, 114~115쪽.

몽테스키외, 해링턴, 시드니와 신해링턴주의자들의 저작을 부지런히 인용했다. 그들에게 공화국과 공화주의의 토대는 자영농민이었다. 농민이 인구에서 차지하는 비율은 공화정의 건강 상태를 측정하는 잣대였다. 그래서 "제퍼슨과 같은 공화주의자에게 토지와 경작자의 관계는 (……) 경제적 유대라기보다는 강한 윤리적 유대감을 바탕으로 한 것이고, 토지를 이익과 투기의 대상으로 보거나 토지의 산물을 단순히 이윤으로 보는 것은 토지와 시민이 맺고 있는 정신적 유대를 파괴할 뿐만 아니라 시민의 도덕성과 공공의 덕성을 함께 파괴하는"[24] 것으로 보였다.

그렇지만 앞에서 설명한 것처럼 건국 직후부터 상업은 거스를 수 없는 시대적 추세였고, 사익이 공익과 덕성을 앞지르는 현실을 부정할 수 없었다. 공화주의는 부르주아 자유주의와 타협해야 했다. 이런 시대에 농업적 덕성을 과연 보존할 수 있을까가라는 의문이 생겼다. 알렉산더 해밀턴과 벤저민 프랭클린이 상업 제국을 미국의 미래로 받아들이면서 정치와 권력의 타락을 불가피한 것으로 보고 체념한 것은 이 시대적 추세 때문이었다. 그런데 세상을 휩쓰는 사익 욕구가 정치적 타락을 예고하고 있다면 타락을 거부하고 덕성을 수호하는 것 또한 시대의 요구였다. 그래서 앞에서 지적한 대로 제퍼슨의 공화파-반연방파는 농업 제국이라는 절충적 비전을 고안했고, 연방파도 공화정의 타락을 막을 해결책으로 영토의 확장을 받아들였다.[25]

---

24) 같은 책, 88쪽에서 인용.
25) 미국은 자연 귀족이 있기 어려운 조건이었기 때문에 공화주의의 자연 분화(natural differentiation)가 불가능했다. 이런 상황에서 공화주의적 덕성을 유지해야 하는 난제를 해결하기 위한 것이 연방헌법 제정 당시 등장한 복합대의론(Theory of multiple representation)이다. 복합대의론과 함께 등장한 것이 공화정의 타락을 막으려면 공화국이 계속 팽창해야 한다는 신념이다. 즉 신대륙에서 새로 만들 국가는 공화국인 동시에 제국일 수밖에 없다는 것이었다. J. G. A. Pocock, *The Machiavellian Moment*, 524쪽; G. S. Wood, *The Creation of the American Republic, 1776~1787*, 162~196쪽.

상업-자유주의와 농업-공화주의의 모순을 해소하고 공화정을 지킬 방법을 찾은 대표적 인물이 영어사전 편찬자로 알려진 노아 웹스터(Noah Webster)였다. 연방파로서 해밀턴과 가까웠던 웹스터는 자유주의의 사익 이념을 인간 본연의 속성으로 받아들이는 당시의 추세를 강조하면서 공화주의의 현실적 한계를 인정했다. 그는 "역사상 덕성, 애국심, 나라 사랑의 마음 등이 국가를 지탱하는 영원불변의 원칙이나 초석이 된 적은 없었고 앞으로도 없을 것이다. 인간 본성이 변한다면 모르지만"[26]이라고 운을 뗀 뒤, 영토 확장을 통해 얻을 광대한 토지를 자영농민에게 나눠주는 단순 봉토제—토지를 골고루 균분하는(general possession of land in fee simple) 방법—가 공화정을 유지할 물적 토대가 될 것으로 단언했다. 이 방법만이 상업이 초래할 불평등을 상쇄해서 공화주의의 타락을 막을 수 있다는 논리였다.[27] 그에게 토지는 공화정의 혼(Soul of a Republic)이었고, 단순 봉토제에 기초한 토지의 균등 분배만이 '위대한 몽테스키외의 체제'(공화정)를 구원할 방책[28]이었다.

80여 년 후인 1862년에 법제화된 자작농지법(Homestead Act)도 1787년의 서북영토조례와 맥을 같이 한다. 자작농지법도 미국 영토의 팽창을 제도화한 것이며 공화주의와 자유주의의 모순을 해소할 방책이었다. 농업적 덕성을 보급할 토지가 계속 늘어나야 공화정을 상업과 타락으로부터 구할 수 있다는 공화주의의 토지관에 입각한 자작농지법은 공화당 정권에 의해 법제화되었다.[29] 미시시피 강 서쪽에 개척민을 정착

---

26) A Citizen of America(Noah Webster), *An Examination into the Leading Principles of the Federal Constitution* (Philadelphia, PA.: Prichard and Hall, 1787), 47쪽. M. Lienesch, *New Order of the Ages*, 93쪽에서 인용.

27) J. G. A. Pocock, *The Machiavellian Moment*, 533~534쪽.

28) M. Lienesch, *New Order of the Ages*, 47쪽에서 인용.

29) 남북전쟁 중에 즉 링컨 대통령 하에서 법제화되었다. 남부는 서부로의 급격한 영토 확장이 노예제가 없는 자유 주의 증가로 이어질 것을 우려해서 자작농지법에 반대해왔기 때문이다. 공화주

시키기 위해 만든 이 법은 일가가 이주해서 한 곳에서 5년 이상 경작하면 160에이커까지 무상으로 토지 소유권을 부여한다는 내용이다. 이 법으로 제퍼슨과 웹스터가 미국의 비전으로 제시한 단순 봉토 제국의 꿈을 실현하려 했지만 결국 실패했다.[30] 그랜트 대통령 당시 포웰(J. W. Powell)은 자작농지법에서 정한 토지 소유의 상한선인 160에이커를 최소한 2,560에이커로 늘려야 한다는 수정안까지 제안했지만, 이 수정안도 토지 투기업자들의 반대로 인해 통과되지 못했다. 재미있는 것은 당시 이 법안을 반대한 세력이 내건 이유가 1인당 경작 면적을 확대하면 자유지가 소멸된다는 것이었다. 공화주의의 토지 사상을 실현하려는 법안에 반대한 사람들도 반대의 명분을 공화주의에서 찾은 것이다.[31]

19세기 내내 계속된 미국의 영토 확장이 자유주의와 공화주의의 모순을 해소할 방편이었다는 사실은 미국 역사에서 프런티어가 갖는 의미를 말해준다. 역사학자 터너(Frederick Jackson Turner)는 프런티어를 아메리카 민주주의의 산실로 보았지만, 프런티어의 미개척지는 상업이 초래할 타락을 막을 덕성의 창고이기도 했다. 그래서 미국의 서부 개척은 영토 확장 이상의 의미를 갖는다. 뿐만 아니라 1895년 무렵 미개척지가 소멸된 직후에 시작된 미국의 태평양-아시아 진출도 같은 맥락에서 볼 수 있다. 토지의 개척 시대가 끝나면 공화정이 위험해지기 때문에 이제 미국은 서부의 해안을 넘어 해외로 나갈지, 아니면 타락을 막을 정치적 쇄신

의 사상과 토지의 역사적 관련성은 1854년에 공화당을 창당할 때 'Republican'이라는 당명을 주장했던 사람들이 공화주의의 토지 관념을 갖고 있었다는 사실에서도 엿볼 수 있다. 공화당이라는 명칭을 처음으로 사용한 1854년 위스콘신 주 리펀(Ripon)의 모임은 보베이(A. E. Bovay)라는 사람이 주도하였다. 이 모임을 통해 영토를 계속 확장해야 사회적 갈등을 막을 것이라는 에반스(G. H. Evans)의 안전판 이론에 따라서 공화당의 토지 정책은 자작농지법의 무상분배 원칙을 따르게 되었다. H. N. Smith, *Virgin Land: The American West as Symbol and Myth*, 238쪽.

30) 같은 책, 221~223, 239쪽.

31) 같은 책, 231~233쪽.

을 헛되이 계속할지를 선택해야 했다.[32] 이런 사정 때문에, 농업 공화국
이나 농업 제국으로서의 미국이라는 신화를 거론한 역사적 문헌들을 보
면[33] 단순 봉토 제국(fee-simple empire)으로 우뚝 선 미국이 대륙을 넘
어 아시아를 개방하고 아시아의 시장과 상업을 일으킬 것이라는 예언으
로 가득하다.[34]

　그래서 19세기 미국의 영토 확장과 20세기 미국의 세계 진출은 본질
이 같다. 물론 19세기 말에서 20세기 초만 보면 사회 진화론과 프런티어
의 고갈[35]도 해외 팽창의 원인이다. 그러나 미국 건국 시대부터 확장의
본능을 계속 자극한 것은 미국 정치 문명에 내장된 공화주의와 자유주의
의 충돌이다.

　정리하자. 연방 공화국으로 출발하자마자 본격적인 자본주의 시대로
접어든 미국에서는 건국 초기부터 공화주의(덕성)와 자유주의(타락)의 충
돌이 지속되었다. 공화주의의 덕성으로 자유주의적 타락을 견제한 주기
적 개혁도 그 충돌의 증거이지만, 서부 개척과 영토 확장이 끝나자마자

---

32) J. G. A. Pocock, *The Machiavellian Moment*, 544쪽.
33) 미국 역사에서 나타난 농업주의 신화를 조명한 것으로는 H. N. Smith, *Virgin Land: The American West as Symbol and Myth*를 참조할 것. 공화주의와 토지의 관련성을 알고 나면 노예제를 둘러싼 논쟁도 새롭게 해석될 여지가 생긴다. 19세기 미국의 농업 이데올로기는 남부의 대농장주의(plantation agrarianism)와 북부의 자영농민주의(free yeoman agrarianism)로 나뉘지는데, 북부가 노예 제도에 반대한 것은 자영농민의 단순 봉토 사회를 이루려면 대농장제가 없어져야 하기 때문이었다. 노예 제도의 부도덕성 때문에 반대한 것이라기보다는 대농장제에 대한 반대였다. 남부가 북부의 자유 토지 이념(northwestern free soil ideal)에 반대한 것도 공화주의의 토지관에 따른 것이다. 즉 자작농지법처럼 모든 사람에게 땅을 나누어주면 덕성의 창고인 '자유지'가 곧 소멸되어 유럽처럼 타락할 것이라는 불안감이 자영농민의 양적 확대에 반대하고 노예 노동을 고집하게 만든 것이다. 같은 책, 151~153, 190~191, 193, 241~242, 162~163쪽.
34) J. G. A. Pocock., *The Machiavellian Moment*, 542쪽.
35) 당시 미국 국제 정치관의 사회 진화론적 특징과 내용에 대해서는 R. Hofstadter, *Social Darwinism in American Thought*, 170~200쪽. 터너(F. J. Turner)의 프런티어 이론, 즉 프런티어는 미국 민주주의의 산실이기 때문에 프런티어가 고갈되어서는 안 된다는 믿음이 시어도어 루스벨트의 팽창주의를 이끈 동기였다. Arthur A. Ekirch, Jr., *Ideas and American Diplomacy* (New York: Appleton, 1966), 86쪽.

이익과 이념의 세계화에 매진한 미국 외교의 역사도 충돌의 증거다. 강력한 국가 권력의 등장을 경계하고 제국이 될까 봐 스스로 조심했던 공화국 아메리카가 불과 150년 만에 세계적 개입을 일삼는 '제국 아메리카'로 변모한 까닭을 설명할 또 하나의 단서는 여기에 있다.[36]

9-3. 보수적 개입

19세기의 미국이 영토를 확장해서 공화정을 지키려고 했다면 20세기의 미국은 다음 단계인 시장과 이념의 확장에 착수했다. 영토 제국이 완성되자마자 경제 제국, 이념 제국, 군사 제국의 여정을 개시한 것이다. 시장과 민주주의의 세계화라는 20세기 미국 외교의 비전이 신외교(New Diplomacy)라는 이름으로 완성된 것은 제1차 세계대전 무렵이다. 자본주의와 민주주의의 세계적 확산을 목표로 한 미국의 신외교가 설정한 주적은 공산주의와 혁명이었다.

20세기의 미국은 모든 혁명에 반대해왔다. 러시아, 멕시코, 쿠바, 중국, 그리스, 베트남에서 혁명이 발생하면[37] 미국의 군사·경제·외교적 개입이 뒤따랐다.[38] 물론 좌파 혁명이다. 20세기 미국의 양대 정당이 초당적으로 합의한 유일한 이념이 반혁명과 반공이다.[39] 반공은 냉전 시대 미국의 민족주의이기도 했다.[40] 1954년 아이젠하워의 과테말라 개

---

36) J. G. A. Pocock, *The Machiavellian Moment*, 150~151쪽.

37) 혁명뿐만 아니라 한국전쟁을 포함한 제3세계 지역의 분쟁에서 미국이 취한 반공적 개입주의를 구체적으로 다룬 것으로 Gabriel Kolko, *Confronting the Third World: United States Foreign Policy 1945~1980* (New York: Pantheon Books, 1988).

38) David Horowitz (ed.), *Corporations and Cold War* (New York: Monthly Review Press, 1969), 9쪽.

39) Gabriel Almond, *The American People and Foreign Policy* (New York: Harcourt Brace, 1950), ch. VIII.

40) John Fousek, *To Lead the Free World, American Nationalism and the Cultural Roots*

입, 1961년 쿠바의 카스트로 정권을 전복하기 위해 케네디가 벌인 피그스 만(Bay of Pigs) 사건, 존슨의 베트남전 확전, 레이건의 레바논과 중남미 군사 개입은 그 증거다. 베트남전쟁 당시 개입주의에 대한 비판이 드세어지기도 했지만[41] 보수적 개입은 20세기 미국 외교의 꾸준한 전통이었다.

> "미국이 전 세계에 걸쳐 독재자들을 지원한다는 사실은 두말할 필요가 없다. 스페인, 포르투갈, 도미니카공화국, 브라질, 그리스, 한국, 쿠바, 대만, 베트남 등과 그 이외 숱한 지역에서 미국은 가장 무자비한 독재자들을 무장시키고 지지했다. 그런데 이 독재들의 공통점이 있으니 곧 반공이다."[42]

미국이 우파 정권을 무너뜨리기 위해 개입한 경우는 별로 없다. 1917년의 러시아혁명 직후에 무르만스크와 시베리아에 미군을 파병한 것으로 시작해서[43] 프랑스 제국주의의 유산을 떠맡았다가 상처만 입은 베트

---

of the Cold War (Chapel Hill, N.C.: University of North Carolina Press, 2000).

41) Tom Hayden, *The American Future: New Visions beyond Old Frontiers* (Boston, MA.: South End Press, 1980); Noam Chomsky, *Towards a New Cold War* (New York: Pantheon, 1982); T. D. Allman, *Unmanifest Destiny* (New York: Dial Press, 1984); Jonathan Kwitny, *Endless Enemies: The Making of an Unfriendly World* (New York: Congdon and Weed, 1984); Stephen E. Ambrose, *Rise to Globalism*, 4th edn. (New York: Penguin Books, 1985).

42) C. W. Kegley, Jr. and E. R. Wittkopf, *American Foreign Policy: Pattern and Process*, 51 쪽.

43) 1917년 11월의 볼셰비키 혁명 이후 1918년에 미국이 간섭을 결정하기까지의 과정에 대해서 두 가지 해석이 있다. 하나는 케넌(George F. Kennan)과 유램(A. B. Ulam)의 군사적 관점이고 다른 하나는 윌리엄스(W. A. Williams)를 위시한 뉴레프트 역사학의 관점이다. 뉴레프트 역사학은 혁명 러시아에 대한 미국의 군사 개입은 본능적 반공 심리와 미국 자본의 이익을 반영한 것이다. W. A. Williams, *American-Russian Relations 1781~1947* (New York: Octagon Books, 1971); "American Intervention in the Russian Revolution," in David Horowitz (ed.), *Containment and Revolution* (New York: Monthly Review Press, 1968).

남전쟁, 그리고 지속적인 중남미 개입에 이르기까지 미국의 대외 개입은 반공주의라는 복음(Evangelical Anti-Communism)의 전도사였다.

반공적 개입의 동기를 미국 기업과 미국 자본의 이익에서 찾은 수정주의 역사학자들은 미국 외교의 엘리트 집단(국무부, 국방부, 재무부, CIA)을 자본의 대변인(corporate elite)으로 본다. 이들이 보기에 반공적 개입은 금융·재정 엘리트의 이익과 합치된다. 예를 들어 콜코(G. Kolko)는 미국의 정치와 외교를 자유주의의 발현으로 본 합의 이론이 지배 계급의 이익을 감춘다고 비판했다. 미국의 이념적 통일성과 미국이 갖고 있는 세계적 책무를 강조함으로써 미국 자본과 지배층의 이익을 은닉했다는 것이다.[44] 그는 미국의 정치와 외교를 장악한 엘리트 집단과 실무자들의 성분을 분석하면 재계와 연결된 거대 법률 회사와 대기업 출신의 관료들이 행정부와 입법부를 장악해왔다는 것을 입증할 수 있다고 주장했다.[45] 수정주의와 뉴레프트 역사학자들이 보기에 미국은 자본의 이익 때문에 제3세계의 좌파 혁명에 개입했다. 단적으로 미국 외교평의회(The Council on Foreign Relations)의 이념인 반공적 개입주의는 소수의 이익을 위한 것이었다.[46]

---

44) Gabriel Kolko, *The Roots of American Foreign Policy* (Boston, MA.: Beacon Press, 1969), xiii쪽. 미국 반공주의의 기원을 자본의 이익에서 찾는 관점, 대외 정책 엘리트의 계급적 성분에서 찾는 관점, 군산복합체의 이익에서 찾는 관점 및 이들 관점을 담은 문헌에 대한 소개는 C. V. Crabb, *Policy-Makers and Critics: Conflicting Theories of American Foreign Policy*, 84~86쪽.

45) 돌아가면서 자리를 차지하는 소수 엘리트가 미국의 외교 정책을 독점하고 있다는 것을 실증적으로 밝힌 것이다. G. Kolko, *The Roots of American Foreign Policy*, 3~26, 특히 18, 20~21쪽의 표를 참조.

46) Council on Foreign Relations, Committee for Economic Development, RAND Corporation 등 보수적인 단체와 연구 기관, 그리고 포드·카네기·록펠러 재단이 미국 외교에 끼치는 영향력에 대해서는 G. W. Domhoff, *Who Rules America Now? - A View for the '80s*, 84~102쪽; "Who Made American Foreign Policy 1945~1963?," in D. Horowitz (ed.), *Corporations and Cold War*, 25~64쪽.

그런데 시야를 넓혀서 보면 급진주의와 혁명에 대한 반감은 프랑스나 러시아처럼 총체적인 사회 혁명을 겪어보지 않은 미국 역사의 보수성에서 비롯된 측면이 크다. 혁명의 부재라는 미국의 특수성을 세계에 보편적으로 적용한 것이다. 그래서 혁명은 자연의 섭리에 어긋난 것(Unnatural Growth)이며, 좌파 정권 전복과 우익 정권에 대한 지원을 통해 혁명을 바로잡는 일이 정당하다고 믿는다.[47]

게다가 미국 외교를 독점해온 법조·경제·정계 엘리트들은 힘없는 자와 가난한 자를 이해하기 힘들다. 제3세계의 혁명에 대한 미국의 공감과 이해도가 특히 낮은 것은 빈곤과 저항적 민족주의를 체험하지 못한 역사 때문이다.

"그들(미국 외교 엘리트: 인용자)이 빈민이나 흑인과 접촉한 유일한 경험이라고 해봤자 메트로폴리탄 클럽(Metropolitan Club. 뉴욕 상류층의 사교 클럽: 인용자)의 수위를 스친 정도일 것이고, 굶주림을 경험해봤자 쇠락해가는 프렌치 레스토랑에서 푸대접받은 정도였을 것이다. (그리고 무엇보다) 그들은 자신을 선량한 귀족이라고 믿고 있으며, 자기보다 못난 사람들을 위해 시간과 노력을 낭비하는 것은 옳지 않다고 믿는 사람들이다. 대부분 칼뱅주의 교육을 받고 성장했기 때문에 자신의 지배적 지

47) G. Kolko, Confronting the Third World: United States Foreign Policy 1945~1980. 제3세계의 우익 독재에 대한 미국의 지원, 또 좌파 정권 전복 노력에 대해서는 다음 책들도 참조할 것. R. Barnet, Intervention and Revolution: United States in the Third World (New York: World, 1968); N. Chomsky, The Washington Connection and Third World Fascism; Melvin Gurtov, The United States against the Third World: Anti-Nationalism and Intervention (New York: Praeger, 1974); Neil D. Houghton (ed.), Struggle against History: United States Foreign Policy in an Age of Revolution (New York: Simon and Schuster, 1968); Sidney Lens, The Futile Crusade (Chicago, IL.: Quadrangle, 1968); I. Howe (ed.), A Dissenter's Guide in Foreign Policy (Garden City, N.J.: Doubleday-Anchor, 1968).

위가 자신이 신에 의해 선민으로 뽑혔다는 사실을 보증하는 것으로 믿는다"[48]

반공과 반혁명을 목표로 삼는 보수적 개입주의는 미국 정치 문명의 속성이다. 20세기의 미국 민족주의는 반공이라는 말[49]이 나오고, 현실의 외교 상대를 '악의 제국'과 '악의 축'이라고 서슴없이 부르는 도덕적 자신감의 밑바탕에는 혁명이나 공산주의와 같은 이질적 세계를 용납하지 않는, 다시 말해서 '미국과 다른 것'을 용납하지 않는 강박증[50]이 있다.

미국 정치 문명의 성분 자체가 그럴 수밖에 없다. 자유주의는 공산주의와 상극이며 반급진과 반혁명의 정신이다.[51] 미국 외교에 관한 수많은 논저들도 공산주의에 대한 혐오를 자유주의 전통의 산물로 본다.[52] 그런데 자유주의는 반혁명과 반공으로 끝나지 않는다. 제2차 세계대전 이후 제3세계에 대한 미국의 원조 정책이 표방한 원칙과 제3세계의 정치 발전에 대한 미국의 사회과학 이론도 자유주의 전통의 산물이다. 영미권의 역사적 경험에서 나온 자유주의적 사고의 전제는 다음과 같다. ①변화와 발전은 쉽다(Change and Development are Easy), ②좋은 것은 좋은 것을 낳는다(All Good Things Go Together), ③급진주의와 혁명은 나쁘다

---

48) Richard J. Barnet, *Roots of War* (New York: Penguin Books, 1972), 58쪽.

49) C. W. Kegley, Jr. & E. R. Wittkopf, *American Foreign Policy: Pattern and Process*, 35쪽. 미국 반공주의의 본능에 대해서는 Michael Parenti, *The Anti-Communist Impulse* (New York: Random House, 1969)를 참조.

50) R. J. Barnet, *Roots of War*, 131~133쪽.

51) 공산주의 혐오가 자유주의에서 비롯한다고 본 것으로는 K. M. Dolbeare and Patricia Dolbeare (eds.), *American Ideologies: the Competing Political Beliefs of the 1970s*, 43~44쪽. 그래서 제2차 세계대전 이후 미국 외교의 3대 원칙이 개입, 반공, 반소련이다. C. W. Kegley, Jr. & E. R. Wittkopf, *American Foreign Policy: Pattern and Process*, 30쪽.

52) 같은 책, 35~49쪽. 1917년 러시아혁명 직후 미국이 볼셰비즘에 대한 맹목적 공포심과 적대감을 품게 된 이유를 자유주의에서 찾은 것으로 다음을 참조. L. Hartz, *The Liberal Tradition in America*, 293, 299~302쪽.

(Radicalism and Revolution are Bad), ④권력은 축적보다 분배가 중요하다 (Distributing Power is More Important than Accumulating Power)[53] 등이다. 그리고 이런 전제의 정당성은 규칙적 선거, 점진적 개혁, 계급 투쟁의 부재[54]와 같은 미국의 경험을 통해 입증되어왔다.

공화주의도 공산주의나 사회주의와 상극이다. 무엇보다 공화주의는 작위적인 평등에 반대하기 때문이다. '원래의 체제'로 돌아가는 것이 진보라고 보는 공화주의의 회귀적 역사관도 급진주의와는 상극이다.

미국 정치 문명의 이런 속성을 생각하면 전 세계의 인권에 대한 감시와 훈수를 마다하지 않는 미국이 냉전 시대 제3세계의 우익 독재를 반공이라는 이유로 묵인했던 까닭을 짐작할 수 있다. 제3세계의 민족주의와 급진주의를 낯설어하는 까닭도 알 수 있다. "한편으로 민주주의의 깃발을 높이 흔들면서도 다른 한편으로는 제3세계의 우익 독재를 방관 내지 지원함으로써 민주주의 억압의 동반자가 되는 미국의 피상적 모순"[55]을 이해할 수 있게 되는 것이다.[56]

---

53) Robert A. Packenham, *Liberal America and the Third World: Political Development Ideas in Foreign Aid and Social Science* (Princeton, N.J.: Princeton University Press, 1973), 20쪽.

54) 미국처럼 평온하게 발전하는 것이 '보편적'인 것이라고 믿는 사고 방식은 피원조국도 무난히 발전할 것이라는 낙관론을 낳았다. 그래서 원조 효과가 잘 나타나지 않자 기대 자체에 문제가 있다는 생각을 하는 대신 원조를 집행하는 기관에 문제가 있다고 생각했다. 미국의 원조 시행 기관이 ECA → MSA → FOA → ICA → AID로 계속 바뀐 것은 미국의 역사적 경험이 보편적으로 적용될 것이라는 믿음의 결과다. Robert A. Packenham, *Liberal America and the Third World*, 116, 121쪽.

55) 권용립, 「미국의 대한정책에 나타나는 아메리카니즘에 관한 고찰 ─ 미국적 보수주의를 중심으로」, 236쪽.

56) 한국 현대사의 고비마다 미국이 취한 태도도 보수적 아메리카니즘의 발현이다. 냉전 시대 미국의 안보 이익은 한국을 반공의 전초기지로 유지하는 것이었지만 미국 외교의 규범 이익은 한국의 민주화에 대한 지원이었다. 1980년처럼 두 이익이 모순되는 경우가 생기면 미국은 안보 이익을 선택했다. 민주보다는 반공을 우선시한 것이다. 권용립, 「미국의 대한정책에 나타나는 아메리카니즘에 관한 고찰 ─ 미국적 보수주의를 중심으로」, 251쪽. 미국의 국가 이익을 규범 이익과 안보 이익으로 나눈 것으로는 Samuel S. Kim, "Korea: The Last Frontline Domino," in J. C. Hsiung, et al. (eds.), *Asia and U.S. Foreign Policy* (New York: Praeger, 1981), 47~53쪽을 참조.

냉전 시대 미국의 민족주의인 반공은 칼뱅주의의 소산이기도 하다. 선과 악의 대결 구도에 기초한 칼뱅주의의 세계관에 따라 미국의 힘(American Power)은 정당한 것이며 적에 대해 '강한 것'과 '용서하지 않는 것'이 미덕이라는 확신을 갖고 공세적 개입을 정당화한 것이다. 그 결과 적은 악이며 악에 대해서는 강할수록 도덕적이라는 경직된 승패관이 미국의 군사·국방을 전담해온 안보 매니저(Security Managers) 집단을 지배하게 되었다.[57]

인간의 본성이 악하다고 비관하는 칼뱅주의는 인간 사회에 대한 엄격한 규율과 통제도 정당화한다. 국제 정치에서도 개별 국가의 사악성이 통제받고 조정되어야 한다고 믿는다. 이 통제관과 조정관의 역할을 떠맡을 세계의 보안관은 당연히 미국이다.

> "사악함으로 가득한 국제 정치의 세계에서 (……) 누가 법을 만들고 집행해야 하나? 누가 보안관이 되어야 하나? 칼뱅주의는 답한다. 당연히 가장 우월한 나라가 보안관 역할을 해야 한다고. (……) 그러면 (……) 누가 가장 우월한가? (……) 세계에서 가장 강대한 나라다. (……) 가장 강하다는 것은 신이 선택한 나라라는 뜻으로 해석되기 때문이다."[58]

미국의 외교는 미국의 정치 문명을 반사하는 거울이다. 미국 정치 문명에 내장된 근원적 보수성을 보게 되면 미국 외교의 철학과 세계관을 설명하기 수월하다. 겉으로 드러난 외교의 행태와 방식은 시대와 사안에 따라 수시로 변하지만 철학과 세계관처럼 미국 외교의 큰 틀을 결정하는

---

57) R. J. Barnet, *Roots of War*, 109쪽.
58) 같은 책, 69~70쪽.

것은 정치 문명이기 때문이다.[59]

9-4. 21세기의 미국 외교

반세기에 걸친 냉전 시대는 미국과 서유럽이 구축한 자유주의적 세계 질서(liberal internationalism)의 시대였다. 1941년에 윈스턴 처칠과 프랭클린 루스벨트가 발표한 대서양헌장에서 예고된 이 질서는 유엔과 국제 기구가 주축이 된 다자주의에 입각한 정치 질서, 달러 중심의 브레튼 우즈 체제와 자유 무역주의(GATT)에 입각한 경제 질서, 북대서양조약기구 등 비공산권 군사 동맹 네트워크에 기초한 군사 질서로 구성되었다. 자유주의 국제 질서를 기획하고 지탱한 냉전 시대의 미국 외교를 떠받친 미국 내부의 동력은 뉴딜과 리버럴리즘의 정치였다. 냉전 시대 미국의 내면은 뉴딜이었고 그 외면은 자유주의적 세계 질서였던 셈이다. 뉴딜과 자유주의적 세계 질서가 하나로 묶여 있었기 때문에 미국 정치에서 뉴딜의 종식은 자유주의 세계 질서의 종식을 뜻하게 된다. 그렇다면 인종주의와 국수주의를 선동하면서 뉴딜 리버럴리즘의 유산을 폐기하려고 하는 도널드 트럼프가 자유 무역이나 국제 협력과 같은 자유주의 국제 질서의 근간을 훼손하는 것은 당연하다.

냉전 시대의 미국은 자유주의 국제 질서의 명분인 자유, 민주, 인권을 내걸고 중남미, 아시아, 아프리카, 중동을 가리지 않고 개입했다. 한국전쟁과 베트남전쟁에는 전면적으로 개입했고, 제3세계의 혁명과 좌파 정권에 대한 견제나 개입도 일상화했다. 자유주의 국제 질서가 냉전의 산

---

59) 미국 외교의 역사에 근본적 전환(reorientation)은 없었다. 때에 따라 레토릭 즉 수사만 바꾸어왔다. 조건에 따라 정책은 바꾸지만 기저 전통은 건드리지 않는 점진적 적용(gradual adaptation)만 가능했다. C. W. Kegley, Jr. and E. R. Wittkopf, *American Foreign Policy: Pattern and Process*, 3~6, 32쪽.

물이라면 냉전은 자유주의 국제 질서를 정당화하는 명분이었다.

그런데 냉전이 끝난 다음에도 미국은 냉전 시대의 리버럴 헤게모니 (liberal hegemony)와 보수적 개입주의를 포기하지 않았다. 오히려 민주, 인권, 시장의 세계화에 더 적극적으로 나섰다. 자유주의 세계 질서를 위협하던 공산주의가 사라졌지만 이라크전쟁을 비롯한 군사 개입과 나토와 같은 군사 동맹은 더 강화했다. 냉전이 끝난 1990년부터 지금까지 역대 미국 대통령의 연두교서에 미국의 세계적 리더십을 강조하고 정당화하는 내용은 빠진 적이 없다. 자유주의 국제 질서인 리버럴 인터내셔널리즘의 전통을 뒤엎고 있는 트럼프 대통령조차 2018년의 연두교서에서 군사비 증대의 필요성을 역설하면서 "미국과 전 세계의 동맹국들이 공유하는 것은 핵심 안보 이익에 바탕을 둔 미국의 리더십"[60]이라고 강조했다. 패권에 대한 이 집착은 미국에 대한 세계의 존경심(deference)이 약화되는 것을 막으려는 시도일 수도 있고, 세계 각지에서 벌어지는 미국의 위신(prestige)에 대한 도전 행위(symbolic challenges)에 대한 반응일 수도 있다.[61] 또 냉전 시대에 굳어진 미국 외교 정책 엘리트들의 신념, 즉 민주주의 확산과 자본 시장의 확대를 위한 개입이 미국과 세계의 공동 이익이라고 믿는 신념 때문일 수도 있다.[62]

그러나 이런 설명은 단기적이고 피상적이다. 냉전 시대와 마찬가지로 탈냉전 시대의 미국 외교도 미국의 정치 문명이 낳은 세계관과 정신적 관습에 충실한 것뿐이다. 세계를 미국과 미국의 적으로 나누고 선과 악

---

60) https://en.wikisource.org/wiki/Portal:State_of_the_Union_Speeches_by_United_States_Presidents (2018. 11. 15).

61) Tudor Onea, *US Foreign Policy in the Post-Cold War Era: Restraint versus Assertiveness from George H. W. Bush to Barack Obama* (New York: Palgrave Macmillan, 2013).

62) Stephen M. Walt, *The Hell of Good Intentions: America's Foreign Policy and the Decline of U.S. Primacy* (New York: Farrar, Straus and Giroux, 2018).

으로 양분하는 이분법적 세계관과 미국이 세계의 지도자라는 메시아니즘에는 냉전과 탈냉전의 구별이 없다. 타국의 약속과 지원에 휘둘리거나 의존하지 않겠다는 독자주의를 실현할 조건도 적대적 양극 체제의 붕괴 이후 더 완벽해졌다.

구체적으로 보자. 1991년에 조지 H. W. 부시 대통령은 미국이 탈냉전 시대의 신세계질서(New World Order)를 주도하겠다고 선언했다. 이 선언은 공산주의가 사라졌기 때문에 민주주의와 자본주의의 수호를 위한 개입을 끝내겠다는 선언이 아니었다. 미국 단독 패권의 시대가 오면 민주주의와 자본주의의 순탄한 세계화가 더 쉬워질 것이라는 자신감의 선언이었다. 쿠웨이트를 침공한 이라크를 응징하기 위해 대규모 미 지상군을 중동에 즉각 투입한 것은 이 신세계질서의 첫 시험대였다.

뒤를 이어 탈냉전 시대의 첫 미국 대통령으로 선출된 빌 클린턴은 정치적 부담이 큰 미군의 희생 가능성 때문에 코소보나 르완다 사태에 전면 개입하지 못했지만, 민주주의의 확대와 인도주의적 개입(Enlargement and Engagement)을 미국 외교의 방침으로 내걸었다. 냉전 시대의 리버럴 헤게모니에 대한 미국의 집착은 2001년의 9.11테러 이후 절정에 달했다. 이라크전쟁과 아프가니스탄전쟁을 개시한 조지. W. 부시 대통령과 네오콘은 지난 200년간 미국 군사 외교의 비공식 원칙으로 내려오던 선제공격의 정당성을 공식화한 부시 독트린을 선포했다(제8장 참조).

따지고 보면 탈냉전 시대 미국의 군사주의는 냉전이 끝나가던 조지 H. W. 부시 대통령 시절에 이미 시작되었다. 마약 밀매 혐의를 받은 파나마의 노리에가 대통령을 24,000명의 미군을 투입해 잡아와서 미국의 법정에 세운 것이 그 예다. 이것이 1989년의 파나마 침공(Operation Just Cause)이다. 쿠웨이트를 침략한 이라크군을 축출한 1991년의 걸프전은 냉전 시대에 불가능했던 대규모 지상군의 중동 투입이라는 기록을 세웠다. 조지 H. W. 부시의 후임 빌 클린턴 대통령은 러시아를 봉쇄하기 위해 나토를 체코, 헝가리, 폴란드까지 확장했다. 그 후임인 조지 W. 부시 대통령은 나토를 불가리아, 루마니아, 슬로베니아, 슬로바키아 및 과거 소련에 속했던 발트 3국(라트비아, 에스토니아, 리투아니아)까지 확장했다.

2001년의 9.11테러 이후 조지 W. 부시 행정부가 시작한 아프가니스탄전쟁과 이라크전쟁은 미국의 전통을 깬 일방적 일탈 외교로 비판받기도 했지만, 그의 독자주의 노선과 군사주의 노선은 새로운 것이 아니었다. 탈냉전 시대 미국의 '신군사주의'(new militarism)는 미국 외교의 역사에 일관된 군사주의 전통[63]의 발현이다. 그래서 이라크전쟁이 시작된 지 9년 가까이 지난 2011년 말에 미군이 이라크에서 공식적으로는 철수했지만 미국 국방부와 계약을 맺은 무장 용역업체(private military company)의 용병 수천 명은 남았다. 이라크전쟁에 앞서 2001년에 시작된 아프가니스탄전쟁은 실리 없는 개입을 거부하는 트럼프 정부 아래서도 계속되고 있다.

군사주의의 물질적 바탕이 군사력이라면 그 심리적 바탕은 미국에 대한 어떤 공격 가능성도 남겨두지 않으려는 안보 강박증이다.[64] 절대적 안보에 집착하는 안보 강박증은 군사적 독자주의로 나타난다. 군사와 안보야말로 타국의 선의나 약속이 아니라 오로지 자신만 믿을 수 있는 문제이기 때문이다. 탈냉전 시대 미국의 안보 강박증은 레이건 대통령의 전략방위구상(Strategic Defense Initiative, 속칭 'Star Wars')으로 시작되었다.

63) Andrew J. Bacevich, *The New American Militarism: How Americans Are Seduced by War* (New York: Oxford University Press, 2005).

64) 미국에 대한 공격의 '가능성'을 용납하지 않는 안보 강박증의 기원과 역사는 다음 책에 정리되어 있다. James Chace and Caleb Carr, *America Invulnerable: The Quest for Absolute Security from 1812 to Star Wars* (New York: Summit Books, 1988).

이것이 미사일방어계획(National Missile Defense, NMD)의 시초다.[65] 미국은 2002년에는 미사일방어계획의 장애물인 구소련과의 ABM조약(탄도요격미사일 제한 조약, Anti-Ballisitic Missile Treaty, 1972)에서 일방적으로 탈퇴했다. 탈레반을 겨냥한 아프가니스탄전쟁과 사담 후세인의 대량 살상 무기 개발을 막는다는 명분으로 시작한 이라크전쟁도 미국에 대한 일체의 공격 가능성을 제거하려는 안보 강박증의 부산물이다.[66]

취임사에서 전임 부시 행정부의 군사 외교와 독선 외교를 반성한 오바마 행정부 아래에서도 리버럴 헤게모니에 대한 미국의 애착은 변함없었다. 9.11 직후 쏟아냈던 공격적 수사와 독선적인 행동 방식은 완화되

---

65) 레이건은 1940년에 워너브러더스사가 제작한 B급 영화 〈공중 살인〉(Murder in the Air)의 주연을 맡았다. 이 영화에서 레이건은 오늘날의 레이저빔 비슷한 관성 발사기(Inertia Project)라는 첨단 무기가 적의 수중에 들어가는 것을 막는 미국 재무부의 비밀 공작원으로 나왔는데, 미국으로 날아오는 소련의 미사일을 레이저로 파괴하려는 레이건의 아이디어가 이 영화에서 나왔다고 한다. Michael Rogin, *Ronald Reagan, the Movie: and Other Episodes in Political Demonology* (Berkeley, CA.: University of California Press, 1987), 2~3쪽.

66) 지구상에서 가장 안전한 나라가 안보 강박증에 시달려왔다는 것은 역설적이다. 그러나 미국 역사에 기록된 선제공격과 예방공격의 많은 사례들은 안보 강박증의 소산이다. 미국 국민이 미국 땅에서 치른 전쟁이라고 해봐야 내전인 남북전쟁을 빼면 독립전쟁과 1812년에 시작된 영국과의 두 번째 전쟁뿐이다. 1899년 쿠바의 아바나 항에서 미 군함 메인 호가 폭발해 침몰하고 1941년에 하와이 진주만의 미 해군 기지가 피습당했지만, 쿠바와 하와이는 사건 당시 미국의 공식 영토가 아니었고 본토는 더더욱 아니었다. 영국 군함이 포토맥 강을 거슬러 올라와 백악관과 연방의회를 포격한 1814년 이후 2001년의 9.11테러까지 190년간 미국 본토는 침공받은 적이 없다. 1846~1848년에 걸친 멕시코와의 전쟁은 미군이 멕시코 땅에 가서 치른 전쟁이고, 19세기 말 스페인과의 전쟁은 필리핀과 쿠바에서 벌어진 전쟁이다. 두 번의 세계대전, 한국전쟁과 베트남전쟁, 두 차례에 걸친 이라크전쟁도 대서양과 태평양의 건너편에서 치른 전쟁이다. 이처럼 외침으로부터 가장 안전한 나라가 안보에 대한 강박증과 침공에 대한 최고 수준의 편집증을 갖고 있는 역설을 설명하기 위해서 영국군의 포격으로 수도 워싱턴이 초토화된 1814년의 기억을 거론하기도 한다. 그 치욕스런 기억 때문에 미국은 현존하는 위협은 물론이고 예상 가능한 모든 위협에 대해서도 선제적으로 대처해왔다는 것이다. John Lewis Gaddis, *Surprise, Security, and the American Experience*, 10~16쪽; James Chace and Caleb Carr, *American Invulnerable*, 17~40쪽. 미국을 불가침의 나라로 만들어야 한다는 강박감이 미국 외교의 밑바탕에 깔려 있는데, 이 강박증이 전쟁을 미국의 일상사로 만들어왔다고 보는 것이다. 1930년 이후 미국의 군사주의가 대두한 배경을 이런 시각으로 분석한 책으로는 다음을 참조. Michael S. Sherry, *In the shadow of War: The United States since the 1930s* (New Haven, CT.: Yale University Press, 1995), 15~63쪽.

었지만 중국의 아시아 패권 장악을 막기 위한 '아시아 회귀 정책'(Pivot to Asia)은 리버럴 헤게모니가 미국 외교의 도덕적 규범으로 계속 작동한다는 것을 입증한다.

도널드 트럼프는 탈뉴딜의 선봉장이다(제7장 참조). 뉴딜 시대의 '형식적 도덕주의'에 반발한 중하층 백인 사회를 선동하고 있는 트럼프의 외교는 경제 민족주의와 국수주의로 압축된다. 트럼프는 탈뉴딜과 탈리버럴 인터내셔널리즘을 외치는 대안 우파의 경제 민족주의에 화답하기 위해 나토 회원국들에게 방위비 분담금 증액을 요구했고, 한국에 대해서는 미군 주둔 비용을 더 부담하라고 압박한다. 북미자유무역협정(NAFTA)의 폐지와 개정을 주장하는 한편 환태평양경제동반자협정(TPP)에서 탈퇴하고 중국과의 무역 전쟁을 시작했다.

유럽과 함께 협상하고 서명한 이란 핵협정을 일방적으로 파기하고 파리기후협약을 탈퇴한 것은 국수주의와 독자주의의 실현이다. 세계의 반대를 무릅쓰고 예루살렘을 이스라엘 수도로 인정한 것은 다른 나라한테 행동의 자유를 구속받지 않겠다는 독자주의의 실천이다. 또 뷰캐넌에서 시작된 트럼프의 21세기형 반이민주의(제5장 제2절 참조)와 미국 우선주의(America First)[67]도 독자주의의 거친 표현이다.

트럼프의 외교는 불안정한 심리와 정치적 상술의 산물이기도 하다. 그래서 특정 이념과 철학의 실천으로만 보기도 어렵다. 예를 들면 예루살렘을 이스라엘의 수도로 인정한 것은 개신교 보수파를 비롯한 자신의 득표 기반을 의식한 정치적 상술이다. 민주와 인권 등 미국이 내건 가치의 대척점에 있는 북한과 협상 기조로 전환한 배경도 정치적 계산과

---

67) Patrick Buchanan, *The Death of the West: How Dying Populations and Immigrant Invasions Imperil Our Country and Civilization* (New York: Thomas Dunne Books, 2001); *A Republic, Not an Empire: Reclaiming America's Destiny* (Washington, D.C.: Regnery Publishing, 2002).

공명심이다. 그렇지만 메시아니즘과 독자주의라는 외교의 철학과 습성은 온전히 계승하고 있다. 각국의 인권 상황에 등급을 매기면서 세계를 선악 기준에 따라 나누는 메시아니즘도 건재하다. '미국을 다시 위대하게'(Make America Great Again)라는 트럼프의 단골 구호는 국수주의나 민족주의의 표현이기도 하지만 미국이 세계의 지도자라는 자의식에 그 또한 갇혀 있다는 증거이기도 하다.

미국 외교의 외양은 정권에 따라 수시로 바뀐다. 그렇지만 심판자 미국을 위협할 경쟁국의 탄생과 도전을 허용하지 않는 점에서는 모든 정권이 비슷하다. 트럼프 행정부도 뉴딜 리버럴리즘의 유산인 다자 협력의 외교 방식을 거부할 뿐 미국 외교의 바탕 철학인 독자주의는 더 거칠고 노골적으로 구사하고 있다. 선와 악에 대한 도덕적 기준은 약화되었지만 21세기 미국의 새로운 주적으로 떠오른 중국에 대한 견제와 압력은 강화하고 있다. 결국 미국의 핵심 이익이 걸린 문제에 관해서는 초지일관 독자주의를 구사한다는 점에서[68] 미국의 모든 정권은 유사하다.

21세기의 미국 외교는 독자주의와 메시아니즘에 기초한 냉전 시대의 외교 철학을 고스란히 계승하고 있다. 탈냉전 시대의 미국 대통령들이 '자유', '민주', '적', '위대한 아메리카'를 비롯한 냉전 시대의 단골 수사를 여전히 반복하는 것은 이 때문이다.[69] 다만 제7장에서 살펴본 것처럼 미국의 정치적 분열과 양극화가 심화되면서 정권 교체는 빈번해질 것이고,

---

68) 공화당 중심의 적극적인 외교 원칙인 보수적 국제주의(conservative internationalism)를 탈냉전 시대에 맞게 변형시킨 것으로는 다음을 참조. Robert Kagan and William Kristol (eds.), *Present Dangers: Crisis and Opportunity in American Foreign and Defense Policy* (San Francisco, CA.: Encounter Books, 2000).

69) Siobahn McEvoy-Levy, *American Exceptionalism and U.S. Foreign Policy: Public Diplomacy at the End of the Cold War* (New York: Palgrave, 2001). 케네디부터 레이건에 이르기까지 냉전 시대의 미국 역대 대통령이 정의로운 폭력을 자처하면서 군사 개입을 정당화한 사례는 Denise M. Bostdorff, *The Presidency and the Rhetoric of Foreign Crisis* (Columbia, S. C.: University of South Carolina Press, 1994)에 정리되어 있다.

연방 의회와 행정부의 집권당이 엇갈리는 권력의 균열도 심화될 것이다. 그 결과 미국 외교의 비전도 냉전 시대의 유산인 리버럴 헤게모니와 트럼프가 실천하는 국수주의적 헤게모니를 오갈 것이다.[70] 다만 어느 쪽 비전이 이기든 패권적 메시아니즘과 독자주의는 살아남을 것이다. 미국 경제가 급격하게 쇠락하지만 않으면[71] 군사주의와 보수적 개입주의도 쉽게 포기하지 않을 것이다.

---

70) 21세기 미국의 리버럴 헤게모니에 대해서는 Joseph S. Nye, Jr., *The Paradox of American Power: Why the World's Only Superpower Can't Go It Alone* (New York: Oxford University Press, 2002)을 참조. 조지 W. 부시의 독단주의 외교 행태를 비판하면서 군사력이나 경제력 같은 경성 권력(hard power)보다는 상대방을 설득할 수 있는 개방성과 가치를 위주로 한 연성 권력(soft power)을 중심으로 미국의 외교가 개선되어야 한다는 것이 조지프 나이 2세의 주장이다.

71) 21세기 미국의 쇠락을 둘러싼 논쟁에 대해서는 권용립, 「미국의 쇠락 요인과 전망-담론에서 이론으로」, 『사회과학연구』 제27집 제1호(경성대학교 사회과학연구소, 2011), 47~78쪽을 참조.

에필로그

　미국의 정치 문명은 미국의 세계관이며 역사관이다. 이 세계관과 역사관이 미국 정치의 규범과 미국 외교의 관습을 낳았다. 그것이 보수적 아메리카니즘(Conservative Americanism)이다. 원래의 것을 지키고 원래의 체제로 되돌아가려는 본능 때문에 '보수적'이고, 미국은 특별한 나라라는 우월적 자의식을 깔고 있기 때문에 '아메리카니즘'이다. 그래서 보수적 아메리카니즘은 흔히 일컫는 미국의 보수주의(Conservatism in America)와 전혀 다른 개념이며, 미국의 보수와 진보(liberalism) 둘 다 근원적 보수성에 뿌리를 두고 있다는 것을 드러내는 개념이다.

　보수적 아메리카니즘은 고대 공화주의, 근대 자유주의, 칼뱅주의의 융합체다. 시대와 성격이 서로 다른 세속의 정치 사상과 종교의 교리가 함께 녹아들어 독특한 정치 문명을 만들 수 있었던 것은 다음과 같은 이유 때문이다. 첫째, 자유주의와 공화주의는 (국가)권력의 타락을 경계하고 타락한 (국가)권력에 대한 저항의 권리를 중시한다는 점에서 일치한다. 둘째, 공화주의와 칼뱅주의는 자연의 위계 질서, 엘리트주의, 덕성과 검약의 윤리를 공유한다. 셋째, 칼뱅주의와 자유주의는 비관적 인간관을 공유한다.[1] 칼뱅

---

1) A. M. Schlesinger, Jr., "America: Experiment or Destiny?," *American Historical Review*, vol. 82, no. 3 (June 1977), 507쪽.

주의는 원죄를 믿고 자유주의는 인간의 이기적 본성을 체념하기 때문이
다.

혈연 네트워크와 역사적 기억을 바탕으로 긴 세월에 걸쳐 형성된 대
부분의 국민 국가와 달리 미국은 단기간에 국민과 국가를 한꺼번에 만
들어야 했다. 이 때문에 국가의 정체성이 한동안 모호했다. 남북전쟁 이
전까지 북부와 남부의 정체성을 표상한 '양키'와 '기사騎士'는 부재 중
인 국민적 정체성을 대신한 것이다.[2] 국민 국가로 존재한 세월이 짧기 때
문에 피와 기억을 대신해서 미국의 정체성으로 자리 잡은 독립의 정신
과 건국의 담론도 짧은 세월에 정제되고 농축되었다. 그 결과 미국의 정
체성을 자유주의나 공화주의처럼 강력한 단일 사상으로 압축해놓은 합
의 패러다임이 미국을 설명하는 매력적인 틀로 대두했다. 20세기 중반에
미국의 역사학과 정치학이 그려낸 미국의 자화상이 미국을 합의된 정신
에 뿌리박은 특별한 나라로 그린 것은 이 때문이다. 그렇지만 '사상적으
로 통일된 나라'라는 애국적 자화상은 미국의 예외성과 순결성을 과장한
것이다. 그렇기 때문에 합의 패러다임의 객관성과 정당성도 제한적이다.
그렇기는 하지만, 미국 바깥에서 미국을 그리려면 합의 패러다임이 그려
낸 미국의 자화상부터 봐야 한다. 자화상의 주인이 자기 자신이라고 믿
고 있는 주관적 형상도 그 주인의 객관적 실체를 구성하는 일부이기 때
문이다.

미국의 객관적 실체인 미국의 정치 문명은 미국의 정신적 전통이다.
과학이라는 미명 아래 정신을 불가해의 영역으로 추방해버린 실증주의
가 현대 사회과학을 지배하면서[3] 정신은 비과학적 직관의 대상이 되어

---

2) 남북전쟁 이전의 남부와 북부 정치 문화를 비교한 저술은 다음을 참조. William R. Taylor,
Cavalier & Yankee, *The Old South and American National Character* (Cambridge, MA.:
Harvard University Press, 1979).
3) 오늘날 사회과학에는 전통(Tradition)에 대해 언급하지 않거나 전통이라는 요소를 경시하는

버렸지만, 기억과 의지로 생과 사를 선택하는 인간과 인간 사회를 탐구하려면 실증과 통계로는 그려낼 수 없는 정신의 영역을 직시해야 한다. 이 책이 미국의 합의 사학을 출발점으로 잡은 것도 합의 사학이 실증과 통계에 발목 잡힌 미국 탐구의 균형을 회복할 도구이기 때문이다.

"어떤 전통이든지 그 맥을 이어받고 있는 사람들(recipients of a tradition)은 그들을 묶어주고 있는 전통의 깊이를 제대로 측정할 수 없다. 마르크스주의자들은 그들과 공상적 사회주의자들 간에 깊은 간극이 있다고 생각했지만, 바깥에서 보면 과학적 사회주의와 공상적 사회주의의 계통적 연속성과 합일점이 여러 측면에서 포착된다. 과학으로서의 화학이 연금술의 전통과 맺고 있는 연관성도 흔히 무시되고 있는데, 이런 태도도 이 둘의 뿌리가 같은 것임을 간과하지 못한 결과다."[4]

형성기의 미국 엘리트들이 정치의 규범으로 받아들인 자유주의, 공화주의, 칼뱅주의가 다양한 문화가 공존하는 이민자 나라의 정치 문명으로 확립된 것은 미국의 교육 제도와 미디어가 생산해온 담론 덕분이다.[5] 공교육의 지배적 담론은 미국 정치의 규범과 전통을 만들었고, 미디어는 시민 교육과 사회 교육을 통해 이 규범과 전통을 미국의 정체성으로 만

풍조가 지배적이다. 전통이라는 것은 행위나 유행(Fashion)이 아니다. 그것은 신념이며 이미지다. Edward Shils, *Tradition* (Chicago, Il.: University of Chicago Press, 1981), 7, 9, 16쪽. 그리고 개인의 사고가 전통에 의해 물드는 것은 과거에 대한 의식(Sense of the Past), 기억과 기록(Memory, Record of the Past), 그리고 과거에 머물러 있기(Living in the Past) 때문이다. 같은 책. 47~62쪽.
4) 같은 책, 14쪽.
5) 미국에서 '미국인'을 만드는 애국주의 교육이 본격화한 것은 19세기 후반, 즉 남북전쟁이 끝나고 연방이 다시 통합된 이후다. 이때부터 공립학교가 '미국인'이 되기 위한 교육을 어떻게 시켰는지에 대해서는 Cecilia Elizabeth O'Leary, *To Die For: The Paradox of American Patriotism* (Princeton, NJ.: Princeton University Press, 1999), ch. 10을 참조.

들었다.[6]

정리하자. 미국은 공화국(American Republic)이다. 그러나 레이몽 아롱의 책 제목처럼 제국형 공화국(Imperial Republic)이다.[7] 현대 미국의 모순은 여기서 시작된다. 거대한 제국은 공화정을 실현할 수 없다는 것이 공화주의의 불문율인데, 미국은 시작부터 제국의 길로 접어들었다. 19세기에는 영토의 제국을 완성했고 20세기에는 경제 제국, 군사 제국, 이념 제국의 길을 차례로 걸어왔다. 그 결과 강력한 국가 권력에 반대하는 공화국의 정신과 강력한 국가 권력을 요구하는 제국의 정신이 기형적으로 공존하게 되었다. 이 때문에 미국의 정체성인 자유도 분열했다. 공화국은 시민의 자유를, 제국은 국가의 자유를 앞세우기 때문이다. 자유의 전쟁으로 이룩한 공화국이 제국의 위세를 구가하면서 전쟁의 자유를 누리는 나라로 변한 데는 이런 사정이 있다.

평균적 미국인의 일상과 담화에서는 미국의 정치 문명이 보이지 않는다. 미국의 정치 문명은 미국을 움직여온 내밀한 세계관과 역사관이며 일종의 지적 구조물(intellectual construction)이다. 보이는 물체로 존재하지 않기 때문에 가설일 수밖에 없다. 그래서 미국의 정치 문명을 추적하는 일은 구르는 낙엽을 보고 바람의 형상을 짐작하는 것과 같다. 그렇다

---

6) Ruth Miller Elson, *Guardians of Tradition: American Schoolbooks of the Nineteenth Century* (Lincoln, NE.: University of Nebraska Press, 1964). 이 책은 19세기의 미국 전역에서 사용된 초중등학교(1~8학년)의 교과서 중에 가장 많이 사용된 1,000여 권을 분석했다. 그래서 교육을 통해 전수된 미국의 정치적·사회적·문화적 신념의 실체를 뽑아냈다. 공화주의의 덕성 관념(1~10, 212~218쪽), 백인 우월주의(67쪽), 자유를 전파해야 한다는 소명 의식과 우월 의식(296쪽), 천년왕국 사상(299쪽), 반급진주의(287쪽) 등이 그 주된 내용이다. 미국인들의 정치적 비전은 이처럼 교육을 통해 미국 민족주의로 진화했다. 같은 책, 282~285쪽.

7) 오늘날의 미국과 로마 제국의 유사성에 대해서는 다음을 참조. Cullen Murphy, *Are We Rome?: The Fall of an Empire and the Fate of America* (New York: Houghton Mifflin Company, 2008). 예를 들면, 미국과 로마는 세계의 중심이라는 자의식과 '타자'에 대한 우월 의식, 군사 분야와 시민사회의 분리 현상, 개입의 폭이 커질수록 통제 불가능한 장애물이 등장하는 역설 등을 공유한다. 같은 책, 18~21쪽.

해도 미국처럼 처음부터 설계된 나라는 그 설계의 정신과 의도를 파악해야 독해의 얼개를 만들 수 있다. 특히 19세기 말부터 미국과 운명적으로 얽혀온 우리로서는 언제 변할지 모르는 미국의 한반도 정책을 가늠하기 위해서라도 정치 문명의 차원에서 미국을 바라봐야 한다. 그렇게 하면 한국을 미국 외교의 액세서리로 본 브레진스키(Z. Brzezinski)나 미국이 개입해야 세계의 자유가 신장된다는 헌팅턴(S. P. Huntington)의 주장에 실망하거나 놀라지 않는다. 그들의 생각은 미국 정치 문명의 표준적 세계관이기 때문이다.

미국은 한국 현대사에 가장 깊숙이 들어온 외국이다. 이 때문에 미국에 마냥 애착하거나 미국을 감정적으로 배격하는 양극단의 정서가 공존하게 되었다. 미워하면서도 기대하고, 기대하면서도 비난하는 이중성도 일상화되었다. 그러나 조지 워싱턴이 「고별사」에서 역설했듯이 냉엄한 현실 외교의 상대한테는 애착도 반감도 갖지 말아야 한다. 미국에 대한 애와 증을 거두어들일 궁극의 책임은 미국이 아닌 우리한테 있다. 미국의 정신을 있는 그대로 읽어내고 그것을 바탕으로 오늘과 내일의 미국을 읽어내는 것, 이것이 인습적 친미와 감정적 반미를 넘어서는 길이며, 외교의 상대를 애증의 대상으로 착각하게 만든 굴곡진 한미 관계의 최면에서 깨어나는 길이다.

참고문헌

1. 국내

*1985년 이전에 나온 국내 미국 관련 논저 목록(한미 관계 포함)은 서울대학교 미국학
연구소, 『국내미국학논저색인 1945~1985』(1986)를 참조하기 바람.

권용립, 「조지 위싱턴의 〈고별사〉 – 틈새약소국 외교철학의 텍스트」, 『미국사연구』 제44집
(한국미국사학회, 2016), 171~214쪽.
_____, 「버니 샌더스 이야기」, 『황해문화』 통권 91호(2016년 여름), 319~337쪽.
_____, 「미국의 쇠락 요인과 전망 – 담론에서 이론으로」, 『사회과학연구』 제27집 제1호
(경성대학교 사회과학연구소, 2011), 47~78쪽.
_____, 「부시독트린의 재해석 – 미국 외교의 변화 가능성과 관련하여」, 『사회과학연구』 제25
집 제1호(경성대학교 사회과학연구소, 2009), 95~117쪽.
_____, 「미국 민족주의의 본질 – 반사와 투영」, 『역사비평』 통권 64호, 역사비평사.
_____, 『미국 외교의 역사』(삼인, 2010).
_____, 「북방정책이 한국인의 대미관에 미친 영향 – 대미인식 기제의 이원화 현상을 중심
으로」, 『울산대학교 사회과학논집』 제2권 제1호(울산대학교 사회과학연구소, 1992),
119~134쪽.
_____, 「미국의 대한정책에 나타나는 아메리카니즘에 관한 고찰 – 미국적 보수주의를 중심
으로」, 『부산정치학회보』 창간호(한국정치학회 부산지회, 1987), 227~254쪽.
김영명·권용립·신동호, 「한국에서의 지역연구: 현황과 과제」, 『한국정치학회보』 제21집 제
2호(1987).
김정열, 『미국에서 본 팍스 아메리카나』(이슈투데이, 2001).
문동환 외, 『한국과 미국 – 현단계 한미관계의 비판적 인식』(실천문학사, 1986).

이보형 외, 『미국사연구서설』(일조각, 1985).

이봉희, 「급진적 보수주의 정치 - 미국의 New Right 등장을 중심으로」, 『한국정치학회보』 23집 1호(1989), 234~297쪽.

이삼성, 『미국의 대한정책과 한국민족주의 - 광주항쟁, 민족통일, 한미관계』(한길사, 1993).

_____, 『세계와 미국 - 20세기의 반성과 21세기의 전망』(한길사, 2001).

이현휘, 「소명으로서의 전쟁: 미국 대외정책 정신과 신의 눈물」, 『정치와 평론』 창간호 (2007), 7~59쪽.

임재경, 「한미관계론의 사정」, 『창작과비평』 통권 57호(창작과비평사, 1985).

촘스키, 노엄, 『불량 국가 - 미국의 세계 지배와 힘의 논리』, 장영준 옮김(두레, 2001).

_____, 『우리가 모르는 미국 그리고 세계』, 강주헌 옮김(시대의창, 2008).

_____, 『미국이 진정으로 원하는 것』, 문이얼 옮김(시대의 창, 2013).

최명·백창재, 『현대 미국 정치의 이해』(서울대학교출판부, 2000).

최선근 외, 『미국정당과 외교정책』(세종연구소, 2000).

한명화, 『한미관계의 정치경제 1945~1985』(평민사, 1986).

2. 국외

Adair, Douglass, *Fame and the Founding Fathers: Essays by Douglass Adair*, ed. by H.T. Colbourn (New York: W. W. Norton, 1974).

Adams, Henry, *History of the United States of America During administrations of Thomas Jefferson and James Madison* (Englewood Cliffs, N.J.: Prentice-Hall, 1963).

Alexander, Charles C., *The Ku Klux Klan in the Southwest* (Lexington, KY.: University of Kentucky Press, 1965).

Allen, Frederick Lewis, *Only Yesterday* (New York: Harper, 1931).

Allen, W. B., G. Lloyd and M. Lloyd (eds.), *The Essential Antifederalist* (Lanham, MD.: University Press of America, 1985).

Allman, T. D., *Unmanifest Destiny* (New York: Dial Press, 1984).

Almond, Gabriel, *The American People and Foreign Policy* (New York: Harcourt, Brace, 1950).

Alperovitz, Gar, *Atomic Diplomacy: Hiroshima and Potsdam* (New York: Simon and Schuster, 1965).

Ambrose, S. E., *Rise to Globalism*, 4th edn. (New York: Penguin Books, 1985).

Anderson, Benedict, *Imagined Communities: Reflections on the Origins and*

Spread of Nationalism, rev. edn. (New York: Verso, 1991)

Anthony, Dick and Thomas Robbins, "Spiritual Innovation and the Crisis of American Civil Religion," *Daedalus*, 111 (Winter 1982), 215~233쪽.

Appleby, Joyce, *Liberalism and Republicanism in the Historical Imagination* (Cambridge, MA.: Harvard University Press, 1992)

_____, "Recovering America's Historic Diversity: Beyond Exceptionalism," *Journal of American History*, vol. 79, no. 2 (Sept. 1992).

_____, "The Social Origins of American Revolutionary Ideology," *Journal of American History*, vol. 64 (March 1978), 939~958쪽.

_____, "Liberalism and the American Revolution," *New England Quarterly*, vol. 49 (March 1976), 3~26쪽.

_____, "What is Still American in the Political Philosophy of Thomas Jefferson?," *William and Mary Quarterly*, 3rd Ser., vol. 39 (Apr. 1982), 287~304쪽.

_____, "Commercial Farming and the 'Agrarian Myth' in the Early Republic," *Journal of American History*, vol. 68 (March 1982), 833~849쪽.

Aron, Raymond, *The Imperial Republic: The United States and the World 1945~1973*, tr. by F. Jellinek (Cambridge, MA.: Winthrop Publishers, 1974).

_____, "Reflections on American Diplomacy," *Daedalus* (Fall, 1962).

Ashworth, John, *"Agrarians" and "Aristocrats": Party Political Ideology in the United States, 1837-1846* (London: Royal Historical Society, 1983).

Bacevich, Andrew J., "Trump's not the new Hitler... he's the new Kaiser Bill," *The Spectator* (April 8, 2017).

_____, *The New American Militarism: How Americans Are Seduced by War* (New York: Oxford University Press, 2005).

Bailyn, Bernard, *The Ideological Origins of the American Revolution* (Cambridge, MA.: Belknap Press of Harvard University Press, 1967).

_____, *The Origins of American Politics* (New York: Vintage Books, 1968).

_____, "Religion and Revolution: Three Biographical Studies," *Perspectives in American History*, vol. 4 (1970), 85~169쪽.

_____, *Pamphlets of the American Revolution* (Cambridge, MA.: Harvard University Press, 1965).

Baltzell, E. D., *The Protestant Establishment: Aristocracy and Caste in America* (New York: Random House, 1964).

Bancroft, George, *History of the United States History: From the Discovery of the American Continent* (Boston, MA.: Little, Brown, and Company, 1844~ 1875).

Bandow, Doug, "What Trump Has in Common with the Last German Emperor," *The National Interest* (January 31, 2017).

Banks, David E., "Stop comparing Donald Trump to Hitler," *Independent* (March 6, 2017).

Banner, James M. (ed.), *A Century of American Historiography* (New York: Saint Martin's Press, 2009).

_____, *To the Hartford Convention: the Federalists and the Origins of Party Politics in Massachusetts, 1789~1815* (New York: Alfred A. Knopf, 1970).

Banning, Lance, "Jeffersonian Ideology Revisited: Liberal and Classical Ideas in the New American Republic," *William and Mary Quarterly*, 3rd Ser., vol. 43, no. 1 (Jan. 1986), 3~19쪽.

_____, *The Jeffersonian Persuasion: Evolution of a Party Ideology* (Ithaca, N.Y.: Cornell University Press, 1978).

_____, "Republican Ideology and the Triumph of the Constitution, 1789~ 1793," *William and Mary Quarterly*, 3rd Ser., vol. 31 (1974), 167~188쪽.

Barnet, Richard J., *Roots of War* (New York: Penguin Books, 1972).

_____, *Intervention and Revolution: United States in the Third World* (New York: World, 1968).

Baron, Hans, *The Crisis of Early Italian Renaissance* (Princeton, N.J.: Princeton University Press, 1966).

Beard, Charles A., *An Economic Interpretation of the Constitution of the United States of America* (New York: Macmillan, 1913).

_____, *The Idea of National Interests: An Analytical Study in American Foreign Policy* (New York: Crowell-Collier-Macmillan, 1934).

_____, *A Foreign Policy for America* (New York: Knopf, 1940).

_____ (ed.), *The Enduring Federalist* (New York: Frederick Ungar Publishing, 1948).

Becker, Carl, *The Declaration of Independence: A study in the History of Political Ideas* (New York: Alfred A. Knopf, 1929).

Bellah, Robert N., "Civil Religion in America," *Daedalus*, 96 (1967).

_____ et als., *Habits of the Heart: Individualism and Committment in American Life*, rev. edn. (Berkeley, CA.: University of California Press, 1996, orig.

pub., 1985).

Bellamy, Edward, *Looking Backward, 2000~1887* (New York: Houghton Mifflin Company, 1888).

Bender D. L. and B. Leone (eds.), *The Political Spectrum: Opposing Viewpoints* (St. Paul, MN.: Greenhaven Press, 1986).

Benson, L., *Turner and Beard: American Historical Writings Reconsidered* (Glencoe, Il.: Free Press, 1960).

_____, *The Concept of Jacksonian Democracy: New York as a Test Case* (Princeton, N.J.: Princeton University Press, 1961).

Bentley, Arthur F., *The Process of Government: A Study of Social Pressures* (Chicago, IL: University of Chicago Press, 1908).

Bercovitch, Sacvan, *The American Jeremiad* (Madison, WI.: University of Wisconsin Press, 1978).

_____, *The Puritan Origins of the American Self* (New Haven, CT.: Yale University Press, 1975).

Berens, John F., *Providence and Patriotism in Early America 1640~1815* (Charlottesville, VA.: University Press of Virginia, 1978).

Berkhofer, Robert F., Jr., *A Behavioral Approach to Historical Analysis* (New York: Free Press, 1969).

Berlet, Chip and Matthew N. Lyons, *Right-Wing Populism in America: Too Close for Comfort* (New York: Guilford Press, 2000).

Bloch, Ruth, *Visionary Republic: Millennial Themes in American Thought, 1756~1800* (New York: Cambridge University Press, 1988, orig. pub., 1985).

Bonomi, Patricia U. and Peter R. Eisenstadt, "Church Adherence in the Eighteenth-Century British American Colonies," *William and Mary Quarterly*, 3rd Ser., vol. 39 (1982), 245~286쪽.

Boorstin, Daniel (ed.), *An American Primer*, vol. 2 (Chicago, Il.: University of Chicago Press, 1966).

_____, *The Genius of American Politics* (Chicago, Il.: University of Chicago Press, 1953).

Bostdorff, Denise M., *The Presidency and the Rhetoric of Foreign Crisis* (Columbia, S.C.: University of South Carolina Press, 1994).

Brogan, D. W., *American Aspects* (New York: Harper & Row, 1964).

_____, *Politics in America* (New York: Harper and Brothers, 1954).

_____, *The American Character* (New York: Time Inc., 1956).

Brown, Robert E., *Charles Beard and the Constitution: A Critical Analysis of "An Economic Interpretation of the Constitution"* (Princeton, N.J.: Princeton University Press, 1956).

_____, *Middle Class Democracy and the Revolution in Massachusetts* (Ithaca, N.Y.: Cornell University Press, 1955).

Broyles, J. Allen, *The John Birch Society: Anatomy of a Protest* (Boston, MA.: Beacon Press, 1966).

Bryce, James, *The American Commonwealth*, 2 vols. (London: Macmillan and Co., 1891).

Buchanan, Patrick, *The Death of the West: How Dying Populations and Immigrant Invasions Imperil Our Country and Civilization* (Dunne Books, 2001).

_____, *A Republic, Not an Empire: Reclaiming America's Destiny* (Washington, D.C.: Regnery Publishing, 2002).

Buel, Richard, "Democracy and the American Revolution," *William and Mary Quarterly*, 3rd Ser., vol. 21 (1964), 165~190쪽.

Bushman, Richard L., *From Puritan to Yankee: Character and the Social Order in Connecticut, 1690~1765* (Cambridge, MA.: Harvard University Press, 1967).

Calhoun, John C., *A Disquisition on Government and Selections from the Discourse*, ed. by C. Gordon Post (Indianapolis, IN.: Bobbs-Merrill Educational Publishing, 1953).

Califano, J. A., Jr., *A Presidential Nation* (New York: W. W. Norton, 1975).

Cappon, Lester J. (ed.), *Atlas of Early American History: The Revolutionary Era, 1760~1790* (Princeton, N.J.: Princeton University Press, 1976).

Carey, George W., "Conservatives and Libertarians View Fusionism: Its Origins, Possibilities, and Problems," *Modern Age*, vol. 26 (1982), 8~18쪽.

Cha, Taesuh, "The return of Jacksonianism: The international implications of the Trump Phenomenon," *The Washington Quarterly*, 39–4 (2016).

Chace, James and Caleb Carr, *America Invulnerable: The Quest for Absolute Security from 1812 to Star Wars* (New York: Summit Books, 1988).

Chinard, Gilbert, "Polybius and the American Constitution," *Journal of History of*

Ideas, I (1940), 38~58쪽.

Chomsky, Noam, *Towards a New Cold War* (New York: Pantheon, 1982).

Colbourn, H. T., *The Lamp of Experience: Whig History and the Intellectual Origins of the American Revolution* (Chapel Hill, N.C.: University of North Carolina Press, 1965).

_____, "Jefferson's Use of the Past," *William and Mary Quarterly*, 3rd Ser., vol. 15 (1958), 56~70쪽.

Coleman, Richard P. and Lee Rainwater, *Social Standing in America* (New York: Basic Books, 1978).

Colutti, Lamont, *Crusading Realism: The Bush Doctrine and American Core Values After 9/11* (Lanham, MD.: University Press of America, 2008).

Combs, Jerald A., *The Jay Treaty: Political Background of the Founding Fathers* (Berkeley, CA.: University of California Press, 1970).

Commager, Henry Steele, *The American Mind: An Interpretation of American Thought and Character since the 1880s* (New Haven, CT.: Yale University Press, 1959).

Crabb, Cecil, Jr., *The American Approach to Foreign Policy: A Pragmatic Perspective* (New York: University Press of America, 1985).

_____, *Policy-Makers and Critics: Conflicting Theories of American Foreign Policy*, 2nd edn. (New York: Praeger, 1986).

_____ and Pat Holt, *Invitation to Struggle: Congress, the President, and Foreign Policy*, 2nd edn. (Washington D.C.: Congressional Quarterly Press, 1984).

Cress, Lawrence Delbert, "An Armed Community: The Origins and Meaning of the Right to Bear Arms," *Journal of American History*, vol. 71, no. 1 (June 1984), 22~42쪽.

Croly, Herber, *The Promise of American Life* (New York: Macmillan, 1909).

Curry, Richard O. and Thomas M. Brown (eds.), *Conspiracy: The Fear of Subversion in American History* (New York: Holt, Rinehart and Winston, 1972).

Curti, Merle, "The Great Mr. Locke, America's Philosopher, 1783~1861," *Huntington Library Bulletin*, no. 11 (1939), 107~151쪽.

Dahl, R. E., *Pluralist Democracy in the United States: Conflict and Consensus* (Chicago, Il.: Rand McNally, 1967).

Dallek, Robert, *The American Style of Foreign Policy: Cultural Politics and*

Foreign Affairs (New York: Alfred A. Knopf, 1983).

De Pauw, Linda Grant, *The Eleventh Pillar: New York State and the Federal Convention* (Ithaca, N.Y.: Cornell University Press, 1966).

Deutsch, Karl W., *Nationalism and Social Communication: An Inquiry into the Foundations of Nationality*, 2nd edn. (Cambridge, MA,:, MIT Press, 1966).

Diamond, Martin, "The Federalist," in Leo Strauss and Joseph Cropsey (eds.), *History of Political Philosophy* (Chicago, IL.: Rand McNally, 1963).

Diamond, Sara, *Spiritual Warfare: The Politics of the Christian Right* (Boston, MA.: South End Press, 1989).

Dickinson, H. T., *Liberty and Property: Political Ideology in Eighteenth-Century Britain* (New York: Holmes and Meier Publishers, 1977).

Diggins, J. P., *The Lost Soul of American Politics: Virtue, Self-Interest and the Foundations of Liberalism* (Chicago, IL.: University of Chicago Press, 1986).

Dolbeare, Kenneth M. and Patricia Dolbeare, *American Ideologies: the Competing Political Beliefs of the 1970s*, 3rd edn. (Boston, MA.: Houghton Mifflin, 1976).

Domhoff, G. William, *Who Rules America: The Triumph of the Corporate Rich*, 7th edn. (New York: McGraw-Hill, 2013).

_____, *Who Rules America Now? - A View for the '80s* (Englewood Cliffs, N.J.: Prentice-Hall, 1983).

_____ (ed.), *Power Structure Research* (Beverly Hills, CA.: Sage, 1980).

_____, *Who Rules America?* (Englewood Cliffs, N.J.: Prentice-Hall, 1967).

Dunn, John, *Rethinking Modern Political Theory: Essays, 1979~1983* (Cambridge, Eng.: Cambridge University Press, 1985).

_____, *Locke* (New York: Oxford University Press, 1984).

_____, *The Political Thought of John Locke: An Historical Account of the "Two Treatises of Government"* (Cambridge, Eng.: Cambridge University Press. 1969).

_____, "The Politics of Locke in England and America in the Eighteenth Century," in John W. Yolton (ed.), *John Locke: Problems and Perspectives* (Cambridge, Eng.: Cambridge University Press, 1969), 45~80쪽.

Dwight, Theodore W., "Harrington: and His Influence Upon American Political Institutions and Political Thought," *Political Science Quarterly*, vol. 2, no. 1 (March 1887), 1~44쪽.

East, John, "The American Conservative Movement of the 1980's: Are Traditional and Libertarian Dimensions Compatible?," *Modern Age*, vol. 24 (1980), 34~38쪽.

Ekirch, Arthur A., Jr., *Ideas, Ideals, and American Diplomacy* (New York: Appleton, 1966).

Elkins, Stanley and Eric Mckitrick, "The Founding Fathers: Young Men of the Revolution," *Political Science Quarterly*, vol. 76 (1961), 181~216쪽.

Ellis, Richard and Aaron Wildavsky, *Dilemmas of Presidential Leadership: From Washington Through Lincoln* (New Brunswick, N.J.: Transaction Publishers, 1991).

Elson, Ruth Miller, *Guardians of Tradition: American Schoolbooks of the Nineteenth Century* (Lincoln, NE.: University of Nebraska Press, 1964).

Engeman, Thomas S. and Michael P. Zuckert (eds.), *Protestantism And The American Founding* (Notre Dame, IN.: University of Notre Dame Press, 2004).

Farrand, Max (ed.), *The Records of the Federal Convention of 1787*, 3 vols. (New Haven, CT.: Yale University Press, 1966, orig. pub., 1911).

Ferguson, E. James, *The Power of the Purse: A History of American Public Finance, 1776~1790* (Chapel Hill, N.C.: University of North Carolina Press, 1961).

Filler, Louis, *Dictionary of American Conservatism* (Secaucus, N.J.: Citadel Press, 1986).

Fink, Z. S., *The Classical Republicans: An Essay in the Recovery of a Pattern of Thought in Seventeenth-Century England* (Evanston, Il.: Northwestern University Press, 1962).

Fiske, John, *The Critical Period of American History, 1783~1789* (Cambridge, MA.: Riverside Press, 1888).

Foner, Eric, *The Story of American Freedom* (New York: W. W. Norton, 1999).

_____, *Reconstruction: America's Unfinished Revolution 1863-1877* (New York, Harper & Row, 1988).

_____ and Lisa McGirr, *American History Now* (Philadelphia, PA.: Temple University Press, 2011).

Frances, Allen, *Twilight of American Sanity: A Psychiatrist Analyzes the Age of Trump* (New York: Harper Collins, 2017).

Franck, Thomas and Edward Weisband, *Foreign Policy by Congress* (New York: Oxford University Press, 1979).

Froom, Leroy, *The Prophetic Faith of Our Fathers: the Historical Development of Prophetic Interpretation* (Washington D.C.: Review and Herald, 1946~1954).

Fousek, John, *To Lead the Free World, American Nationalism and the Cultural Roots of the Cold War* (Chapel Hill, N.C.: University of North Carolina Press, 2000).

Gabriel, Ralph, *The Course of American Democratic Thought*, 2nd edn. (New York: Ronald Press, 1956).

Gaddis, John Lewis, *Surprise, Security, and the American Experience* (Cambridge, MA.: Harvard University Press, 2004).

Gardner, Lloyd G., *Economic Aspects of New Deal Diplomacy* (Madison, WI.: University of Wisconsin Press, 1964).

Geertz, Clifford, *The Interpretation of Cultures* (New York: Basic Books, 1973).

George, Henry, *Progress and Poverty* (New York: D. Appleton & Co., 1882).

Germino, Dante, "Traditionalism and Libertarianism: Two Views," *Modern Age*, vol. 26 (1982), 49~56쪽.

Gibson, Alan, *Understanding the Founding: The Crucial Questions*, 2nd edn. (Lawrence, KS.: University Press of Kansas, 2010).

Gilens, Martin and Benjamin I. Page, "Testing Theories of American Politics: Elites, Interest Groups, and Average Citizens," *Perspectives on Politics*, vol. 12, Issue 3 (Sept. 2014), 564~581쪽.

Glazer, Nathan, *The Social Basis of American Communism* (New York: Harcourt, Brace, 1961).

Goldwater, Barry, *The Conscience of a Majority* (New York: Macfadden, 1970).

_____, *The Conscience of Conservative* (New York: Macfadden, 1963).

Goldwin, Robert (ed), *Left, Right, and Center: Essays on Liberalism and Conservatism in the United States* (Chicago: Rand McNally, 1965).

Gordon, Colin, "Crafting a Usable Past: Consensus, Ideology, and Historians of the American Revolution," *William and Mary Quarterly*, 3rd Ser., vol. 46 (1989), 671~695쪽.

Graebner, Norman A. (ed.), *Ideas and Diplomacy: Readings in the Intellectual Tradition of American Foreign Policy* (New York: Oxford University Press,

1964).

Greene, Jack P., *The Intellectual Construction of America: Exceptionalism and Identity from 1492 to 1800* (Chapel Hill, N.C.: University of North Carolina Press, 1993).

_____ (ed.), *Encyclopedia of American Political History: Studies of the Principal Movements and Ideas*, 3 vols. (New York: Charles Scribner' Sons, 1984).

Griffiths, F., "The Sources of American Conduct: Soviet Perspectives and Their Policy Implications," *International Security*, vol. 9, no. 2 (Fall 1984).

Griffith, Robert, "Dwight D. Eisenhower and the Corporate Commonwealth," *American Historical Review*, vol. 87, no. 1 (Feb. 1982), 87~121쪽.

_____, *The Politics of Fear: Joseph R. MarCarthy and the Senate*, 2nd edn. (Amherst, MA.: University of Massachusetts Press, 1987).

Gummere, R. M., *American Colonial Mind and the Classical Tradition: Essays in Comparative Culture* (Cambridge, MA.: Harvard University Press, 1963).

Gurtov Melvin, *Superpower on Crusade: The Bush Doctrine in U.S. Foreign Policy* (Boulder, CO.: Lynne Rienner Publishers, 2006).

_____, *The United States against the Third World: Anti-Nationalism and Intervention* (New York: Praeger, 1974).

Hacker, Louis M., *Shaping of the American Tradition* (New York, Columbia University Press, 1947).

Haig, Alexander, *Caveat: Realism, Reagan, and Foreign Policy* (New York: Macmillan, 1984)

Hall, John A., *Liberalism: Politics, Ideology and the Market* (Chapel Hill, N.C.: University of North Carolina Press, 1987).

Hamilton, Michael P. (ed.), *American Character and Foreign Policy* (Grand Rapids, MI.: William B. Edermans Publishing Company, 1986).

Handlin, Oscar and Mary Handlin, "James Burgh and the American Revolution," Massachusettes Historical Society, *Proceedings*, 73 (1961), 38~57쪽.

Handy, Robert T., *A Christian America: Protestant Hopes and Historical Realities* (New York: Oxford University Press, 1971).

Hans, N., "Franklin, Jefferson, and the English Radicals at the End of the Eighteenth Century," American Philosophical Society, *Proceedings*, 88 (1954), 406~426쪽.

Harding, Samuel, *The Contest over the Ratification of the Federal Constitution in the State of Massachusetts* (New York: Longmans Co., 1986).

Harrington, Mona, *The Dream of Deliverance in American Politics* (New York: Alfred Knopf, 1986).

Hartz, Louis, *The Liberal Tradition in America: An Interpretation of American Political Thought since the Revolution* (New York: Harcourt, Brace and Company, 1955). 백창재, 정하용 옮김(2012), 『미국의 자유주의 전통 - 독립혁명 이후 미국 정치사상의 해석』(나남, 2012).

Hatch, Nathan O., "The Origins of Civil Millennialism in America," *William and Mary Quarterly*, 3rd Ser., vol. 31 (1974), 407~430쪽.

_____, *The Sacred Cause Of Liberty: Republican Thought and the Millennium in Revolutionary New England* (New Haven, CT.: Yale University Press, 1977).

Hayden, Tom, *The American Future: New Visions beyond Old Frontiers* (Boston, MA.: South End Press, 1980).

Heale, M. J., *American Anticommunism: Combating the Enemy Within, 1830~1970* (Baltimore, MD.: Johns Hopkins University Press, 1990),

Heimart, Alan, *Religion and the American Mind* (Cambridge. MA.: Harvard University Press, 1966).

Herzog, Don, "Some Questions For Republicans," *Political Theory*, vol. 14, no. 3 (1986).

Higham, John, *Strangers in the Land: Patterns of American Nativism, 1860~1925*, 2nd edn. (New Brunswick, N.J.: Rutgers University Press, 1988).

_____, *History: Professional Scholarship in America* (Baltimore, MD.: Johns Hopkins University Press, 1965).

_____ and Paul K. Conkin (eds.), *New Directions in American Intellectual History* (Baltimore, MD.: Johns Hopkins University Press, 1979).

Himmelstein, Jerome L., *To the Right: The Transformation of American Conservatism* (Berkeley, CA.: University of California Press, 1990).

Hirschman, A. O., *Shifting Involvements: Private Interest and Public Action* (Princeton, N.J.: Princeton University Press, 1982).

Hochschild, Arlie Russell, *Strangers in Their Own Land: Anger and Mourning on the American Right* (New York: The New Press, 2016).

Hoffmann, Stanley, *Gulliver's Troubles, or the Setting of American Foreign Policy* (New York, McGraw-Hill, 1968).

_____, *Primacy of World Order* (New York: McGraw-Hill, 1978).

Hofstadter, Richard, *The Paranoid Style in American Politics, and Other Essays*

(Chicago, Il.: University of Chicago Press, 1979).

_____, *Anti-Intellectualism in American Life* (New York: Alfred A. Knopf, 1974). 유강은 옮김, 『미국의 반지성주의』(교유서가, 2017).

_____, *The Structure of American History* (Englewood Cliffs, N.J.: Prentice-Hall, 1964).

_____, *The Age of Reform: From Bryan to F. D. R.* (New York: Knopf, 1955).

_____, *Social Darwinism in American Thought*, rev. edn. (Boston, MA.: Beacon Press, 1955).

Hogan, Michael J. (ed.), *America in the World: The Historiography of American Foreign Relations since 1941* (New York: Cambridge University Press, 1995)

Holst, Hermann van, *The Constitutional and Political History of the United States*, 4 vols. (Forgotten Books, 2018)

Holsti, Ole R. and James N. Rosenau, "Vietnam, Consensus, and the Belief Systems of American Leaders," *World Politics*, 32-1 (Oct. 1979), 1~56쪽.

Hont, I. and M. Ignatieff (eds.), *Wealth and Virtue* (New York: Cambridge University Press, 1983).

Horowitz, David (ed.), *Corporations and Cold War* (New York: Monthly Review Press, 1969).

Horwitz, Robert H. (ed.), *Moral Foundations of the American Republic*, 3rd edn. (Charlottesville, VA.: University Press of Virginia, 1986).

Houghton, Neil D. (ed.), *Struggle against History: U.S. Foreign Policy in an age of Revolution* (New York: Washington Square Press, 1968).

Howe, I. (ed.), *A Dissenters Guide to Foreign Policy* (Garden City, N.Y.: Doubleday-Anchor, 1968).

Huizinga, Johan, *America: A Dutch Historian's Vision, from Afar and Near*, trans. by Herbert H. Rowen (New York: Harper & Row, 1972).

Hunt, Michael H., *Ideology and U.S. Foreign Policy* (New Haven, CT.: Yale University Press, 1987), 권용립, 이현휘 역 『이데올로기와 미국 외교』(산지니, 2007).

Huntington, S. P., *American Politics: The Promise of Disharmony* (Cambridge, MA.: Belknap Press of Harvard University Press, 1981).

Hutson, James H., "Country, Court, and Constitution: Antifederalism and the Historians," *William and Mary Quarterly*, 3rd Ser., vol. 38 (1981), 337~368쪽.

Hyman, Harold M., *American Singularity: The 1787 Northwest Ordinance, the 1862 Homestead and Morrill Acts, and the 1944 G. I. Bill* (Athens, GA.: University of Georgia Press, 1986).

Issac, Jeffrey C., "Republicanism vs. Liberalism?: A Reconsideration," *History of Political Thought*, 9 (Summer 1988), 349~377쪽.

Jacobson, Jacob Mark, *The Development of American Political Thought: A Documentary History* (New York: Appleton-Century-Crofts, 1932).

Jackson, Kenneth T., *The Ku Klux Klan in the City, 1915~1930* (New York: Oxford University Press, 1967).

Jefferson, Thomas, *Writings*, ed. by Merrill D. Peterson (New York: Viking Press, 1984).

Jensen, Merrill, *The Articles of Confederation: An Interpretation of the Social-Constitutional History of the American Revolution* (Madison, WI.: University of Wisconsin Press, 1970, orig. pub., 1940).

_____, *The New Nation: A History of the United Sates During the Confederation, 1781~1789* (New York: Alfred A. Knopf, 1950).

Jones, Howard, *The Course of American Diplomacy: From the Revolution to the Present* (New York: Franklin Watts, 1985).

Jones, Howard Mumford, *O Strange New World: American Culture - The Formative Years* (New York: Viking Press, 1964, orig. pub., 1952).

Kagan, Robert and William Kristol (eds.), *Present Dangers: Crisis and Opportunity in American Foreign and Defense Policy* (San Francisco, CA.: Encounter Books, 2000).

Katz, S., "The Origins of American Constitutional Thought," *Perspectives in American History*, vol. 3 (1969).

Kegley, C. W., Jr. and E. R. Wittkopf, *American Foreign Policy: Pattern and Process* (New York: St. Martin's Press, 1979).

_____, *Perspectives on American Foreign Policy: Selected Readings* (New York: St. Martin's Press, 1982)

Kelly, George A., "Hegel's America," *Philosophy and Public Affairs*, No. 2 (Fall 1972), 2~36쪽.

Kennan, G. F., *American Diplomacy 1900~1950* (Chicago, Il.: University of Chicago Press, 1951).

_____, *Realities of American Foreign Policy* (Princeton, N.J.: Princeton University

Press, 1954).

_____, "The Sources of Soviet Conduct," *Foreign Affairs*, vol. 25 (July 1947), 566~582쪽.

Kennan, J. T., *The Constitution of the United States: An Unfolding Story* (Chicago, Il.: Dorsey Press, 1988, orig. pub., 1975).

Kennedy, Paul, *The Rise and Fall of the Great Powers: Economic Change and Military Conflict from 1500 to 2000* (New York: Random House, 1987).

Kenyon, Cecelia M., "Republicanism and Radicalism in the American Revolution: An Old-Fashioned Interpretation," *William and Mary Quarterly*, 3rd Ser., vol. 19 (1962).

_____, "Men of Little Faith: The Anti-Federalists on the Nature of Representative Government," *William and Mary Quarterly*, 3rd Ser., vol. 7 (1955).

Kirk, Russell, *The Conservative Mind: From Burke to Santayana* (Chicago, Il.: University of Chicago Press, 1953).

_____, *The Roots of American Order* (La Salle, Il.: Open Court, 1974).

Klingberg, F., *Cyclical Trends in American Foreign Policy Moods: The Unfolding of America's World Role* (Lanham, MD.: University Press of America, 1983).

Kloppenberg, James T., *The Virtues of Liberalism* (New York: Oxford University Press, 1998).

_____, "The Virtues of Liberalism: Christianity, Republicanism, and Ethics in Early American Political Discourse," *Journal of American History*, vol. 74, no. 1 (Jun. 1987), 9~33쪽.

Kolko, G., *The Triumph of Conservatism: A Reinterpretation of American History, 1900~1916* (New York: Free Press of Glencoe, 1963).

_____, *Confronting the Third World: United States Foreign Policy 1945~1980* (New York: Pantheon Books, 1988).

_____, *The Roots of American Foreign Policy* (Boston, MA.: Beacon Press, 1969).

_____ and Joyce Kolko, *The Limits of Power* (New York: Harper & Row, 1972).

Kornhauser, William, *The Politics of Mass Society* (Glencoe, Il.: Free Press, 1959).

Kramnick, I., "Republican Revisionism Revisited," *American Historical Review*, vol. 87, no. 3 (Jun. 1982), 629~664쪽.

_____, "The 'Great National Discussion': The Discourse of Politics in 1787," *William and Mary Quarterly*, 3rd Ser., vol. 45, no. 1 (Jan. 1988), 3~32쪽.

_____, *Bolingbroke and His Circle: The Politics of Nostalgia in the Age of Walpole* (Cambridge, MA.: Harvard University Press, 1968).

Kristol, Irving, *Reflections of a Neoconservative: Looking Back, Looking Ahead* (New York, Basic Books, 1983).

Kurtz, Stephen G. and James H. Hutson (eds.), *Essays on the American Revolution* (Chapel Hill, N.C.: University of North Carolina Press, 1973).

Kwitny, Jonathan, *Endless Enemies: The Making of an Unfriendly World* (New York: Congdon and Weed, 1984).

LaFeber, Walter, *The New Empire, An Interpretation of American Expansion 1860~1898* (Ithaca, N.Y.: Cornell University Press, 1963).

Lakier, Aleksandr Borisovich, *A Russian Looks at America: The Journey of Aleksandr Borisovich Lakier in 1857*, tr. by Arnold Schrier and Joyce Story (Chicago, Il.: University of Chicago Press, 1979).

Laqueur, W., *Neo-Isolationism and the World of the Seventies* (Chicago, Il.: Open Court Publishing Company, 1972).

Laski, Harold Joseph, *The American Democracy: A Commentary and an Interpretation* (New York: Viking Press, 1948).

_____, *The Rise of European Liberalism* (London: George Allen & Unwin, 1936).

_____, *Political Thought in England from Locke to Bentham* (New York: Oxford University Press, 1961, orig. pub., 1920).

Lee, Bandy X. and Robert Jay Lifton (eds.), *The Dangerous Case of Donald Trump: 27 Psychiatrists and Mental Health Experts Assess a President* (New York: St. Martin's Press, 2017).

Leffler, Melvyn P., "9.11 and American Foreign Policy," *Diplomatic History*, vol. 29, no. 4, (2005), 395~413쪽.

Lens, Sidney, *The Futile Crusade* (Chicago, Il.: Quadrangle, 1964).

Lerner, Max, *America As A Civilization: Life and Thought in the United States* (New York: Simon and Schuster, 1957).

Leuchtenburg, William E., *Franklin D. Roosevelt and the New Deal* (New York: Harper & Row, 1963).

Levine, Lawrence W. and Robert Middlekauf (eds.), *The National Temper* (New York: Harcourt, Brace Jovanovich, 1972).

Lewis, R. W. B., *The American Adam: Innocence, Tragedy, and Tradition in the Nineteenth Century* (Chicago, Il.: University of Chicago Press, 1955).

Lienesch, M., *New Order of the Ages: Time, Constitution, and the Making of Modern American Political Thought* (Princeton, N.J.: Princeton University Press, 1988).

_____, "The Role of Political Millennialism in Early American Nationalism," *Western Political Quarterly*, vol. 36, no. 3 (Sept. 1983), 445~465쪽.

_____, "Right-Wing Religion: Christian Conservatism as a Political Movement," *Political Science Quarterly*, vol. 97, no. 3 (Fall 1982), 403~425쪽.

Lippmann, Walter, *U.S. Foreign Policy: Shield of the Republic* (Boston, MA.: Little, Brown and Company, 1943).

Lipset, Seymour Martin, *American Exceptionalism: A double-Edged Sword* (New York: W. W. Norton, 1996)

_____, *Continental Divide: The Values and Institutions of the United States and Canada* (New York: Routledge, 1990)

_____, *The First New Nation: The United States in Historical and Comparative Perspective*, expanded edn. (New York: W. W. Norton, 1979)

_____, "Why No Socialism in the United States?," in S. Bialer and S. Sluzar (eds.), *Sources of Contemporary Radicalism*, vol. I (Boulder, CO.: Westview Press, 1977), 30~149쪽.

_____ and Earl Raab, *The Politics of Unreason: Right-Wing Extremism in America, 1790~1977*, 2nd edn. (Chicago, Il.: University of Chicago Press, 1978).

Lloyd, Henry D., *Wealth against Commonwealth* (New York: Harper & Brothers, 1894).

Locke, John, *Two Treatises of Government*, ed. by Peter-Laslett (Cambridge, Eng.: Cambridge University Press, 1960).

_____, *A Second Treatise of Civil Government*, ed. by Thomas I. Cook (New York: Hafner Publishing Co., 1947).

Lowi, Theodore, *The End of Liberalism: The Second Republic of the United States* (New York: W. W. Norton, 1979, orig. pub., 1969).

Lundestad, Geir, "Moralism, Presentism, Exceptionalism, Provincialism, and Other Extravagances in American Writings on the Early Cold War Years," *Diplomatic History*, vol. 13, no. 4 (Fall 1989), 530~533쪽.

Lustig, R. Jeffrey, *Corporate Liberalism: The Origins of Modern American Political Theory 1890~1920* (Berkeley, CA.: University of California Press, 1986).

Lutz, Donald S., "The Relative Influence of European Writers on Late Eighteenth-Century American Political Thought," *American Political Science Review*, vol. 78, no. 1 (Mar. 1984), 189~197쪽.

MacLean, Douglas and Claudia Mills, *Liberalism Reconsidered* (Totowa, N.J.: Rowman and Allanheld, 1983).

Maclear, J. F., "The Republic and the Millennium," in Elwin A. Smith (ed.), *The Religion of the Republic* (Philadelphia, PA.: Fortress Press, 1971).

_____, "New England and the Fifth Monarchy: The Quest for the Millennium in Early American Puritanism," *William and Mary Quarterly*, 3rd Ser., vol. 32 (1975), 223~260쪽.

Macpherson, C. B., *The Political Theory of Possessive Individualism* (Oxford, Eng.: Clarendon Press, 1962).

Main, J. T., *The Antifederalists: Critics of the Constitution 1781~1788* (Chapel Hill, N.C.: University of North Carolina Press, 1961).

_____, *The Social Structure of Revolutionary America* (Princeton, N.J.: Princeton University Press, 1965).

_____, "Charles A. Beard and the Constitution: A Critical Review of Forrest McDonald's 'We the People'" *William and Mary Quarterly*, 3rd Ser., vol. 17 (1960), 86~110쪽.

Malcolm, Neil, *Soviet Political Scientists and American Politics* (London: MaCmillan Press, 1984).

_____, "Soviet Interpretations of American Politics: A Case of Convergence," *British Journal of Political Science*, 12 (1982).

Malone, David M. and Yuen Foong Khong (eds.), *Unilateralism and US Foreign Policy: International Perspectives* (Boulder, CO.: Lynne Rienner Publishers, 2003).

Marty, Martin E., *Righteous Empire: the Protestant Experience in America* (New York: Dial Press, 1970).

Marx, Leo, *The Machine in the Garden: Technology and the Pastoral Ideal in America* (New York: Oxford University Press, 1964).

Mason, Alpheus Thomas and Gordon E. Baker (eds.), *Free Government in the Making*, 4th edn. (New York: Oxford University Press, 1985).

May, Henry F., *The Enlightenment in America* (New York: Oxford University Press, 1976).

McClosky, Herbert and John Zaller, *The American Ethos: Public Attitudes toward Capitalism and Democracy* (Cambridge, MA.: Harvard University Press, 1984).

McCormick, Richard L., "The Discovery that Business Corrupts Politics: A Reappraisal of the Origins of Progressivism," *American Historical Review*, vol. 86, no. 2 (Apr. 1981), 247~274쪽.

McCormick, Richard P., "New Perspectives on Jacksonian Politics," *American Historical Review*, vol. 65 (1960).

McCoy, Drew R., *The Elusive Republic: Political Economy in Jeffersonian America* (Chapel Hill, N.C.: University of North Carolina Press, 1980).

_____, "Benjamin Franklin's Vision of a Republican Political Economy for America," *William and Mary Quarterly*, 3rd Ser., vol. 35, no. 4 (Oct. 1978), 605~628쪽.

McDonald, Forrest, *Novus Ordo Seclorum: The Intellectual Origins of the Constitution* (Lawrence, KS.: University Press of Kansas, 1985).

_____, *We the People: The Economic Origins of the Constitution* (Chicago, Il.: University of Chicago Press, 1958).

McEvoy-Levy, Siobahn, *American Exceptionalism and U.S. Foreign Policy: Public Diplomacy at the End of the Cold War* (New York: Palgrave, 2001).

McGirr, Lisa, *Suburban Warriors: The Origins of the New American Right* (Princeton, N.J.: Princeton University Press, 2001).

McLoughlin, William G., *Revivals, Awakenings, and Reform: An Essay on Religion and Social Change in America, 1607~1977* (Chicago, Il.: University of Chicago Press, 1978).

Mead, Sidney E., *The Nation With a Soul of Church* (New York: Harper & Row, 1975).

Mead, Walter Russell, *Special Providence: American Foreign Policy and How It Changed the World* (New York: Knopf, 2001)

Mecklin, John M., *The Ku Klux Klan: A Study of the American Mind* (New York: Harcourt Brace, 1 924).

Merk, Frederick, *Manifest Destiny and Mission in American History: A Reinterpretation* (New York: Vintage Books, 1963).

Meyer, D. H., *The Democratic Enlightenment* (New York: Putnam, 1976).

_____, *The Mathers: Three Generations of Puritan Intellectuals, 1596~1728* (New York: Oxford University Press, 1971).

Miller, Perry, *The New England Mind: The Seventeenth Century* (Boston, MA.: Beacon Press, 1939).

_____, *The New England Mind: From Colony to Province* (Boston, MA.: Beacon Press, 1953).

_____ (ed.), *Errand into Wilderness* (Cambridge, MA.: Harvard University Press, 1956).

_____ (ed.), *The American Puritans* (Garden City, N.Y.: Anchor Books, 1956).

Mills, C. Wright, The Power Elite (New York: Oxford University Press, 1956).

Molho, Anthony and Gordon S. Wood (eds.), *Imagined Histories: American Historians Interpret the Past* (Princeton, N.J.: Princeton University Press, 1998).

Monten, Jonathan, "The Roots of the Bush Doctrine: Power, Nationalism, and Democracy Promotion in U.S. Strategy," *International Security*, vol. 29, no. 4 (Spring 2005), 141~143쪽.

Morgan, Edmund S., "The Puritan Ethic and the American Revolution," *William and Mary Quarterly*, 3rd Ser., vol. 24 (1967), 3~43쪽.

Morgenthau, Hans, *In Defense of National Interest* (New York: Alfred A. Knopf, 1951).

_____, "The Mainspring of American Foreign Policy," *American Political Science Review*, vol. 44 (Dec. 1950).

Morris, Richard B. (ed.), *Encyclopedia of American History* (New York: Harper & Brothers, 1953).

Mowrer, E. A., *The Nightmare of American Foreign Policy* (New York: Alfred A. Knopf, 1948).

Murphy, Cullen, *Are We Rome?: The Fall of an Empire and the Fate of America* (New York: Houghton Mifflin Company, 2008).

Myrdal, Gunnar, *American Dilemma* (New York: Harper Collins, 1962).

Nash, George H., *The Conservative Intellectual Movement in America: since 1945* (New York: Basic Books, 1976).

Nettl, J. P., "The State as a Conceptual Variable," *World Politics*, vol. 20, no. 4 (July 1968), 559~592쪽.

Niebuhr, H. Richard, *The Kingdom of God in America* (Chicago, Il.: Willett, Clark & Company, 1937).

Ninkovich, Frank, *The Wilsonian Century: U.S. Foreign Policy since 1900*

(Chicago, Il.: University of Chicago Press, 1999).

Nisbet, Robert, *Conservatism: Dream and Reality* (Minneapolis, MN.: University of Minnesota Press, 1986).

_____, "Conservatives and Libertarians: Uneasy Cousins," *Modern Age*, vol. 24 (1980), 2~8쪽.

Nye, Joseph S., Jr., *The Paradox of American Power: Why the World's Only Superpower Can't Go It Alone* (New York: Oxford University Press, 2002).

O'Leary, Cecilia Elizabeth, *To Die For: The Paradox of American Patriotism* (Princeton, NJ.: Princeton University Press, 1999)

Onea, Tudor, *US Foreign Policy in the Post-Cold War Era: Restraint versus Assertiveness from George H. W. Bush to Barack Obama* (New York: Palgrave Macmillan, 2013)

Onuf, Peter, "Toward a Republican Empire: Interest and Ideology in Revolutionary America," *American Quarterly*, 37 (Fall, 1985), 496~531쪽.

Ostrom, Vincent, *The Political Theory of a Compound Republic: Designing the American Experiment* (Lincoln, NE.: University of Nebraska Press, 1971).

Packenham, Robert A., *Liberal America and the Third World: Political Development Ideas in Foreign Aid and Social Science* (Princeton, NJ.: Princeton University Press, 1973).

Palmer, Robert R., *The Age of the Democratic Revolution: The Struggle* (Princeton, NJ.: Princeton University Press, 1964).

Pangle, Thomas L., *The Spirit of Modern Republicanism: The Moral Vision of the American Founders and the Philosophy of Locke* (Chicago, Il.: University of Chicago Press, 1988).

Paolino, Ernest N., *The Foundations of American Empire: William Henry Seward and U.S. Foreign Policy* (Ithaca, N.Y.: Cornell University Press, 1973).

Parenti, Michael, *The Anti-Communist Impulse* (New York: Random House, 1969).

Parrington, V. L., *Main Currents in American Thought: An Interpretation of American Literature from the Beginnings to 1920*, 3 vols. (New York: Harcourt, Brace and Company, 1927, 1930).

Perkins, Dexter, *The American Approach to Foreign Policy* (Cambridge, MA.: Harvard University Press, 1953).

Pessen, Edward, *Jacksonian America: Society, Personality, and Politics*, rev. edn.

(Urbana, Il.: University of Illinois Press, 1985).

_____, "Social Structure and Politics in American History," *American Historical Review*, vol. 87, no. 5 (Dec. 1982), 1290~1325쪽.

Peterson, Merrill D., *The Jeffersonian Image in the American Mind* (New York: Oxford University Press, 1960).

Podhoretz, Norman, *The Present Danger* (New York: Simon and Schuster, 1980).

Pocock, J. G. A., *The Machiavellian Moment: Florentine Political Thought and the Atlantic Republican Tradition* (Princeton, N.J.: Princeton University Press, 1975).

_____, *Virtue, Commerce, and History* (New York: Cambridge University Press, 1985).

_____, "The Classical Theory of Deference," *American Historical Review*, vol. 81, no. 3 (Jun. 1976), 516~539쪽.

_____, *Politics, Language, and Time: Essays on Political Thought and History* (London: Methuen & Co., 1971).

_____, "Virtue and Commerce in the Eighteenth Century," *Journal of Interdisciplinary History*, vol. 3, no. 1 (Sum. 1972).

_____ (ed.), *The Political Writings of James Harrington* (Cambridge, Eng.: Cambridge University Press, 1977).

_____, "Machiavelli, Harrington, and English Political Ideologies in the Eighteenth Century," *William and Mary Quarterly*, 3rd Ser., vol. 22 (1965), 549~583쪽.

_____ (ed.), *Three British Revolutions* (Princeton, N.J.: Princeton University Press, 1980).

Pole, J. R., "Historians and the Problem of Early American Democracy," *American Historical Review*, vol. 67 (1961~1962), 626~646쪽.

Polsby, Nelson, *Consequences of Party Reform* (New York: Oxford University Press, 1983).

Porter, Roy and Mikulas Teich (eds.), *The Enlightenment in National Context* (Cambridge, Eng.: Cambridge University Press, 1981).

Potter, David M., *People of Plenty: Economic Abundance and the American Character* (Chicago, Il.: University of Chicago Press, 1958).

Preston, Andrew, *Sword of the Spirit, Shield of Faith: Religion in American War and Diplomacy* (New York: Anchor Books, 2012)

Rahe, Paul A., *Republics Ancient & Modern*, vol. 1. *The Ancien Regime in Classical Greece* (Chapel Hill, NC.: North Carolina University Press, 1994).

Ranney, Austin, *Curing The Mischiefs of Faction: Party Reform in America* (Berkeley, CA.: University of California Press, 1975).

Reichley, A. J., "Conservative Roots of the Nixon, Ford, and Reagan Administration," *Political Science Quarterly*, vol. 96, no. 4 (Winter 1981~1982).

Riesman, David, *The Lonely Crowd: A Study of the Changing American Character* (New Haven, CT.: Yale University Press, 1969).

Riley, Patrick, *Will and Political Legitimacy: A Critical Exposition of Social Contract Theory in Hobbes, Locke, Rousseau, Kant, and Hegel* (Cambridge, MA.: Harvard University Press, 1982).

Robbins, Caroline, *The Eighteenth Century Commonwealthman: Studies in the Transmission, Development, and Circumstances of English Liberal Thought from the Restoration of Charles 2 until the War With the Thirteen Colonies* (Cambridge, MA.: Harvard University Press, 1959).

_____, "Algernon Sidney's Discourses Concerning Government: Textbook of Revolution," *William and Mary Quarterly*, 3rd Ser., vol. 4 (1946), 267~296쪽.

_____, "The Strenuous Whig, Thomas Hollis of Lincoln Inn," *William and Mary Quarterly*, 3rd Ser., vol. 7 (1950), 406~453쪽.

_____, "When It Is That Colonies May Turn Independent: An Analysis of the Environment and Politics of Francis Hutcheson(1694~1746)," *William and Mary Quarterly*, 3rd Ser., vol. 11 (1954), 214~251쪽.

Roche, John P., "The Founding Fathers: A Reform Caucus in Action," *American Political Science Review*, vol. 55 (1961), 799~816쪽.

_____, *The Quest for the Dream* (New York: Macmillan, 1963).

Rodgers, Daniel T., *Contested Truths: Keywords in American Politics since Independence* (Cambridge, MA.: Havard University Press, 1998).

Rogin, Michael, *Ronald Reagan, the Movie: and Other Episodes in Political Demonology* (Berkeley, CA.: University of California Press, 1987).

Roskin, Michael, "From Pearl Harbor to Vietnam: Shifting Generational Paradigms and Foreign Policy," in G. John Ikenberry (ed.), *American Foreign Policy: Theoretical Essays* (Glenview, Ill.:, Scott, Forseman, 1989)

Ross, Dorothy, *The Origins of American Social Science* (New York: Cambridge University Press, 1991).

Rossiter, Clinton, *1787: The Grand Convention* (New York: W. W. Norton, 1966).

_____, *Conservatism in America* (New York: Alfred A. Knopf, 1955).

_____, _The Seedtime of the Republic: The Origin of the American Tradition of Political Liberty_ (New York: Harcourt, Brace & World, 1953).

_____ (ed.), _The Federalist Papers_ (New York: NAL Penguin, 1961).

_____, _Parties and Politics in America_ (Ithaca, N.Y.: Cornell University Press, 1960).

Roth, J. K. and Robert C. Whittemore (eds.), _Ideology and American Experience: Essays on Theory and Practice in the United States_ (Washington D.C., The Washington Institute Press, 1986).

Royster, Charles, _A Revolutionary People at War_ (Chapel Hill, N.C.: University of North Carolina Press, 1979).

Rutland, Robert A., _The Ordeal of the Constituion: the Antifederalists and the Ratification Struggle of 1787-1788_ (Norman, OK.: University of Oklahoma Press, 1966).

Sandeen, Ernest, _The Roots of Fundamentalism: British and American Millennialism, 1800~1930_ (Chicago, Il.: University of Chicago Press, 1970).

Sanford, Charles, _The Quest for Paradise: Europe and the American Moral Imagination_ (Urbana, Il.: University of Illinois Press, 1961).

Schlesinger, A. M. _The American as Reformer_ (Cambridge, MA.: Harvard University Press, 1968).

Schlesinger, A. M., Jr., _The Disuniting of America: Reflections on a Multicultural Society_, 2nd edn. (New York: W. W. Norton, 1998).

_____, _The Cycles of American History_ (Boston, MA.: Houghton Mifflin Company, 1986).

_____, "America: Experiment or Destiny?," _American Historical Review_, vol. 82, no. 3 (June 1977), 505~530쪽.

_____, _The Age of Jackson_ (Boston, MA.: Little, Brown and Company, 1953).

_____ and Morton White (eds.), _Paths of American Thought_ (Boston, MA.: Houghton Mifflin Company, 1963).

Schwartz, Hillel, "The End of the Beginning: Millennarian Studies, 1969~1975," _Religious Studies Review_, vol. 2 (1976), 1~15쪽.

Schwartz, Morton, _Soviet Perceptions of the United States_ (Berkeley, CA.: University of California Press, 1978).

Sellers, Mortimer N., _American Republicanism: Roman Ideology in the United States Constitution_ (New York: New York University Press, 1994).

Shafer, Byron, E., *Quiet Revolution: The Struggle For the Democratic Party and the Shaping of Post-Reform Politics* (New York: Russell Sage Foundation, 1983)

_____ (ed.), *Is America Different?: A New Look at American Exceptionalism* (Oxford, Eng.: Clarendon Press, 1991),

_____ (ed.), *The End of Realignment?* (Madison, WI.: University of Wisconsin Press, 1992),

Shalhope, Robert E., "Republicanism and Early American Historiography," *William and Mary Quarterly*, 3rd Ser., vol. 39 (1982), 334~336쪽.

_____, "Toward a Republican Synthesis: The Emergence of an Understanding of Republicanism in American Historiography," *William and Mary Quarterly*, 3rd Ser., vol. 29 (1972), 49~80쪽.

_____, "The Ideological Origins of the Second Amendment," *Journal of American History*, vol. 69, no. 3 (Dec. 1982), 599~613쪽.

Sherry, Michael S., *In the shadow of War: The United States since the 1930s* (New Haven, CT.: Yale University Press, 1995).

Shils, Edward, *Tradition* (Chicago, Il.: University of Chicago Press, 1981).

Shklar, Judith N., *Redeeming American Political Thought*, ed. by Stanley Hoffmann and Dennis F. Thompson (Chicago, Il.: University of Chicago Press, 1998).

Sides, John, Michael Tesler and Lynn Vavreck, *Identity Crisis: The 2016 Presidential Campaign and the Battle for the Meaning of America* (Princeton, N.J.: Princeton University Press, 2018).

Sills, David (ed.), *International Encyclopedia of the Social Science* (New York: Macmillian, 1968).

Skard, Sigmund, *The American Myth and the European Mind: American Studies in Europe 1776-1960* (Philadelphia, PA.: University of Pennsylvania Press, 1961).

Skinner, Quentin, "Meaning and Understanding in the History of Ideas," *History and Theory*, vol. 8 (1969), 3~39쪽.

Skowronek, Stephen, *Building A New American State: The Expansion of National Administrative Capacities 1877~1920* (Cambridge, Eng.: Cambridge University Press, 1982).

Smith, Adam, *The Theory of Moral Sentiments* (Indianapolis, IN.: Liberty Press, 1969).

Smith, Bruce James, *Politics and Remembrance: Republican Themes in Machiavelli, Burke, and Tocqueville* (Princeton, N.J.: Princeton University Press, 1985).

Smith, Henry Nash, *Virgin Land: The American West as Symbol and Myth* (New York: Vintage Books, 1957).

Smith, J. Allen, *The Spirit of American Government* (New York: Macmillan, 1907).

Smith, Timothy L., *Revivalism and Social Reform: American Protestantism on the Eve of the Civil War* (Nashville, TN.: Abingdon Press, 1957).

Steinfels, Peter, *The Neoconservatives: The Men Who Are Changing America's Politics* (New York: Simon and Schuster, 1979).

Stephen, Leslie, *A History of English Thought in the Eighteenth Century*, Harbinger edn., vol. 2 (New York: Harcourt, Brace & World, 1962).

Storing, Herbert J. (ed.), *The Anti-Federalist: Writings by the Opponents of the Constitution*, Selected by Murray Dry (Urbana, Il.: University of Chicago Press, 1981).

Stourzh, G., *Alexander Hamilton and the Idea of Republican Government* (Palo Alto, CA.: Stanford University Press, 1970).

Strong, Josiah, *Our Country*, ed. by Jergen Herbst (Cambridge, MA.: Harvard University Press, 1963).

Strout, Cushing, *The New Heavens and the New Earth: Political Religion in America* (New York: Harper & Row, 1974).

Stupak, Ronald J., *American Foreign Policy: Assumptions, Processes, & Projections* (New York, Harper & Row, 1976).

Sullivan, William M., *Reconstructing Public Philosophy* (Berkeley, CA.: University of California Press, 1986).

Talbott, Strobe, *The Russians and Reagan* (New York: Random House, 1984).

Tarcov, Nathan, "Principle and Prudence in Foreign Policy: The Founder's Perspective," *Public Interest*, 76 (Summer 1984), 45~60쪽.

Tarlton, Charles D., "The Styles of American International Thought: Mahan, Bryan, and Lippmann," *World Politics*, vol. 17, no. 4 (Jul. 1965), 584~614쪽.

Taylor, William R., *Cavalier & Yankee: The Old South and American National Character* (Cambridge, MA.: Harvard University Press, 1979).

Teichgraeber, Richard, III, *'Free Trade' and Moral Philosophy: Rethinking the Sources of Adam Smith's Wealth of Nations* (Durham, N.C.: Duke

University Press, 1986).

Thomas, Robert E., "The Virginia Convention of 1788: A Criticism of Beard's An Economic Interpretation of the Convention," *Journal of Southern History*, vol. 19 (1953), 63~72쪽.

Thompson, J. C., Jr. (et al.), *Sentimental Imperialists: The American Experience in East Asia* (New York: Harper & Row, 1981).

Thompson, K. W., *Morality and Foreign Policy* (Baton Rouge, LA.: Louisiana State University Press, 1980).

Tocqueville, Alexis, *Democracy in America*, tr. by G. Lawrence, and ed. by J. P. Mayer (Garden City, N.Y.: Doubleday & Company, 1969).

Truman, David B., *The Governmental Process: Political Interests and Public Opinion* (New York: Alfred A. Knopf, 1951).

Tucker, Robert W., *The Purposes of American Power: An Essay on National Security* (New York: Praeger, 1981).

Tuveson, Ernest, *Redeemer Nation: The Idea of America's Millennial Role* (Chicago, Il.: University of Chicago Press, 1968).

_____, *Millennium and Utopia: A Study in the Background of the Idea of Progress* (Berkeley, CA.: University of California Press, 1949).

Tyrrell, Ian, "American Exceptionalism in an Age of International History," *American Historical Review*, vol. 96, no. 4 (Oct. 1991), 1032~1039쪽.

Vevier, Charles, "American Continentalism: An Idea of Expansion, 1845~1910," *American Historical Review*, vol. 65, no. 2 (Jan. 1960), 323~335쪽.

Verba, Sidney and Gary R. Orren, *Equality in America: The View from the Top* (Cambridge, MA.: Harvard University Press, 1985).

_____, "The Meaning of Equality in America," *Political Science Quarterly*, vol. 100, no. 3 (Fall 1985).

Viereck, Peter, *Conservatism: From John Adams to Churchill* (Princeton, N.J.: Princeton University Press, 1956).

Viguerie, Richard, *The New Right: We Are Ready To Lead* (Falls Church, Va.: Viguerie Company, 1980).

Viner, Jacob, "Adam Smith and Laissez-Faire," in *The Long View and the Short: Studies in Economic Theory and Policy* (Glencoe, IL.: Free Press, 1958).

Walt, Stephen M., *The Hell of Good Intentions: America's Foreign Policy and the Decline of U.S. Primacy* (New York: Farrar, Straus and Giroux, 2018).

Ward, Louis, *Father Charles E. Coughlin, an Authorized Biography* (Detroit, MI.: Tower Publications, 1953).

Weaver, Richard M., *Ideas Have Consequences* (Chicago, Il.: University of Chicago Press, 1948).

Welland, Dennis (ed.), *The United States: A Companion to American Studies*, 2nd edn. (London: Methuen, 1987).

West, Thomas G., *The Political Theory of the American Founding: Natural Rights, Public Policy and the Moral Conditions of Freedom* (New York: Cambridge University Press, 2017).

Wettergreen, John A., "James Harrington's Liberal Republicanism," *Polity*, vol. 20, no. 4 (Sum. 1988), 665~687쪽.

White, Morton, *The Philosophy of the American Revolution* (New York: Oxford University Press, 1978).

Wiebe, Robert H., *The Segmented Society: An Introduction to the Meaning of America* (London: Oxford University Press, 1975).

_____, *The Search for Order 1877~1920* (New York: Hill and Wang, 1967).

Wiene, Robert, "Karl Marx's Vision of America: A Biographical and Bibliographical Sketch," *Review of Politics*, vol. 42, no. 4 (Oct. 1980), 465~503쪽.

Wildavsky, Aaron, *The Rise of Radical Egalitarianism* (Washington D.C.: American University Press, 1991a.).

_____, *Dilemmas of Presidential Leadership: From Washington Through Lincoln* (New Brunswick, N.J.: Transaction Publishers, 1991b.).

_____ (ed.), *Beyond Containment: Alternative American Policies toward the Soviet Union* (San Francisco, CA.: Institute for Contemporary Studies, 1983).

Williams, Robin M. Jr., *American Society: a Sociological Interpretation*, 3rd edn. (New York: Random House, 1970).

Williams, William Appleman, *The Tragedy of American Diplomacy* (New York: W. W. Norton, 1988).

_____, *American-Russian Relations 1781~1947* (New York: Octagon Books, 1971).

_____, "American Intervention in the Russian Revolution," in David Horowitz (ed.), *Containment and Revolution* (New York: Monthly Review Press, 1968).

Wills, Gary, *Inventing America: Jefferson's Declaration of Independence* (Garden

City, N.Y.: Doubleday, 1978).

_____, *Explaining America: The Federalist* (Garden City, N.Y.: Doubleday, 1981).

Wilson, John F. and Donald L. Drakeman (eds.), *Church and State in American History*, 2nd edn. (Boston, MA.: Beacon Press, 1987).

Winch, Donald, *Adam Smith's Politics: An Essay in Historiographic Revision* (Cambridge, Eng.: Cambridge University Press, 1978).

Wolfers, Arnold, *Anglo-American Tradition in Foreign Affairs* (New Haven, CT.: Yale University Press 1956).

Wood, G. S., *The Radicalism of the American Revolution* (New York: Vintage Books, 1993).

_____, *The Creation of the American Republic*, 1776~1787 (Chapel Hill, N.C.: University of North Carolina Press, 1969).

Yolton, John W. (ed.), *John Locke: Problems and Perspectives* (Cambridge, Eng.: Cambridge University Press, 1969).

Zagorin, Perez, *The Court and the Country: The Beginning of the English Revolution* (London: Routledge & K. Paul, 1969).

찾아보기